公共行政学

（第三版）

齐明山　主　编

国家开放大学出版社·北京

图书在版编目（CIP）数据

公共行政学／齐明山主编．—3版．—北京：中央广播电视大学出版社，2016.7（2020.5重印）

ISBN 978-7-304-07905-5

Ⅰ．①公…　Ⅱ．①齐…　Ⅲ．①行政学—开放教育—教材　Ⅳ．①D035

中国版本图书馆CIP数据核字（2016）第162835号

版权所有，翻印必究。

公共行政学（第三版）
GONGGONG XINGZHENGXUE

齐明山　主　编

出版・发行	国家开放大学出版社（原中央广播电视大学出版社）
电话	营销中心 010-68180820　　总编室 010-68182524
网址	http://www.crtvup.com.cn
地址	北京市海淀区西四环中路45号　　邮编：100039
经销	新华书店北京发行所

策划编辑：宋　莹		版式设计：赵　洋	
责任编辑：庄　颖		责任校对：宋亦芳	
责任印制：赵连生			

印刷：三河市骏杰印刷有限公司	印数：511001～542000
版本：2016年7月第3版	2020年5月第11次印刷
开本：787 mm×1092 mm　1/16　插页：8页　印张：19.75　字数：441千字	

书号：ISBN 978-7-304-07905-5

定价：39.00元

（如有缺页或倒装，本社负责退换）

意见及建议：OUCP_KFJY@ouchn.edu.cn

目 录 Contents

第一章 绪论 ·· 1
    第一节 公共行政的含义与特点 ·· 1
    第二节 公共行政学的产生和发展 ·· 7
    第三节 公共行政学的研究对象与方法 ·· 14

第二章 行政环境 ·· 21
    第一节 行政环境概述 ·· 21
    第二节 行政环境与公共行政 ·· 25

第三章 政府职能 ·· 34
    第一节 政府职能概述 ·· 34
    第二节 市场失效与政府失效 ·· 38
    第三节 政府的基本职能 ·· 41
    第四节 我国政府职能的转变 ·· 48

第四章 行政体制 ·· 56
    第一节 行政体制概述 ·· 56
    第二节 行政体制的类型 ·· 60

第五章 公共组织 ·· 69
    第一节 公共组织概述 ·· 69
    第二节 公共组织的类型 ·· 73
    第三节 公共组织结构 ·· 78

| 第四节　公共组织理论 ·· 81
| 第五节　西方公共组织理论的新发展 ································· 85

第六章　行政领导 ·· 91
| 第一节　行政领导概述 ·· 91
| 第二节　行政领导的权力与责任 ····································· 96
| 第三节　行政领导理论 ·· 102
| 第四节　行政领导者的素质与能力 ································ 108

第七章　人事行政 ·· 114
| 第一节　人事行政概述 ·· 114
| 第二节　人力资源管理 ·· 120
| 第三节　国家公务员制度 ··· 123

第八章　机关行政 ·· 137
| 第一节　机关行政概述 ·· 137
| 第二节　机关行政的主要内容 ······································ 140
| 第三节　信息时代的机关管理 ······································ 144
| 第四节　机关事务管理 ·· 146

第九章　行政决策 ·· 149
| 第一节　行政决策概述 ·· 149
| 第二节　行政决策的原则与类型 ··································· 151
| 第三节　行政决策体制与程序 ······································ 156

第十章　行政执行 ·· 166
| 第一节　行政执行概述 ·· 166
| 第二节　行政执行的步骤 ··· 169
| 第三节　行政评估 ··· 181

第十一章　行政监督 ·· 187
| 第一节　行政监督概述 ·· 187

第二节　行政系统的内部监督 …………………………………… 193
　　第三节　行政系统的外部监督 …………………………………… 202

第十二章　公共财政 … 207
　　第一节　公共财政概述 …………………………………………… 207
　　第二节　公共预算与决算 ………………………………………… 211
　　第三节　财政收支 ………………………………………………… 218

第十三章　法治行政 … 226
　　第一节　法治行政概述 …………………………………………… 226
　　第二节　行政立法 ………………………………………………… 232
　　第三节　依法行政 ………………………………………………… 238

第十四章　行政方法 … 248
　　第一节　行政方法概述 …………………………………………… 248
　　第二节　传统行政方法 …………………………………………… 254
　　第三节　现代行政方法 …………………………………………… 258

第十五章　行政效率 … 267
　　第一节　行政效率概述 …………………………………………… 267
　　第二节　行政效率的测定 ………………………………………… 272
　　第三节　效率与公平 ……………………………………………… 278

第十六章　行政改革 … 283
　　第一节　行政改革概述 …………………………………………… 283
　　第二节　行政改革的阻力、动力与对策 ………………………… 287
　　第三节　西方发达国家的行政改革 ……………………………… 294
　　第四节　行政改革的发展趋势 …………………………………… 302

参考文献 …………………………………………………………………… 307

后记 ………………………………………………………………………… 309

第一章 绪　　论

本章主要介绍公共行政的含义。公共行政就是政府行政，具有公共性、政治性、法制性、民主性、公平性和高效性的特点。公共行政学产生于19世纪末20世纪初的美国，是现代工业的产物。公共行政学发展至今经历了传统公共行政学时期、行为科学公共行政学时期、新公共行政学时期、新公共管理时期和新公共服务时期。威尔逊和古德诺提出了政治与行政二分法。泰勒的科学管理理论、韦伯的官僚制理论和法约尔的行政管理理论，对公共行政学的产生和发展有巨大的影响。以梅奥为代表的人际关系学派开创了从心理学研究公共行政的先河。这个时期，学术界提出了个体行为理论、团体行为理论、领导行为理论和组织行为理论。新公共行政学时期强调民主和公平的价值。新公共管理时期是管理主义的复归。同时，本章界定了公共行政学的概念、特点与研究方法，也简要地介绍了我国公共行政学的发展状况。

第一节　公共行政的含义与特点

一、行政与公共行政

行政，即公共行政，也称行政管理、公共管理。这些概念在本质上没有什么区别。行政，顾名思义，就是指政府处理政务，也就是处理社会公共事务。距今4000年前，我国最古老的书籍《尚书》就有《立政》篇；而《洪范》篇中则谈到"八政"，即八种政治事务。《论语·颜渊》中有："政者，正也。"《礼记》也有："文武之政，布在方策，其人存者则其政举，其人亡则其政息。故为政在人。"在我国古典名著《左传》里也有周公"行其政事""行其政令"之说。《史记》首先出现"行政"概念。将近300年前就刊行于世的《纲鉴易知录》上也有"召公、周公行政"的记载。这里所用的"政"就是现代意义上的政务。行者，施或为之义。在我国古代，行政的含义就是施政、为政，即政府处理国家政务。我国历史上，行政最初是"君王行政"，然后转变为"大臣行政"。在西方，最早提出行政概念的是2000年前的古希腊伟大的哲学家亚里士多德；蒸汽机的发明者瓦特曾提出建立一门行政学；普鲁士政治家、行政法学家海因里希·弗里德里希·卡尔·史坦因男爵，于1856年在研究行政法时使用了这个概念。

现代英文中的"行政"一词源于拉丁文。马克思在《评"普鲁士人"和普鲁士国王和社会改革》中认为行政是"国家的组织活动"。

行政是指政府处理国家的公共事务。公共行政是相对私人行政而言的，私人行政是私营部门的行政，公共行政是指公共组织的行政，即公共组织对社会公共事务的管理。广义的公共组织是指不以营利为目的，旨在为社会和公众提供公共服务和产品以实现公共利益为目标的一切社会组织。广义的公共组织概念非常广泛，包括行政机关、立法机关、司法机关、学校、医院、民间组织、各种团体和基金会、教会以及其他的非营利组织。狭义的公共组织是指政府。许多学者将公共行政等同于政府行政。因此，行政与公共行政没有什么本质的区别。

政治学家、行政学家、法学家对于公共行政范围的界定，众说纷纭，各持己见。学者们从不同的角度界定公共行政的领域，但是，总的来说有如下一些看法：

首先，有些学者从"三权分立"来界定公共行政范围。权力分立制度是西方现代民主制度的核心，对公共行政发展有巨大的影响。孟德斯鸠提出的"三权分立"思想形成了西方发达国家权力的基本结构。从"三权分立"的角度界定公共行政范围的学者认为，国家权力可以分为立法、行政、司法三种。立法是国家意志的体现，行政是国家意志的执行，司法是国家意志的维护。这是建立在权力只有使用到它的界限为止和权力只有用权力来制衡才不会被滥用的假设基础之上的，即建立在人性恶的基础之上的。他们认为如果不用权力制衡权力，人性的弱点就可能导致人滥用权力。因此，立法、行政、司法三种权力各自独立，互相制约。权力结构的制度化，可以防止公共权力个人化和滥用公共权力。这种理论上的设计和实际执行之间有很大距离。实际上，在西方发达国家，行政权往往高于立法权和司法权，而且行政也参与国家法律的制定。美国宪法本身就赋予了美国总统高于立法和司法的行政权，明确要求集权力于总统一身。所以，行政不仅仅是执行国家意志即法律，它也是制定国家法律的主要参与者。"三权分立"对公共行政范围的界定过于狭窄，不能反映公共行政的实际功能，政府与立法和司法不可能截然分开，政府也有部分立法权，而且公共行政的过程也是个执法过程。

其次，有些学者是从政治与行政的分离角度来界定公共行政范围。美国早期的政治家和政治学家主张政治与行政分离，这是公共行政学产生的主要推动力。他们针对当时的政党分赃制严重地影响行政秩序的情况，提出政治必须与行政相分离。他们认为政治是制定国家政策，行政是执行国家政策；政治是国家意志活动的领域，行政是实现国家职能的技术与方法；政党通过进入议会或上台执政来贯彻其政治意志，而行政必须中立，不能成为政党的政治工具。威尔逊的《行政之研究》和古德诺的《政治与行政》都主张政治与行政二分法，认为政府体制中存在两种主要的或基本的政府职能——国家利益表达职能和国家意志执行职能，即政治与行政。政治是国家意志的表达，行政是国家意志的执行；政治与指导和影响政策相关，而行政与政策执行相关；政治是通过公民中的政党组织指导或影响政府的行为，行政是公共服务的主体，执行政府的意志和实施普遍利益规则，它既不是立法的，也不是司法的。为了防止政治影响行政，要从法律上将政治与行政分开。威尔逊认为，政治是国家的活动，是政治家的活动；行政是事务性的领域，是公务员的行为，必须有技术标准。但是，政治与行政二分法也不能反映行政的实际。政府是国家机器，是有政治性的，行政不可能超越政治，必然是政治的反映，并受政治的制约。政治与行政二分法是把行政定位在管理上，这是狭义的定位。政府不可能完全政治中立，不可能与政治无关。政府有政治统治职能，不可能不代表一定政治集团和政治利益。同时，虽然政府必须贯彻执行国家意志，但是没有公共行政的具体实施，政治就不可能变为现实。政府也必须参与制定公共政策。政治与行政分离，在理论上是说不通的，也是不符合实际的。世界上没有脱离政治的公共行政，也没有脱离公共行政的政治。

最后，有些学者是从广义的管理角度来界定公共行政范围，认为一切管理都是行政。例如，美国早期行政学家怀特认为，行政是为了或为实现某种目的对许多人所做的指挥协调与控制。西蒙、汤姆森、斯密斯堡在他们合著的《行政学》一书中认为，行政即指一切团体处理行政事务的活动。当然，管理和行政不是同义语，一切行政都是管理，但并不是一切管理都是行政。一切社会组织都有行政，但是行政并不是社会组织的所有管理活动。法约尔所论述的企业的六种活动，行政仅是其中之一。政府的管理无疑是行政，我们可以认为，行政是管理的组成部分之一。"一切管理都是行政"这一概念过于宽泛，抹杀了行政与管理的区别。管理是个大系统，公共行政只是作为这个大系统的一个子系统而存在。

我们认为，公共行政是指公共组织对公共事务的管理。在这里公共组织是指政府，因此也可以说公共行政就是政府行政。

二、公共行政的特点与作用

（一）公共行政的特点

1. 公共性

公共行政之首要特点是它的公共性。这是公共组织与其他私营部门的主要区别之一。公共性是指公共行政以实现公共利益为目标。公共性是现代公共行政的基本特点，离开了公共性，政府就从根本上失去了存在的必要性和合法性。公共行政是政府的管理行为，是为了实现国家目标和公共利益，为公民提供公共物品和公共服务以及创造具有公益精神的意识形态。这是它与以营利为目的的企业最为明显的本质区别，在市场经济的条件下，这点尤为重要。公共行政的基础是权威和权力。它是以为社会公众提供服务、实现公共利益为目标，而不是以营利为目的，它的活动成本由国家财政供给。公共行政的公共性是政府合法性的基础。公共性在我国表现为政府全心全意为人民服务，实现人民群众的根本利益。公共行政的公共性表现为以宪法为基础，提供公共物品，弥补市场失灵，作为公共信托人实现公民的民主权利。

2. 政治性

任何一个国家都有政治统治职能，国家的政治统治职能只能由政府来承担。国家的政治统治目标必须具体转化为政府的行政目标才能变为现实。因此，公共行政为政治统治服务的目的性十分明确。虽然世界上所有国家的政府都声称是为全体公众服务的，但是，从本质上来看政府必然是为某个阶层或利益集团服务的，超政治、超利益的政府是不存在的。那种认为行政与政治分离或中立的观点，无论是理论上还是实践上都是站不住脚的。我国政府为无产阶级政治服务是天经地义的，那种用政府的公共性掩盖其政治性的说法是十分虚伪的。同时，政治性是公共性的重要内容之一，政府必须能够协调和平衡不同利益团体、不同利益阶层的利益，从而化解矛盾和冲突。而私营部门的行政则没有公共行政的政治目标。

3. 法制性

公共行政具有严格的法制性。依法行政是现代各国公共行政的特点之一。公共组织和私营部门虽然在管理层面上都必须依法处理事务，但是两者有很大的区别。公共组织是以宪法为基础的，受到立法机关和司法机关的有力制衡和严格限制，受到各种不同利益团体的影响和社会需求的压力，而私营部门则比公共组织有更大的权力，它可以根据市场需求自主地确定自己的活动。公共行政则是在法制制约下的规范性的施政行为，目的是保护公民的权利不受政府行为的损害；主张在法律面前人人平等，不允许任何组织和个人有高于法律之上的特权。公共行政必须忠于宪法，维护并执行宪法。宪法是国家的根本大法，依法行政就是要贯彻和体现宪法的原则和精神。在这个前提下，公共行政也必须贯彻执行各种法律、法规和政策。依法行政不是轻而易举就能实现的事情，没有民主就不可能实现真正的依法行政，它还必须与特权、专权、权大于法等现象作长期的斗争才能实现。

4. 民主性

民主是现代社会的最大特点，也是公共行政的最大特点。从理论上讲，社会主义国家应该是最民主的。"没有民主就没有社会主义"，马克思主义经典作家的这一英明论断是十分正确的。因为缺乏民主，一些社会主义国家已成为了明日黄花。民主行政是承认人民群众的历史主体性。公共行政是政府凭借人民赋予的权力为人民服务，所以，公共行政本质上是秉民众之志，承民众之意，理民众之事。公民参与和行政公开是民主行政的重要标志。人民有参与政府管理权，有参与权，有知情权，有对政府的监督权。行政公开和增加公共行政的透明度，打破信息垄断和权力垄断，是民主行政的必然发展趋势。政府为民做主只是清官政治，而在现代社会政府必须按人民的意志处理政务。在知识经济时代，在网络社会和信息技术条件下，信息沟通更加方便快捷，科学和民主的思想也将更广为传播，民主行政是历史发展之必然，而且其发展将越来越快，势不可当。民主是公共行政的灵魂，是人本主义的复归。但是，应当指出的是，民主行政应避免民粹主义泛滥。行政管理是专业性管理，行政官员应秉持专业精神处理公共事务。

5. 公平性

公平作为公共行政的价值观是不可动摇的。社会不可能有自发的公平，市场经济只能使社会不公平，社会主义市场经济也不可能自然而然地给社会带来公平。只有政府制定政策，通过必要的社会再分配，才能为社会提供公平的保障。公平是对人的最起码权利的保证，是人与人关系的平等准则的体现，是对社会弱势群体的保护，是公正地依法处理社会公共事务的原则，是使社会避免出现贫富悬殊现象的保证。但是，公平不是搞平均主义，不是吃大户，不是劫富济贫。公平是为了保证公民的权利，是为发展提供稳定的社会环境。天下不患贫而患不均，这是我国根深蒂固的平均主义思想。贫穷不是社会主义，普遍贫穷是平均主义的必然结果，那不是公平，而是以剥夺个人财富、压制发挥个人才能和牺牲社会发展为代价的行政模式。因此，公平是为了发展，而不是搞平均主义。在社会主义市场经济条件下，政府必须重视公平的实现，但也不能让平均主义抬头，更不能用政府的强制力搞平均主义，这样做会使社会缺乏发展的推动力。我们不能够忘记邓小平同志"发展是硬道理"的教导。

6. 高效性

对政府来讲，效率具有永久的魅力，尽管各国政府不断为提高政府的效率煞费苦心，但是不可能找到一劳永逸的办法，效率问题永远是困扰政治家和政府首脑的难题。现代的各国政府仍然是以效率为中心的政府，效率就是要求政府投入成本低、获得成果多。其实，各国政府都为了提高行政效率进行了长期不断的改革。效率问题在21世纪是更为突出的问题，世界各国的竞争是政府与政府之间的效率竞争。领导者有素质高低之分；决策有"失之毫厘，谬之千里"之虞；执行有坐失良机之忧；应变有迟钝与灵敏之高下。这也就是政府效率之比。行政效率是非常复杂的，在第十五章将专门论述。

我国的公共行政的最大特点是中国共产党领导政府。党中央领导中央政府，各级党委领导同级政府。政府必须无条件地执行党的方针、路线、政策，党是政策制定者和监督者，政府是执行者。这是我国的公共行政与其他国家的公共行政的最大区别，也因此决定了我国公共行政的独自特点。

（二）公共行政的作用

第一，公共行政是对国家的治理。公共行政是政府行政，是政府对国家的治理。一个国家的公共行政决定了一个国家的治理水平，善政才有善治。可以讲，一个国家有什么样的公共行政，就会造就什么样的生产力，就会有什么样的科学技术，就会有什么样的经济状况，人民也就有什么样的生活水平。公共行政就是治国安邦，它的核心问题是如何管理好国家，如何使社会全面快速地发展，使人民安居乐业。中国历史上乱多治少，就是因为以皇权为中心的封建的行政体制制约了社会的发展活力，也不可能制定出好的治国安邦之策。我国历史上的"贞观之治""康乾盛世"，主要还是因为皇帝开明并且具有雄才大略才出现的，是非常特殊的兴盛时期。我国传统社会是人治社会，在高度集权或专制的行政条件下，老百姓只能把希望寄托在开明皇帝身上或盼望出现"包青天"。不要责怪我国国民有"阿Q精神"，这是我国历史上政治发展的必然产物。所以，因循守旧、缺乏创新思维是我国传统社会的特点之一。这是我国长期的封建专制所造成的，不是我国劳动人民缺乏想象力，没有创造性。公共行政就是为国家的政治、经济、文化和社会发展提供保障，就是执行国家意志和实现公共利益。公共行政只有用科学的、民主的管理方式和手段，才能够加速社会全面发展，使国家繁荣昌盛，人民安居乐业。

第二，公共行政是执行人民意志和实现公共利益的必要保证。公共行政必须以实现公共利益为最高宗旨。这不仅是政府存在的基础，也是政府存在的目的。公共利益必须由政府予以贯彻执行才能实现。只有政府才能满足人民群众的有关社会稳定、社会公平、社会安全的需要。如果政府不能实现公共利益，那么，就必然缺乏存在的合法性。

第三，公共行政是发展社会主义市场经济的保证。我国正在进行社会主义市场经济建设，良好的公共行政是建立和完善市场经济体制的保证。正确处理好政府与市场之间的关系，是公共行政的重要课题，也是政府的重要责任。政府有管理市场、规范市场的责任。市场经济是依靠"看不见的手"进行自我调节的，效率最大化是它的规则。由于信息不完全和不对称以及在某些方面的资源配置上不均衡，会造成市场失灵。政府不能对市场失灵听之任之，必须用"看得见的手"进行管理。如果没有公共行政对社会主义市场经济进行有效的管理，市场经济就不能健康有序地发展。

第四，公共行政是加速我国社会主义建设的需要和参与国际竞争的保证。政府是国家发展的主要推动力，公共行政的魅力就在于管理出效率，管理出速度。没有一个高效、民主、公平的政府，社会就不可能在各个方面快速发展。学习和研究公共行政学的目的就是提高和完善政府的管理能力，以加速我国的社会主义建设步伐，把我国尽快地建设成现代化的强国。21世纪的竞争是国与国之间综合国力的竞争，没有一个高效、民主、公平的政府，没有高质量的决策能力、快速的应变能力和高效的处理事务能力，在残酷的国际竞争中就会败下阵来。学习和研究公共行政学是提高政府各方面能力的重要途径。

第五，公共行政学是教育和培养一支高素质、会管理的公务员队伍的必修学科。公共行政学是国家公务员的基础专业学科，身为公务员，必须学习并掌握公共行政学。像法国就明确规定各部部长和驻外大使必须是国家行政学院毕业。公共行政学在管理社会公共事务方面有其自身的特点和规律，是其他学科不能代替的。那种认为政府的事务什么人都能干，没有公共行政学的基本知识也一样干的看法是片面的。诚然，公共行政学只有百年的历史，在没有产生公共行政学的几千年的人类社会发展过程中，各个国家对公共事务也进行了管理，有的还卓有成效。我国在1949年以后的相当长的时期内，取消了公共行政学，认为没有公共行政学照样可以管理国家。但这样的认识是错误的，盲目的管理和科学的管理有天壤之别。正如医生可以治病，但是并不一定知道基因密码决定遗传性疾病一样。公务员学习并掌握公共行政学，在进行行政管理时就可以高屋建瓴，用公共行政学的基本理论和基本知识来认识和处理社会公共事务。不是盲目管理或经验管理，而是科学的管理。因此，公共行政学是教育和培养一支高素质、会管理的公务员队伍的重要学科。而只有建立一支高素质、会管理的公务员队伍，才能使我国长治久安、持续发展、兴旺发达。这就是政府管理的巨大开发作用和推动作用。公共行政学的重要作用即在于此。政府管理决定国家和社会的发展，是一种社会生产力。1978年以来，我国之所以出现各种繁荣景象，应该归功于邓小平同志提出的改革开放的方针。小平同志力挽狂澜，扶大厦于将倾，拨正船头于危难之时。现代社会政府管理不是个人行为，而是组织行为。但是，在决定国家命运这一点上，个人决策与集体决策则没有什么不同，只是在决策质量上有高低之分罢了。治国安邦之策是公共行政学研究的重要内容之一。西方之所以重视公共行政学研究，就在于公共行政学对管理好国家有不可替代的重要意义。

第二节 公共行政学的产生和发展

一、科学管理时期（19世纪末至20世纪30年代）

科学管理的公共行政学时期也称传统的公共行政学时期，或静态公共行政学时期，或X理论时期。但是所指的时期和公共行政学的研究内容并没有什么差别，只是不同的学者从不同的角度对这个时期公共行政学的界定有所不同而已。

（一）公共行政产生的历史条件

公共行政学是大工业和社会科学发展的必然产物，而行政管理则具有悠久的历史，它几乎与人类的历史一样长，可以上溯至四五千年前。公元前40世纪的古埃及和公元前30世纪两河流域的苏美尔、巴比伦、亚述等国家，以及公元前20世纪的中国和印度，都有比较规范的行政管理。当然，在部落和部落联盟时期，有组织的行政管理已经存在了。埃及金字塔、巴比伦古城和中国万里长城的建造，都是组织力量的佐证。如果没有良好的行政管理工作就不可能完成这些规模宏大的建筑，就不可能创造出彪炳千秋的人类建筑精华，这些建筑就不可能历经自然和人类制造的灾难后仍然屹立于世界。

在人类社会发展过程中，无论在原始社会、奴隶社会，还是在封建社会，行政制度和行政方法都曾经发生过革命性的变革，使人类积累了无比丰富的行政经验和管理知识。例如，《尚书》《管子》《论语》《老子》《庄子》《孙子兵法》《大学》《中庸》《商君书》《韩非子》《贞观政要》《资治通鉴》《读通鉴论》等儒家、道家、法家、兵家的许多作品，都十分精辟地阐述了治国安邦之道。在西方，古希腊柏拉图的《理想国》、亚里士多德的《政治学》，古罗马谢雪卢的《共和国》、霍布斯的《利维坦》、洛克的《政府论》等也都有对行政管理的真知灼见。

但是，无论中国古代行政管理思想和经验多么丰富，西方思想家、政治家的理论探讨多么深邃，都没有使公共行政学作为一门独立的学科系统地发展起来。公共行政学的产生是时代的需要、历史的召唤，是工业发展、社会发展和理论发展的必然结果，而不是个别天才人物的思想闪光或创造。

公共行政学的产生是工业社会高速发展要求加强行政管理的必然结果。从17世纪末到18世纪初，欧洲各国相继发生了十分深刻而广泛的社会、政治、经济和技术大变革。尤其是18世纪60年代开始的英国纺织工业革命，以及19世纪法国、德国、美国、日本的产业革命，使社会关系发生了巨大变革。从19世纪中叶开始，美国资本主义迅猛发展。从1895年到1914年，美国加工业的产值增加了18倍，工业已取代农业在经济中占主导地位。20世纪初，美国已经完成了资本主义工业化，进入帝国主义阶段。1913年，美国的工业生产占世界的38%。社会经济的长足发展，使社会变得越来越复杂，利益冲突越来越激烈。因此，政府管理社会事务的任务愈来愈繁重，社会需要政府进行管理和干预。1866年，美国联邦政府的行政管理支出仅为4 100万美元，到1914年已高达1.7亿美元，增加了3倍多。1871年美国政府仅有官员5.4万人，到1914年增加到48.3万人。为了满足政府管理社会事务的需要，美国十分重视对公共行政理论的研究。

公共行政学的产生也是管理学、政治学、法学、经济学等相关学科发展的必然结果。英国早期的思想家，主要是经济学家们，从探讨经济管理的角度出发提出了一些可供借鉴的管理原则和管理思想。英国经济学家詹姆斯·斯图亚特提出了政府全面干预经济生活和分工的思想。亚当·斯密对分工原则和政府职能都有十分精辟的论述。罗伯特·欧文是伟大的空想社会主义思想家，也被称之为"人事管理之父"和行为科学的先驱者，他对人事管理有独特的贡献。查尔斯·巴贝奇是管理的先驱者，他提出的一些管理思想比泰勒早80年。安德鲁·尤尔除了提出分工思想之外，还提出要建立必要的规章制度。此外，美国的麦卡勒姆提出的一系列管理铁路的原则和方法，对行政管理的发展也有较大的推动作用。他提出建立必要的报告制度和检查制度，确定职权范围和追查失职制度等。亨利·普耳提出了管理铁路的三项原则：组织原则，通信原则和资料。这些经济学家和管理学家不仅为科学管理做了理论准备，同时，也为公共行政学的产生做了理论准备。

公共行政学的产生与政治学的发展有直接联系。公共行政学作为政治学的分支学科，只是政治学的流。公共行政学是从政治学分离出来的学科，在其产生之前，公共行政学的研究内容内在地包含在政治学之中。政治学研究领域的扩大是公共行政学产生的一个重要的决定性的因素。在文艺复兴时期和资产阶级大革命时期，涌现出一批杰出的政治家和思想家。文艺复兴时期意大利政治家马基雅维利的《君主论》、法国政治家布丹的《共和六论》，都对公共行政有非常深刻的论述。在近代，英国政治思想家洛克在《政府论》中提出了分权与法制的思想，法国启蒙思想家孟德斯鸠在《论法的精神》中提出了立法、司法、行政三权分立的思想，卢梭在《社会契约论》中提出了社会契约思想。这些思想家对国家和政府进行了十分有意义的研究和探讨，为公共行政学在西方的产生奠定了理论基础。

美国已经建立了"三权分立"的国家体制，行政已经作为独立的体系管理社会公共事务。但是，在19世纪末和20世纪初，由于垄断资本主义的形成，社会矛盾越来越尖锐，劳资矛盾也日益加深，贫富两极分化，社会秩序和经济秩序混乱，需要政府进行有效的管理。因此，资产阶级加强了对政治问题的研究。1882年，美国哥伦比亚大学成立了政治学研究院，1903年，成立了美国政治科学学会。公共行政学就是在这样的历史条件下产生的。

(二) 科学管理时期的公共行政学代表人物

伍德罗·威尔逊（1856—1924年）曾任美国普林斯顿大学教授和校长，也曾任新泽西州州长和美国第二十八任总统。他于1887年在美国哥伦比亚大学的《政治科学季刊》上发表了公共行政学的开山之作《行政之研究》，标志着公共行政学的产生。

1900年古德诺发表《政治与行政》，对公共行政学的发展起到了重要作用。在这个时期对公共行政学影响最大的是科学管理理论、官僚制组织理论和一般行政管理理论三个学派。泰勒、法约尔和韦伯在行政管理的原则、方法和组织方面都作出了较大的贡献。他们的理论是以效率为中心的理论，可以满足政府对提高效率的需要。

威尔逊与古德诺提出了政治与行政分离，奠定了公共行政学的理论基础，使公共行政学成为一个独立学科。

威尔逊认为公共行政学研究的是政府如何能够适当并成功地进行工作，研究的是政府怎样才能高效及在费用或资源方面以尽可能少的成本完成这些适当的工作。公共行政的领域是一种事务性的领域，与政治领域那种混乱和冲突相距甚远，它要把政治与法律同行政区别开来。政治是在重大而且带普遍性的事项方面的国家活动，行政则是国家在个别和细微事项方面的活动。他提出了政治与行政分离，认为政治与行政之间的区别是宪法与行政之间的区别，执行宪法比制定宪法更加困难；政治是政治家的特殊活动领域，而行政则是技术性的工作；政治如果没有行政管理的帮助则一事无成，但行政管理并不因此便是政治。公共行政就是公法的系统的执行活动，只有一个国家的行政机关与人民的政治生活隔离时，官僚制组织才能够生存。政府必须有权威，巨大的权力和不受限制的自由处置权限是政府承担责任不可缺少的条件。同时，他主张集权。

弗兰克·古德诺（1859—1939年）是美国公共行政与市政学的重要奠基人，他认为政府体制中有两个主要的基本的政府职能，即国家意志表达职能和国家意志执行职能。这两种职能分别是政治与行政。政治是国家意志的表达，行政是国家意志的执行。政治与指导、影响政策相关，而行政与政策执行相关。政治是通过公民中的政党组织指导和影响政府政策的行为或职能。行政是为公共服务的主体，服务于国家意志的执行和普遍利益规则的实施。它既不是立法的，也不是司法的。为了防止政治影响行政，要用法律将两者分开，政治对行政的控制必须在法律许可之内进行，这种控制便在政党体制中得到了发展。政党体制保证政治职能和行政职能之间的协调。行政的标准是技术标准，是效率，与政治无涉。

马克斯·韦伯（1864—1920年）是德国著名的政治学家、社会学家、经济学家和宗教学家。官僚制组织理论是他对公共行政学的组织理论发展作出的最重要的贡献，因此他被称为"组织理论之父"。他认为合法性的权力有三种：传统权力，魅力权力和法理的权力。资本主义通过合理化、效率和稳定促进发展。工业资本主义的竞争最终是世俗的合理的官僚制的竞争。国家随着资本主义、帝国主义的扩张和官僚制秩序的合理化而加强。韦伯认为官僚制是一种理想的组织类型，对于效率和现代文明的理性基础发展是必要的。官僚制是一种工具。哪里彻底实现了行政的官僚化，哪里所确立的权力关系实际上便是不可摧毁的。官僚制是用法律或行政法来规定固定的或官方的权限的理论原则。他认为在合法的政府中，以下三个要素构成了一个管理制的行政机关：官方以固定的方式分派政府机构的日常工作，官员有完成工作的发号施令的权力，要招聘那些有资格的人来完成工作任务。官僚制实行层级节制原则、职业化原则、专业化原则、法制原则、固定薪金原则、非人格化原则、档案管理原则、公私分开原则等。

韦伯的官僚制理论是现代公共行政组织理论的基础，是公共行政学的理论基础之一。

（三）泰勒、法约尔、韦伯和其他科学管理学派学者的主要理论贡献

弗雷德里克·泰勒（1856—1915年）是美国著名的管理学家，被称为"科学管理之父"，是科学管理学派的领袖。他从工厂的微观管理入手开始研究如何才能提高工作效率，从工厂的具体管理研究过程中抽象出一些管理的普遍性原则。他认为这些原则可以大幅度地提高工作效率，并且适用于各种组织。他强调职能分工，主张建立合理的组织结构、命令统一原则，制定严格的规章制度，加强监督，例外原则，讲究工作方法等，目的就是提高工作效率。

法国管理学家亨利·法约尔（1841—1925年）是行政管理学派的代表人物，被称为"行政管理之父"。法约尔从宏观层次研究管理，起点高，视野开阔。他对工厂、政府部门、军队等各种组织的管理进行过研究。他不仅善于提炼管理要素、抽象管理原则，而且还赋予这些管理要素和管理原则以普遍意义。他提出了5项管理职能和14条管理原则。这5项管理职能是：计划，组织，指挥，协调，控制。14条管理原则是：分工原则，权责相符原则，纪律，统一领导原则，统一指挥原则，个人利益服从整体利益，报酬，集权，等级系列，秩序，公平，人员稳定，首创精神和团结精神。

美国的行政学家古立克和英国行政学家厄威克继承并发展了泰勒和法约尔的理论，并且把管理理论系统化。古立克提出了著名的POSDCORB，即七项管理职能：计划、组织、人事、指挥、协调、报告、预算。这七项管理职能被认为是20世纪传统行政管理的基础，它基本涵盖了公共行政的基本内容。古立克主要研究政府上层部门的角色。他的主张遭到以西蒙为首的当代行为学派学者的批评，认为有的管理原则不能自圆其说。

马克斯·韦伯认为官僚制是一种理想的组织类型，是效率工具。官僚制有以下组织原则：层级节制原则、职业化原则、专业化原则、法制原则、固定薪金原则、非人格化原则、档案管理原则和公私分明原则。

威尔逊、古德诺和韦伯奠定了公共行政学的理论基础，泰勒和法约尔等管理学家提供了管理的效率原则。但是，作为行政学的学科体系的建立却是由怀特、魏劳毕和费富纳完成的。

公共行政学作为一个有体系的学科，形成于20世纪20年代。第一位试图建立公共行政

学体系的是怀特（1891—1958年）。他是美国芝加哥大学教授、美国文官委员会主席。1926年他出版了世界上第一部大学公共行政学教科书：《行政学导论》。怀特坚持政治与行政二分法，用理论研究的方法，对政府、行政现象和行政行为进行了深入的研究，在学科研究体系和逻辑体系等方面都卓有建树。他将公共行政学的研究对象界定为四个方面：组织原理，人事行政，财务行政和行政法规。《行政学导论》是公共行政学发展史上的里程碑之作，对公共行政学的发展产生了十分重要的影响。

魏劳毕（1867—1960年）也是美国享有盛名的政治学家和行政学家。他是塔夫特经济与效率委员会的成员，是布鲁金斯学会的第一届主席。1918年，他发表了《联邦州预算改革运动》，将预算当作政府的中心环节，认为预算可以控制政府。政府重点是效率、负责任、行政部门与立法部门的权力平衡。他于1927年推出了一部公共行政学巨著《行政学原理》。他试图建立公共行政的基本原则，着重研究政府的财政、预算和物资管理等方面。

费富纳是南加利福尼亚大学教授、著名行政学家。他于1930年出版了一部《行政学》。他用理论的研究方法，从科学管理的角度，试图从各种纷纭复杂的行政现象和行政行为中，抽象出一些行政原则和行政方法。

怀特、魏劳毕和费富纳的三部公共行政学著作为公共行政学学科体系的形成作出了不可磨灭的贡献，他们也正是因为他们的著作而名垂行政学发展史册。他们的著作为公共行政学建立了基本的学科体系，为公共行政学的发展打下了基础。

科学管理时期的公共行政学过分地强调组织结构，强调规章制度和效率，忽视了人的因素。

二、行为科学时期（20世纪30年代至60年代）

行为科学的公共行政学时期，也有人称之为动态行政学时期，或Y理论时期。

这个时期公共行政研究的特点是用动物学和心理学的方法，研究人类行政行为的心理和行为特点，并且试图抽象出一些共同的行政原则和方法。这种研究方法拓宽了公共行政学的深层次领域的研究，尤其是对行政人员的心理与行为的研究更值得称道。这个时期的管理学家和心理学家对个体行为、团体行为、组织行为、领导行为和决策行为的研究颇有建树，丰富了公共行政学的内容，拓宽了公共行政学的研究领域。

（一）梅奥和巴纳德的社会人理论推动了公共行政学的发展

乔治·埃尔顿·梅奥（1880—1949年）是人际关系学派的代表人物。通过霍桑试验，他提出了"社会人假设"，弥补了科学管理学派"经济人假设"的不足。他认为人并不是唯利是图的经济动物，他们除了有物质需要之外，还有社会需要和心理需要。在正式组织里得不到的社会需要，可以在非正式组织里得到满足。非正式组织是客观存在的，它可以弥补正式组织对组织成员漠视和缺乏尊重的不足。

切斯特·巴纳德（1886—1961年）是美国著名管理学家，他独立进行研究，提出了社会人理论、非正式组织理论。1938年，他发表了《非正式组织以及它们与正式组织之间的关系》，认为非正式组织可以保持组织成员之间的联络和沟通，保持组织的凝聚力，保持组织内个人尊重、自尊与独立选择的感情需要。

心理学家亚伯拉罕·马斯洛（1908—1970年）提出了著名的人类需要层次理论，认为人的需要有生理需要、安全需要、社会需要、成就需要和自我实现需要五个层次。其他的心理学家从人的动机、需要、目标、行为等方面提出了不同的需要理论、期望理论、激励理论等。麦格雷戈提出了X理论—Y理论。这些理论都为行政学研究提供了新的方法和新的视角。以后还出现了超Y理论、W理论和Z理论。

（二）西蒙、沃尔多从行为的角度对公共行政的研究

西蒙是美国著名的经济学家，诺贝尔经济学奖获得者，他用行为科学的方法研究公共行政。他于1947年发表的《行政行为》是公共行政学发展史上的划时代著作。他严厉抨击传统公共行政理论，批评古立克和厄威克提出的行政原则是"行政谚语"，是缺乏科学根据的。西蒙认为应该将价值与事实分开，提出了有限理性的观点。从人的认知行为上来讲，人的理性不可能是无限的，只能是有限的。因此，决策只能是有限理性决策，是"满意原则"决策，而不是"最优原则"决策。

1948年，被称为公共行政学领域哲学家、史学家的沃尔多（1913—2000年）发表了《行政国》一书。他着重研究民主价值、行政哲学和公共行政的发展问题。该书是对20世纪30年代以来传统公共行政和古立克的POSDCORB的全面抨击。沃尔多在书中探讨了谁来统治、政府如何进行组织、权力的划分、集权与分权以及政策制定的标准等问题。沃尔多和西蒙对政治与行政二分法提出了挑战，他们对20世纪美国公共行政学的影响深远，是光芒四射的行政学双璧，堪称巨匠。

行为科学时期的公共行政学研究的最大贡献是确立了以人为本的管理思想；最大的弱点是不重视效率，太重视人际关系。

三、新公共行政学时期（20世纪60年代至70年代）

所谓新公共行政学，是相对于传统公共行政学而言的。但是它也仅是在某些价值理念上与传统公共行政学有所区别，并且也无法从根本上改变官僚制的管理体制。

20世纪60年代末70年代初，美国严峻的社会现实需要从理论上予以解释。沃尔多感到公共行政学鼎新时代已经来临。1968年，青年行政学者会议在锡拉丘兹大学明诺布鲁克会议中心召开，会议成果则反映在1971年出版的由马诺力主编的《迈向新公共行政：明诺布鲁克观点》中。沃尔多的《处于动荡时期的公共行政学》、弗雷德里克森的《七十年代的邻居控制》和《新公共行政学》，这几部书是新公共行政的代表作。1988年第二次青年行政

学者会议召开，回顾与展望了公共行政的发展。

新公共行政学力图摈弃传统行政的权威主义和以效率为中心的取向，而试图建立以公平为中心的民主行政。它继承了汉密尔顿、麦迪逊在《联邦党人文集》和托克维尔在《论美国的民主》中所倡导的民主行政。新公共行政学向传统行政学理论基础——政治与行政二分法提出了挑战。新公共行政学认为应当研究与动荡不安的时代、与公众的日常生活和与行政管理者实践相关的议题。它强调政治与行政的连续性，将道德价值概念注入行政过程，将社会公平注入传统的经济与效率目标；强调政府服务的公平，对公众需要负责而不是对公共机构负责，以及公共项目应当对决策和执行负责；强调公民参与、政策制定、相关控制、分权授权、组织发展、顾客至上和民主工作环境。新公共行政学所倡导的价值观，如社会公平、代表制、回应性、参与和社会责任等，推动了公共行政的发展，在某些方面为新公共管理的产生做了理论准备。

四、新公共管理时期（20世纪70年代至2000年）

新公共管理运动的产生绝非偶然，它是西方发达国家政治、经济、文化发展的必然产物。20世纪70年代发生的石油危机强烈地冲击了西方发达国家。西方发达国家产生了政府信任危机、财政危机和经济危机。学者和社会团体强烈地批评政府，迫使各国政府采取应对之策，于是产生了新公共管理运动。它并不是一个统一的运动，也没有统一理论，也可以讲没有统一的概念。各国的情况不同，它们选择的理论基础也有差别。尽管如此，我们还是可以把公共选择理论、新制度经济学和新保守主义作为其理论基础。公共物品、交易成本、委托代理人、学习型组织等新理念对新公共管理产生了较大的影响。其实，新公共管理是管理主义在20世纪70年代、80年代的复归，它主要发生在欧洲，尤其是北欧的一些国家，以及澳大利亚、新西兰和拉丁美洲的一些国家，而在美国主要是政府再造。新公共管理是对传统公共行政的扬弃，不能认为社会问题不是传统公共行政的研究对象。新公共管理"新"在管理方法和技术的实践性和具体化上，这是与传统公共行政的坐而论道不同的地方。新公共管理运动进行的最彻底的是英国、澳大利亚、新西兰等国家，而美国、德国、法国、荷兰、瑞典的新公共管理运动的改革是渐进式的，意大利、西班牙、希腊的行政改革也只是部分地引进管理主义。管理主义的新公共管理是以绩效为导向的。

新公共管理主张市场至上，将市场机制引入政府管理；主张企业家型政府；主张将一些公共部门私有化，或公共部门与私营部门合作，认为只有这样才能解决公共部门效率低下的问题；主张权力下放，加强低层官员的决策权和自主权，提高效率和服务质量；同时，还主张引入竞争机制，提倡顾客至上；强调结果而不是过程等。总之，新公共管理仍然是以效率为中心的改革。它十分尖锐地批评传统的官僚制组织，认为官僚制组织效率低下，不能满足公众的需要，不负责任，主张组织结构扁平化。大多数国家的新公共管理运动是在未触及官僚制的情况下进行的。

新公共管理过分地强调绩效，而对如何实现社会公平和摆正政治与行政的关系等问题的研究有所不足。

五、新公共服务时期（2000年迄今）

2000年，美国学者登哈特夫妇发表了论文《新公共服务：服务而非掌舵》，提出了既有别于新公共行政，又有别于新公共管理的新的公共行政理论。2003年，登哈特将论文扩展成书，对新公共服务理论进行了全面系统的阐述。

新公共服务是建立在新公共行政的理论基础之上的，批判地吸收了新公共管理的某些主张，是倾向于新公共行政的公共行政理论。

新公共服务的理论基础主要有四个：民主的公民权理论，社区和公民社会的模型，组织的人本主义和新公共行政以及后现代公共行政。

新公共服务理论主张服务公民，而非顾客；追求公共利益；重视公民权而不是公民资格；主张战略思考，民主行动；重视服务而非掌舵；重视人，而不仅仅是效率。

六、我国公共行政学的研究与发展

我国最早提出学习行政学的是梁启超，他于1876年在《论译书》中提出"我国公卿要学习行政学"。孙中山先生提出了立法、司法、行政、考试、监察五权分立思想，并且建立了五院分立制度。19世纪末20世纪初，我国有识之士翻译介绍了一些西方的行政学著作。1935年张金鉴出版了《行政学的理论与实际》，这是我国第一部行政学著作。1936年，江康黎出版了《行政学原理》，也是颇有影响的著作。1943年，中国行政学会成立，出版了《行政学季刊》。

新中国成立以后，在1952年院系调整时，公共行政学作为伪科学被砍掉，十分严重地影响了我国公共行政学研究和行政管理现代化。1979年3月30日，邓小平同志在理论工作务虚会上提出："政治学、法学、社会学以及世界政治的研究，我们过去多年忽视了，现在也需要补课。"此后，各大学成立了行政学系，各省、自治区、直辖市成立了行政学院。1988年，中国行政管理学会成立。

第三节 公共行政学的研究对象与方法

一、公共行政学的含义

究竟什么是公共行政学，可以讲有多少公共行政学家就有多少定义。但是，这些看法主要集中在公共行政学是科学还是艺术,是方法还是运作过程上。

公共行政学研究的是公共组织对公共事务的管理,对此,没有疑义;公共行政所追求的是效率和公平,对此,也很有少歧见。问题在于公共行政学是否像其他学科一样有放之四海而皆准的规律,对此,见仁见智,并没有一致的看法。

美国学者德怀特·沃尔多在讨论什么是公共行政时曾指出两种典型的定义,第一种定义是公共行政是为了达到政府目的而对人与物质的组织和管理。第二种定义是公共行政是管理国家事务的艺术与科学。关于公共行政是科学还是艺术的大量的争论,没有取得一致的定论。它到底是一门科学还是一种艺术?显而易见,在公共行政的系统研究基础上很容易找出作为科学的例证来,而在公共行政的实践基础上又很容易找出作为艺术的例证来。

行政管理的对象是千变万化的,面对不同的情况必须应用不同的管理方法,即使相同的管理对象在不同的时间、地点,管理方法也不同,科学必须有理论上的抽象,必须有共同的规律可循。确实,学者们对此进行了不懈的努力。行政生态学的产生就是因为学者们不赞同美国狂妄地认为他们那种公共行政是科学的,在哪个国家实行都会有效的观点。事实证明,美国那套公共行政在发展中国家并没有取得他们预期的效果。公共行政学只是对行政现象内在的科学化、效率化和规范化的规律性研究和探讨,因此,没有不变的规律。

但是,公共行政也不是纯方法和运作的问题,它有一些管理原则是不可违背的,是必须遵循的,谁违背它,谁就不可能搞好行政管理。管理学、政治学和法学是行政的基础学科,管理学、政治学和法学的原则并不能算作公共行政学的原则。公共行政学是交叉学科和边缘学科,它吸收了其他许多学科的原则和原理。也许公共行政学可以自成体系的理论是韦伯的官僚制理论。

公共行政学是研究公共组织依法处理政务的有效性、公平性、民主性的规律的交叉性与综合性学科。在这里公共组织主要是指政府,公共行政就是政府行政。

二、公共行政学的特点

(一) 公共行政学是一门交叉性学科和边缘性学科

公共行政学是政治学、管理学、法学、经济学、社会学、心理学和人类文化学等学科的交叉学科和边缘学科。它有自己的研究领域,但也吸收了诸学科的方法和原则。虽然它有自己的学科体系,却是集诸学科之长为己所有。它借鉴并利用一些社会科学和自然科学的原则、方法以及视角进行公共行政学研究。如公共行政学有政治学研究方法、法学研究方法、经济学研究方法、社会学研究方法、心理学研究方法、文化学研究方法、哲学研究方法、生物学研究方法和数理研究方法等。

(二) 公共行政学是应用性的学科

公共行政学研究的是以政府为主体的公共组织的实际管理工作,它的价值在于能够解决实际的管理问题，为政府的实际管理工作服务。公共行政是对公共事务进行管理，如对市场、环保、社会保障、公共设施的建设和维护，对社会秩序的维护和国防等都是实际的管理。它涉及许多管理方法和管理技术问题，因此，它是应用性、操作性很强的学科。它与政治学、哲学等纯理论性学科截然不同，它的生命力就在于能够解决实际问题。如果公共行政学不能开拓出自己研究的独特领域和独特的研究方法，不能为政府解决实际问题，那么就不可能被政府接受，也不可能有长足的发展。

（三）公共行政学是政治性较强的学科

虽然公共行政学是应用性学科，但也不是纯管理、纯技术的学科。它的研究对象是政府，政府的政治性特点决定了它不能脱离政治而进行纯管理技术的研究，而是以确保政府的合法性作为其研究的重点。在许多问题上，公共行政学并不是研究纯行政技术和方法，而必须借助政治学理论对政府的一些管理问题进行研究。这是十分重要的研究内容和研究方法。虽然管理主义对公共行政学有重要作用，但是，也不能认为公共行政学是一个脱离政治的纯管理的学科。

（四）公共行政学的研究具有广泛性

公共行政学的研究是一门涵盖内容十分广泛的学科。可以讲，广义的公共行政学既包括公共行政，也包括私人行政，还包括家政学。公共行政不仅适用于政府、立法机关、司法机关、政党、军队、教会、企业、学校、医院等各种公共组织，而且也适用于社会秩序、公共设施、各种资源、科学技术、文化教育、环境、国有资产、市场、各种行业、各种事务，甚至包括对国防和外交事务的管理。公共行政的广泛性决定了公共行政学研究的广泛性。

公共行政学的研究范围十分广泛，除了对公共行政要素如行政体制、公共组织、政府职能、行政领导、人事行政、机关行政、行政决策、行政方法、行政效率、行政改革等进行研究之外，还对专业行政，如农业行政、工业行政、交通行政、民政行政、金融行政、公安行政、国家安全行政、国防行政、外交行政、贸易行政、工商行政、邮电行政、卫生行政等进行研究。总之，那些政府部门都是专业行政部门，都是公共行政学的研究领域。此外，省、自治区、直辖市等地方政府、县政府、乡镇政府和市政管理也是公共行政学的重要研究领域。

（五）公共行政学具有发展性

公共行政学的研究必须随着时代的发展而发展，公共行政理论也不是永久不变的，也必须随着时代的变化而变化。行政管理是上层建筑的管理，它必须适应经济基础的需要，为经济基础服务。政府必须随着社会发展进行卓有成效的改革，公共行政学也必须与之相适应。我国改革开放以来，经济基础发生了巨大变化，行政管理也随之发生巨变。面对知识经济和信息社会，经济基础必然发生巨大变化，公共行政学也必须研究在知识经济条件下行政管理的变化。公共行政学就是在这种不断的发展变化中不断发展和完善的。

三、公共行政学的研究对象

公共行政学研究政府能够管什么，政府应该管什么，行政管理应该由谁来管，怎么管，为什么管。

第一，公共行政学研究政府能够管什么。这是指行政环境对政府行为的限制和约束问题，也就是指在一定的行政环境的约束下，政府能够做什么。政府虽然掌握行政权，但是它并不能凭借手中的权力随心所欲，什么都做，什么都管。政府职能和行政权力受行政环境的制约。行政环境为政府管理提供了历史舞台，并从根本上决定政府能够做什么，能够管什么。政治环境、经济环境、文化环境和社会环境制约着政府行为。行政环境允许政府做什么、管什么，政府才能做什么、管什么。政府管理不能超越历史环境所提供的可能性和活动空间。

第二，公共行政学研究政府应该管什么。政府应该管什么的问题就是指政府职能，是公共行政学研究的重要方面。行政环境为政府提供了政府管理各种公共事务的可能性，但是，政府不可能满足所有的社会管理需求，必须把自己的管理职能限制在一定的范围之内，也就是政府应该管什么。公共行政学围绕政府职能大小、强弱，政府与立法机关、司法机关的权力划分，政府与社会、市场、社会组织和公民的作用等问题展开研究。这是行政学发端以来一直争论不休的问题，这些问题决定了政府职能及其管理方式。

第三，公共行政学研究政府管理由谁来管，也就是指政府管理的主体是谁。政府管理由政府的各类各级行政部门和被授予行政权的组织进行管理，也就是公共组织；公共组织有一定的机构、权力划分和运行机制，形成一定的关系和制度，也就是行政体制。政府必须由各级各类的行政机关和行政机构组成，并且有一定的行政权力和管理范围，担负一定的管理职能。同时，政府管理必须由人组成政府并进行管理。对政府的各级各类行政人员的管理，就是人事行政。政府管理由行政领导者推动，讲究领导方法和领导艺术。

第四，公共行政学研究政府管理怎么管。首先是政府管理的过程，它包括行政领导、行政决策、行政执行、行政协调、行政监督。其次是政府管理的依据，它涉及人治与法治。现代行政的依据是法律，政府管理必须依法行政。政府管理还必须讲究管理方法，利用一定的财政资源。

第五，公共行政学研究政府管理为什么管，也就是管理的目的。政府管理有两个目的，一个是效率，一个是公平。效率不仅指政府本身的行政效率，也指国家与社会的发展效率。公平是政府对社会的管理责任，政府通过各种手段确保每个公民在政治、经济、文化和社会各个方面的公平地位。

四、公共行政学的研究方法

（一）公共行政学的研究取向

"就公共行政理论的范畴而言，至少可以指出三个取向：第一，公共行政理论被看作政府过程的一部分，因而是政治学研究的一个分支。在这一观点看来，公共组织理论就是政治理论的一部分。第二，公共组织被看作与私人组织差不多。在这一观点看来，公共行政理论只是组织理论的一部分。第三，公共行政被认为是一个专业领域，就像专业性极强的医学和法学一样，它吸收了不同的理论观点以解决实际问题。"[①]

公共行政学研究的第一种取向就是管理取向，也就是企业管理取向。它可以分为传统管理取向和新公共管理（New Public Management，NPM）取向。传统管理取向是公共行政学产生的基础，主张政治与行政分离，政府事务中具有商业性质部分应当以完全企业化的模式运作。公共行政是一个职业领域，与政治无涉。因此，要求政府"非政治化"，公务员中立，不能有党派政治观点，即公共行政脱离政党政治。公共行政追求的是效率、效能和经济利益最大化。传统管理取向主张公共组织采取官僚制的组织结构和非人格化管理，以确保权威和效率。

新公共管理取向是20世纪70年代以后西方发达国家为提高政府绩效进行改革而采用的。它对传统公共行政、官僚化的公共行政进行批判，它重结果而不是过程，强调运用市场机制，强调顾客导向和民营化，强调政府是"导航者"而不是"划桨者"（奥斯本等语），政府要放松管制，组织结构要扁平化，要有弹性，授权给下级和每个公共行政人员。

公共行政学研究的第二种取向是政治取向。它产生于美国罗斯福新政和第二次世界大战期间对公共行政脱离政治的批判。政治取向强调的价值观是"代表性""政治回应""社会公平"和"责任"等。它强调这些价值不仅是建立宪政的重要元素，也是公共行政的重要元素；强调公众参与，认为公务员是各种利益阶层与集团的代表；质疑效率。它实际是公共行政的多元主义。组织结构的多元主义，造成组织矛盾和冲突，使组织混乱。它将社会公平和责任注入公共行政。

公共行政学研究的第三种取向是法律取向。法律取向的产生有三个源头：其一是行政法，主要是指管制一般公共行政过程的法律和法规。其二是公共行政司法化的发展，为了确保公民个人权益不受侵犯，将行政运作程序当作司法程序一样。其三是宪法。法律研究取向重视法治，强调公正、正当的法律程序，政府对公民的平等保护和公平。它不追求公共行政的成本和效率。

[①] [美]罗伯特·登哈特：《公共组织理论》，北京，中国人民大学出版社，2003。

（二）理论与实践相结合的方法

公共行政学是一个应用型学科，具有很强的实践性和操作性。它的生命力在于能够解释并解决公共行政的实际问题。理论与实践相结合是公共行政学研究的最基本的方法。

理论与实践相结合，首先要求以马列主义、毛泽东思想、邓小平理论和"三个代表"思想为指导思想，引进西方公共行政理论，并且对它们进行扬弃，既反对对西方公共行政理论采取一概排斥、妄自尊大的态度，也反对把西方公共行政理论神化、图腾化，"言必称希腊"。管理有共性，公共行政也有共性，但是管理毕竟是个性的管理，行政管理也不例外。我们研究西方公共行政理论，必须吸取精华，为我所用，不能囫囵吞枣，照抄照搬。

理论与实践相结合必须联系我国国情。我们研究公共行政学不是为了研究而研究，而是为了解决我国公共行政的实际问题。公共行政的原则和方法必须符合我国的实际。我国是一个历史悠久、幅员辽阔、人口众多、民族众多、资源有限、比较贫穷落后的国家。虽然改革开放以来，我国的综合国力已经大幅度提高，但是与西方发达国家相比仍然相差甚远，就是与许多发展中国家相比，人均国民生产总值也有很大距离。这是基本国情。天上有我国的人造卫星在围绕地球转，但是中原大地还有非常原始的牛车在行驶；互联网和手机在城市已经广为使用，但是在某些偏僻的农村，电话和电视仍然没有普及。而且我国56个民族的社会经济发展情况也不一样，东部和西部的社会经济发展有很大的差别。所以，我国的公共行政学的研究不仅要结合我国的实际，而且还要结合不同地区、不同民族的实际。俗话说，一把钥匙开一把锁，不同地区、不同民族的公共行政也有区别。公共行政学研究就是研究出符合它们特点的行政管理政策和方法。因此，公共行政学研究不是照搬照抄西方的理论，玩弄词藻，故作高深，而是必须使公共行政学本土化，洋为中用。

理论与实践相结合还要求必须发掘我国古代行政管理的优秀文化遗产。我们不能对我国古代丰富的行政管理的文化遗产采取历史虚无主义的态度，而必须用辩证分析的方法进行古为今用、推陈出新的工作，把我国古代优秀的行政思想和管理经验与我国现实结合起来，与现代公共行政理论结合起来，与中国共产党的理论和社会主义革命和社会主义建设的实践结合起来，形成具有中国特色的公共行政学。这是公共行政学本土化的必由之路。

（三）哲学研究方法

哲学研究方法就是用辩证唯物主义和历史唯物主义对公共行政学的理论和实践进行研究，也运用系统论、控制论、信息论、耗散理论、博弈论和熵理论等进行研究，是形而上的研究方法。其目的是试图从纷纭复杂的行政管理活动和管理现象中，从各种公共行政理论中，抽象出一些规律性的东西，建立行政哲学，以对行政管理进行宏观指导。

（四）跨学科的研究方法

跨学科研究方法包括政治学研究方法、管理学研究方法、法学研究方法、经济学研究方法、社会学研究方法、心理学研究方法、数学研究方法、文化学研究方法，以及多学科综合研究方法等。这些研究方法从多角度、多侧面对行政管理进行研究，并且取得了丰硕的成果，丰富了公共行政学的内容和研究领域。这些研究方法对公共行政学的发展起到了很大的推动作用。

（五）实证研究方法

实证研究方法包括实际调查研究方法、模拟实验方法、个案研究方法等。它往往就某个行政管理的具体问题，进行个案调查研究，或者进行模拟实验，以取得具体的数据或成果，作为宏观指导的依据。个案研究方法是经常被采用的研究方法。通过个案研究得出具体的结论，不仅增加理性认识，而且增加感性认识，可以尽快地提高国家公务员的行政理论水平和实际工作能力，是一种行之有效的研究方法。

（六）比较研究方法

比较研究方法是将一个国家的行政管理或某方面的行政管理情况与其他国家的行政管理或某方面的行政管理情况进行比较研究，取他人之长，补己之短，目的是改善和提高行政管理水平。

小结

公共行政是公共组织对公共事务的管理。公共行政有管理、政治和法律的三个研究途径。不同的研究途径从不同的角度对公共行政进行研究。所以，公共行政往往有公司化或司法化的倾向。公共行政学发展是围绕效率展开的，官僚制组织结构是确保公共组织效率最好的组织结构。尽管现在受到批评，但是目前它仍然是公共组织的主要组织形式。然而，我们应该注意信息社会公共组织结构的发展和变化，这也是值得我们深入研究的课题。

第二章 行政环境

行政环境是指直接或间接影响公共行政的各种内外部因素的总和。它具有复杂性、约束性、多样性和不稳定性的特点。行政环境与公共行政是辩证的关系，公共行政必须适应行政环境，行政环境制约、决定公共行政；公共行政对行政环境有改造作用。虽然一般行政环境即自然地理、政治、经济、文化和国际环境对公共行政的作用是十分重要的，但是，具体环境的作用也不容忽视。组织环境和组织文化对公共组织形成团体凝聚力有十分重要的作用。

第一节 行政环境概述

一、行政环境的含义

每个事物的产生和成长都是不断进行自我调整、不断适应环境的必然结果。特定的环境产生特定的事物。环境是指除了每个事物自身之外的整个宇宙。环境是任何形态系统，无论是自然形态系统还是社会形态系统产生、形成和发展的必要条件之一，是一种孕育、产生和发展新物种、新制度和新思想的形而上的力量，也是一种约束力量。公共行政环境是产生、形成和发展公共行政的自然的、社会的和历史的条件，也是公共行政的约束力量。因此，任何国家的公共行政都是在其特定的公共行政环境中产生、形成和发展的，并形成有各自特点的公共行政模式。公共行政的有效性就在于符合其赖以生存的公共行政环境。脱离各个国家的具体的公共行政环境就不可能真正深入地认识各个国家的公共行政。虽然公共行政的一些管理原则和方法具有普遍的适用性，但是，那种认为一种公共行政模式可以适用各个国家的看法，只不过是幻想。事物的普遍性不能代替事物的特殊性，各个国家的历史、政治、经济、文化和社会的环境不同，公共行政模式也会有区别。公共行政环境是指直接或间接地作用或影响公共组织、行政心理、行政行为和管理方法与技术的行政系统内部和外部的各种要素的总和。

一般的环境不能称之为公共行政环境，只有那些直接或间接地影响和作用于公共行政系统和行政行为的环境，才能称之为公共行政环境。公共行政环境有不同的分类方法，这里将公共行政环境分为一般公共行政环境和具体公共行政环境；一般公共行政环境是指公共行政系统外部的宏观环境，具体公共行政环境是指组织内部的环境。一般公共行政环境包括自然地理环境、政治环境、经济环境和文化环境；具体公共行政环境包括组织文化和管理对象等。

二、行政环境的特点

（一）复杂性

公共行政环境是多种多样的，是多层次、多结构的，是非常复杂的。有自然地理的、政治的、经济的、文化的和社会的环境；有物质的环境，也有精神的环境。这些环境构成要素也是多层次、多结构、错综复杂的。同时，这些公共行政环境要素不是孤立的，它们往往相互交织在一起，互为因果。政治的、经济的、文化的各种环境要素交织在一起，有时很难把这些环境看成是单一的要素，甚至也很难分清公共行政环境的类型。公共行政环境也是多层次的，有系统的宏观环境，也有中观环境和微观环境；有国际环境和国内环境，也有地区环境和组织环境。如果把公共行政环境的多结构性和多层次性加上人为的因素，就使公共行政环境更加复杂，更加难以确定。只有认识了公共行政环境的复杂性特点，才能认识公共行政的复杂性和艰巨性。

（二）约束性

既然我们认为公共行政是公共行政环境的产物，那么，公共行政环境必然对公共行政有限制作用和约束作用。公共行政只能在公共行政环境所提供的空间和各种条件下进行，不能超越它所提供的各种限制条件。公共行政环境有历史性的限制条件，这是由历史和社会发展的不同阶段所决定的，是经济基础决定上层建筑的必然结果，公共行政无法超越历史条件即历史环境的约束。在封建社会的公共行政环境下，不可能产生民主行政，而只能产生与其环境相适应的专制行政。公共行政环境有社会政治和经济发展的不同形态的决定和约束条件。我国是社会主义国家，社会主义的政治和社会主义市场经济决定了我国的公共行政不同于资本主义国家的公共行政。公共行政环境还有意识形态提供的价值和行为的约束条件，它对公共行政的指导和影响作用也是必然的。除此之外，公共行政环境还有传统文化所提供的约束条件，它们对公共行政的潜移默化的约束也是无法摆脱的。公共行政不能超越历史和现实所能够提供的各种条件。公共行政环境的约束性对政府能够做什么有决定作用，政府只有在公共行政环境所提供的各种有利和不利的条件下科学地选择自己的目标，才能履行其职能。政府在进行各种改革时，应该深刻地认识到公共行政环境的约束性，只有这样才能够充分地看到改革的复杂性和艰巨性，才能够坚定改革的决心。

（三）特殊性

公共行政环境的特殊性首先表现在各种公共行政环境之间的差异性上。各种公共行政环境之间有自然地理、政治制度、经济制度、意识形态、文化传统、宗教信仰和风俗习惯的差别，有的差别是很大的。就是在同一种政治制度、经济制度和文化传统的前提下，公共行政环境也有差别。同样是市场经济环境，美国、德国、法国和日本就有很大的不同。这些差别构成了不同的公共行政环境的特殊性。这种公共行政环境的特殊性是我们认识各个国家公共行政的出发点。其次，这种特殊性还表现在一个国家的不同地区的公共行政环境的差别上。这些差别主要表现在自然地理、经济发展水平、人文素质、宗教信仰、风俗习惯、行政效率等方面。认识这些差别对认识不同地区的公共行政有指导作用。认识到公共行政环境的特殊性就会认识到公共行政的个性，没有个性就没有管理。一个国家的公共行政如果没有自己的特点，就不可能进行有效的管理。如果不认识我国公共行政环境的特点，不分青红皂白，囫囵吞枣地照抄照搬西方的公共行政理论和行政模式，就不可能进行有效的管理。

（四）不稳定性

如果公共行政环境的变化幅度比较小，比较稳定，是渐变的，可以称之为稳态环境；如果公共行政环境的变化幅度比较大，可以称之为动态环境。动态环境的特点就是它的不稳定性。一般来讲公共行政环境是比较稳定的。但是，公共行政环境有时也是不稳定的。公共行政环境的不稳定性可以分解为两个维度：复杂和变化程度以及不可预测的突变性特点。公共行政环境的复杂性在前面已经做了分析，这里不再重复。公共行政环境的不稳定性表现的另一方面就是它的突变性。突变性就是不可预测性，其主要表现在突然发生政治动乱、政府危机、经济危机、自然灾害和影响国内政治、经济、文化的国际突发事件等方面。例如，亚洲发生的金融危机，美国轰炸我国驻前南斯拉夫大使馆和美国间谍飞机撞毁我国飞机的严重挑衅事件，2003年我国突然遭到的"非典"袭击，2004年亚洲一些国家遭遇的"禽流感"，美国的"9·11"事件和西班牙"3·11"事件，都是突发事件，这些都是完全在世界各国政府意料之外发生的事件。可以预料，在未来的国际事务和国家事务中，这类突发事件会愈来愈多。认识到公共行政环境的突变性，就应该加强政府的反应能力和应变能力，加强政府的危机管理。在21世纪，妄图独霸世界的个别国家或个别组织会经常地制造这种突发事件。处理突发事件的能力是政府适应环境的重要能力。

三、行政环境的作用

公共行政环境的作用主要表现在它与公共行政之间的相互关系上。它们之间是相互适应、相互作用的关系，是输出与输入的关系。公共行政环境决定、限制和制约公共行政，公共行政必须适应公共行政环境。同时，公共行政对公共行政环境也有能动作用，它可以影响和改造公共行政环境。公共行政环境对公共行政的作用有的是直接的，如政治环境的作用；有的是间接的，如传统文化的影响。公共行政环境作用并影响行政组织、行政心理、行政行为和管理方法与技术。这种作用和影响不仅仅来自行政系统的外部环境，同时也来自行政系统的内部环境。这两者对行政系统的作用和影响虽然有区别，但是都是不能忽视的。20世纪60年代产生的行政生态学对两者的关系进行了卓有成效的探讨。

公共行政环境对公共行政有决定、限制与制约作用。辩证唯物主义认为，公共行政环境与公共行政之间的关系是辩证的关系。有什么样的公共行政环境就有什么样的公共行政；公共行政环境决定、限制与制约公共行政。但是，公共行政也不是完全被动的，它对公共行政环境有反作用，可以改善、创造公共行政环境，也可以使公共行政环境恶化。

首先，公共行政环境决定、限制与制约公共行政。公共行政环境是公共行政产生、存在和发展的宏观环境，是公共行政产生、生存和发展的土壤和行动的空间。有什么样的公共行政环境就有什么样的公共行政。自然地理、政治制度、经济制度、意识形态、传统、人文环境都对公共行政有很大的影响，有的甚至起决定作用。尤其是政治制度和经济制度更为重要，有什么样的政治制度和经济制度就决定了有什么样的行政体制和行政管理。行政环境决定、限制和制约行政体制、行政职能、行政目标、公共政策和行政权力的运行方式，以及官员的行为方式、思想观念与行政经费等。

其次，公共行政必须适应公共行政环境。如果公共行政不适应公共行政环境，也就是政府没有适应环境的能力，那么就无法进行有效的行政管理。所谓适应公共行政环境，是指行政管理必须符合特定的公共行政环境向它提出的要求和条件。如果不适应公共行政环境，即使再先进的行政管理也不可能有管理成效。民族文化和传统观念对公共行政的影响至深，任何科学的公共行政模式和管理方法，如果不符合其民族文化和传统观念，就很难推行。武力可以占领一个国家，但是，想强加给这个国家一个不符合其民族文化和传统观念的公共行政模式却很难成功。第二次世界大战以来的历史证明了这一点。

再次，公共行政环境的发展变化必然导致公共行政的发展变化。由于社会革命或社会变迁，公共行政环境发生了变化，公共行政必须适应这种变化。且不说一种社会制度代替另一种社会制度，公共行政必然发生质变，就是在同一种社会制度下的不同时期，由于发生了较大的社会变迁，公共行政也是不同的。自改革开放的二十多年来，我国公共行政也发生了巨大的变化。我国从计划经济已经逐步转变为社会主义市场经济，与计划经济相适应的高度集权的全能政府，经过多次政府机构改革，已经逐步向相对集权的分权化的政府转变，以适应社会主义市场经济发展的需要。

最后，公共行政对公共行政环境也有反作用。公共行政的能动作用是研究公共行政环境的重要原因之一。公共行政可以利用公共行政环境提供的实际条件和要求，选择切合实际的公共行政目标，确立科学的行政关系。通过达成行政目标而达到改善公共行政环境的目的。政府可以通过制定和实施环境保护政策，使天变蓝，使水变清，使沙漠变良田；政府也可以通过制定、实施某项公共政策改造社会，如禁毒等。当然，严格来讲公共行政就是为了公共利益而改造客观世界，就是改变环境。

对公共行政环境的研究形成了一门新学科叫公共行政生态学。1748年孟德斯鸠在《论法的精神》中提出法律无所谓好坏，凡是适合国情的法律，就是最好的法律。他所说的国情就是指国家自然环境和社会环境。这种观点已经十分超前地指出了环境对法律的影响。这种研究方法对公共行政学研究很有启迪作用。

美国哈佛大学教授高斯最先提出对公共行政环境问题进行研究。1936年他发表了《美国社会与公共行政》，提出了公共行政与公共行政环境之间的关系问题。1945年他在赛马拉做了一系列关于公共行政与公共行政环境关系的演讲，十分精辟地论述了如何运用公共行政生态方法研究公共行政。1947年他发表了《政府生态学》，更加强调公共行政环境对公共行政的作用。但是，公共行政环境作为一门新学科并没有形成。

第二次世界大战以后，美国以胜利者的姿态像推行其水兵舞一样，狂热地推销其价值观、社会制度和公共行政模式。他们乐观而盲目地认为发展中国家只要采取美国政府体制就能够管理好国家。但是，那些采用美国公共行政模式的国家，并没有管理好国家，无情的现实打破了美国人的美梦，于是，引起了美国一些学者的反省和深思。他们看到了公共行政环境对公共行政的制约作用。1957年哈佛大学教授里格斯发表了《比较公共行政模式》，1961年又发表了《公共行政生态学》，这是公共行政生态学的代表作，开以生态学方法研究公共行政的风气之先河。

里格斯将公共行政分为三种模式：一是融合型公共行政模式，是农业社会的公共行政模式，它的主要特点是公共行政是建立在自给自足经济基础上的家长制，任人唯亲，实行等级森严的世卿世禄制度；二是衍射型公共行政模式，是工业社会的公共行政模式，它的主要特点是公共行政建立在大工业生产方式基础上的民主行政，官员依法任命，依法行政；三是棱柱型公共行政模式，是从农业社会向工业社会过渡的公共行政模式，它既有农业社会的公共行政的某些特点，也有工业社会公共行政的某些特点，是两者的混合体。

公共行政生态学研究的领域有社会环境与自然环境对公共行政的影响、文化环境与公共行政的相互作用与影响、心理环境对公共行政的影响、生理环境对公共行政的影响。

第二节 行政环境与公共行政

一、一般行政环境与公共行政

一般行政环境是指公共行政的宏观环境，不仅指一个国家的公共行政所赖以生存和发展的自然地理环境，还包括政治、经济、文化以及国际环境等社会环境。

（一）自然地理环境与公共行政

自然地理环境是指一个国家所处的地理位置和自然状况。自然状况包括地形、土壤、山林、水系、气候、矿物、动植物分布及所能够提供的各种资源。大自然是孕育人类的摇篮。最近破译的人类的遗传基因密码证明，人类本是同根同源，其差异是由不同种族在不同的自然地理条件下生存与进化而造成的。这充分证明自然地理条件对人类进化和发展的重要性。在不同的自然地理条件下，不仅产生了不同种族，而且产生了不同的语言文化、不同的宗教信仰、不同的政治体制、不同的生活方式和不同的风俗习惯等。民族文化和民族传统是产生民族政治的土壤和基础，同时也就产生了民族的国家制度和行政体制。印第安村社的行政体制只能是印第安民族的产物，非洲的乌贾马村社的行政体制只能是坦桑尼亚的古老传统。民族传统和民族文化形成了不同的权力观念和国家制度。这种影响和作用是根深蒂固的，是潜移默化的。如果公共行政没有民族特色，就不可能是高效的。自然地理环境就是这样影响公共行政的。那种盲目照搬西方公共行政原则和方法的做法，往往是邯郸学步，东施效颦。学他人之所长者智，照搬他人者蠢。

  自然地理环境不仅对民族的形成和政府的塑造有重要影响，而且还能为公共行政提供物质资源，它对确立公共行政目标和进行行政决策有很大的影响，有时甚至有决定性的影响。非洲和中东地区的一些国家处于沙漠地区，恶劣的自然环境决定了这些国家的政府不能将农业作为公共行政目标。但是，有一些国家因为石油埋藏量十分丰富，在进行大量的开采之后，靠卖石油所得为国家提供大量的资金，使这些国家一跃而成为富国。因此，它们的政府投入大量资金发展工业和工厂化农业。这说明自然地理为公共行政提供物质资源的重要性。自然地理条件和资源也决定并限制了政府的决策和行政目标的选择。我国虽然地大物博，但是因为人口众多，人均资源相对较少。我国现在经济发展突飞猛进，固然可喜可贺，但是自然资源的缺乏问题也越来越突出，石油供应就是一个值得注意的问题。如果找不到石油供应途径，势必影响我国经济的发展，也将决定或影响我国政府经济发展战略和外交政策的制定。

  同时，公共行政也能够破坏自然环境。一个国家的经济发展政策决定了对本国自然资源的利用。如果采取可持续发展政策，科学合理地开发和利用自然资源，那么，既可以保护生态平衡，又可以充分地开发和利用自然资源发展经济。但是，工业社会从工业生产到人的吃穿住行，都是靠疯狂地开发利用大自然的资源来维持的。从英国工业革命到现在，人为地破坏环境、污染环境，已经危及人类自身的生存和发展。时至今日，人类并没有从根本上改变靠开发、浪费和破坏资源和环境发展的模式。温室效应、沙漠化、水资源短缺、物种灭绝等现象仍然十分严重。另外，各国政府也可以制定恢复和保护生态环境的经济发展的政策。可以制定政策改造环境，使沙漠变良田，荒山披绿装，天变蓝，水变清。历史的经验值得借鉴。靠盲目地开发和利用自然资源、浪费资源、污染环境发展的模式只能是"盲人骑瞎马，夜半临深池"的危险模式。这种发展模式不仅危及人类自身的生存，而且也不可能实现可持续发展。所以，政府必须制定保护自然资源和自然环境的法律和政策，以实现人类的可持续发展的宏观战略。所以，现代公共行政必需注入绿色行政理念。

（二）社会环境与公共行政

1. 政治环境与公共行政

一个国家的政治制度、政党制度、阶级状况、法律制度、政治文化等构成了这个国家公共行政的政治环境。政治环境决定并制约公共行政。政治体制决定行政体制，决定政治与行政两者的关系，决定权力的制衡关系，决定行政权力的划分与运行方式。下面仅就政治制度、政党制度、法律制度与公共行政的关系展开讨论。

一个国家是专制制度还是民主制度，决定了公共行政在这个国家所处的地位和所起的作用。在专制制度下，公共行政、法律制度、司法制度都没有独立性。公共行政往往会成为政治寡头实现个人野心或小集团利益的工具。在民主制度下，公民参政议政，监督政府行为。公共行政有独立的地位和作用，以实现公共利益为目标。

政党制度是政治体制的重要组成部分。政党是阶级的政党，是代表不同社会集团利益的政党。因此，政党制度对公共行政有巨大的影响。不同的政党制度对公共行政的影响也不同。在发达资本主义国家，因为其政党制度较成熟，政党政治对公共行政的影响是通过选举和舆论来实现的。但是，在政党制度较传统或政党制度不成熟的发展中国家，两党制或多党制给国家造成了不稳定和动荡。拉丁美洲的一个国家，1958年开始实行多党制，一夜之间成立了五百多个政党，纷争不已，这个国家至今也没有稳定下来。其他如秘鲁、阿根廷、巴西、哥伦比亚、海地等国家，政党制度给它们造成了不稳定，对公共行政的影响和冲击非常严重。因为政党众多，社会分裂，斗来斗去，执政党上台不久反对党就进行大规模的反政府活动，政府本身不稳定，执政不久甚至几个月就下台，政策没有连续性，所以不能有效地管理国家的公共事务。尽管许多国家通过法律将政党政治排除在公共行政系统之外，国家公务员不能有党派之见，但所谓的国家公务员"政治中立"，在西方发达国家也是不可能的，在发展中国家更是行不通的。但是，它与政党分赃制相比是一个巨大的进步。在野党通过议会或新闻舆论对政府和执政党进行监督。这是卓有成效的权力制衡方式之一，尽管是资产阶级不同派别的权力之争。我国的政治环境决定了我国的公共行政必须在中国共产党的领导之下，政府必须执行党的方针、路线与政策，没有什么"政治中立"。

法律制度比较完备并且有法律传统的国家，一般能够做到依法行政。公共行政是非人格化的法治行政；而那些人治传统十分悠久的国家，即使制定了法律，也要经过比较漫长的时间，才能变人治为法治。家长制，领导者言出法随，权大于法仍然是发展中国家的实际情况。在这种情况下，公共行政不可能规范。那些掌握大权的人不愿意用自己制定的法律约束自己，而且因为没有强有力的权力制衡，他们的权力行使没有明确的界限，产生了不受监督的权力，这样必然产生腐败。

如果一个国家的政治法律制度不健全、不完善，那么行政体制、行政目标、行政决策、行政运行方式等都不可能有规范、有秩序地进行，往往有人为的色彩，这势必危及政府的合法性。最近几年，有些发展中国家的国家领导人一个个踌躇满志地上台，几个月后便在谩骂声中灰溜溜地悄然下台，大多数都是因为腐败问题。这些企图瞒天过海的政治领导人，一个个粉墨登场，一个个又都被钉在了历史的耻辱柱上。

2. 经济环境与公共行政

经济环境是由社会生产力和生产关系的状况构成的。具体地说它包括社会生产力的性质、发展水平,生产资料所有制的形式、性质和成熟程度。科学技术是生产力,是生产力各种组成要素中的重要要素。由于世界各国的科学技术水平有很大差异,生产力水平也有很大不同,因此公共行政环境必然有很大差别。

经济环境对公共行政有决定性的影响。经济基础决定上层建筑,作为上层建筑重要组成部分的政府必然由经济基础决定,从而决定了公共行政的性质、目标和原则。无论什么性质的国家,经济环境都决定行政体制、行政目标、行政行为、行政方法和行政手段。公共行政不可能超越经济环境所提出的要求和所提供的各种条件,尤其是政府职能的确定和行政目标的选择,更是如此。市场经济和计划经济是两种截然不同的经济制度和经济环境,这决定了公共行政职能、公共组织规模和管理范围的不同。不同国家的市场经济也是有差别的,如市场的开放程度、市场成熟程度、市场的保护程度、税率和关税、金融政策、税收政策和投资政策、价格等的不同,要求公共行政对市场的监管和干预程度是不一样的。可见,在公共行政与经济环境的关系上,经济环境的决定作用是最根本的、首要的。但是,公共行政对经济的反作用也是很大的。一旦行政体制适应经济体制,就能够强有力地推动经济发展。我国从计划经济转变为社会主义市场经济的过程中,政府起到了很大的作用,推动了我国经济的长足发展。但是,一个贪污腐败的政府也能够十分严重地破坏经济发展。发展中国家这样的事例不胜枚举。

应当指出的是,我们现在的公共行政模式是工业经济产生以后建立起来的模式,随着知识经济的深入发展、经济全球化的发展、市场经济在世界占主导地位、私有化的浪潮,将形成新的行政环境,公共行政模式也必然要发生较大的变化,以适应新的经济环境的需要。

3. 文化环境与公共行政

文化环境是意识形态、道德伦理、价值观念、社会心理、教育、科学、文学艺术等要素的总和。文化因素渗透到社会系统的各个领域,对行政体制、政府职能、行政行为、行政心理等的影响不仅是广泛的,而且是深远的。文化环境为公共行政提供智力支持和精神动力,提供行政价值观和行为规范。可以讲,什么样的文化环境塑造什么样的公共行政。世界各国的文化环境不同,对公共行政的影响也不一样,因此各国的行政体制和行政风格也千差万别。文化落后必然对公共行政带来消极影响。文化环境直接影响政治与行政的关系、行政体制的形成、政府职能的定位、行政权力的适用、行政人员的素质、行政法制的建设、行政决策和方法手段的科学化程度。适应文化环境的公共行政能够反过来改善文化环境。

以科学民主为核心的现代文化是现代公共行政的重要内容。它为公共行政提供了新的环境和新的基础,注入了新的理念和新的方法,使公共行政向科学行政、民主行政、绿色行政和电子政府的方向转变。这是不可阻挡的历史潮流,各个国家或迟或早得向这个方向发展。应当特别指出的是,意识形态对公共行政有指导作用和强制性的作用。任何国家都是统治阶级的意识形态占统治地位。因此其意识形态对政府和国家公务员的行政行为和行政文化的形成不仅有指导作用,而且有强制作用。意识形态塑造公共行政的价值和国家公务员的政治人格和组织人格。这种政治人格和组织人格决定公共行政风格,决定行政人员与公民之间的关系，决定政府和国家公务员的价值观，决定为什么人服务，决定公共行政的性质、目标和方向。

4. 国际环境与公共行政

国际环境是指一个国家同世界各国、各地区之间的政治、经济、文化和自然地理等方面的关系。现在公共行政向地区化和全球化方向发展，所以，国家关系对公共行政来说就显得更为重要。尽管全球治理理论已经崛起，但是，目前民族国家仍然是各个国家的管理主体。国家关系仍然构成公共行政的外部环境，即国际环境。国际环境对公共行政的影响有时也是决定性的。如 1949 年新中国成立后，面临恢复和发展经济的任务。但是美国发动了侵略朝鲜的战争。在这样的国际环境下，我国政府不得不投入大量的人力、物力和财力进行"抗美援朝，保家卫国"的战争。饱经沧桑的中国人民还没有时间建设刚刚成立的新中国，就不得不走出国门，进行战争。可见国际环境对政府的决策的影响是很大的。

国家关系中最重要的是政治关系和经济关系。国际环境是和平稳定还是紧张对立，对一个国家的社会发展和经济发展有至关重要的影响。战争是政治的继续，战争对国家和人民的生命财产有无法估量的破坏作用，这是最紧张的国际关系。在战争状态下，公共行政只能为战争服务。国家关系的基础是经济关系，政治关系是经济的集中体现。所以，有的发达国家出于政治和经济考虑，对发展中国家搞技术封锁和经济制裁等，企图在科学技术上卡死发展中国家。在相当长的历史时期内，以美国为首的西方国家对我国进行政治和经济封锁，在这样的国际环境下，我国政府只能采取自力更生的发展方针。这种国际环境严重地影响了我国的国策。毛泽东同志不怕国际反华势力的包围和封锁，作出了自力更生的伟大决策，我国很快发射了"两弹一星"，世界为之瞠目。此乃安邦治国之绝唱，人间能有几回闻。峰回路转，1978 年以后，我国已经和世界上大多数国家恢复了外交关系，邓小平同志审时度势，作出了改革开放的伟大决策，彻底改变中国"一穷二白"的面貌。毛泽东和邓小平两位伟人伟大而英明的决策都是从当时我国所处的国际环境出发作出的。从以上可以看出，国际环境对行政决策和行政目标的确立的影响是很大的。

二、具体行政环境与公共行政

（一）具体行政环境的概念与内容

具体行政环境也叫组织环境，是指具体而直接地影响和作用于公共组织、行政行为和组织凝聚力的公共组织的内部与外部环境的总和。它包括组织文化、组织结构、组织的规章制度、组织的凝聚力、管理对象等。

组织环境一般是比较稳定、比较确定的。公共组织的机构、职权、职能、人员、规章制度和组织文化等一旦形成，便会处于比较稳定的状态，不仅不会轻易改变，而且要改变也是十分困难的。这些管理要素的稳定性保证了公共行政的有序性。这些管理要素的功能也是比较确定的，这些功能是为了适应环境的需要而确定的。官僚制组织结构在理论上是一种理性组织，它是以能够应对并处理各种公共事务的理性假设为前提建构的。这种确定性保证了组织工作的确定性和效率。如果没有确定性，那么组织就无法应对和处理大量的日常工作，工作会变得杂乱无章。

组织环境的影响和作用涉及组织的效率和工作人员的士气。组织环境是由组织的各种要素构成的，是它们之间关系的协调和配合程度是否达到最佳状态，是否能够解决正熵值递增的关键问题。组织要素形成最佳协调和配合状态，正熵值及其他组织污染递减，负熵值增加，工作人员的士气高，组织的效率自然也高。高效的组织环境对提高工作效率十分有利，是无声的命令。没有高效的组织环境不可能造就高效的工作人员。同样，一个高效的工作人员在一个低效的组织环境中，也不可能高效率地工作。

组织环境虽然受一般环境的影响，但是一旦组织环境形成自身的特点以后，却能够抵御一般环境的压力，保持组织环境的特性。组织环境的这个特点，是优点，也是缺点。如果组织环境是发扬正风正气，工作人员士气高昂，组织的效率很高，一般环境的歪风邪气无法改变这种组织气氛，那么它就是优点；但是，如果组织环境是正不压邪，拉帮结派，用人唯亲，用人唯庸，一般环境的正风正气对它也不起作用，这就是缺点。一些单位之所以搞不好，上级也束手无策，问题就在于此。组织环境的这种难以改变的特点对领导者来说是个难题。如果不更换领导者，组织环境很难改变。

组织环境是一种约束力量和整合力量。组织环境是一种没有形成规章制度的规章制度，是一种没有制度化的制度。它是一种无形的组织规则和组织压力，它要求每个组织成员都必须按这种无形的组织规则处理事务和人际关系，否则就会有各种组织压力袭来，有的不为组织和组织成员接受，甚至不为所容。这种约束力量也是一种整合力量，它要求组织成员必须融合到组织之中，与组织和组织成员成为一体，价值观念、行为方式和思维方式也必须与组织和组织成员相同。

这里应当指出，组织环境是领导者塑造的，当然并不是一任领导者能够完成的。组织环境的败坏是领导者的责任，或者是领导者没有做出榜样，自身的行为破坏了组织环境；或者领导者对组织环境不重视，不扶植正风正气，不打击歪风邪气。

（二）组织文化

1. 组织文化的含义

组织文化是指组织在一定的环境中，逐步形成的全体公共组织成员所共同信奉和遵守的价值观，并支配他们的思维方式和行为准则。组织文化在政府可以称之为行政文化，在企业则称之为企业文化。组织文化包括组织观念，如人才观念、竞争观念、风险观念、效率观念等；法律意识、道德感情和价值观等。

价值观是组织文化的核心。由于人们同周围的事物处于一种价值关系中，或是有价值的肯定关系，或是无价值的否定关系，因而任何人都会对客观的价值作出评价，形成自己的价值观念。价值观念是指人们价值生活的知识和经验在头脑中的积淀，表示人们对什么是真善美，什么是假丑恶，或好或坏的根本看法。价值观念具有创造性、评价性和价值导向性。在公共组织之中，价值观念起着十分重要的作用。以价值观为核心的组织文化是形成组织规范、工作准则、思维方式、行为方式和人际关系准则的源泉。

行政文化来源于统治阶级的意识形态和传统文化。在我国为人民服务是行政文化的核心价值观，这是由马列主义的意识形态决定的。同时，我国传统上也有"民为贵，社稷次之，君为轻"的民本思想。当然，传统文化有其局限性，必须对它去粗取精，去伪存真，推陈出新。

但是，组织文化是领导者营造的，尤其是组织的创始者和以后的继任者们，他们的倾向性和主导思想起着决定性的作用。组织的第一批成员在组织活动和交往中所体验和领悟的东西逐步演变为组织的各种规范和准则，并且作为一种组织文化保持下来。组织文化有强文化和弱文化。凡是能够提供组织和组织成员应该干什么、不应该干什么的组织文化是强文化；凡是分不清应该干什么、不应该干什么的组织文化是弱文化。

2. 组织文化的作用

第一，组织文化具有价值导向作用。组织文化是不见诸文字的无形文化，但是它所起的作用却是一般的规章制度不能比拟的。组织文化往往向其成员默示在组织中应该怎么样对待领导，应该怎么样对待工作，应该怎么样处理人际关系，应该怎么样处理个人利益与集体利益，应该怎么样处理冲突和矛盾，应该怎么样对待晋升和奖惩等。如果不这样做就不为组织和组织成员所容。它是一种严格的行为准则，谁违背了这些准则谁就处于孤立状态。组织文化的这种价值导向作用起着约束组织成员思维方式和行为方式的作用，它使组织成员的思维方式和行为方式趋于同一性。只要是强文化的组织，不管这种组织文化是正是邪，都是如此。我国军队非常重视组织文化建设，出现了优秀组织文化代代相传的许多英雄集体。在这样的组织中，树正风正气，邪不压正。但是也有一些单位，歪风邪气成为了组织文化，弄虚作假，在党的名义下大搞帮派，顺歪风邪气者昌，逆歪风邪气者亡。要改变这种单位的组织文化是十分困难的。就是在上级行政机关的监督下，有时也不能改变。它们往往接过正确的口号却按照它们的老办法干，我行我素。因此，作为领导者应该精心营造良好的组织文化。

第二，组织文化是管理的基础、管理的灵魂。行政管理活动是有目标、有意识的活动。因此，它必然是在一定的价值观念指导下进行的。行政管理过程也是一个价值判断过程，任何的价值偏好都会影响管理过程和效果。正如两个人都去上海，一个选择乘飞机，另一个选择乘火车。由于他们的价值观念不同而有不同的选择，结果效率也不同。组织文化是以无形的方式在管理和约束公共组织成员的思想和行为，指导组织和组织成员在行政管理过程中的各种价值选择和行为选择。它凝聚组织，凝聚人心，指向目标，是组织管理的基础，是管理的灵魂。

第三，组织文化是组织的个性。组织文化是组织和组织成员对组织的认知和认同。它使这个组织同其他组织区别开来，表现为组织的个性。所以，认识和理解组织文化是认识和了解一个组织的钥匙。组织个性就是组织风格，是一个组织的重要组成部分。认识了组织文化才能进行有效的管理。

第四,组织文化为组织和组织成员提供精神动力。组织文化在行政管理中的作用,还表现在它为组织和组织成员提供取得成功的精神动力。在管理工作中,每个成员都有成就需要,都希望通过努力达成目标。这种管理实践的目的必然表现为组织成员对成就需要的价值追求,所以价值追求不仅是行政管理实践活动的目的,而且也是行政管理实践活动的发展动力。价值观念是通过组织成员的愿望目标和需要来提供精神动力的。组织文化的推动作用是通过强化组织成员的愿望目标和需要来起作用的。

第五,组织文化的稳定性。组织文化一旦形成,就具有稳定性的特点。这种稳定性表现为一种组织的行为模式,成为一种组织风格。人们往往在与人交往中,从对方的举止、言谈、着装和表情上就可以判断其职业、权力和地位。这就是因为组织文化造就了组织成员的个性。这种已经模式化的组织文化形成以后,就处于比较稳定的状态。组织文化的模式化使组织成员了解如何工作和处理各种关系是组织所提倡的,什么是组织所不容许的。但是,组织文化长期不创新就会变为僵化而落后的模式。所以,组织文化可能成为变革和组织多样化的障碍。组织文化的活力和生命力在于不断突破自我,在于创新。

3. 组织文化的特征

目前,对组织文化的评价还不可能有一种可以量化的标准,而仅能通过一个组织所具有的如下特征予以识别:

第一,组织成员的同一性程度。这里所说的同一性不是仅仅指组织成员在专业领域的共同之处,而且还包括思维方式、行为方式、价值、追求、信仰、理念、道德和感情等方面的同一性。同一性是任何人类共同体的基础。如果一个组织没有同一性,这个组织就不可能有很强的生存与发展的生命力和活力,公共组织也不例外。公共组织的同一性主要表现在为公众提供优质服务的价值追求上。

第二,是否具有团队精神。重视团队而不是重视个人,工作是围绕团队展开而不是围绕个人展开,这样组织才有向心力和凝聚力,组织成员才能以组织为荣,愿意为组织利益牺牲个人利益。讲团结,顾大局,人心齐,泰山移,这些都是团队精神的重要方面,是一切组织成功的基础。公共组织更应该讲团队精神,因为行政管理活动需要工作人员齐心协力才能完成。如果公共组织没有凝聚力和向心力,一盘散沙,矛盾重重,不合作,甚至故意为同事设置障碍,组织就不可能有高效率。

第三,对人的关心程度。领导者关心人的程度是组织文化的重要方面。领导者在管理上以人为本,关心爱护组织成员,组织能够满足组织成员的目标和需要,是激发组织成员工作积极性和创造性的重要因素。金钱并不能给组织带来高效率,以人为本的管理方式才是提高效率的途径。

第四,组织的一体化程度。公共组织的各个部门之间协作、协调与合作的程度越高,一体化的程度越高,组织效率越高。如果各个部门之间互相掣肘、不配合,势必影响效率。

第五,风险承受程度。组织应该鼓励组织成员勇于革新,敢于创新,不怕冒风险。风险承受程度较大的组织，才能有创新精神。敢于创新的组织才是有活力的组织，才能立于不败之地。

第六，民主程度。组织应该鼓励组织成员相互争论、批评、建议、参与、评议和管理。民主程度越高，组织效率也就越高，凝聚力和向心力也就越强。

第七，报酬标准。主要是依照绩效，而不是根据年资、偏爱或其他非业绩因素提升或付报酬。以绩效为依据给予报酬可以大幅度地激发组织成员的工作热情。

第八，是否重视结果。管理应更加重视结果和成果，而不是取得这些结果和成果的技术或过程。这种管理方法可以充分发挥组织成员的聪明才智和创造精神，提高工作效率。那些重视工作程序和规章制度而不重视结果的组织，办事十分烦琐、低效，而成果甚微。

第九，控制程度。控制程度是用规章制度进行直接控制和组织成员自我控制的程度。规章制度的直接控制程度越高，组织效率越低；自我控制的程度越高，组织越有效。

小结

公共行政必须适应公共行政环境，公共行政是公共行政环境的产物。公共行政环境为公共行政提供生存和发展的客观条件。公共行政环境的特点决定了公共行政必须能够应对突发事件。政治环境决定了公共行政体制、组织结构和运行方式，经济环境决定了公共行政管理的有限性，文化环境为公共组织提供了价值和行为规范。组织文化是没有文字的规章制度，是公共组织管理的基础和灵魂，是公共组织的行为规范和行为准则。

第三章 政府职能

本章着重论述政府职能的含义、特点和类型。政府职能是指政府在社会中所扮演的角色和所起的作用。政府职能有普遍性、强制性、系统性、不可替代性和服务性等特点。本章论述了市场在外部经济、提供公共物品、社会公平等方面作用的失效；阐明了政府在资源配置方面作用的失效，以及政府干预的限度；划分了政府职能的类型；论述了政府的基本职能内容，即政治职能、经济职能、文化职能和社会职能的内容；回顾了我国政府机构改革的基本情况和政府职能的转变。

第一节 政府职能概述

一、政府职能的含义

政府职能即公共行政职能，是公共行政学研究的核心问题，公共行政学就是围绕这个问题从不同的研究途径构建不同理论的。政府职能是指政府在国家和社会中所扮演的角色以及所应起的作用。换句话说，就是指政府在国家和社会中行使行政权力的范围、程度和方式。这也是政府职能要解决的主要问题。作为公共组织和拥有行政权力与强制力的政府，必须正确地处理其与社会、市场、企业和其他社会组织以及公民的关系，即政府应当管什么，不应当管什么。也就是说政府对社会、市场、企业和其他社会组织以及公民，应该有所管而有所不管，应该有所为而有所不为。政府与其他任何社会组织不同，它具有普遍性和强制性。科学地界定政府职能，是关系到政府如何在国家和社会中行使行政权力，如何在国家和社会中发挥积极的、建设性的推动作用的问题，是关系到国家和社会能否快速发展的大问题。对政府职能认识上的任何偏颇，都会导致行政权力行使的偏离，都会关系到社会的发展和公共行政的民主性质，关系到公民权利和财产的问题。

西方国家在不同的历史时期对政府职能的界定也不同。在自由资本主义时期，政府只是充当"守夜人"的角色，也就是"夜警察"的角色。深受封建专制之害的新兴资产阶级鼓吹政府不干预的自由放任理论，目的是确保资本主义的自由发展，免于重蹈封建专制的覆辙。资产阶级通过宪法确定的政府职能是十分有限的，只有国防、外交、财政和维持社会秩序等少量的职能。国民经济完全靠"看不见的手"来调节，那时人们认为最好的政府是管的最少的政府。

18世纪中期的英国资产阶级经济学家亚当·斯密吸取了封建地主阶级专制的教训，将政府职能减少到最低限度，仅分为三种：保卫国家和社会的安全，使之不受其他独立社会的侵略和暴行；保护公民，使每个公民不受社会上其他公民的压迫和欺侮；建立和维持某些公共机关和公共工程。

19世纪中期，美国民主党仍然主张政府的职能仅限于维持人与人之间和国与国之间的正义的范围。政府的任务就是镇压国内外的歹徒。总之，在自由资本主义时期，政府为了发展政治、经济和文化，为了确保公民的权利和自由，限制国家权力的行使，把政府干预限制在最小范围之内，实行避免行政干预的原则。

资产阶级自由主义时期是以个人主义和自由主义为基础的，政府以最低限度干预作为原则，使公民权利和自由思想与自由发展得到了保证。但是物极必反，过分的自由放任却酿成了社会悲剧，贫富悬殊，失业人数剧增，游行示威和罢工乃至暴力冲突不断发生。"看不见的手"不仅无法规范市场经济，甚至掏空了穷人的钱包。资本主义国家的周期性经济危机使资产阶级政府不得不伸出"看得见的手"进行强制干预。尤其是20世纪30年代资本主义世界性经济危机发生之后，凯恩斯干预主义便大行其道。另外，随着科学技术的高速发展，工业社会更趋向于社会分工和专业化以及集权化，公民的各个方面更依赖于政府。大城市的居民用水，不能像农业社会和农村的居民那样可以自由地到江河和井里提取，因为在城市里河水已不能饮用，必须建立自来水水厂和城市的供水系统予以解决。公民个人无法解决诸如此类的问题，需要政府帮助他们解决靠自己的力量无法解决的各种生活问题和社会问题。由于这种需要愈来愈多，政府的职能也愈来愈大。第二次世界大战以后，又因为社会矛盾尖锐，社会冲突屡屡发生，使资本主义社会出现了十分动荡的局面。这迫使西方发达国家实行福利政策，有的甚至实施"从摇篮到坟墓"的福利政策。政府的职能进一步扩大，出现了无所不管的全能政府，即马尔库塞所谓的"一元社会"和片冈宽光所说的"行政国家"。20世纪70年代以来，哈耶克、大小弗里德曼、布坎南等对全能政府进行了批评，又主张回归自由主义，把政府的职能限制在最小范围之内，主张"最低限度政府"。更有甚者，诺齐克公然主张无政府。总之，又出现了政府不干预社会或少干预社会的思潮。

要正确地界定政府职能，必须正确地处理政府与社会、政府与市场、政府与社会组织、政府与公民的关系，同时也必须考虑到社会的发展程度和政治民主发展的水平。如果不能够正确地界定政府职能，必然阻碍社会发展和经济发展，甚至使社会停滞或者处于无政府的混乱状态。正确地确定政府的作用是社会发展和经济发展及稳定的必要条件。

二、政府职能的特点

政府在社会中处于至高无上的地位，是行政权力的掌握者和行使者，是社会公共事务的管理者。虽然我们并不赞成全能政府，但是也不能否认政府在社会中的决定性的作用。政府作为社会的重要组成部分，因为有其特殊的作用，所以也有其独自的特点。

（一）普遍性

政府职能具有普遍性的特点。每个社会成员从出生到死亡，时时离不开政府。他可能在国有医院里出生，在国有学校里接受初等教育和中等教育，也可能在国有大学里接受高等教育。政府管理社会各个方面的事务。没有政府，社会就不可能自发地形成秩序，市场也不可能进行正常的竞争，社会组织也不可能自发地规范自己的行为；没有政府，公路坏了没有人修，路灯坏了也没有人管；没有政府，就没有人保护环境，失业人员和没有能力保护自己的社会成员就没有人去救助；没有政府，国家和社会的发展就处于无秩序的无政府状态。总之，政府无处不在，谁也离不开政府，政府是普遍存在的。"9·11"事件以后，美国政府加强了政府职能，向来咒骂政府的美国学者也都悄然无声，因为他们的安全也需要政府的保护。政府的作用无处不在，无处不有，已经浸透到我们每个人的生活当中。政府职能的这种普遍性是当代社会的重要特点之一。

（二）强制性

政府职能具有强制性的特点。政府掌握和行使行政权力，并且由国家赋予一定的强制权力。这是其他任何社会组织都不具备的特点。例如，政府有向工厂和企业征税的权力，如果工厂和企业不缴税，政府就可以强制征收。而其他任何社会组织都没有强制性的权力，一个工厂不能向另一个工厂实行强制，即使一个工厂欠了另一个工厂巨额债务，后者也不能向前者实行强制。政府职能的实现以强制力为后盾是其重要的特点。政府往往以法律作为实现职能的手段，而且其强制力也是法律赋予的。这种强制权力也是政府的合法权力之一。政府必须依法行使强制权，不能滥用。

（三）系统性

政府职能具有系统性的特点。政府系统是一个管理系统，也是一个职能目标系统。这个十分庞大的政府管理职能目标系统，具有完整性的特点。也就是说，任何一个分系统，甚至任何一个分系统的子系统，都具备完整的政府职能。不会出现上级政府要求下级政府处理事务，下级政府却没有相应的政府职能，不能去处理的现象。政府职能目标系统也有层次性、结构性和相关性的特点。政府职能的系统性特点，保证政府管理的有效、井然有序和公平。

（四）不可替代性

政府职能具有不可替代性的特点。这里所说的不可替代性，是指政府职能只能由政府来行使才有效，任何其他社会组织或者不能替代，或者即使能够替代它也不可能管理好。在现代社会，政府职能的界定，首先是政府必须具备管理职能，也就是说，这些管理职能只能由政府承担，其他社会组织不能承担或不容许它们承担。如国防、外交、税收、建立并维护社会秩序和市场秩序等，这些职能只能由政府承担。其次，有些职能社会也能够承担，但是却不能很好地实现这些职能。例如环境保护，社会组织本应该自觉地维护环境，但是却做不到。因此，政府就必须承担环境保护的职能。政府职能的确定是以不可替代性为原则的，政府不管也能管好的事务，政府不要管；如果政府进行管理成本太高，而民间组织进行管理成本低并且能够管理好，那么政府就实行管理外部化，以降低成本，减轻负担。

（五）服务性

政府职能具有服务性的特点。尽管政府职能具体内容较多，管理的社会公共事务也比较广泛，但是政府各种职能的共同特点之一，就是其具有服务性。政府为公众服务首先表现在其非营利性上。政府为公众提供高质量的服务，为公众提供高质量的公共产品，这是政府应尽的义务；而公众要求政府为他们提供优质服务，这是他们的消费权。那些名目繁多的各种收费服务是政府有关部门利益驱动的结果。政府部门不能成为理性经济人，不能用其把持的权力为本部门谋利益，那样就扭曲了政府职能，败坏了政府形象，违背了政府为公众服务的宗旨。政府的服务性并不排斥政府的管制，管理和管制是相辅相成的。如果没有药品管制，患者就有可能吃到假药；如果没有食品管制，消费者就有可能吃到变质或污染食品。所以，行政管制是行政管理的重要组成部分。管制既是管理，也是服务，管制也体现了政府的服务性。政府职能的服务性是至关重要的，它直接关系到政府的合法性的问题。

三、政府职能的类型

对政府职能的划分，从不同角度有不同的看法。我们认为政府职能可以分为政府基本职能和政府运行职能。

（一）政府基本职能

马克思认为政府的基本职能有两种，即政治统治职能和社会管理职能。在阶级社会中，毫无疑问，政府存在的目的是为了维护阶级统治，这是任何政府的首要职能。社会管理职能是政治统治职能的基础。从现代社会和各国政府的行政实践来看，政府的基本职能可以分为政治职能、经济职能、文化职能和社会职能。政府的基本职能是指政府管理的范围，亦即指政府介入和干预社会的程度。无论什么类型的政府，想不介入和不干预社会各种事务也是不可能的。但是，政府介入和干预社会的程度决定了政府应该管什么。政府介入和干预社会的程度是由政治制度决定的，是由一个国家的政治、经济、文化和传统决定的。

（二）政府运行职能

关于政府的运行职能，是指政府管理社会公共事务的程序、方式和方法，即在管理过程中所起的作用。不同的学者对此看法也不相同，如法约尔曾提出管理的五项职能，古立克也曾提出管理的七项职能。

政府的基本职能和运行职能两者是相辅相成的，前者界定了管理的对象，即管理的客体；后者则是指怎么管理这些客体。前者回答管什么的问题，后者回答怎么管的问题。总之，两者都回答了政府究竟做什么的问题。但是，政府基本职能比运行职能更重要。这是因为政府基本职能决定政府在社会中究竟扮演什么角色，究竟起什么作用，从宏观上决定了政府的规模，即政府管理社会公共事务的范围。它涉及政府与其他社会构成要素的权力的划分，决定了政府是一个全能政府还是一个有限政府。所以，政府的基本职能决定了政府的性质。政府的基本职能也决定了一个国家的宏观发展，即政府效率，它制约整个社会的效率。政府的运行职能更多地涉及政府的办事程序，即处理社会公共事务的过程和步骤。它表现为对社会的预测，对社会发展的规划及组织实施与控制，它决定了政府的工作效率。我们在这里主要论述政府的基本职能，政府的运行职能不进行论述。

第二节 市场失效与政府失效

一、市场失效

市场体制是不经过中央指令而凭借交易方式的相互作用，实现在全社会范围内对人的行为进行协调的一种制度。

市场体制和市场是有区别的。尽管有些国家没有建立市场体制，但是市场仍然在那里起作用，人们利用市场进行交换。我国在计划经济的时代，仍然有市场存在，否则人们就没有办法维持日常生活。市场体制对社会活动的组织与协调，不是通过政府计划实现的，而是通过交易双方的等价交换来完成的。简单的人与人之间的买卖活动，并不能建立起市场体制，它的必要条件是不经过政府统一计划的销售与采购来完成人与人之间的协调。一些学者认为，市场体制可以实现优化资源配置的效率。市场体制产生了效率价格，而效率价格又是由市场决定的。这是市场体制的核心要求。

市场不是万能的，它在某些方面也是失效的，即市场表现得无效率。市场失效是指因为市场局限性和缺陷所导致资源配置的低效率或无效率，并且不能解决外部性问题及社会公平问题。

第一，外部性问题。外部性问题就是溢出和搭便车，是市场经济主要的无效率。尽管效率要求在什么样的情况下都应该权衡成本与收益，但是，每一个市场参与者，无论是个人还是企业，他们所考虑的只是降低自己的成本，增加自己的收益，即追求自己的利益最大化，这样就造成溢出。一个企业产生的噪声、废物或废水等污染了其他人或环境，这是最典型的溢出，是最典型的市场无效率。这个企业因为生产造成溢出负担，成本巨大。例如，沙漠化是过度垦殖造成的，其后果十分严重，必须花费大成本进行长期的、持之以恒的治理，才能改变面貌。考虑到溢出负担的普遍性，以及溢出成本给人们提供的服务或物品难与人们失去的价值相比，溢出的无效率是显而易见的。另外一个问题就是搭便车问题，也就是指企业的一项经济活动，使那些没有参与这项经济活动的个人或社会组织也得到了好处或效益。

第二，市场垄断和专制价格。作为市场体制的无效率的根源之一，垄断所造成的无效与溢出所引起的环境污染和市场萎缩同样是非常严重的。尽管市场经济的效率主要是通过市场确定价格，但是，在实际的市场运行中对价格的确定，往往比较武断，具有随意性，这就降低了市场经济对效率的高要求。市场垄断必然出现专制价格。专制价格可以给企业在与竞争对手竞争时提供安全保障，并且会给它们较高的回报。但是，它扭曲了价格，浪费了资源，使市场变得无效率。

市场垄断可分为两种：一种是大企业或几个企业合谋形式的垄断。这种垄断比较容易打破，可由政府根据反垄断法制止其垄断。另一种垄断是行政垄断，即企业与政府合垄造成的垄断。尤其是那些特权阶层合谋形成的垄断，一般无法打破。原因是企业的法人是权贵，享有特权，而政府又受他的控制。要想打破行政垄断，政府必须下定决心，并且与享有特权者决裂，才能逐步实现。

第三，公共物品的提供。市场经济在提供公共物品方面是无效率或低效率的。一方面，基础设施、交通、煤气、水电等的供给，投资巨大，回报慢，不可能立竿见影有收益，或者收益微不足道，或者是因为这些公共物品投资巨大，企业负担不起，都使市场在提供这些公共物品方面失效。另一方面，国家安全、国防、外交和公共安全与社会秩序的维护，是市场根本无法起作用的领域，其失效是显而易见的。

第四，无知和非理性。市场经济体制不会使人们变得更聪明，成本计算和效率价格也不会使卖方和买方都变得更了解应该生产什么最经济，应该买什么更划算。市场不完整和信息不对称，使他们都不可能会按照效率价格和成本计算进行生产或消费。生产者往往面对市场的需求和波动，由于对于应该生产什么商品无知而进行非理性的盲目生产；消费者往往面对各种各样的商品和真假难辨的广告手足无措，对要购买的商品无知而进行非理性的盲目消费。在各种情况下，决策的无效率都是存在的。无知和非理性会造成资源配置的无效率，会使市场波动，并且会造成逆向选择和道德风险。

第五，社会不公平问题。市场经济体制最大的问题是它必然造成社会财富分配的不平等，拉大人们的贫富差距，如果听之任之，必然造成贫富悬殊。1989年，英国1%最富有的人占有英国财富的13%，美国1%最富有的人，大约占美国财富的22%。这是市场经济体制的必然现象，这是靠市场经济体制自身无法解决的问题，因此，市场经济体制在平等问题上是失效的。

市场失效是政府干预的基础，如果不出现市场失效，政府进行干预是不必要的。

二、政府失效

第一，政府成本过高。政府的经济基础是国家供给的财政，而其行政成本很难量化，很难计算。因为，政府的大多数的行政目标是模糊不清的，只能定性而不能定量。这样就使得政府的成本和效益都很难计算。而且政府活动的涉及面广，行政目标的变量多，比较复杂，需要的成本具有很大的弹性。政府往往希望多办事情，扩张权力，扩大管理范围，由此扩大财政预算，而效益却无法确定。正因为成本与效益分离，往往会出现行政成本过高的现象，造成浪费。

第二，政府的低效率。根据帕金森定律，政府机构庞大、人员过多、成本高、效率低是一种必然趋势。由于政府受到各种因素，如政治因素、等级制和官僚制、部门利益、地方利益和利益集团等对制定公共政策的影响，从而制定出低质量的公共政策。政府部门人员素质不高、公共政策执行部门执行不力、没有达到政策的预期效果等，这些都是造成政府低效率的主要原因。

第三，资源配置的低效率。在资源配置领域，因为信息不完全，政府的配置效率比市场低。所以，一般来讲资源配置由市场完成，而不是由政府进行低效率的配置。但是，在发展中国家由于市场经济体制不健全，政府在一定领域仍然承担资源配置的任务，随着市场体制的不断完善，政府将逐步减少资源配置的任务。

第四，寻租。在政府干预经济的条件下，企业即寻租者为了从政府那里得到某些资源或某领域经营的特许权或开发权，甚至垄断权而花费大量的金钱、时间和精力进行寻租，浪费了大量的资源。寻租者在政府的庇护下获取高额利润，消费者付出了高昂的代价，政府付出了政治成本，社会付出了道德成本。

第五，造成另一种不公平。市场经济只能造成社会贫富不均。财富分配不平等只能依靠政府进行再分配，以便使社会财富相对公平。但是，政府通过强制力进行再分配也可能出现另一种不公平，即政府利用强制力将富人的财富转移到穷人的手中，或者将穷人的财富集中在强势集团的手中。

政府失效也是经常出现的，不能用一个失效的政府去管一个失效的市场。

三、政府干预

不同学者对政府干预经济有很大的分歧。新自由主义认为政府不应该干预社会，更不应该干预经济。他们认为在历史的大部分时间里，国家并没有为经济增长提供一个很好的结构。在过去，与其说国家是一个为公共利益服务的机构，不如说（按照诺斯的观点）它的性质更像黑手党。但是，实践证明市场失效是市场本身无法解决的，政府必须进行必要的干预。然而，政府干预必须限定在一定的范围之内，过度干预的弊端是十分严重的，它必然窒息经济发展。计划经济就是政府干预的极端形式，历史已经证明其经济效率是较低的。

政府干预应该注意以下问题：

第一，政府和市场两者的功能有很大的区别，它们不能互相代替。虽然西方国家的政府改革有市场化倾向，但是政府的作用不能由市场来代替，政府是行使公共权力的机关，它不能处于市场的交易状态。同样，市场是按照经济规律和价值规律运行的，不能用政府的强制力干预市场运行。违背经济规律和价值规律，扭曲价格，对经济发展有百害而无一利。因此，凡属市场起作用的领域，政府不应该强行干预；凡属政府起作用的领域，虽然可以引进市场机制，但是不能完全用市场机制来解决，有些领域根本不能引进市场机制。当我们打破了政府万能的观念之后，千万不能落入市场万能的陷阱，两者都是不可取的。在资源配置方面，市场是高效的，主要应该由市场完成；在解决市场本身的一些问题，如宏观经济问题方面，主要由政府来解决。两者的功能是不能相互代替的，是互补的。

第二，政府干预经济仅限定在弥补和防止市场失效的范围。虽然市场体制在资源配置方面有效，但是，市场失效具有普遍性。在市场失效的领域内，政府制定政策，进行规范、管理和管制市场行为，使市场避免出现垄断、波动、欺诈、溢出和不平等等问题。这些是靠市场无法解决的问题。但是，政府干预也是应该有限度的，过度干预也会产生新的问题，如经济停滞和资源配置失效等。

第三，政府干预也必须讲究成本收益。政府对市场失效进行干预是必要的，但是，如果政府对市场干预的成本远远高于其收益，政府是否应该进行干预就值得研究。如果出现这种情况，一般来讲政府就不应该进行干预。政府干预也是经济活动，经济活动就应该考虑成本与收益。那种不计成本收益的干预就是劳民伤财，弊大于利。

第四，发展中国家政府一般对市场的干预比发达国家广泛得多，这是十分正常的现象。因为发展中国家市场经济或者刚刚建立起来，或者还不成熟，市场规则和市场行为都不规范，经济比较脆弱，尤其很难抵御经济风险和国际市场的冲击，因此，政府不能不进行必要的干预。

第三节 政府的基本职能

一、政府的政治职能

政府的政治职能是指政府在国家和社会中所起的政治作用。政府的政治职能包括政治统治职能、保卫国家主权的职能和民主职能。

（一）政治统治职能

政府的政治统治职能是政府的最基本的职能。毫无疑问，政府是阶级社会的必然产物，政府存在的首要目标就是维护政治统治。对此，西方学者也没有疑义。"政治中立""政府中立"，那只不过是欺人之谈。美国学者古德诺所主张的政治中立，并不是政府脱离政治，而是针对当时美国的政党分赃制提出来的，主张用立法的形式把政党政治排除在政府之外，政党通过议会和所掌握的社会舆论工具发挥作用。实际上，政党政治不可能有政治真空，尤其政治色彩十分浓厚的政党政治更是如此。政府要维护其统治就必然贯彻执行统治阶级的意志，这是天经地义的，从古至今，都是如此。因此，政府把加强其统治的合法性作为其首要目标。在一定意义上来说，政府的其他职能都是为加强政府的合法性服务的。在我国历史上，"其兴也勃焉，其亡也忽焉"的封建王朝并不少，究其原因，都是因为在政府的合法性上出了问题。

第二次世界大战以后，发展中国家的一些政党，通过各种途径掌握了政权，但是并没有认识到要巩固政权，必须加强政府的统治职能。虽然有的政党认识到了这个问题，制定了维护统治的各种法律和政策，但是，他们却没有认识到维护统治必须加强政府的合法性，而他们制定的法律和政策往往具有削弱政府合法性的作用。"水能载舟，亦能覆舟"，人民的认同和拥护是政府合法性的核心内容。一个人民不认同、不拥护的政府，是无法维护其合法统治的。

（二）保卫国家主权的职能

保卫国家主权是政府的重要职能之一。虽然随着科学技术的飞跃发展，国与国之间的距离越来越近，在这个"坐地日行八万里，巡天遥看一千河"的时代，地球村已经不是幻想，政治经济的一体化已经实现。但是作为主权国家仍然必须捍卫国家的领土完整和国家主权。这个世界并不太平，从海湾战争、美国对前南斯拉夫的轰炸和占领伊拉克来看，高科技用于战争使战争变得更为残酷，更有破坏性，对国家领土完整和国家主权的威胁更大。"庆父不死，鲁难未已"，超级大国称霸世界的野心不死，发展中国家的主权和领土完整将不断受到威胁。

没有主权的国家是不能保护人民的，人民也不可能有最起码的人权。从 1840 年起，西方列强侵略、瓜分中国和日本帝国主义侵略中国的历史证明，保卫国家主权是一个政府的重要职责。国无强兵，主权安在？因此，政府必须重视国防建设，用科学技术建设军队。要有把握打赢高科技战争，包括电子战、信息战。同时，要开展积极的外交活动，捍卫国家主权和国家尊严，多交朋友，广交朋友，争取大多数。孙子讲，"上兵伐谋，其次伐交，其次伐兵"，用兵之事是出于不得已。我们应当看到，和平与发展仍然是当今世界的主流。但是，作为政府，必须做好两手准备，加强国防建设，积极开展外交活动，这样才能立于不败之地。

（三）民主职能

发展和完善社会主义民主是我国政府的重要职能。一个现代化的国家必然是民主国家。

没有民主就没有社会主义。社会主义的优越性就应该表现在它比资本主义社会有更高的民主上。这不是标语口号，也不是为了宣传，而是由我国社会主义国家性质所决定的。民主职能首先应该确保公民的政治民主权利。在政治上，每个公民都应该享有同样的权利，不能有特权存在。发展民主，要保证公民有参政议政的权利。任何组织和个人都不能高踞人民之上，也不能剥夺公民应该享有的各种民主权利。其次必须建立稳定的民主政治秩序。民主是有秩序的民主，没有秩序就没有民主。建立稳定的民主政治秩序是确保公民民主权利的必要条件。所谓稳定的民主政治秩序，要求必须有保证公民行使政治民主权利的制度和行使民主权利的渠道，要建立公民的参与制度和监督制度。这些制度必须是稳定的，不能朝令夕改。为人民服务和人民当家作主，是我国立国之本，也是社会主义民主的精髓。那种以种种借口剥夺公民民主权利的做法，都是与民主精神背道而驰的。21世纪是人的权利回归的世纪，是一个公平和民主广泛普及的世纪，因此，发展和完善社会主义民主是重要的政府职能。

二、政府的经济职能

政府的经济职能内容十分广泛。政府如何为自己在国家经济活动中定位，除了政府本身的因素外，还有政治因素和社会因素在起作用。政府毕竟是执行政治的工具，必须体现人民意志和人民利益。同时，社会的发展程度对政府管理经济的要求也不一样。发展程度越低的国家，政府管理的经济事务越多。著名经济学家萨缪尔森在其《经济学》（第十六版）中认为，政府的经济职能主要有四项：提高经济效率，改善收入分配，通过宏观经济政策稳定经济和执行国际经济政策。我们认为，从我国的实际情况出发，在市场经济条件下，政府应该有如下经济职能：规范和稳定市场秩序，确保自由竞争的职能；对经济进行宏观调控，确保国民经济平衡发展的职能；直接生产和提供公共物品，弥补市场不足的职能；管理国有资产的职能。

（一）规范和稳定市场秩序，确保自由竞争的职能

完全市场只不过是一种理想主义，不完全市场才是市场的常态。不完全市场限制了自由竞争。政府必须利用各种手段规范和稳定市场，确保自由竞争。政府要制定法律，规范市场行为。自由竞争必须在公平、平等和公正的条件下才能进行。制定法律就是为公平、平等和公正地进行自由竞争提供法律保证的。政府必须制定有关反对垄断、反对暴利、反对欺诈等的法律和政策，给予参与市场经济活动的每个人以完全平等的地位。政府还必须制定各种法律和政策，确保投资者的合法权益。政府也要扮演解决经济纠纷的仲裁人的角色，公平合理地解决各种经济纠纷。同时，政府有责任和义务保护消费者的权益，反对市场的欺诈行为。

管理市场经济必须符合市场经济规律，政府用法律规范市场，用价值规律引导市场，而不能进行强制式的行政干预。历史经验证明，强制式的行政干预必然窒息市场，最后导致市场失效，尤其不能用一个失效的政府去管理一个失效的市场。总之，政府对市场的行政干预

愈少愈好。

（二）对经济进行宏观调控，确保国民经济平衡发展的职能

政府对整个国民经济的发展进行总量控制，进行宏观调控，是使国民经济有序健康发展的必要途径。对市场经济的调控，只能由政府进行，其他任何组织都不可能代替政府。政府的调控手段主要是制定各种政策，如税收政策、投资政策、货币政策、产业政策和信贷政策及外贸政策等。政府通过制定政策引导市场，保持社会总供给量与需求总量的平衡，保持利益均衡；优化产业结构和经济发展布局，优先发展一些产业部门，扶持一些产业部门。例如，为了发展高新技术，我国政府制定了一系列优惠政策予以鼓励；为了使中西部经济发展起来，政府也出台了一系列优惠政策，鼓励东部地区和世界各国到中西部投资。这样，利用政策的倾斜与引导，不仅会使我国的工业布局逐步趋于合理，还会逐步缩小中西部与东部地区经济发展的差距。但是应该指出的是，只有中央政府才有宏观调控的权力。

（三）直接生产和提供公共物品，弥补市场不足的职能

在市场经济活动中，利润是市场运行的基础。企业和商品生产者的生产和销售是以营利为目的的，他们不愿意生产那些不盈利或亏本的产品，尤其是那些公共物品。公共物品可以被看作正外部性的极端情况。公共物品的消费是非竞争性的，即增加一个人消费时，并不导致成本的增加。公共物品也是非排他性的，即排除任何人的消费都必须耗费巨大的成本。在经济领域中，如基础设施、道路、交通和电信等都是公共物品，都必须由政府进行建设。此外，政府还直接生产那些因不盈利或只能盈小利而企业不愿生产的公共产品，以满足市场的需求和顾客的需要。有时，在经济不景气的条件下，或出于特殊需要，政府进行直接投资来建设基础设施和比较大的建设项目，以拉动经济的增长。但是，在市场经济的条件下，政府作为商品直接生产者的角色是十分有限的。政府只是提供市场不愿提供和不能提供的消费产品和公共物品。

（四）管理国有资产的职能

任何国家，包括西方发达国家在内，都有大量的国有资产。尽管法国、美国、日本、英国等国从20世纪70年代后都进行了私有化，但是仍然有大量的国有资产存在。政府必须对这些国有资产进行管理。尤其我国是以社会主义公有制为主体的经济体制，国有资产数额巨大，如何使国有资产不流失，并且保值增值，使国有企业进入社会主义市场经济，是一个十分重要的课题。我国从改革开放以来，已有大量的国有资产流失。所以，我国政府管理国有资产的任务比西方发达国家更为繁重。

三、政府的文化职能

文化职能包括意识形态职能、发展科学技术和教育职能、发展文学艺术和体育卫生职能

和加强社会主义道德建设的职能,以及清除那些没有社会价值而且有害的文化产品的职能。

(一) 意识形态职能

马克思主义认为,任何社会占统治地位的意识形态都是统治阶级的意识形态。统治阶级利用一切传媒手段宣传和强化其意识形态,目的是加强其统治的合法性,论证政府行使行政权力管理国家是合理合法的。西方发达国家利用民主、自由、人权等口号进行巧妙的包装,在全世界范围内大肆贩卖和推销其意识形态。其目的,对内是为了加强其政府的合法性;对外是为了推行其价值观,干涉他国内政。我国是社会主义国家,马克思列宁主义、毛泽东思想是我国占主导地位的意识形态,我国政府必须强化无产阶级的意识形态,用马克思列宁主义、毛泽东思想论证无产阶级掌握政权的合法性和社会主义的必然性;论证建设具有中国特色社会主义的必然性和社会主义制度的优越性。政府的意识形态职能是统治阶级价值观的集中体现,是立国之本。政府所主张的意识形态是政府的灵魂,是政府的行为指南。意识形态也为国家的发展指明了方向,它是发展的动力而不是阻力。正如韦伯认为新教是资本主义的发展动力一样,马克思主义的意识形态是社会主义的发展动力。

(二) 发展科学技术和教育职能

科学技术和教育是文化的重要组成部分,当今世界国与国之间的竞争,在一定意义上来讲是各国科学技术之间的竞争。邓小平同志曾明确指出,科学技术是第一生产力。这是十分英明的论断。历史证明,一个国家科学技术落后就必然贫穷落后,就必然受帝国主义和霸权主义的气,就会挨打。从 1840 年到 1949 年,中国百年屈辱的历史证明了这一点。发展科学技术是政府的重要职能,没有现代科学技术就没有现代工业和现代农业,也不能实现国防现代化。发展科学技术的基础是发展教育,没有教育就不可能培养出大批有用的人才,没有人才就不可能发展科学技术。政府发展科学技术和教育应该有计划,要增加投入资金,不仅要重视应用性研究,而且也要重视基础研究。半个世纪以来,我国政府一直重视发展科学技术和教育,投入了大量的资金。尤其是当今世界,科学技术的发展突飞猛进,日新月异,一个国家如果科学技术落后,不仅在政治上和经济上被挤被压,而且无国防可言,无主权可言。如今,以信息技术为代表的新技术已经彻底改变了这个世界的面貌。网络战争和电子战争,甚至使用常规武器进行的战争,都是高科技战争。科学技术的重要性超过了从前的任何时代。所以,大力发展科学技术和教育是政府一项十分重要的职能。

(三) 发展文学艺术和体育卫生职能

文学艺术和体育卫生是关系到公民的精神文明和身体健康的大问题。繁荣文学艺术,大力发展体育卫生事业,可以提高国民的文化素质和身体素质。文学艺术为国民提供精神食粮,可以陶冶情操,净化灵魂,使人举止文明。发展体育卫生则使国民有好体魄,讲清洁,还可以美化环境,也是文明国家的重要标准。虽然我国已经把"东亚病夫"的帽子扔进了太平洋，但是，我们还必须努力发展体育卫生事业，更进一步提高国民身体素质。

（四）加强社会主义道德建设的职能

在社会主义市场经济的条件下，尤其应该重视社会主义道德建设。我国社会主义市场经济的发展，绝不能以社会主义的道德和我国的传统美德的沦丧为代价。世界上经济发展但道德水平下降的教训并不少，我们必须引以为戒。没有社会主义道德，无法建立正常的社会主义社会秩序和经济秩序，也无法享受社会主义建设所取得的精神成果和物质成果。因此，不能把社会主义道德建设看成是可有可无的无关宏旨的事情，必须当大事来抓。社会主义道德必须以社会主义、爱国主义和集体主义为核心，提倡大公无私、克己奉公、先人后己等美德。但是，目前有的领域个人主义十分严重，投机取巧、营私舞弊、损人利己，这些已严重地毒化了社会风气和社会道德。所以，建设社会主义道德是目前十分紧迫的任务。政府不仅有建设全社会道德的任务，而且其行政道德建设任务也十分严峻。政风即道德之风，没有政风正而天下道德风不正者，也没有政风不正而天下道德之风正者。己不正者，何以正人；表里不一，何以服人；口是心非，何以育人；以己之昏昏，怎能使人昭昭？

（五）清除那些不仅没有社会价值而且有害的文化产品的职能

任何社会都会有一些没有社会价值而且有害的文化产品存在，这毫不奇怪。在巨额利益的驱动下，敢于冒险者或心存侥幸者大有人在。他们不惜以身试法，从事色情行业，出版各种淫秽书刊、音像制品等，危害他人和社会。世界上已有 3 600 多万艾滋病病毒携带者，如果政府能够制止卖淫和吸毒的发展蔓延，那么艾滋病并不可怕。可怕的是政府视而不见，抓而不紧，或时紧时松，这样就无法防范艾滋病。因此，政府应该加强清除那些不仅没有社会价值而且有害的文化产品。

四、政府的社会职能

社会职能有广义和狭义之分。广义的社会职能是指除了政治职能之外的所有社会管理职能，狭义的社会职能是指政府除了政治、经济和文化职能之外的社会管理职能。这里所说的社会职能就是指后者。政府的社会职能比较广泛，主要有下列内容：维持社会秩序，保证人身安全和私人财产安全的职能；确保社会公平分配的职能；环境保护的职能；社会保障的职能。

（一）维持社会秩序，保证人身安全和私人财产安全的职能

为社会提供秩序这种公共物品是政府最古老、最基本的职能之一。政府必须为公民提供人身安全和私人财产安全，这是政府最起码的责任。社会上犯罪分子的存在是不可避免的，在各种不正常、不健康的动机驱使下出现的各种犯罪现象危及人的安全和财产的安全，市场

经济更容易引发这种犯罪,目前又出现了利用高科技手段进行犯罪的活动。面对这种新形势,政府维持社会秩序的任务就更加艰巨了。因为没有良好的社会秩序,公民就不能进行正常的工作和生活,社会就会出现人人自危的混乱局面。这样,经济就无法发展,政府的合法性就会受到怀疑。只有政府向社会和公众提供公共秩序产品,人民才能安居乐业,经济才能快速发展,市场才能繁荣。它事关国计民生,政府不能不重视,不能不下大力气维持好社会秩序。

(二) 确保社会公平分配的职能

社会主义市场经济可以有效地配置资源,可以大幅度地提高劳动生产率。固然,"看不见的手"可以优化资源配置,但是,这只"看不见的手"也可以把公民的钱包掏空,可以造成分配差距悬殊的现象。一些具有稀有性和有价值技能的人,根据市场的供求规律,能够得到较高的收入,而另一些技能较低并且没有专长的人,则收入较低。又由于市场按照规律运转,对劳动力的供求经常发生变化,必然会有一部分人失业,他们的生活就没有保障。应当承认在社会主义市场经济条件下,分配不公平依然存在。市场是不可能进行公平分配的,只有政府才能进行公平分配,以弥补市场造成的缺欠。因此,政府必须进行收入再分配。政府要利用税收政策和福利政策以及建立社会保障制度对分配悬殊的问题进行调节,以求得分配公平,保持社会稳定。

(三) 环境保护的职能

市场经济是以利润为基础的,在利润的驱动下它们可以进行各种各样的生产活动。但是,市场经济在环境保护方面是失效的。市场经济只能造成环境污染,而不能自发地去治理污染。环境保护问题是一个全球性的问题,是关系到人类生存和可持续发展的问题。因此,政府只能弥补市场的不足和欠缺,承担起保护环境的重任。目前,环境污染问题非常严重,大气污染、水污染、沙漠、温室效应、噪声污染等对人类的生存造成了严重的威胁,资源枯竭、水质恶化、可耕地面积急剧减少、草场沙漠化等严重地阻碍了经济发展。因此,环境保护不仅关系到国民健康,也关系到国民经济的可持续发展。政府要制定各种政策法规,采取各种措施治理环境。同时,政府必须规范市场行为,有意识地引导企业发展绿色产业,引入市场机制进行环境保护。

(四) 社会保障的职能

社会保障是确保公民维持稳定的生活的一项重要的制度,是社会的稳定机制。政府要建立各种社会保险体系,如人寿保险、失业保险、医疗保险、家庭安全保险等,以解决公民面临各种社会的、家庭的和自身的问题时,自身无法解决,经济上又无法负担的难题。社会保障的第二个方面就是建立和健全社会福利制度。对残疾人、弃儿和没有生活能力又没有人赡养和照顾的孤独老人,政府必须进行照顾。随着白色浪潮的出现和我国独生子女政策所造成的一对年轻夫妇无法照顾两对老人的问题，一些老人愿意自费住福利院。这些问题都要靠政府建立社会福利来解决。此外，政府还必须保证那些低收入者的生活，对那些工资难以维持正常生活的家庭或个人，给予必要生活补助。当然，各国情况不一样，有的国家给失业补助或物价补贴等。政府还要进行社会救济。对我国来说，防灾救灾是每年都要进行的工作。我国是一个多自然灾害的国家，水灾、旱灾、火灾、风灾、雪灾、泥石流、虫灾、沙尘暴、雹灾、海啸和地震等，给人民群众造成巨大的生命财产损失。我国政府每年都花大力气进行防灾救灾。我国政府已经有了一个比较完备的防灾救灾体系，这是其他国家不可与之相提并论的。总之，社会保障是政府一项不可替代的职能，搞好社会保障就更能体现社会主义制度的优越性了。

第四节 我国政府职能的转变

一、新中国政府机构的沿革

（一）新中国成立初期我国的行政组织

1949年10月1日，中华人民共和国宣告成立。10月21日，根据《中华人民共和国中央人民政府组织法》成立了中央人民政府，即中华人民共和国政务院。政务院下设35个部门。

新中国成立初期，为了加强中央领导、巩固政权、稳定社会秩序、恢复和发展生产，我国成立了华北、东北、西北、华东、中南和西南六大行政区。大区人民政府委员会是政务院领导下的一级行政机关，负责领导下属的省、市、县各级人民政府。大区下设20多个行政部门。

1952年11月，将大区人民政府改为行政委员会，是代表中央政府领导和监督地方人民政府的行政机关，已不作为一级政府存在。

1954年，我国制定了第一部社会主义宪法，改政务院为国务院。国务院下设8个办公室，35个部委，20个直属机构和1个秘书厅，共64个部门。

1955年和1956年，中央为了加强社会主义建设，撤销了一些部门，新增了许多经济管理部门。国务院设置48个部委、24个直属机构、8个办公机构和1个秘书厅，共81个部门。

（二）全面建设社会主义的十年

1957—1959年，中央人民政府的组织机构进行了第一次大精简。1956年，国务院设置81个部门，分工过细，部门过多，机构臃肿，中央政府管得过多过死。毛泽东同志于1957年1月提出精简机构的问题。1958年，我国实行企业下放，将中央部门直属企业由9 300多个减少到1 200个，并且合并了一些部门。到1959年12月，国务院有部委39个、直属机构14个、办公机构6个和1个秘书厅，共60个部门。

1958年的"大跃进"和1959年的反右倾，使这次精简机构工作没能够坚持下去。为了恢复国民经济，中央政府又增设了不少部门。到1965年，国务院有部委39个、直属机构22个、办公机构7个和1个秘书厅，共69个部门。

（三）"文化大革命"的十年

1966年我国开始了史无前例的"文化大革命"，这是一场空前的浩劫，全国一片混乱。国务院各部门也都处于瘫痪或半瘫痪状态。从1967年5月开始，中共中央先后发布命令，将国务院所属的一些重要部门，或实行军管，或划归军队系统领导，并大量地裁减、合并机构。1970年，国务院各部门进行精简后，共设32个部门。其中国防部，第二、第三、第四、第五、第六、第七机械工业部，体育运动委员会，民用航空总局，海洋局，新华社，广播事业局，外文局13个部门分别划归军委办事组、总参谋部、空军、海军以及中央文革小组和中共中央对外联络部领导，实际上国务院只领导19个部门。后来因管理需要，国务院又增设了一些机构，1973年达45个部门。

1973年，邓小平同志主持国务院工作，开始全面整顿，加强计划管理，实行"自下而上，上下结合；块块为主，条块结合"的管理办法。中央对已下放到地方的企业和地方原有的大中型企业进行必要的指导和管理。因此，国务院机构必须相应地进行调整。到1975年年底，国务院共有52个部门，其中部委29个、直属机构19个、办公机构4个。

（四）改革开放以来的政府机构改革

1976年10月，党中央一举粉碎"四人帮"，我国开始了一个新的历史发展时期。为了把国民经济尽快地搞上去，中央恢复和增加了大量的政府机构。到1981年年底，国务院有100个部门，其中部委52个，直属机构43个，办公机构5个。

党的十一届三中全会提出了政府机构改革的任务，十一届三中全会公报指出："应该在党的一元化的领导之下，认真解决党政企不分、以党代政、以政代企的现象，实行分级、分工、分人负责，加强管理机构和管理人员的权限和责任，减少会议公文，提高工作效率，认真实行考核、奖惩和升降等制度。"1982年1月，邓小平同志又指出："精简机构是一场革命。"这些论述为我国政府机构改革指出了明确的方向。1982年，国务院进行机构改革。重叠的机构予以撤销，相近的部门予以合并，减少直属机构。经过改革，国务院的下属部门共61个，其中部委43个、办公机构2个和1个办公厅。

1982年的政府机构改革成绩很大，但因为没有在转变政府职能上下功夫，政府机构很快就膨胀起来。到1987年年底，国务院又多达72个部门。针对这种情况，邓小平同志指出：机构庞大，人浮于事，官僚主义，拖拖拉拉，不守信用，你放权，他收权，必然拖后腿，阻碍经济体制改革。改革的内容第一是党政分开；第二是权力下放，解决中央与地方的关系；第三是精简机构；第四是提高效率。1987年9月，中央机构改革领导小组成立，同年10月，党的"十三大"正式提出改革政府工作机构的问题。1988年，中央又进行了政府机构改革。这次政府机构改革要实现政府由微观管理向宏观管理、直接管理向间接管理转变，要理顺党政关系、政企关系，中央政府与地方政府的关系，中央各部门之间的关系和地方各级政府之间的关系，实行定职能、定机构、定编制。经过改革，国务院共有68个部门，其中部委41个，直属机构19个，办事机构7个和1个办公厅。1989年年底，国务院各部门的人员编制总数为44 878人，比改革前减少7 915人。

1988年的政府机构改革起点不高，机构数目仍然太多，又由于没有在转变政府职能上下功夫，没有实现政府机构改革的预期目标。因此，政府机构改革不久就又出现了政府机构膨胀的现象。1992年，邓小平同志南方谈话，提出建立社会主义市场经济。我国政府部门林立、机构庞大、人浮于事、效率低下，不适应社会主义市场经济的要求。因此，我国政府于1993年又进行了一次机构改革。改革后，国务院机构由原来的68个减少到59个，其中部委40个，直属机构13个，办事机构5个和1个办公厅。

为了适应社会主义市场经济发展的需要，我国政府于1998年又进行了一次机构改革。这次改革起点高、力度大，精简合并了一些专业职能部门，人员减半，政企分开，政社分开，政事分开。经过改革，国务院共设置29个部门。这次政府机构改革取得了巨大的成就，对建立社会主义市场经济有巨大的推动作用。2003年，我国政府又进行了改革，成立了商务部，撤销了对外贸易部和国家经济贸易委员会，并且将国家发展计划委员会更名为国家发展和改革委员会。

我国政府机构改革还要随着社会主义市场经济的深入发展而继续进行，我国一定能够建立一个适应社会主义市场经济需要的高效廉洁的政府。

二、我国政府职能的转变

1978年以来，在经济体制改革的推动下，我国政府进行了多次政府机构改革，取得了巨大的成就。我国政府职能正逐步适应社会主义市场经济的需要。这些政府机构改革缩小了政府规模，减少了政府工作人员；理顺了中央与地方之间的关系，理顺了政府各职能部门之间的关系，厘清了政府与企业之间的关系。管理方式有了较大的转变：实现了从微观管理向宏观管理的转变，从直接管理向间接管理的转变。但是，我们应该认识到，我国尚没有完成社会主义市场经济体制的建设，因此，我国的政府机构改革任重而道远，目前的行政体制只是过渡型的行政体制。要建立完全适应社会主义市场经济的行政体制，首先必须改变观念，其次要更深刻地认识政府与社会及其各种社会组成要素之间的关系。

（一）彻底转变政府管理的观念

管理观念的转变是最根本的转变。如果不转变观念，就不可能建立起适应社会主义市场经济的行政体制，政府机构改革就无法走出"精简—膨胀—再精简—再膨胀"的循环圈。

1. 政府机构改革必须纳入法制化轨道

政府机构改革必须是法制化的改革，不能是随意性的改革。政府机构的设置、人员的增减、职权的确定，都必须有明确的法律规定。尽管我们说编制也是法，但是却没有法的权威，甚至县政府和乡政府任何一个部门领导者都可以随意设置机构，而且没有人去追查，即使发现问题，也是轻描淡写地批评几句，不了了之。没有哪位地方领导者把编制当作法来对待。犯法应当受到法律的惩处，但是到目前为止还没有看到谁因为扩编而受到有关法律的惩罚。政府机构改革必须有法律的规范，增加或精简一个人或一个机构都必须有法律根据，否则就要受到法律的制裁。在目前情况下，机构的设置和人员的增减仍然是长官意志起决定性作用，理论与现实有很大的差距。在政府机构中要避免人治，只能借助法律，别无他途。

2. 要实现从全能政府向有限政府的观念转变

全能政府又叫万能政府或无限政府。这个概念并不是我国学者创造的，也不是针对我国政府的。这是西方发达国家的学者针对西方发达国家的政府而言的，是西方学者对他们的政府管得太多提出的批评。但是，相对而言，西方发达国家的政府无论从规模上还是人数上都比我国政府小得多、少得多。按照他们的观点，改革后的我国政府仍然是一个全能政府。但是，这里全能政府的概念是指1997年政府机构改革前的政府。世界上的中央政府部门，除了苏联外，只有我国中央政府达到过100个机构。按照世界各国中央政府没有超过20个机构的标准来看，我国中央政府仍然是超大型的政府。

全能政府的最大特点是包揽一切社会事务，垄断一切社会权力，独占一切社会资源，政治体制、行政体制和经济体制重合为一，高度集权，党政不分、政企不分、政事不分，政府扮演多重角色。仿佛足球场上，他既是裁判规则的制定者，又是裁判员、巡边员，还是场上双方球队队长、球员和守门员。

政府什么社会事务都管，因此它有无限责任。一个人从出生到死亡，衣食住行、生老病死、学习工作，无所不管。对企事业单位，政府既是所有者，又是管理者。实际上，企事业单位只是上级政府职能部门的下级行政单位。单位的领导由上级政府委派，单位经费又由上级主管部门拨给。政府对这些下属单位的管理完全是一种父爱式的管理。这些下属单位只要服从领导、听从指挥，则不必考虑本单位经营和管理业绩如何，上级主管部门包办一切。于是，几十年之后，出现了政府无法解决的矛盾，即政府甚至难以低水平地满足每个公民的最低需要。政府提取公共资源的能力有限，即使采用平均主义的分配方式，有限的资源也无法满足广大人民群众的需要。供应短缺是全能政府的经济特点之一，全能政府使自己处于很尴尬的境地。因此，政府不得不进行改革，以减轻其负担。但是，由于社会主义市场经济的建立，垄断权力的政府不会心甘情愿地下放权力，让企业自主地进入市场。如果政府没有自己的利益，它本应该早就退出大部分经济活动领域。但是尽管经历了这些年的改革，全能政府的角色和全能政府的观念并没有从根本上改变。政府不是全能的，政府不要管那些管不了也管不好的事。政府应该低限度地干预经济、干预社会各方面的事务。总之，政府的管理有限，责任也有限。

3. 要实现从权威主义行政向民主行政的转变

权威主义行政即精英行政，它是建立在大卫·李嘉图的"群氓假设"的基础之上的。它只相信政府，只相信政府能够管理好社会公共事务，只相信少数精英人物有足够的智慧和能力进行管理。全能政府是权威主义行政的极端形式，它不相信人民群众有参与能力和管理能力，不相信他们有自理、自立、自组能力，甚至不相信他们对政府的合法性的认同。在这种权威主义思想的指导下，难以进行民主行政的建设。但是，现在是信息社会，虚拟社会、电子政府和网上团体已经存在，民主思想将被广泛传播，民主行政也必然因应而出。民主行政就是人民群众有参政权、议政权以及知情权，这是公民消费权。民主行政是建立在真正而不是口头上相信人民群众是历史的主人，真正而不是口头上相信人民群众是历史的创造者的基础之上的。那种把人民群众视为无知的群氓的理论，是封建地主阶级和资产阶级对人民群众的蔑视，是他们为了垄断权力、攫取利益并保持特权的一种强权理论。我国是社会主义国家，马克思列宁主义、毛泽东思想是我们的指导思想，相信人民群众、依靠人民群众是我们党和国家的一贯作风，所以，在我国实行民主行政并非难事。只有实现从权威主义行政向民主行政概念上的转变，政府职能才能实现真正的转变，才能真正做到机构精简。

4. 在管理方式上要实现从统治方式向管理方式的转变

统治方式是阶级对阶级的统治，可以说是对敌对阶级的管制方式。但是这种方式不能用来处理人民内部矛盾。人民内部出现的各种问题是依法进行管理的问题，而不应当仅用行政强制的办法，甚至采用暴力方式予以解决。我国过去的计划经济就是一种统治经济，不能再用这种方式来管理社会主义市场经济。市场经济是法制经济，是政府低度干预的经济，用强制的方式进行行政干预必然导致市场失败。政府处理各种社会事务也不能用统治方式，而必须用管理方式。政府只有从概念上实行转变，才能在管理方式上有所突破，才能确立人民群众的主导地位。应该树立为公众服务而不是管制公众的民主意识，否则，我们的国家公务员就与我国历史上封建王朝以"牧民者"自居，而把人民群众当作是被放牧的一群羊的封建官吏没有什么区别。管理者和被管理者的地位是平等的，不是管制与被管制的关系。我国目前在公共行政上出现的许多问题其根源都在这里，尤其是地方政府和基层政府以及执法部门。我国官管民、民怕官已有几千年的传统，新中国已成立了半个世纪，但是这种情况并没有从根本上改变。归根结底，是因为我国传统管理思想和管理方式是管制和统治人民，而不是管理人民。从这一点出发，我们就可以解释为什么时至今日，还有少数干部横行霸道，私设公堂，基层干部拷打农民的事情发生。国以民为本，政府是为公民服务的，干部是人民公仆。世界绝没有仆人管制或统治主人的道理。如果不能实现从统治方式向管理方式的转变，就不可能实行民主行政。

5. 实现从"以官为本"到"以民为本"的彻底转变

我国是社会主义国家，按照马克思列宁主义、毛泽东思想，人民是国家的主人。这在理论上是毋庸置疑的。但是在实际上处理各种事务往往唯上、唯官，不唯民。这里，并不是说上级领导不重要，领导的话不要听，而是说，不能只要是上级领导的话，不分是非曲直、青红皂白，一律照办。这除了官僚制的副作用外，主要与我国没有民主传统、"以官为本"有很大关系。孟子在两千多年前就发现了我国的这种传统的危害，因此他提出"民为贵，社稷次之，君为轻"。孟子无疑不可能看不起君王，他这样说是想告诫当时的当权者，民为国家之本，必须予以重视。在我国，权力仍然是占主导地位的价值观，愈是落后的地区愈严重。什么法律政策，什么规章制度，都不如领导的一句话。从事科学技术和文化卫生工作，都不如当个小官。在农村，一位大学毕业的初级中学校长的地位，都没有一位中学毕业的乡政府的普通办事员的地位高。今天大学生和研究生大多数愿意进政府部门工作，与我国"以官为本"的传统有直接关系。

"以官为本"在组织建设上是官本位。我国凡是企事业单位和单位的领导都有行政级别，技术职称也相当于什么行政级别，甚至道观、寺庙的道士、和尚也都有行政级别。从1992 年开始进行社会主义市场经济体制建设以来，我国又出现了不同行政级别的公司，大者为部级公司，小者为股级公司。这些公司进入市场，参与竞争，是靠位高权重还是靠产品质量？市场只拿产品和利润说话，不承认什么行政级别。

"以官为本"在领导方面表现为"长官意志"和"一言堂"，这已经是老生常谈了。谁官大、权大，谁就说了算，这是不能公开而是实际奉行的官场游戏规则，而且确实是行之有效的游戏规则。"听话"成为了考察一个官员德、勤、绩、能的主要标准。上有所好，下必甚焉。那么，此风一长，必然形成一种唯上之风，"长官意志"和"一言堂"大行其道。陈云同志就十分清醒地看到了这一点，多次告诫全党要不唯书、不唯上。如果不根除这种"长官意志"和"一言堂"，就不可能实现从权威主义的行政向民主行政的转变。"以官为本"造成了社会行政化和官僚化，而如果不以民为本，不实现民主行政，政府的合法性就很难得到认同。政府机构改革，如果仅仅是机构和人员的增减，而不从根本上改变人的观念，那么，就不能实现政府职能的真正转变。转变观念不只是少数政府官员的事情，广大人民群众也必须转变观念。

（二）正确界定政府在社会中的角色

要实现政府职能的真正转变，就必须正确界定政府在社会中的角色。要做到这一点，就必须正确处理政府与社会、政府与市场、政府与企业、政府与事业单位、政府与社会组织，以及政府与公民之间的关系。

第一，正确处理政府与社会之间的关系。政府与社会之间的关系是政治学的核心问题，也是公共行政学研究的重要问题。政府职能，归根结底是政府在社会中所起的作用。政府是产生于社会又凌驾于社会之上的社会组织，其存在的价值是管理社会、服务社会。管理的目的和宗旨都是为社会服务，任何背离这一根本价值的政府行为都必然削弱政府的合法性。因此，政府在社会中的作用应当定位在除了政府必须行使政治统治职能之外，社会管理职能是有限度的，政府只管理社会依靠自身力量无法解决的社会事务，而那些凡是社会能够进行自我管理的领域，政府都应放手让他们自己去管。这就要求政府不能垄断所有的社会权力，必须分权给社会。政府不能包揽所有的社会事务，那样既管不了，也管不好。

第二，正确处理政府与市场之间的关系。政府与市场之间的关系是政府与社会之间关系的重要内容。政府与市场两者的基础不同，价值也有差异。因此，两者在各自领域所起的作用是不能互相代替的。市场是以利润为基础的，因此，它在资源配置方面优于政府；政府是以权力为基础的，它在规范市场和公平方面优于市场。政府对市场的管理是依法管理，是宏观控制和间接管理，是按照市场规律进行管理，是低限度的干预。同时，政府必须弥补市场的失效，如公共物品的生产与提供，环境保护和社会保障，以及确保社会公平等。政府不能经常用行政手段干预市场，否则社会主义市场经济就不可能建立起来，尤其一个失效的政府去管理市场，那么市场必然失效。

第三，正确处理政府与企业之间的关系。社会主义市场经济也是市场经济，自由竞争是市场经济的准则。因此，企业应当作为独立法人资格进入市场，面对激烈的市场竞争，必须有灵活的应变能力，要有自主权和自决权。如果企业不与政府分开，企业没有自主权，没有独立的法人资格，企业便无法进入市场，即使进入市场也很难在受制于人的情况下进行竞争。这些年来，政府已经在经营管理上下放了许多权力，使企业能够参与市场竞争。政府除了管理国有资产的保值增值之外，其他的权力都应该归还给企业。政府与企业分开，政府不再扮演企业经营者的角色，有利于廉政建设。政府一般不直接从事以营利为目的生产经营活动，因为行政权力进入市场是没有竞争对手的，必然造成垄断。我国各级政府都有企业，如果不实行政企分离，那么企业之间的竞争就成为了政府上下级之间和政府不同职能部门之间的竞争，那样便无竞争可言。

第四，正确处理政府与事业单位之间的关系。事业单位是我国比较特殊的存在，我国的文化、教育、医疗、卫生、新闻和科研等社会组织都是事业单位。总之，凡属政府财政供给的实体单位都可以叫事业单位，如大、中、小学校，医院、科研院所、报社等都是事业单位。这些年来，政府对它们进行了改革。一些已走进了市场，完全独立自主；另一些，经济上已完全独立，但是还必须由上级领导；还有一些改革缺少进展，原地踏步。其实，在我国除了确保基础教育和基础科学研究之外，其余的都可以走入市场。事业单位面临的老大难问题是单位制，就是单位办社会。所以，在事业单位里，人浮于事、管理人员甚至超过业务人员的现象很多。大学的教员与非教员的比例是1:2。国家的任何政策，首先受益的不是教员，而是那些非教员。尽管进行了改革，但是成效甚微，因为改革会损害一些人的既得利益，但是不改革就没有出路。随着我国社会保障制度的建立，这些问题将会逐步得到解决。

第五，正确处理政府与社会组织之间的关系。社会组织的概念十分广泛，企业和事业单位是社会组织的主要组成部分。这里所说的社会组织是指除了企事业单位之外的其他社会组织。在改革开放之后，这类社会组织发展很快，在社会中的作用也越来越大。这些民间社会团体，包括社会中介组织是社会结构中不可或缺的组成部分。社会组织的重要作用是能够减轻政府的负担。许多政府管不了也管不好的社会事务都由它们承担。它们是社会自组、自助、自理的组织。尤其是社会中介组织，它们作为公众和其他社会组织与政府之间的中介，起着沟通与桥梁的作用，既减轻了政府的负担，又方便了公众。它们把政府的法律和政策向公众落实，同时也把公众的意见和建议反馈给政府。它们也为公众提供政策咨询，提供各种信息，帮助解决各种问题，在社会主义市场经济的条件下，从事中观管理和微观管理。过去，我国出现的"一管就死，一放就乱"的现象，是因为放则无人管，管则强行干预。其实，放是指政府放手不管，而不是谁也不管，这个管理责任就由中介组织承担。这样就不会因为没人管而造成混乱。问题是这些社会组织虽然经授权有行政管理职能，但是它们并不是政府，也不是变相的政府。如果把它们当作政府的职能部门或变相的政府，还不如不精简机构，因为那样就没有什么意义了。

第六，正确处理政府与公民的关系。在任何社会中，政府为公民提供服务，公民离不开政府。尤其在现代社会，许多事情公民更无法离开政府，必须靠政府予以解决或给予帮助。大型公共设施，如道路、煤气、自来水和电等设施，政府如果不提供，个人则无能为力。在经济活动中，出现不公平竞争和违法犯法现象，也只能由政府来解决，任何个人都无法解决这些问题。但是，政府对公民的责任是有限的，不能像在全能政府条件下一样，政府包管公民从生到死的所有事务，甚至到火葬场也是公费。政府必须摆脱那些不应该由其管理而应该由公民自理的事情，在学习、就业、住房和医疗等方面应该由公民自理。那些确实依靠自身力量不能解决，不能自理自立的问题，政府应该给予帮助。政府不能对公民负责一切，公民也不能事事依赖政府。政府责任有限，公民也必须自立自理。

小结

在社会主义市场经济条件下，政府职能必须彻底转变，要从计划经济条件下的全能政府转变为社会主义市场经济条件下的有限政府。有限政府就是指政府职能是有限的，管理范围是有限的。政府不能过多地直接干预经济。在政府失效的领域，市场是效率高的；在市场失效领域，又必须由政府进行管理。政府干预应该慎重，要有限度。政府的基本职能是政治、经济、文化和社会职能。

第四章 行政体制

行政体制就是政府体制。它有政治性、稳定性、系统性、滞后性和继承性等特点。行政体制可以分为中央政府体制、地方政府体制、中央与地方权力关系体制和行政区划体制。科学的行政体制的作用在于规范公共行政管理，提高行政效率，促进社会全面发展，提升政府生产力和国家竞争力。科学的行政体制也是公共行政民主化的保证。

第一节 行政体制概述

一、行政体制的含义

行政体制指政府系统内部行政权力的划分、政府机构的设置及运行等各种关系和制度的总和。从国家的层面上来看，它是指行政机关与立法机关和司法机关的权力划分。因此，行政体制是相对于国家的立法体制和司法体制而言的。行政体制是政治体制的重要组成部分。政治体制决定行政体制，有什么样的政治体制就有什么样的行政体制。行政体制决定一个国家中央政府的权力划分，决定一个国家的政府集权与分权的程度，决定政府各部门的权力行使范围和程度以及它们之间的相互关系，决定中央政府与地方政府之间的关系，决定行政系统的运行机制和运行程序，决定行政效率。行政体制不仅对政府本身有巨大的影响，而且也必然影响一个国家的政治和经济发展以及社会进步。

我们可以从如下几个方面理解行政体制：

第一，经济体制决定并制约行政体制，行政体制也影响和制约经济发展。作为政治体制的重要组成部分的行政体制，是上层建筑的重要组成部分。经济基础决定上层建筑，可以说有什么样的经济体制就有什么样与之相适应的政治体制，也就有什么样的行政体制。高度集权的计划经济体制，必然产生高度集权的政治体制和行政体制，而市场经济体制则要求相对分权的行政体制。行政体制必须随着经济体制的变化而变化，随着经济体制的发展而发展。同时也应指出，行政体制也影响和制约经济体制。如果行政体制相对滞后，必然影响和制约经济发展。在计划经济体制上建立起来的高度集权的行政体制，不可能适应市场经济体制。因此，行政体制不仅要适应经济体制，同时，也必须不断地进行调整和改革，以适应和促进经济发展。应该看到,任何经济体制改革如果不进行与之相适应的行政体制改革,经济体制改革是不可能进行到底的。

第二,政治体制决定行政体制,行政体制是政治体制的重要组成部分。政治体制决定行政体制:行政体制的性质、公共行政宗旨和运行方向,行政体制的构成形态,政府职能的范围、程度和方式,政府的集权与分权,政府权力体系的结构要素,以及政府与社会、市场、社会组织和公民的关系等,这些都是由政治体制决定的。因此,行政体制也必须适应政治体制的要求,随着政治体制的发展变化而发展变化。然而,行政体制也不是完全被动的,它对政治体制也有较大的影响,行政体制的发展变化也必然影响和促进政治体制的发展变化。但是,我们也应该看到,如果政治体制不进行根本变革,行政体制不可能实现根本的变革。

第三,行政体制的核心问题是行政权的划分和行政组织设置,以及对政府系统的各级各类部门职权的配置。它涉及中央政府的权力划分与配置,政府集权与分权的程度,政府组织的纵向结构和横向结构的权力划分与配置。权力的划分与配置是以有效管理社会公共事务为出发点的,是以充分发挥政府职能、促进经济发展和社会进步为目标的。经济、效率、民主和公平是行政体制的重要价值,它们决定了集权与分权的程度和地方自治的程度。行政权力和行政职能必须分配给各级各类行政组织,行政组织是行政体制的重要组成部分,是行政体制的实体结构,是行政权力和政府职能的载体。行政体制通过行政组织起作用。行政组织行使行政权力,达成一定的政府职能,在行政体制规范中运行。行政体制规范行政组织所掌握的权力使用的范围和程度。

第四,科学技术推动行政体制的变革。现代科学技术的广泛应用,信息技术的飞速发展,虚拟社会和电子政府的出现,强烈地冲击着公共行政和行政体制。科学技术的应用大幅度地提高了行政效率。它不仅可以减少工作人员,更重要的是它可以减少公共行政的组织层级并加强组织的横向沟通。而且它为民主行政创造了十分重要的条件,为广泛的公民参与政府的决策和监督政府提供了一个虚拟平台。科学技术的应用使公共行政发生的这些变化,必然导致行政体制的变化。科学技术的发展必然推动公共行政的组织结构的变化,使公共行政走向电子政府和民主行政,这必然会引起行政体制的变革。

第五,文化对行政体制的重要价值作用。尽管政治体制和经济体制对行政体制的作用和影响是决定性的,但我们应该看到,文化对一个国家的行政体制的重要价值和作用也是不可低估的。行政体制的内核是文化价值体系,它为政府提供了行为规范和施政方向,为政府官员提供了价值观、权力观和思维方式。文化对公共行政既有引导作用,又有约束作用。优秀的现代文化和传统文化把公共行政引向科学、规范、民主和法制化,但是落后的、腐朽的文化往往破坏公共行政规则,扭曲政府官员的价值观和职务行为,甚至制约行政体制。在发展中国家,腐朽没落的传统文化所形成的"潜规则"对公共行政的影响颇深,行政运行往往以传统的习惯和规则进行。以高度集权、道德行政、大一统和家长制为核心的我国传统行政文化所形成的一些"潜规则",今天仍然起作用。我国历史上出现的高度集权与分权后就拥权自重的情况,都与我国的传统文化有关。从我国传统文化出发,我们就不难理解我国行政体制改革是一个长期而复杂的过程。我们只有认识到文化对公共行政的重要作用，才能自觉地用科学的、现代的文化和有价值的文化改造公共行政体制，并时时警惕腐朽的、没落的文化对公共行政的侵蚀。

二、行政体制的特点

行政体制是政府系统的权力、机构和运行的总和，因此，它具有鲜明的政治性、较强的稳定性、严格的系统性、相对的滞后性和历史的继承性的特点。

（一）鲜明的政治性

行政体制是政治体制的组成部分。首先，它必须体现政治和政治体制的要求，是实现政治统治目标，加强政府合法性功能的体制性的和强制性的工具。行政体制的确立和改革必须由政治权威决定，它附属于政治权威和政治体制。其次，国家意志和公共利益必须通过行政系统贯彻才能实现。执政党只有经过政府贯彻执行其政策，才能实现其政策目标。最后，行政体制是以各级各类行政组织有效地管理社会公共事务为价值的。政府公平、高效地处理社会公共事务，满足广大公众的要求，就扩大了政治统治基础。那种认为公共行政是纯事务性的管理的观点是不符合实际的。

（二）较强的稳定性

行政体制具有稳定性的特点。首先，它是由政治体制的稳定性决定的。一个国家的政治体制一般是不会轻易变动的，因为它涉及政治统治和社会稳定的大问题。因此，作为政治体制重要组成部分的行政体制也必然具有稳定性。其次，一种行政体制一旦形成，便不会经常变动。它不仅可以确保公共行政的有序性，也可以确保社会的稳定。现代社会，政府是稳定社会和推动社会发展的主要动力，行政体制不可能随着社会发展的微小演变而进行变革。只有行政体制稳定，社会才能稳定。行政体制频繁地变动，不仅会造成公共行政的混乱，而且也会造成社会混乱。行政体制必须在社会变迁积累到一定程度之后才能进行适应社会环境的行政改革。因此，行政体制是一个比较封闭的组织系统。

（三）严格的系统性

行政体制具有系统性。行政体制本身是一个比较封闭的系统。它由行政组织子系统、行政权力子系统、行政职能子系统和行政规范子系统组成的。它具有一般系统的整体性、结构性、层次性、相关性和有序性。行政系统的各级各类行政组织只有在行政体制的整合下才能成为一个整体，才能各自发挥作用而又互相协调配合。行政系统有纵向结构和横向结构，这些不同结构之间具有相关性和有序性，只有这样才能使行政体制发挥整体作用。

（四）相对滞后性

相对滞后性，也就是行政体制的惰性。行政体制一旦形成，就有一定的稳定性。它的变革或变化往往发生在社会变化之后。它与社会的其他构成要素相比，更趋于稳定，往往表现为有些僵化或保守。行政体制的滞后性是由其稳定性演变而来的。行政体制不可能对社会每时每刻发生的变化都及时作出反应而改变体制，那样不仅会造成公共行政的混乱，还会造成社会的混乱。各种社会构成要素是十分活跃的，时时刻刻都在发生变化。而行政体制除非在社会变迁发生了质的飞跃时，即发生社会革命或变革时必须及时进行变革之外，一般的社会演变不可能使行政体制随之改变。但是，社会演变积累到一定程度，即量变发展到质变的时候，行政体制也必须对这些变化作出反应，即进行行政体制改革。我们充分认识了行政体制的滞后性，就能更加深刻地认识到既保持行政体制的稳定性，又克服其滞后性的重要性。

（五）历史的继承性

一个国家的行政体制是对一个国家传统的行政体制的继承，而不是割裂或抛弃历史传统。我们考察每个国家的行政体制都可以发现，其形成和发展都有历史的继承性。法国的集权行政体制和英国分权的联邦行政体制不同，是因为两个国家在历史上形成了不同的行政体制造成的。我国从实行两千多年的分权制的分封制到秦汉实行集权的郡县制是行政体制的大变革，但是，此后的各个朝代基本沿袭着集权的行政体制。行政体制的形成和变化是随一个国家历史上的政治、经济、文化和社会的发展与变化形成的，是传统的行政权力构成和运行体制，不是随意可以改变的。因此，各个国家的行政体制无不继承其传统的体制。但是，我们应该看到有些历史传统是落后的，是不符合市场经济的要求的，因此必须进行变革。

三、行政体制的作用

科学的行政体制不仅可以规范公共行政，提高行政效率，而且可以促进社会的全面发展并提升政府生产力和国家竞争力，还可以造就大批能够胜任现代公共行政的德才兼备的国家公务员队伍。同时，它也能够促进民主行政和社会民主。

第一，科学的行政体制能够提高政府生产力和行政效率。科学的行政体制能够调动中央政府和地方政府以及各级各类行政组织的积极性和创造性，能够使国家公务员充分发挥他们的智慧和才能。这样才能提高政府生产力，提高行政效率。政府生产力是一种综合生产力。我们讲，管理出效率，管理出效益，对政府而言也是如此。科学的行政体制会使政府管理社会公共事务表现出高效率、高效益。这是国家效率和国家效益，是一个工厂或一个企业的效率和效益所不能相比的。要做到提高政府生产力，提高行政效率，就要使行政体制符合社会需要和社会发展的实际。集权还是分权，收权还是放权，不是形式主义，而是以提高政府生产力和行政效率为出发点。只有高效的行政体制才能创造出高效的政府生产力。

第二，科学的行政体制能够大幅度地全面地促进社会发展，提高国家的竞争力。科学的行政体制是促进社会高速、全面发展的体制保证。科学的行政体制不仅能够确保中央政府的权威，而且能够调动地方政府或下级政府的积极性；不仅确保政府能够高效、高质量地向公众提供各种公共物品和服务，而且能够为社会、市场、各种社会组织和公民提供广阔而安全的发展空间，从而使社会全面高速地发展，提高国家竞争力。

第三，科学的行政体制能够造就大批的优秀的国家各级各类公务员。对国家公务员依法进行科学的分类管理，是行政体制的重要内容。它的有序、规范的管理，可以为大批德才兼备的行政领导者和优秀的国家公务员的涌现提供有利的条件，为年轻的国家公务员的茁壮成长创造一种氛围。科学的、健全的行政体制，必然体现出用人唯贤、德才兼备、公平竞争、民主选拔、民主监督、晋升唯功和适才适用等原则。21世纪的国际竞争是政府之间的竞争，没有大批政治素质高、业务素质强、文化素质高、道德操守好和管理能力强的国家公务员队伍，是不可能管理好国家，是不可能参与国际竞争的。行政体制是一种能够使人才脱颖而出，也能够压制人才成长的宏观机制。因此，建立并健全行政体制是十分重要的。

第四，科学的行政体制是公共行政民主化的保证。依法保证行政权力的划分、组织机构的设置、行政程序的运行以及协调各种关系，是行政体制科学化的必要条件。依法建立并健全用人制度、激励制度、绩效制度、考核监督制度和竞争制度是行政体制的重要内容，它可以确保公共行政法制化。公共行政法制化是民主行政的前提。民主行政必须是法制行政，没有法律规范的行政只能导致无政府主义，或者人格行政。民主行政是大势所趋，是不以人们的主观意志为转移的客观要求。尤其在当今的信息社会，信息高速公路已经打破了地域界限，缩小了人际距离，人们可以在互联网上发表各种意见，从而形成了虚拟团体和虚拟社会，蕴藏在人们心中的民主要求一下子在网络中表达出来了。对此，只能因势利导，禁是禁不了的。而在现实生活中，公共行政缺乏民主仍然是亟待解决的问题。行政体制的科学化将为民主行政提供保证。

第五，科学的行政体制能够确保公民的各种权利和生命与财产。人民之所以需要政府，是因为政府能够确保他们的各种权利和生命与财产不受侵犯。反之，政府就成为了侵害人民、压迫人民的寄生者，就没有了存在的意义。行政权力的划分、机构的设置和运行，其出发点应该是在保证政府行为不能损害公民的权利的前提下，为公众服务，实现公共利益。

第二节 行政体制的类型

根据不同的划分方法，行政体制可以划分为不同类型。例如，按社会制度划分，行政体制可分为奴隶社会的行政体制、封建社会的行政体制、资本主义社会的行政体制和社会主义社会的行政体制。我们这里是以行政权力的划分作为标准来进行分类的。我们把行政体制分为如下类型：中央政府体制、地方政府体制和行政区划体制。

一、中央政府体制

中央政府体制是国家政权的重要组成部分，是一个国家政治、经济、文化、社会发展和历史传统的必然产物。换言之，它是一个国家行政生态的必然产物。所谓中央政府体制，是指一个国家的最高国家行政权力和政府职能的划分、政府的组织形式和活动方式等制度的总称。中央政府体制可分为内阁制、总统制、半总统制、委员会制、部长会议体制和国务院体制。对极少数国家实行的行政体制在这里不予介绍。

（一）内阁制

内阁制，又称议会制、议会政府制、议会内阁制、责任内阁制等。内阁制起源于18世纪的英国，后来为许多西方国家所采用，并逐步地在亚、非、拉国家流行，成为一种颇具影响的政府体制。内阁制有如下特点：

第一，实行内阁制的国家是以国家议会为国家最高权力机关。国家议会拥有立法权和监督内阁的权力，是国家政治活动的中心。国家元首一般是世袭的国王、天皇或由公民选举产生的总统担任。国家元首代表国家，但不是政府首脑。内阁由在议会中占有多数席位的一个政党或几个政党组成政党联盟的领袖，经国家元首任命组成。在议会中占有多数席位的政党的领袖，经国家元首提名并经议会同意，才能成为内阁首相或总理，内阁成员也是议会议员。内阁首相或总理是国家最高行政首长，是政府首脑，但不是国家元首。国家元首发布的命令和法律必须由内阁首相或总理及有关阁员的副署才能够发生效力。

第二，内阁首相或总理是国家实际权力中心。他不仅是政党领袖、政府首脑，也是议会领袖。他决定内阁人选，组织内阁，主持内阁会议，总揽一切行政权力。他领导和管理全国各级各类政府机关，制定施政方针，任免高级官员。同时，他也有军事指挥权和宣布国家处于紧急状态的权力。

第三，内阁是国家的决策中心。内阁成员由首相或总理在执政党内挑选，并任命他们担任政府各个部门的重要职务，授予他们相应的权力。内阁决策是以内阁首相或总理的决定为准，不进行投票表决，也不实行少数服从多数的原则。如果有不同意见的阁员固执己见，则或者他主动提出辞职，或者内阁首相或总理将他罢免。

第四，政府或内阁不向国家元首负责，但必须向议会负责，接受议员的质询，解释政府的政策和决定。议会有罢免首相或总理的权力。如果议会通过了对内阁的不信任案或否决了对内阁的信任案，则或者内阁提出辞职，或者由内阁首相或总理提请国家元首解散议会，提前举行大选，由新议会决定内阁的去留。

采用内阁制的国家有：亚洲的印度、日本、泰国、新加坡、斯里兰卡等；欧洲的荷兰、比利时、德国、丹麦等；北美洲的加拿大等。

（二）总统制

总统制起源于 18 世纪末的美国，是以总统既为国家元首，又为政府首脑的中央政府组织形式。总统制政府实行立法、司法和行政三权分立，与内阁制有很大不同。总统制有如下特点：

第一，总统由全国选民直接选举产生，不需要议会批准。总统既是国家元首，又是国家最高行政机关的政府首脑。总统对全国选民负责，不对议会负责。政府由总统组阁，不需要得到议会大多数的支持。议会中的政党对总统没有直接的决定性影响，总统所在的政党并不一定是议会中的多数党。

第二，总统是国家的权力中心和决策中心。总统总揽行政权，有任免政府部长和其他高级官员的权力，有代表国家同其他国家缔结条约和签订协定的权力。同时，总统也是国家最高军事统帅，有指挥军队的权力。而且，总统也有部分立法权。

第三，由总统组织和领导内阁，各部部长是内阁成员。内阁成员不能兼任议会议员。总统不定期召开内阁会议，内阁会议是总统的集体顾问和办事机构。总统独自进行决策，不需要争取内阁成员的同意。固执己见的内阁成员或主动辞职，或被总统免职。

第四，总统没有向议会提出法案的权力，但对议会通过的法案有签署权，并且有否决权。但是，议会也可以三分之二的多数推翻总统的否决，该法案就可以立即成为法律生效。议会没有对总统投不信任票或迫使总统辞职的权力，但可以对总统违法违宪的行为进行弹劾。总统也无权解散议会。

世界上采取总统制的中央政府行政体制的国家有：亚洲的巴基斯坦、印度尼西亚、伊朗等；非洲的埃及、南非、津巴布韦等；拉丁美洲的墨西哥、巴西、危地马拉、阿根廷、委内瑞拉、智利等国家。

（三）半总统制

半总统制是介于总统制和内阁制之间的一种中央政府体制。它兼具总统制和内阁制的特点。半总统制是总统制在法国的变形，是由法国第五共和国宪法所确立的一种体制。半总统制有如下的特点：

第一，经全民投票当选的总统是国家元首，但又掌握行政权，总理是名义上的政府首脑。宪法规定行政权属于总统和总理。这样，政府实际上有两个行政首长。总理领导政府，对议会负责，而不对总统负责。

第二，总统是实际的权力中心，他不对任何机关负责，但是他有很多权力。他有召集议会特别会议、签署法令、发布命令、公布法律等权力，他还负责制定外交政策。他有权任命总理和各部部长，主持内阁会议，发布总统咨文。

第三，议会通过谴责案即对政府不信任投票案或对政府的政策进行否决时，总理必须向总统提出总辞职。总统有解散议会的权力，也有否决议会通过的法案，以及将重要法案提交全民公决的权力。同时，总统又是国家军队的最高统帅，有指挥军队的权力。

采取半总统制的国家在历史上有 1919 年至 1933 年的魏玛共和国，当代有奥地利、芬兰、冰岛、葡萄牙、爱尔兰、赞比亚、坦桑尼亚和苏联解体后的俄罗斯联邦。

（四）委员会制

委员会制又称合议制，起源于 19 世纪中期的瑞士。委员会制是指国家最高行政权不是集中掌握在总统或总理的手中，而是由议会产生的委员会集体行使的政府体制。它兼具总统制和内阁制的特点。其主要组织形式如下：

第一，国家的最高行政机关是由联邦议会选举产生的联邦委员会，联邦委员会是联邦议会的执行机关。它必须服从并执行联邦议会所做出的决定和政策，无权否决联邦议会所通过的法律和决议，也无权解散联邦议会；联邦议会也无权迫使联邦委员会辞职。当联邦议会否决联邦委员会的提案，并表示对委员会不信任时，委员会不必辞职。

第二，联邦委员会的组成人员由政党推荐，通过议会选举产生，但其本人并不一定是该政党的领袖或成员。委员会委员一旦当选之后，不对其所属政党负责，而只对委员会集体负责。委员会委员一定不是议员，如果是议员，则必须放弃议员资格。

第三，联邦委员会采取合议制，包括总统、副总统或主席、副主席在内的委员会的委员们地位完全平等，职权完全相同，政府的一切决策都由委员会集体讨论，以少数服从多数的原则予以通过。委员会设正、副主席或正、副总统各一人，由联邦议会从七人委员会中选出，任期一年，不得连任。联邦主席或总统对外代表国家，地位与其他委员完全相同。

（五）部长会议体制

部长会议体制是苏联于 1946 年建立的一种中央政府的组织形式，后来一些社会主义国家和发展中国家也相继采用，是一种有一定影响的中央政府体制。其特点如下：

第一，部长会议由国家最高权力机关选举产生，是国家最高权力机关的执行机关。它对国家最高权力机关负责，并服从它的决定，无权与它抗衡，也无权将它解散。

第二，部长会议由部长会议主席、第一副主席、副主席、各部部长、各国家委员会主席和其他有关人员组成。它有权按照宪法来领导和管理国家一切政务。

第三，部长会议主席团是其常设机构，由部长会议主席、第一副主席和副主席组成，人数较少。部长会议主席团集体掌握国家行政权力，集体决策，实行会议制，不实行政府首脑负责制。

（六）国务院体制

我国的国务院体制是在总结我党革命根据地政权建设经验的基础之上，借鉴了苏联的部长会议制，于 1954 年形成的。国务院由全国人民代表大会决定人选，由总理、副总理、各部部长、各委员会主任、秘书长组成。1982 年起，我国国务院体制又有了新的发展，虽然仍采取部长会议制，但也吸取了委员会制的一些长处。其特点主要如下：

第一，中华人民共和国国务院是我国最高行政机关，由每届全国人民代表大会第一次会议产生，是我国最高权力机关的立法机关的执行机关。国务院对全国人民代表大会及其常委会负责并报告工作。

第二，国务院组成人员包括总理、副总理、国务委员、各部部长、各委员会主任、审计长、秘书长。国务院总理由中共中央按法定程序推荐，由国家主席提名，经全国人民代表大会全体代表过半数通过，由国家主席任命。国务院其他组成人员均由中共中央推荐，总理提名，经全国人民代表大会全体代表过半数通过，由国家主席任命。

第三，国务院实行总理负责制，总理领导国务院，副总理和国务委员协助其工作。总理召集和主持国务院全体会议和国务院常务会议。国务院工作中的重大问题，必须经过全体会议和常务会议讨论。国务院向全国人民代表大会及其常委会提出的提案，任免的人员，发布的决定、命令和行政法规，都必须由总理签署。

国务院各部、各委员会实行部长、主任负责制。

二、地方政府体制

对于什么是地方政府，中外学者多有分歧。英美学者认为，地方政府是指小于一个国家的州或省的某个地区的政府，包括市、县、镇政府。地方政府有较大的自治权力。美国学者把州作为中间政府，认为州本身不是地方政府。法国学者不喜欢用地方政府这个概念，而愿意使用地方行政这个概念，认为地方政府是中央政府的延伸。我国学者则认为，地方政府是设置于地方各级行政区域内的公共行政机关。地方政府体制是地方政府按照一定的法律或标准划分的政府组织形式。因各国的历史传统和行政环境不同，地方政府体制也有差异。地方政府体制可以分为如下几种类型：自治体地方政府、行政体地方政府和民主集中制地方政府。

（一）自治体地方政府

英国地方政府形式是最典型的自治体地方政府体制。英国地方自治的观念和历史传统都非常悠久。在英国，地方政府与地方自治的含义相近。英国的地方政府体制定型于19世纪的下半叶。自治体地方政府体制的特点如下：

第一，地方自治政府具有"权力合一"的特点，行政与立法分权比较模糊，没有一个十分确定的强有力的地方行政首长。

第二，地方政府是以由议员们选举产生的地方议会为中心，由地方议会和各委员会组成的。地方议会的各委员会是实际处理各种地方议会事务的机构。地方议会任命各种常任官员组成执行部门，处理日常行政事务。

第三，地方政府具有独立地位和法人地位，这种地位一般由议会立法授予或法律授予。

地方政府的职责权限由议会立法确定，在法定范围内地方政府有充分的自治权，中央政府不予干预。

第四，中央政府与地方政府在法律上是一种伙伴关系，但实际上中央政府也对地方政府进行立法监督、行政监督和财政监督。同时，各级地方政府没有隶属关系。

除了英国实行这种地方政府组织形式之外，美国和许多前英属殖民地国家也实行这种地方自治体制。

（二）行政体地方政府

德国地方政府是典型的行政体地方政府。德国地方政府体制的形成受康德和黑格尔思想的影响较大。同时，史坦因的行政改革、俾斯麦的统一战争、魏玛共和国时期、希特勒的统治、盟军的占领、两德分治和两德统一，也对德国地方政府体制的形成有重大的作用。

第一，德国地方政府实行公共行政的隶属原则，是建立在"地区整体从属"的基础之上的。各级政府部门对本级政府负责，下级政府整体上对上级政府负责。

第二，联邦政府负责制定政策、法律和规章，但大部分是由州政府负责执行。县和乡镇政府负责承担大量的联邦政府和州政府委托处理的社会公共事务以及地方社会公共事务。因此，地方政府具有地方自治单位和下级行政机关的双重属性。中央政府与地方政府的隶属关系比较明显。

第三，上级政府仅履行那些下级政府不能履行的社会管理职能。联邦政府负责制定全国性的法律、政策，除国防、外交、铁路和邮政等涉及主权和全国性的事务之外，其他事务委托给州政府负责管理，州政府把这些行政职能分配给州政府的职能部门和地方各级政府。

第四，联邦政府、州政府和地方政府由有关的法律确保它们的法律地位，法律上和理论上它们是一种平等的关系，是一种辅助关系，而实际上是一种上下隶属的不平等关系。

德国的地方政府体制对奥地利、瑞士、荷兰、比利时和斯堪的纳维亚半岛国家的地方政府体制现在还起着决定性的作用，也影响了俄罗斯、匈牙利以及明治维新时期的日本。

（三）民主集中制地方政府

我国地方政府是以民主集中制为原则的政府形式。它以马列主义、毛泽东思想的组织理论为指导思想，总结了我党革命根据地时期政权建设的历史经验，吸取了其他社会主义国家政权建设的经验教训，结合我国的历史传统，形成了具有中国特色的地方政府体制。其特点如下：

第一，我国地方政府是中央人民政府的下级执行机关，下级政府是上级政府的执行机关。省、直辖市、自治区是中央政府的下级机关，设区的市是省、自治区的下级机关，不设区的市和县是设区的市的下级机关，乡、镇是不设区的市或县的下级机关。它们统一受中央政府的领导。各级行政机关之间有明确的上下级的隶属关系。中央政府没有设主管地方政府的部门。依照有关法律规定，地方政府的职能部门必须受中央政府的职能部门的领导和指导,也是上下级关系。

第二,各级地方政府由各级人民代表大会选举产生,是各级人民代表大会的执行机关。地方政府必须执行同级人民代表大会制定的决策和行政规章。地方各级人民代表大会及其常委会有权撤销同级地方政府违背宪法和有关法律的政策和决定。

第三,各省、直辖市有一定的自主权,自治区有自治权,香港特别行政区和澳门特别行政区有高度自治权。

第四,各级地方政府必须接受上级和同级的中国共产党委员会的领导,执行党的常委会和委员会所作的决定和制定的政策。政府的主要领导成员是党的常委会成员。

三、行政区划体制

所谓行政区划体制,是指根据一定的原则将全国领土划分为若干部分和若干层次的管理区域,并设置相应的行政机关的组织体制。行政区划应该以有效管理为原则,地域不应该过大,人口不宜过多。地域过大、人口过多不利于有效管理。

(一)行政区划体制的原则

各国的历史传统以及政治、经济、文化和社会的发展情况不同,所以,行政区划所遵循和所侧重的原则也不同。因此,各个国家行政区划的大小,自治或自决程度的高低也有很大的差别。一般行政区划遵循如下原则:

第一,政治原则。一个国家在进行行政区划分时,首先必须考虑的是政治原则,要考虑行政区的划分必须有利于国家领土完整和国家主权的完整统一。因此,划分行政区必须能够有效地防范国家分裂,确保国家主权和领土完整。同时,国家也可能随着社会政治发展的需要,或因为强调集权而缩小行政区划,或因为强调民主而扩大行政区划。

第二,尊重历史传统的原则。每个国家都有些行政区域具有悠久的历史,有的有上千年,甚至更久远的历史。因此,行政区域的划分也应该遵循并尊重历史传统。我国有的县的行政区划可以上溯到秦的郡县制,就其所辖区域来讲,甚至可以上溯到周商时期的诸侯国。这些行政区域一般按照历史的传统进行划分。

第三,有利于发展的原则。行政区域的划分必须有利于社会进步和经济发展。行政区划虽然不是社会进步和经济发展的决定性因素,但也有一定的制约作用或促进作用。传统类型的行政区划有时限制社会进步和经济发展。大工业生产以后发展起来的城市,是发展型的行政区划,具有人才密集、知识密集、资源密集和信息密集的特点,它更有利于社会进步和经济发展。

第四,有效管理的原则。行政区域的划分应该有利于高效、统一的管理。行政区域单位是行政权力的载体,是为了高效达成某种政府职能而设置的。行政区划也必须将有效管理作为重要的原则之一。因此,在行政区划分建制时,我们应该充分考虑有效管理这个要素。管理幅度不要过宽,也就是行政区域不要太大,管理层次不要太多,这样才有利于有效管理。

第五,民族自治原则。在一个多民族的国家,各民族的人口差异很大,风俗习惯和历史传统也有很大的不同,经济发展水平参差不齐,社会情况也不一样,所分布的地理空间大小也有区别,因此,有必要实行民族自治。尤其是在一个民族的人口占大多数,占据地理空间较大的国家,更应该实行民族自治。这不仅是为了确保民族平等,也是为了保证和促进少数民族地区的政治、经济和社会的全面发展。

(二) 行政区划的类型

行政区划可以分为传统型、发展型和特殊型。

传统型行政区划是依据历史行政区域的建制而进行行政区域的划分,这是世界上大多数国家行政区划所遵循的原则。由一些村形成的乡、镇,由一些乡、镇形成的县、市,由一些县、市形成的省,都有悠久的历史,而且这些历史上形成的行政区域比较稳定,历经沧桑变革而没有多大改变。因此,在进行行政区划的划分时,我们也必须照顾和考虑历史的继承性。

发展型行政区划是现代大工业的产物,是现代社会发展和城市化的必然产物。它是以城市为主要代表的发展型行政区划类型。城市是人才密集、知识密集和资源密集的区域,是推动社会进步和经济发展的中心地带,是产生新思想、新创造、新科学和新技术的摇篮,是向全社会输出新思想、新创造、新科学和新技术的源头。一个国家工业化与现代化程度的高低,城市化的程度是一个重要标准。在当今的信息社会,城市化显得更加重要。市的行政区划建制是带动周围地区发展的一种理想的区划建制。目前,我国正在实行省管县的行政区划改革,其目的就是以城市为依托,带动和促进周围落后农村地区的发展。我国大多数省、直辖市、自治区都实行市管县的行政建制。

特殊型行政区划是由于政治需要、经济发展需要或社会发展需要,或者由于管理需要和某种特殊需要,或者由于顾及历史因素以及其他复杂因素而设置的特殊行政区域。对于一般的省、市、县、乡而言,实行民族自治的自治区、自治州、自治县、自治乡就是特殊型的行政区。同样,为了贯彻"一国两制"原则,回归后的香港和澳门分别成立了高度自治的香港特别行政区和澳门特别行政区;为了经济发展,我国还成立了深圳和其他经济特区,以及开发区、免税区等;为了保护环境和保护生态而成立了自然保护区。

行政区划的区域不宜过大,过大则不容易管理;层次不宜过多,过多则不利于提高行政效率。我国的行政区划第一个层次是省、自治区和直辖市;第二个层次是设区的市;第三个层次是县和不设区的市;第四个层次是乡、镇。这是一般的行政区划建制。此外,还有一些特区市,省会所在地的市等。我国行政区划一般幅度较大,管理人口较多,层次也较多,建制不够规范,不利于发展,应该逐步予以改革。

小结

行政体制必须适应经济基础，政治体制决定行政体制。行政体制的核心问题是行政权的划分和行政组织设置，以及对政策系统的各级各类政府职权的配置。行政区划应该以发挥政治要求、尊重历史传统、利于发展有效管理、民族自治原则来进行划分。

第五章 公共组织

本章论述公共组织的含义，并指出其具有政治性、社会性、服务性、权威性、法制性和系统性的特点。本章还论述了公共组织的类型、机构。公共组织理论分为传统公共行政学时期的组织理论、行为科学时期的组织理论、新公共行政学时期的组织理论和新公共管理时期的组织理论。同时，本章还介绍了公共组织的发展趋势，对非营利组织和学习型组织的产生和发展进行了全面评述。

第一节 公共组织概述

一、公共组织的含义

组织是人类最广泛的社会现象之一，是人类为了征服自然、改造社会自组或自为而形成的社会团体。人类的社会性决定了人类社会的组织性。一切组织都是为了人群达到某种社会功能，实现某种共同利益而形成的。因此，凡是组织都是具有一定的组织目标、组织结构、组织形式和组织功能的实体。组织的目标、职能、形式和结构是随着社会的发展变化而发展变化的，是为了满足社会的某种需要而存在的。任何组织都是组织目标和权力的载体及外在形式，公共组织也不例外。

在社会中，没有功能、目标和权力的组织是不存在的。无论是原始社会的胞族、氏族、部落和部落联盟，还是今天的国家、军队、政党、工厂、企业、学校、医院等组织，都是为了实现某种社会目标，承载某种权力，具有某种功能，按照一定结构形式组成并按照一定程序进行活动的群体。

现代社会任何一种社会组织都具备三种功能：第一种，聚集能量功能，就是把人力资源、物资资源、技术资源和信息资源等汇集起来，形成资源优势，聚集较大的能量。组织能否形成较大的资源优势，能否聚集较大的能量，体现了组织是否有较大的吸引力和凝聚力。第二种，转换能量功能，就是将组织聚集的各种资源和能量进行加工、制作、合成，转化成新的能量和功能。在知识经济和信息社会，这种功能更为重要。组织转换能量和功能的速度，是组织效率高低的具体体现，同时也反映了组织的管理水平和领导艺术。第三种，释放能量功能，就是将组织积聚的能量科学地释放出去，为实现组织目标而发挥应有的功能和作用。组织释放能量功能是组织达成某种目标和实现某种利益的能力。能量与功能越大，实现目标和利益越快，效率越高。

公共组织是人类社会各种各样的组织形式之一。广义的公共组织不仅指政府及其执行部门，而且包括立法机关、司法机关、工厂、企业、学校、医院、教会、军队、政党等社会组织和社会团体的管理行政事务的机构。狭义的公共组织是指政府及其执行部门，以及具有行政授权的社会组织。我们这里所指的是狭义的公共组织。行政组织就是公共组织，我国传统上将公共组织叫作行政组织，但是，国际学术界一般称之为公共组织。因此，这里用公共组织这个概念来代替行政组织。

我们应该把握公共组织的三层含义：首先，公共组织是指静态的组织实体，即政府机构，包括从最高国家行政机关到基层政府以及各级各类的政府部门和其内部设置的不同层次的行政机构。其次，公共组织表现为动态的组织行为，各级政府和各种政府组织部门无时无刻不处在动态之中，有序而有效的动态组织管理行为是一个政府实现对社会公共事务管理的正常状态。最后，公共组织也指行政人员心态的组织凝集，公共组织中行政人员的组合不仅是职权的组合，也是人的精神与意志、知识与技能的组合和凝聚。这种凝聚力的大小对公共组织发挥作用的大小起决定性作用。

公共组织一般由权力、机构、人员、规范、信息和物质资源等要素构成。这些行政要素围绕着特定的行政目标组成具有不同职能、形态不同的公共组织。

二、公共组织的特点

公共组织是公共权力的载体，与私人组织相比，有其独有的特点。

（一）政治性

政府是实现国家意志的工具，是国家最重要的组成部分，代表国家，是国家进行政治统治的主要机关，是管理各种公共事物的主体。政府的一切行为都是为其政治统治的合法性服务的。超政治的政府是不存在的。公共行政必须执行国家的政治意志、政治决策，不可能是中立的。资产阶级学者对此亦毫不讳言。

我国政府是代表无产阶级和广大人民群众利益的，是体现无产阶级和广大人民群众意志的政府。这是我国政府与资产阶级政府的根本区别。

（二）社会性

无论任何性质的国家的公共组织，都具有管理公共事务的职能。公共组织在行使管理公共事物职能时，都是为全社会服务的。例如，对经济、科技、文教、卫生、交通、电信、社会保障、环境保护、防灾和救灾等公共事务的管理，都具有实现公共利益的属性。公共组织这种社会属性，是由公共组织为了稳定社会秩序，维护政治统治的合法性的目的所决定的。公共组织的社会性是其政治性的基础。

（三）服务性

任何国家的公共组织，从管理公共事务的角度来讲，都要为全社会提供公共物品。它不仅要保证公共秩序，维护社会稳定，还要为社会发展和经济发展服务。它要制定和执行社会发展和经济发展的规划和政策；它要组织和协调生产与流通，建立市场规则，确立发展方向，稳定经济秩序，进行宏观调控，等等。政府还要为社会的政治、经济、文化等事业的全面发展服务。政府提供服务是以低投入、高产出、高效地实现行政目标为目的，是无偿的、非营利性的公共服务。政府办公司、进行有偿服务、乱收费都是与政府的服务宗旨背道而驰的。

应该指出的是，政府对一些公众提供服务的同时，对另一些公众就是管制。政府为了规范市场行为，必须依法进行必要的管制，如不许卖假冒伪劣商品、不许暴利或欺诈等，目的是为消费者提供服务；对食品和药品生产的管制，是为消费者的身体健康服务。管制本身也是服务。

（四）权威性

任何组织都必须具有权威，没有权威就不能进行管理。政府在整个社会中有至高无上的地位和权威，起着其他任何组织无法起到的作用。这种权威是政府进行公共事务管理的必要条件。政府凭借行政权力，对国家的政治、经济、文化等公共事务进行广泛的干预和管理。它的权力覆盖面可达每个组织和公民，其政策、法律、法令、法规和命令等，在其管辖范围内的每个组织和公民都必须遵守和执行。政府的权威性还表现在对其组织内部管理的强制性上。以官僚制为组织结构的政府机关是以命令与服从作为其组织原则的，层级节制是其上下级之间的基本关系。政府的规制松弛是其权威缺损的结果。一个软弱无力的缺乏权威的政府必然导致腐败。

（五）法制性

公共组织是依法代表国家行使公共权力的机关，有很强的法制性。公共组织的法制性主要表现在依法设置机构和依法行政上。公共组织具有明确的法律地位，组织机构的设置及其宗旨、目标、运作程序、人员编制、行为规范、管理方式、财政预算等都由宪法和有关法律决定，公共组织必须依据法律规定行使职权。在处理社会公共事务时，其应当运用法律手段，或按照法律规定采取行政手段、经济手段和其他各种手段。我国各级人民政府必须根据《中华人民共和国宪法》《中华人民共和国国务院组织法》和《中华人民共和国地方各级人民代表大会和地方各级人民政府组织法》，以及有关的管理条例等法律规定进行设置。在处理社会公共事务时，公共组织必须严格贯彻执行宪法和有关法律以及有关规定、条例、命令、规章与办法等，并且不得随意变更和曲解这些法律规定。公共组织的法制性也就是它的规范性。换言之，公共组织从其组织机构的设置到其动态行为都必须用法律予以规范。

（六）系统性

行政组织是一个比较稳定的巨系统，也是相对封闭的系统。在行政系统内，公共组织的权力关系和结构方式都层次分明，统分有据，纵横相连，浑然一体。它确保行政系统内统一领导，统一指挥，命令统一，政令畅通。这就是它的整体性特点。行政系统是个巨系统，在系统内部可分为省级次系统和市、县级子系统，表现为系统的层次性。行政巨系统与其次系统和子系统之间有机联系，使整个行政巨系统的每个组成部分都发挥其功能，这就是它的相关性。行政系统具有系统的整体性、结构性、层次性和相关性，因此，它具有任何系统都必须具备的各种功能。它与环境处于输入输出状态，可以通过对系统自身的调节适应环境。

最后，应当指出的是，我国行政系统服从中国共产党的系统的领导和指挥，我国从中央人民政府到地方各级人民政府都必须贯彻和执行上级或同级党组织的决策和政策。有的学者认为，中国共产党是主政系统，行政系统是辅政系统，这是符合我国公共行政的实际情况的。我国在法律制度上规定中国共产党领导我国各级人民政府。可以讲，这是我国公共行政的最大特点。

三、公共组织的作用

公共组织具有如下作用：

第一，政府是国家各种公共事务的组织者与管理者。政府的重要职责之一就是组织和管理国家的各种公共事务。政治、经济、文化、社会、国防、外交和公共设施等关系到国计民生的重要公共事务，由政府组织和管理；社区建设、扶贫救困、减灾救灾、环境保护、医疗保健、食品和药品的安全、社会保险等，没有政府的组织和管理也是不行的。政府作为国家各种公共事务的组织者与管理者的角色是十分重要的。

第二，政府是人民生命财产的保护者，是社会秩序的维护者。政府为公众提供的另一种公共物品是保护人民的生命与财产的安全和维护社会秩序。这是政府最基本的作用。生存权和财产权是人最基本的权利，它不容被违法剥夺。政府执行有关法律，制定公共政策，打击那些以各种手段非法威胁或剥夺他人的生命和私有财产的不法行为，使最基本的人权得到保障。因此，政府必须建立良好的社会秩序，以便使人民在安全、稳定的社会环境中生活。

第三，政府是国家主权和领土完整的捍卫者。尽管政治经济全球化和一体化发展很快，但是，具有主权的国家依然存在。人们应该清醒地认识到，尽管人类已经进入知识经济时代，信息高速公路可以通到世界每个角落，但是，战争的威胁还没有消弭，国家主权和领土完整依然受到威胁。因此，政府作为国家主权和领土捍卫者的角色丝毫没有减弱。政府必须加强国防建设，做好反侵略战争的准备。

第四，政府是国民经济发展政策的制定者与协调者。政府是国民经济的发动机，它为国民经济的发展制定目标，进行规划，制定政策予以规范和引导，进行宏观调控。政府也可以进行必要的资源配置，以弥补市场的不足。同时，政府也是国家经济活动的协调者和仲裁者，维护市场正常的经济秩序，为公平的自由竞争提供保障。

第五，政府是社会公平的提供者。市场经济追求的是利润最大化和新技术与高效率。这样必然使财富集中在那些有头脑、有技术的人的手中，而一些缺乏技能的人，则处于不利地位。他们或者因为技能低导致收入少，或者因为工作岗位少而失业，从而给他们的生活造成一定的困难。这是市场经济条件下常见的现象。为了保证在市场经济条件下失业者、不能靠劳动维持生活者，或丧失劳动能力群体的生活，政府应当对他们进行必要的补助，帮助他们维持基本的生活条件。为社会提供公平是政府的重要责任。如果没有社会公平就不可能有社会稳定，没有社会稳定也就不可能有发展。许多发展中国家的发展历史证明了社会公平对发展的重要性。

第二节 公共组织的类型

一、公共组织权力类型

（一）集权制与分权制

1. 集权制

集权制是指行政权力集中在上级政府或行政首长手中，上级政府或行政首长有决策、指挥和监督的权力，下级处于服从命令听从指挥的被动地位，一切行政行为要按照上级政府或行政首长的指令来行动，自主权很少。

（1）集权制的优点，主要包括：

第一，政令统一，便于统一领导、统一指挥。

第二，因为权力集中，行政首长反应灵活，决策及时，效率较高。

第三，具有协调配合的全局观念，有利于调动和集中各种资源，可以对关系到国计民生的公共事务进行统筹安排和管理；有利于克服地方主义和本位主义；也有利于克服各自为政，权力分散。

第四，统一意志，统一行动，有集体观念，增强团体凝聚力，具有较强的动员能力、组织能力和应变能力。

（2）集权制的缺陷，主要包括：

第一，组织结构比较僵化，下级缺少必要的自主权，因此缺乏工作的主动性和积极性，不能充分发挥其聪明才智，从而引起消极情绪，使组织缺乏活力和创造性。

第二，由于决策权掌握在上级手中，容易产生官僚主义、主观主义而造成决策失误，也容易出现文山会海、公文旅行等现象，浪费时间和资源。

第三，由于层级过多，信息传递迟缓，对外部环境反应较慢，不利于处理突发事件。

第四，集权制易于走向高度集权，高度集权易于走向家长制或一言堂，甚至走向专制或独裁。这有损于民主、公平的社会目标。

2. 分权制

分权制是指上级行政机关或行政首长给予下级充分的自主权，下级可以独自进行决策和管理，上级不予干涉的公共组织类型。

(1) 分权制的优点，主要包括：

第一，独立自主，可以结合本部门、本地区的实际情况，因地制宜地确定行政目标，进行决策和管理。

第二，分层授权，分级管理，有利于调动下级的积极性和主动性。

第三，反应灵活，不需要层层请示汇报，信息传递较快，对外部环境反应也较快，宜于近点决策处理突发事件，效率较高。

第四，职能分工明确，有利于专业化管理。

(2) 分权制的缺陷，主要包括：

第一，分权会造成权力分散，不易形成统一意志，不易进行统一领导和统一指挥。

第二，分权不易于集中资源，统筹全面发展。

第三，过度分权容易导致各自为政，形成地方主义和本位主义。

(二) 完整制与分离制

1. 完整制

完整制又称一元统属制，是指公共组织的同一层级或同一组织内部的各个部门，完全接受一个公共组织或同一位行政首长的领导、指挥和监督的组织类型。

(1) 完整制的优点，主要包括：

第一，有利于公共组织的统一领导、统一指挥。

第二，政令统一，权力集中。

第三，高度自主，有独立的决策权，有利于调动本地区或本部门的积极性。

第四，可以因地制宜地确定行政目标，制定政策，反应灵活。

(2) 完整制的缺陷，主要包括：

第一，资源有限，不宜办大事；上级也不能进行统筹安排。

第二，高度自主，容易出现各自为政。

第三，缺乏全局观念，只顾局部利益。

2. 分离制

分离制又称多元领导制，是指一个公共组织的同一层级的各个组织部门或同一组织部门，隶属于两个或两个以上公共组织或行政首长领导、指挥和监督的组织类型。

(1) 分离制的优点，主要包括：

第一，有利于整个公共行政系统的资源整合，团结协作，统筹兼顾。

第二，有利于整个公共行政系统的统一领导和统一指挥。

第三，有利于专业化管理，强调部门职能。

第四，有分有合，集中了集权与分权的优点。

(2) 分离制的缺陷，主要包括：

第一，多元领导有可能造成下级无所适从。

第二，人与事分离，不利于对公务员的领导和使用。

第三，难于协调，容易出现文山会海。

(三) 首长制与委员会制

1. 首长制

首长制又称独立制、一长制或首长负责制。它是指行政首长独自掌握决策权和指挥权，对其管辖的公共事务进行统一领导、统一指挥并完全负责的公共组织类型。

(1) 首长制的优点，主要包括：

第一，权力集中，责任明确，可以避免推诿扯皮，减少冲突和矛盾，效率较高。

第二，由于行政首长独自掌握决策权，因此决策灵活快捷，对外部环境反应快。

第三，统一领导、统一指挥有利于动员和集中力量办大事。

(2) 首长制的缺陷，主要包括：

第一，由于行政首长的知识、智慧的有限性，决定了行政首长个人决策有可能失误，那样就会造成损失。

第二，由于行政首长独揽大权，缺乏民主参与，不利于调动下属的积极性。

第三，由于缺乏权力制衡，首长制容易演变为家长制，出现不受监督的权力。这样就可能滥用职权，产生腐败。

2. 委员会制

委员会制是指在公共组织中，由两个人以上掌握决策权和指挥权，按照多数原则进行决策的公共组织类型。

(1) 委员会制的优点，主要包括：

第一，集思广益，民主决策。它可以广泛地听取各方面的意见，集中集体智慧进行决策，提高决策质量和可行性。

第二，既有分工，又有合作，这样可以减轻负担，有利于专业化管理。

第三，互相监督，权力制衡，可以防止专断独行、家长制和营私舞弊。

(2) 委员会制的缺陷，主要包括：

第一，事权分散，难以集中统一；行动迟缓，容易贻误时机。

第二，决策成本高，效率低下，容易出现议而不决、决而不行和行而不果等拖拉扯皮的现象。

第三，互相推诿，责任不明确，容易出现大家都负责、大家又都不负责的现象。

（四）层级制与机能制

1. 层级制

层级制又称分级制，是指公共组织在纵向上按照等级划分为不同的上下节制的层级组织结构，不同等级的职能目标和工作性质相同，但管理范围和管理权限却随着等级降低而逐渐变小的组织类型。

（1）层级制的优点，主要包括：

第一，层级节制，一级管一级，权力关系清楚，有利于领导和指挥，有利于提高效率。

第二，责任明确，有利于监督。

第三，行政目标统一，有利于对公务员的绩效考评。

第四，有利于推行决策。

（2）层级制的缺陷，主要包括：

第一，如果层级过多，信息传递缓慢或失真，会造成决策失误。

第二，节制严格，不利于调动下属的积极性。

第三，容易出现家长制和依附性上下级关系。

2. 机能制

机能制又称职能制，是指公共组织在横向上按照不同职能目标划分为不同职能部门的组织类型。

（1）机能制的优点，主要包括：

第一，可以扩大公共组织的管理职能。

第二，专业分工，有利于专业化管理，提高效率。

第三，分权管理，有利于调动专业人员的工作积极性。

（2）机能制的缺陷，主要包括：

第一，职能分化过多，造成政府机构过多，因而会对社会和经济干涉过多，不利于市场经济的发展。

第二，分工过细，会造成权力交叉，影响行政效率。

二、行政机关类型

（一）行政领导机关

行政领导机关是指在政府系统中具有决策、指挥和监督权力的机关。它既指一级政府的领导机关，也指那些在职能机关内有决策、指挥、监督、人事和财政权力的领导机关。直接或间接选举的一级政府领导机关，必须对选民负责。它承担着为公民提供公共物品和公共服务的义务，有确保公民合法权利的责任；有为了促进政治民主、行政民主、经济发展和社会和谐，保证社会公平，以及为实现公共利益进行有效管理的责任；有领导、指挥和监督它所管辖下的各级政府和各种行政机关及公务员，贯彻其决策和行政目标的责任。那些职能机关的领导机关必须在其管辖范围之内贯彻执行上级领导机关的决策和行政目标，进行决策、领导、指挥和监督。

（二）行政职能机关

行政职能机关是指在政府系统担负某方面管理职能的行政机关，如国务院各部、委、办等，各省和直辖市的厅、局、委、办等，设区的市级政府的局、委、办等，县级政府的局、委、办等。这些机关分工负责其专业化的行政管理职能，如公安部、教育部、国防部、外交部等；或承担综合管理职能，如国家发展和改革委员会等。

（三）行政辅助机关

行政辅助机关是协助行政首长开展行政管理活动的机关，一般称之为办公厅（室）。它协助行政首长处理各种公共事务，参与决策，管理机关内部事务。该机关在上下级之间和行政机关与社会之间起着沟通和桥梁的作用；在行政管理活动中，起着发动作用、枢纽作用和监督作用。

（四）行政派出机关

行政派出机关是上级行政机关由于管理需要，如行政区域过大，或者管理对策过于分散，不利于管理等原因而设置的行政机关。例如，我国过去设置的地区行署，是因为省政府不能有效管理下属的几十个县而设置的行政机关，它一般要管辖几个县，但不是一级政府。后来许多地区行署演变为设区的市、城以及政府。设区的市在区政府下设的街道办事处，铁道部门和林业部门在地方跨省设置的局级机构等，也都是派出机关。

（五）咨询参谋机关

咨询参谋机关又称"思想库""外脑""智囊团"等，是为行政首长出谋划策的行政机关。咨询参谋机关在我国政府系统内叫作政策研究室，是按照行政首长的要求研究有关问题，提出解决问题的决策方案，以弥补行政首长忙于行政事务，无暇考虑问题的不足。在西方国家，许多民间咨询参谋机构是由知名学者和在政府担任过要职的人员组成的，承担政府的研究项目，提出决策方案。

（六）行政信息机关

行政信息机关是政府适应信息社会而建立起来的新型行政机关。行政信息机关是收集、整理、分析和发布各种政务信息的政府不可或缺的组成部分。它是政府的大脑和神经系统，是行政决策、政务公开和行政民主不可缺少的工具,是了解社情民意、与社会沟通和磋商的管道。我国从中央到地方政府及其职能部门和各种类型的政府机构,都设置了行政信息机关,并且形成了一个覆盖全国的信息网络系统。

第三节 公共组织结构

组织结构是组织构成要素以及要素之间所确定的关系模式。组织性质不仅取决于组织的构成要素,也取决于组织的结构方式。公共组织结构,是指公共组织各要素的排列组合方式,是由法律所确认的各种正式关系的模式。

公共组织结构方式取决于公共组织的职能目标、职位和职权,以及人员划分等诸要素的构成方式。职能目标的大小和多寡决定公共组织结构的大小、简单或复杂程度,决定其纵向或横向结构的构成方式。行政职位是构成公共组织结构的基本要素,是公共组织结构的支撑点和联络点。公共组织的纵向结构和横向结构都必须通过行政职位予以联结。可以说,没有行政职位就没有公共组织结构。行政职位又与行政职权和行政职责相联系,而这三者都是达成公共行政职能不可缺的必要条件。行政职位的设置及其联结方式直接表现为公共行政职能与行政职权的分配方式。

一般来说,公共组织结构方式包括纵向结构和横向结构。

公共组织的纵向结构,是公共组织的层级结构。这是一种层层节制、上下一体、目标一致的组织结构。公共组织从中央政府到地方政府和基层政府,是纵向结构。纵向结构是为了适应职权分配和管理效率的需要。如果公共组织没有纵向结构,那就会出现社会事务无法管或没人管的状态。公共组织的纵向结构是行政权力愈往上愈大,管辖范围愈往上愈大的客观反映。

公共组织的横向结构,也称分部化或部门化。横向结构是为了扩大行政管理职能。社会事务是多方面的,政治、经济、文化和社会等事务都必须由有关部门进行管理。尤其是现代社会,社会分工愈来愈细,专业行政业务愈来愈多,公共组织的横向结构就愈来愈显得重要了。可以说,没有公共组织的横向结构,就不可能对所有的社会事务进行有效的管理。

公共组织的纵向结构与横向结构相结合,有人称之为复式结构,它是当代公共组织结构的特点之一。这就要求管理层次与管理幅度必须适当,既有利于统一领导又有利于协调合作。

公共组织结构是以提高行政效率为核心的。纵向结构是以命令与服从作为准则的,它是行政效率的根本保证。它有利于统一领导,统一指挥,严格控制和监督;它也有利于明确分工,明确目标,明确职责。

公共组织的横向结构是纵向结构的基础,公共组织内各层次的纵向结构划分是在横向结构划分的基础之上进行的。横向结构分解组织目标和管理职能,扩大公共组织的管理职能,有利于专业化管理。指挥灵活，信息畅通，反应及时灵敏，有利于指挥和控制。

一、公共组织的纵向结构

公共组织的纵向结构，亦即层级化。它是指公共组织内部按照上下层级关系形成的有序构成形式。组织设计的等级原则要求职位、职权和职责等级垂直分布，形成等级结构。它以上下级关系为重点，以命令与服从为原则，职位、职权和职责从最高层向最低层沿直线分布。每一层级都有其自己的管辖范围，有其自己的职责和权力。层级越高，管辖范围越大，其职责和权力就越大。层级化要求下级必须服从上级，听从上级的领导、指挥与命令。信息沟通是通过逐级传递的方式来实现的。无论公共组织的层级多么低，一般都具备上级公共组织的管理职能，其行政目标必须与上级行政目标保持一致。

公共组织结构层级化的优点是权力沿直线分布，权力链清楚，有利于统一领导，统一指挥；有利于政令统一。权力集中、层层节制和层层隶属的上下级关系，有利于信息传递和进行监督。层级化不仅能使行政目标明确，而且能使分工和工作程序十分明确，使每个行政机构和每个行政工作人员的职责清楚。公共组织的纵向结构是以效率为中心设计的组织结构，是公共行政管理效率化的基础。纵向结构的弊端也是显而易见的，信息层层传递，易造成信息流失，反而影响了效率。

二、公共组织的横向结构

公共组织的横向结构，亦称分部化、部门化或职能化。它是指行政同级部门之间平衡分工的构成形式。一级政府，除领导决策机关之外，按照行政目标、权力责任、专业性质或管辖区域的不同，还可以划分成若干个平行的职能部门。这种划分既是对行政职能目标的分解，也是为了扩大公共行政的职能并进行行政分权。

公共组织结构部门化是为了适应日益增长的管理社会公共事务的客观需要。现代国家社会公共事务包罗万象，十分复杂，而且随着社会发展和科学技术的进步，社会分工愈来愈细，社会愈来愈复杂，社会问题愈来愈多，专业性质愈来愈强。因此，管理社会公共事务的公众需求也愈来愈多。但应当指出，并不是有社会公众对管理的需求就一定设置行政机构；而不设行政机构也并不是政府置之不管。对一些社会公共事务政府必须直接进行管理，这样行政职能必然扩大，横向职能部门必然增加。公共组织结构部门化是社会发展使公众需求不断增长的必然结果。

公共组织部门划分的标准有多种，一般按照下列三种标准划分：

（1）按照管理职能和职能目标来划分行政部门。每个行政部门之间的地位是平等的，没有上下级的隶属关系和领导与被领导的关系。它们都有自成体系的行政职能、业务范围和权力与责任。它们是一级具有领导、决策职能的政府职能部门和行政部门。因此，它们的下级必须服从其领导和指挥,听从其命令和指示,贯彻执行其决策。它们只是经过领导机关授权分管某些社会公共事务。各级政府可分为综合部门、职能部门和直属部门。如国务院办公厅是综合部门;国务院的各部委是职能部门,如国防部主管我国的国防事务,外交部主管我国的外交事务等,此外,还有统计局等直属部门。地方政府也是如此。

(2) 按照地区划分行政部门。公共行政必须在一定的地域空间里进行。但是,如果地域空间太大,单层级便无法进行卓有成效的管理。因此,必须把过大的地域划分为若干规模较小的行政管理区域。所以,地区也可以作为划分横向行政部门的标准。例如,我国按照地区划分为省、直辖市和自治区等,省又划分为若干个市、县,县又划分为若干个乡或镇等,交通、林业、统计等部门又按照地区划分为若干个局,等等。

(3) 按照行政管理的不同环节来划分行政管理部门。例如,把行政管理划分为决策、执行、协调、信息、监督等部门,分工清楚,各司其职,职责明确。虽然公共组织很少采用这种划分部门的方法,但其科学性是不可低估的。

公共组织结构部门化的作用是很大的。它是公共组织层级化的基础。一般来说,只要当上级职能部门确立之后,下面才能层层建立公共组织,如只有在确立了商务部的地位之后,才能在商务部内设置局、处等层级公共组织。公共组织结构的部门化能够适应扩大政府管理职能的需要。随着行政管理事务的增加,必须建立相应的管理部门,才能及时灵活地处理行政事务。它有利于整体协调,结合实际,能够突出行政管理的专业特点和密切联系地区的管理需求。尤其对那些技术性、专业性较强的管理对象,它可以实行专业化和规范化管理;它自成体系,有较大自主权和自决权;它对行政环境反应灵敏,信息流通快,应变能力强,有利于调动下属的积极性和创造性,可以扩大行政管理职能,提高行政效率。但是,如果处理不好政府管理与社会自主管理之间的关系,政府包揽各种社会事物,不进行间接管理,有什么社会需求就建立相应的职能部门,那样势必造成部门林立、权力交叉、职责不清、机构臃肿、效率低下。最大的问题是这种趋势必然发展成为全能政府,这是必须避免出现的问题。

三、管理层次与管理幅度

公共组织结构层级化和分部化的基本问题是处理好以效率为中心的层级隶属的程度与部门设置的限度,这也就是处理好管理层次与管理层级之间关系的问题。这是公共组织结构的关键问题。

管理层次是指公共组织内部划分管理层级的数额。任何国家的政府组织都是按照层级化原则设计的,无论是联邦制国家还是单一制国家都是如此。不仅政府必须按照层级制原则设置,而且任何大组织,包括政党、军队、教会、企业、工厂和学校等社会组织也不例外。政府从行政区划上设置省、市、县、乡等层级;在其职能机关内部,则设置部、司(局)、处等;地方政府的职能机关,则有厅、处、科等设置。

管理层次的划分必须适当,必须以提高行政效率为准则,不宜过多,也不宜过少。管理层次过少，会造成分工不明确，职责和权力不清，管理过于僵化，权力过于集中，不利于调动下属的积极性，不利于提高行政效率；管理层次过多则会造成信息流通不畅，程序复杂，公文旅行，政策执行力不足，难以监督和控制，滋生官僚主义等弊端。

管理幅度是指领导机关或领导者直接领导下属的部门或人员的数额，如国务院下设多少个部委和直属机构，每个部委下设多少个局，每个局下设多少个处等；同时，它也指各级行政首长管多少个部门或人员。

管理幅度的划分是行政目标的分解，是行政管理职能的扩大，也是一种行政分权。它的目的是管理专业化和规范化，扩大管理职能，使管理更加有效率。但是，管理幅度过宽，部门或人员过多，管不过来，则会造成难以应付的局面，甚至会出现本位主义、各自为政、部门利益、机构臃肿、权力交叉、互相牵制和责任不清等问题。在社会主义市场经济条件下，管理幅度过宽也会造成市场垄断与地方经济割据等问题，不利于建立社会主义市场经济，无法实行市场准入原则和国民待遇原则。

管理幅度过窄，则会造成上级对下属干涉过多，下属无法自主地进行工作等问题。

管理层次与管理幅度必须适当。一般来说，管理幅度和管理层次成反比，管理幅度越大，则管理层次越少；相反，管理幅度越小，则管理层次越多。但管理幅度与管理层次之间的关系是很复杂的，是由许多相关因素决定的，还要由工作性质、人员素质、领导能力和技术手段等因素来决定。一般来说，公共组织的层级化应控制管理层次，尽量减少信息传递的中间环节。各级政府和各级领导应当明白，管理层次过多会增加信息的流失率和政策的执行阻力，会造成弄虚作假，阳奉阴违，暗权行动。领导层和执行层缩短行政距离，以便于领导和沟通，便于监督和考察。

第四节 公共组织理论

一、传统公共行政学时期的组织理论

传统公共行政学时期的组织理论，也叫科学管理时期的组织理论，它产生并形成于19世纪末到20世纪30年代，它是现代组织理论发展的第一个里程碑。传统公共行政学时期主要形成了三个有深远影响的组织理论学派：泰勒的科学管理组织理论，韦伯的官僚制组织理论和法约尔的行政管理学派组织理论。传统公共行政学时期的管理学家对公共组织的研究和对企业组织的研究是相互渗透的，而且对公共组织的研究往往要参考对企业组织的研究。因此，尽管传统公共行政学时期的这三派对公共组织和企业组织研究的侧重点有所不同，研究的方法和手段也不一样，但他们对这个时期的组织理论的形成都作出了应有的贡献。

现代资本主义社会是建立在洛克的哲学、笛卡尔的数学和牛顿的力学基础之上的，他们不仅把神权世界变为世俗世界，而且试图用数学和力学量化的机械方式安排世界。资本主义

的发展不仅产生了现代化的大机器生产流水线，而且也妄图用流水线的方式来安排社会。在这样的背景下，以效率为中心的管理理论便产生了。

美国管理学家弗雷德里克·泰勒始终以车间和工厂作为研究对象，注重从技术分析和效率的角度来研究工作人员的工作方式、工作程序和工作协作，试图通过合理有效的组织配合提高工作效率。泰勒认为，组织的核心问题是效率问题，要解决效率问题必须建立严格的规章制度，工作人员必须掌握标准化的工作方法。因此，他明确地提出在工厂管理上划分计划职能和执行职能，变经验工作方法为科学工作方法。这样，管理层第一次从工厂的沿袭已久的传统的职能不分的工作中分离出来。职能分工是泰勒的科学管理原则之一。从职能分工出发，泰勒又提出了命令统一原则和例外原则。命令统一原则的核心是一个工作人员只听从一个上级的命令，以避免出现政出多门、多头指挥、工作人员无所适从的现象。例外原则是指高级管理者授权给下级管理人员承担日常的例行的管理事务，而自己则保留着处理重要事务或例外事务的决策权和监督权。泰勒的研究是从微观走向宏观的，但他提出的这些管理原则不仅适用于工厂和企业，也适用于包括政府在内的各种社会组织。此后，泰勒的追随者们明确提出了"效率第一"的口号，以他们的理论和实践丰富和发展了泰勒的科学管理思想。

法国管理学家亨利·法约尔与泰勒恰恰相反，他从宏观的角度来研究一般的行政管理。他虽然身为企业的高层领导者，但他的研究领域却十分广泛，深入到政府部门和军队。他认为管理理论是管理实践的灯塔，因此他十分注重管理理论的抽象，创立了一般行政管理体系。同时法约尔提出了要与过多的官僚主义、形式主义和文牍主义作斗争。

马克斯·韦伯从纯理论研究出发，试图建立一种普遍适用的理想组织模型，即官僚制。韦伯所使用的"官僚"一词在德文中并无贬义，与我们使用的"官僚"一词并不相同，它仅指一种组织结构或组织形态。在这里用官僚科层制这个概念。

韦伯的官僚科层制主张遵循专业化原则、层级节制原则、职业化原则、法制原则、固定薪金原则、正式选拔任用原则、制度化而非人格化原则、建立档案制度原则。

韦伯认为，权力有三种，即传统的权力、魅力的权力和合理、合法的权力。合理、合法的权力才是官僚科层制的基础。官僚科层制这种组织理论和组织形式是权威主义行政的基础。尽管这种组织形式是为了提高效率而设计的，但它本身却造成了组织效率的缺失。韦伯早已看到了它的弊端，但是目前还没有一种组织形式能够代替它。在知识经济快速发展的今天，信息技术的广泛使用和信息网络的建立对官僚科层制有较大的冲击，使它会逐步有所改变，但目前仍然没有一种组织形式能够代替它。

传统公共行政学时期的组织理论提出的统一命令、统一指挥、例外原则、职权相符、管理幅度与管理层次相适应、层级节制、职业化和法制化等对行政管理都有重大的影响。它强调规章制度和组织结构，强调组织的封闭性和静态研究。这些基本原则是以效率为中心的权威主义行政的基础。

二、行为科学时期的组织理论

行为科学产生于 20 世纪 30 年代，发展到 20 世纪 60 年代止。行为主义学者把组织看作开放的社会性模式，把人当作社会人，重视人的社会心理需要，发展了科学管理时期的组织理论。其主要的代表人物有梅奥、巴纳德和西蒙等。

乔治·埃尔顿·梅奥作为工程师和大学教授，为了提高工人的工作效率，曾进行了多年的试验亦即著名的霍桑试验。通过试验他逐步认识到了科学管理时期组织理论的不足，在总结霍桑试验的基础之上，提出了三项组织理论。

第一，社会人理论。梅奥指出，人并不是天生好逸恶劳的，人也不仅仅是经济人或经济动物，单纯是为了追求金钱而活着。人除了有金钱等物质需要之外，还有社会方面和心理方面的需要，也就是说人也是社会人。人要追求人与人之间的友谊和友情，要有归属感、安全感和受到尊重等。因此，传统的科学管理和仅用金钱刺激并不能从根本上调动人的工作积极性，提高工作效率，只有满足人的社会需要和心理需要才能从根本上解决人的出工不出力的问题。

第二，非正式组织理论。梅奥指出，在企业中除了正式组织之外还有非正式组织的存在。非正式组织没有什么正式的组织结构和规章制度，而是正式组织中的成员在长期的工作中，因有共同的爱好、习惯和感情自然而然、逐步形成的非正式团体。这种非正式组织有自然形成的带头人和行为规范。非正式组织的每个成员必须服从领导并遵守约定俗成的规章制度，否则将受到不同方式的惩处。梅奥指出，如果这种非正式组织的目标与正式组织的目标一致，可以大幅度地提高正式组织的工作效率；如果其目标与正式组织的目标相反，就会出现消极怠工现象，就会使正式组织缺乏效率。梅奥指出，正确地对待和引导非正式组织是提高工作效率的重要方面。

第三，新型领导能力理论。领导者要通过满足人的社会需要和感情需要来激发下属的工作积极性，提高工作效率。这就需要领导者要有成为新型领导的能力。这种能力就是处理好人际关系的能力，提高工作人员社会需要和感情需要的能力。

切斯特·巴纳德曾任美国新泽西贝尔电话公司总经理。他不仅是行为科学时期的组织理论代表人物之一，还是系统科学时期社会系统学派的代表人物之一。他在行为科学时期提出的组织理论主要有：

第一，权威接受理论。巴纳德认为组织的权力是建立在下属愿意接受的基础之上的。领导者的权力的大小不是由领导者职位高低决定的，而是由下属愿意接受领导权力程度的高低决定的。领导者的命令只是在被领导者愿意服从并愿意接受的条件下才是有效的。否则，领导者权力再大，下属不愿意接受，也等于没有权力。

第二，组织平衡理论。组织的外部平衡，取决于组织是否能实现组织目标，是否有效率，即指个人的意愿能否得到满足。而组织的内部平衡则取决于组织成员的贡献与个人需要的满足是否一致。如果组织不能满足个人的需要，他就会停止做贡献。这样的组织是没有效率的。

第三，非正式组织理论。巴纳德通过研究也发现了在正式组织中存在着非正式组织的现象。他认为非正式组织是正式组织不可缺少的组成部分。非正式组织能够促进组织成员之间的意见交流，调节协作意愿，维护正式组织的团结，维护个人品德和自尊心；能够促进和提高组织的效率与活力。

西蒙在其早期研究工作中，提出了组织是其成员层层决策、人人决策活动的分配与组合。他认为组织的所有活动都是决策活动，组织是扩大了的个人，是由有感情、有欲望的人组成的。组织的生存和发展，必须以组织对其成员的激励和诱因为条件。西蒙也是系统科学时期决策理论学派的代表人物。

此外，还有戴尔·卡内基（1888—1955年），他在20世纪30年代到50年代有颇大的影响力。上百万的人读过他的书，成千上万的人听过他的管理讲座并参加了他举办的研讨班。卡内基认为人际关系是十分重要的，是争取他人与自己合作的成功方式。对他人要有发自内心的赞赏态度，使他人感到自己受到尊重、是十分重要的人；让他人讲话，并且表示同意他的意见，以从不对一个人说他错了的方式，使他人接受你的思维方式；要给他人良好的第一印象；要会赞扬他人，并给予反对者维护面子的机会，以这种方式来改变他人的态度。

行为科学时期的管理学家虽然以静态的组织作为研究对象，但是注意到了社会环境和心理因素对人和人的行为的影响，把人当作社会人予以研究，从而提出了人的需要受社会需要和心理需要的影响的理论，大大丰富了管理科学的组织理论。行为科学时期的组织理论是以人为中心的组织理论，它弥补了科学管理时期的组织理论过分地强调组织结构和规章制度而不重视人的不足。但是它又过分地强调搞好人际关系，把搞好人际关系作为组织的唯一目的，片面地强调满足人的社会需要和心理需要，从而忽视了组织结构和规章制度的重要作用，降低了专业化的要求，严重影响了工作效率。

三、新公共行政学时期的组织理论

新公共行政学时期的组织理论认为，传统的政治与行政二分法的任何痕迹都应该消灭掉，官僚体系并非仅仅在体系内部决定重要政策，公共组织还应该引导公众注意力，并在设定公共事务的议程方面扮演重要角色，同时也帮助公众建立社会价值观。

新公共行政认为传统的公共行政有依附于效率原则的技术主义倾向，甚至把效率原则当作基本价值观。新公共行政提出许多替代与补充，其中社会公平是核心的概念。公平包括了平等感和正义感，具体地说，公平的重点就是纠正社会价值和政治价值分配的不公正。

新公共行政主张参与行政。一是主张公民参与。公众参与公共组织的政策制定过程。在追求能够代表各方面利益的政策和政策制定的过程中，机关工作人员与当事人团体的互动是非常重要的。二是主张在组织决策过程中下层机关工作人员的积极参与。从这个意义上来

四、新公共管理时期的组织理论

新公共管理认为传统的公共行政机构过于庞大，人员过多，成本与收益分离，造成巨大的浪费。因此，其主张用企业管理方法和市场机制改造政府，主张建立能够精打细算的、具有远大眼光又富于冒险精神的企业家精神政府。

首先，引入市场机制，主张进行竞争，以顾客为导向，建立提供公共服务的部门，让公众选择，提高公共服务质量，因此，必须进行分权，使组织结构呈扁平化；主张对工作人员进行绩效管理。

其次，打破政府垄断公共服务的现象，采取民营化措施，弥补政府提供公共服务能力的不足。

最后，政府利用并鼓励非营利组织的社会管理作用，弥补政府公共管理能力的不足。

第五节 西方公共组织理论的新发展

一、非营利组织

（一）非营利组织的含义与特点

1. 非营利组织的含义

非营利组织（Non-Profit Organization，NPO）的含义，歧义较多，有的学者甚至认为其在发达国家和发展中国家也有区别，但是也有共同点。非营利组织是指组织的设立和经营不是以营利为目的，且净盈余不得分配，由志愿人员组成，实行自我管理的、独立的、公共或民间性质的组织团体。一般非营利组织又称"志愿组织""慈善组织""独立部门""非政府组织（Non-Governmental Organization，NGO）""基金会""民间组织""第三部门"和"非营利部门"等。

2. 非营利组织的特点

非营利组织的特点包括：

（1）组织性。非营利组织有正式的组织机构，有明确的规章制度，有固定的工作人员，得到法律认可，具有法人资格。那种没有组织机构、没有规章制度、临时的民间组织，不能称之为非营利组织。

（2）非政府性。非营利组织必须是民间志愿组织，它不是政府组建的，不是政府的组成部分，也不从属于政府部门。政府官员也不能出任组织领导者。

（3）非营利性。非营利组织必须不以营利为目的。经营所得不得进行分红和利润分配，应该用于实现组织目标。

（4）自治性。非营利组织是独立自主管理的组织，它按照组织内部的规章制度自我管理，同时，有独立的决策权和执行权。

（5）志愿性。非营利组织的成员必须有一批志愿者，他们不是强迫参加服务的，而是志愿的。

联合国将非营利组织分为三大类，即教育、健康与社会工作和其他社会与个人服务活动；欧洲共同体将其分为五大类，即教育、研究发展、医疗健康、娱乐文化和其他公共服务。

（二）非营利组织在提供公共服务中的作用

（1）在制度建设方面有倡导作用。非营利组织不能制定法律和政策，但是它们可以推动和促进法律和政策的制定，可以及时地反映广大公众的意见或信息，有利于政策制定的合理性。

（2）监督市场。由于非营利组织是由志愿者和民间人士组成的，它对市场的监督就更广泛、更有效，更能够代表广大消费者的利益，维护消费者的利益更有力度。

（3）中介作用。非营利组织在经济领域起着很大作用，可以在政府与市场之间进行协调，起中介作用。例如，行业协会的作用就是很大的，它能够进行行业自律、维护竞争和行业管理等，而不是由政府进行直接管理。

（4）维护良好的社会价值。许多非营利组织都是以社会弱势群体和边缘群体作为服务对象，恰恰能够弥补政府在这方面能力的不足，可以增进社会福利，促进社会公平，维护良好的社会价值。

（5）监督政府。非营利组织可以监督政府的公正、廉洁、效率和民主，监督政府官员的行政行为，监督政府的决策等。

（三）非营利组织对公共行政的作用

（1）非营利组织是公共行政的外延与扩大，它可以弥补政府管理能力的不足。政府能力毕竟是有限的，人力、财力、时间和政策供给的不足，使政府不可能对社会各个方面的事务进行有效的管理。非营利组织恰恰在这些方面可以弥补政府的不足。

（2）非营利组织重视公共价值，尤其是公平、民主、效能、廉洁和公共利益等公共价值。这些公共价值有时会被政府忽视，而非营利组织能够维护这些公共价值。

（3）非营利组织更强调公共服务，而不像传统的公共组织强调管理与管制。

（4）非营利组织更民主、更开放。非营利组织的特点是信息共享，组织分权化而非集权化；强调参与和对话、合作和创新。

（5）非营利组织参与机制的建立。

（四）政府对非营利组织的作用

（1）补助。政府制定政策，对非营利组织给予一定的经费补助。

（2）减免税收。政府采取减税或免税的政策，鼓励企业向非营利组织捐款，如政府可以减免企业向非营利组织捐款的同等税额等。

（3）委托公共事务。政府向非营利组织委托一定的公共事务，以减轻政府的负担。

（4）法律管制。政府制定法律规范非营利组织的行为，加强管理。

（5）引导监督。政府负责引导和监督非营利组织的行为，确保它的非营利性质。

非营利组织的缺陷是，它的民间性质限制了它不能提供某些公共物品和公共服务，如国家安全、公共安全和法律执行等。非营利组织也可能失效，造成公益不足。

二、学习型组织

（一）学习型组织的含义与特点

1. 学习型组织的含义

自从1992年美国麻省理工学院著名管理学家彼得·圣吉发表《第五项修炼——学习型组织的艺术与实践》以来，学习型组织已经风靡世界。不仅企业要建学习型企业，而且各行各业都在争相组建学习型组织，如学习型政府、学习型社区、学习型社会和学习型城市等。学习型组织的管理理念是20世纪90年代以来，在管理理论和管理实践中发展起来的崭新的管理理论，是最符合21世纪发展特点和知识经济时代的组织模式。

学习型组织是指组织通过个体学习、团体学习和组织学习，结合工作不断学习、不断改变观念和不断创新的过程。

2. 学习型组织的特点

学习型组织具有如下几个特点：

第一，学习型组织的首要目标是培养学习能力，使组织成员具有接受新观念的开放性。在知识经济时代，公共组织必须通过不断学习，提升知识基础和组织能力。

第二，学习型组织成员有共同愿景。组织的共同愿景来源于个人愿景又高于个人愿景，将全体成员凝聚在一起。

第三，学习型组织善于不断学习。它包括全员学习、团体学习、全过程学习和终身学习。

第四，学习型组织善于自主管理。组织成员将工作和学习结合起来，边工作，边学习；实现自我发现问题、评估问题，提高解决问题的能力。

第五，学习型组织的边界将重新界定。学习型组织的边界的界定是建立在组织与外部环境的互动基础之上的。

(二) 学习型组织的五项核心修炼

1. 第一项修炼：自我超越

自我超越是学习型组织的精神基础。自我超越既包括个人的自我超越，也包括组织的自我超越。自我超越就是向自我的极限挑战，实现内心深处最想实现的愿望。自我超越是一种终身学习。

2. 第二项修炼：改善心智模式

心智模式是指形成于个人心中的认识问题和解决问题的成见和思维方式。改善心智模式的前提是敢于面对自己，正视自己。它要求组织从传统的、局部的、静态的心智模式转变为互动关系和动态变化的思考方式和心智模式。

3. 第三项修炼：建立共同愿景

将组织成员的个人愿景转化为共同愿景，它能够凝聚人心，鼓舞组织成员士气。

4. 第四项修炼：团体学习

组织成员通过团体学习可以获得高于个人智力的团体智力，超越个人力量的团体力量。团体学习要求组织成员克服防备心理，超越自我，学会互相学习，形成共同的思维。

5. 第五项修炼：系统思考

系统思考是学习型组织的核心。系统思考就是要用系统的观点、动态的观点、开放的观点和整体的观点看待事物，看待组织的生存与发展。系统思考作为一项创新技能，对前四项修炼有很大的影响。

三、创新型组织

(一) 创新型组织的含义与特点

1. 创新型组织的含义

彼得·圣吉在《第五项修炼——学习型组织的艺术与实践》一书中曾经预言，将有新的修炼方式即第六项修炼出现。作为圣吉伙伴的彼得斯发表了《第六项修炼——创新型组织的艺术与实务》。

创新型组织认为持续学习"创新"是一种"组织功能"，而不是创意活动和脑力激荡。创新应该成为组织流程，并能产生持续的新价值。创新应该是在每个部门进行，整个组织就像爵士乐队一样发挥"即兴演奏"的效果。

2. 创新型组织的特点

创新型组织的特点包括：

第一，组织学习是为了组织创新，学习本身不是目的，创新才是学习目的。创新型组织贵在永续创新。

第二，组织学习贯穿于整个组织流程和整个组织。它是组织的一种功能。

第三,组织学习应该发挥爵士乐队即兴演奏的效果,进行自主创新。

第四,从"框"到"线"的有机思考模式。所谓"框"就是指组织部门、活动、计算机和人员等;所谓"线"就是指每个框之间的相互联系和相互依赖的关系。每个人都在"框中",但是真正会产生创新的却是"线"。创新思考来自类比,包括"框"与"框"之间、观念之间、组织之间和行业之间的类比。

(二) 创新型组织的六项核心修炼

1. 第一项修炼:活化学习

在十倍速的时代,一个组织要想成功就得具有创意、创新和冒险精神。组织如果像一台复印机就很难创新。创意就是发掘新事物,创新就是利用现有资源开发出新成果。创新的最好方法就是每天将创新一点一滴地融入管理活动和业务活动中去。创新就是将人才变成天才,容许组织成员犯错误,从错误中学习。

2. 第二项修炼:重新自我超越

分工合作是自我超越的出发点和重要手段之一,相信"三个臭皮匠,胜过一个诸葛亮"的道理。学习才能创新,而学习必须有热心和开放的观点,人们通过合作常常会发现新的创意。创新型组织兼顾组织与个人的特长,达到超越自我和超成长的目标。

3. 第三项修炼:模式

这里所讲的模式是指组织运作、组织成员互相之间的沟通方式。模式没有好坏之分,只是代表某种态度、过程。模式用来沟通感觉、创意和行动。模式可以帮助人了解情况,快速决策,监督重复性工作,创造其他模式。但是,我们不应该将模式误认为是事实,以为它是全部事实。如果死守一种模式,就会停止学习,因为它可能建构在错误的假设基础之上,时间久了,就会忘记重新评估模式。成功的模式不易改变,会阻碍创新。

4. 第四项修炼:自由

自由是指领导者分工合作进行决策,因此组织活力与表现倍增。自由让组织与组织成员同时"释放能量",给组织带来更多的创新机会。"命令—控制"式的管理方式已经过时,已经不适应创新型组织。

创新型组织希望组织成员尽其可能创新,让成果更出色,并让决策权下放。它不可能用"命令—控制"的管理方式来创造合作的宽松的氛围。组织的合作氛围需要大家遵守某种精神,这就要求给予每个人自主权,但是又不失焦点。这个焦点就是目标、原则和领导者意图。

领导者应放手让组织成员工作,他要的是成果,而不是组织成员用什么方法;他要的是创新而不是模仿。

在成长的基础上追求高成长,成长是创新的目的。自由但专注组织+分工合作=超成长方程式。

5. 第五项修炼：领导创新

创新型组织的领导者，要能够凝聚分工合作释放出来的能量并善于灵活运用原则、目标和领导意图这三个要素。

组织应该有目标，目标不一定很大、富有哲理，但是要使组织达到在分工合作基础上的成长。组织目标要让组织成员，甚至服务对象都了解。总之，了解的人越多越好。组织目标可以用一两句话表达，但不一定用漂亮的词句，而是要能够说服组织成员。目标越明确，越能够吸引人才。创新型组织的每个部门的决策都与目标息息相关。

原则是指为组织制定的一些原则。原则是组织成员决策和行动的指南。只要符合目标，原则就能够代表这个组织的人格。

目标与原则可以使组织继续发展，即使组织不断地改变，也能够生存。只要有正确的目标和原则可遵循，新挑战就不是威胁，而是分工合作的新动力。

领导者的意图就是为组织提供行为规范和行动方向。了解领导者的意图后，每个人在进行决策和行动时就有了方向，可以通过自由发挥去完成目标，授权而不失控，有自己的主张而又不脱离团队目标。领导者的意图由简单几句话或几个原则来表达。

领导者意图加上初学者的心态，两者缺一不可，这样组织效能就会倍增。

6. 第六项修炼：观念创新

在信息时代，人们的联系更加紧密，人人都能掌握信息，网络技术给每个人都造成了压力。因此，组织要取得成功，就必须依靠释放全体组织成员的能量，加强内外协调联系、分工合作，让运作系统更加有活力。也就是说，要集体沟通、交流创新的点子。要使这些创新的点子有用，必须创新观念，每个人都应该永远保持学习的态度。对选择的组织目标要坚持不懈；一群人分工合作比各自为政要有效。这些信念将组织维系起来，而不是仅靠网络技术。激发组织成员工作的积极性，可获得超越预期的效果。

领导者的目标、原则和意图是引导标杆，给组织确定标准和方向，将这股超越的力量结合起来。

组织能够诚实地对待工作人员和客户，树立良好的形象。这种形象是引导组织成功的正面形象和力量，成为一种模式。

小结

从广义上来讲，公共组织是指一切不以营利为目的的实现公共利益的组织。在这里公共组织是指政府。公共组织与私营组织有很大的区别。公共组织是以实现公共利益为目标，私营组织是以盈利最大化为目标。公共组织组织理论和组织结构是随着时代的发展而发展和改变的。现代信息技术对传统公共组织的官僚制组织结构产生了很大的冲击。这是组织理论应该探讨的问题。

第六章　行政领导

行政领导是指以国家行政机关及其各级领导人为主体的领导。行政领导为公共行政提供基本推动力。行政领导的性质、方式及其有效性，将直接影响公共行政的存在状况和发展前景。本章主要介绍行政领导的含义、特点和作用；行政领导者的类型与产生方式；行政领导的权力与责任；行政领导理论；行政领导者的素质与能力。

第一节　行政领导概述

一、行政领导的含义

(一) 领导和领导者的含义

1. 领导的含义

所谓领导，是指社会组织中承担主管职能的个人或集体在一定原则的指导下，依据法律或组织规章制度，行使其职权，运用各种方法和手段，有效地影响部属，以共同实现组织目标的行为过程。

我们理解领导的含义时，需把握以下要点：

第一，领导只能产生于一定的组织，又服务于一定的组织，没有组织便无领导；没有领导或领导不当，任何组织或团体都不能存在和发展。正如马克思所说："一切规模较大的直接社会劳动或共同劳动，都或多或少地需要指挥，以协调个人的活动。"①

第二，领导是一种统御和指引被领导者的行为过程。现代领导必须善于运用带有强制性的推动力和非强制性的激励力两种方式，对被领导者施加影响，以使其努力去达到某个特定目标。

2. 领导者的含义

领导与领导者，在我国几乎是同义语。我们习惯上把有正式权威和正式职位的领导者称

---

① [德] 马克思、恩格斯：《马克思恩格斯全集》，中共中央马克思恩格斯列宁斯大林作编译局译，第23卷，367页，北京，人民出版社，1972。

为领导,也把领导者的行为称为领导。

3. 领导与领导者的区别

第一,领导是一种管理行为和管理过程。这种行为和过程是一个组织或一位领导者的管理行为和管理过程。从这个角度来讲,领导者可以是一个组织,也可以是一个人,两者都是有权威和影响力的。

第二,领导是领导者的领导艺术的实践过程。领导的有效性取决于领导者的领导艺术究竟在多大程度上符合环境与领导客体。因此,领导是对领导者的领导能力和领导艺术的考验。

第三,领导的本质是人与人之间的关系。领导的过程也是人际互动过程,领导方式和领导艺术是领导者在一定的行政环境条件下,与被领导者之间的互动方式和互动艺术。领导者的领导方式和领导艺术是否有较强的影响力,这要看它在多大程度上能够影响被领导者追随领导者去达成管理目标。

第四,领导是一种领导者有目标的管理活动。领导是有具体目标的导向活动。领导者的行为,包括计划、组织、决策、执行、协调和监督都是围绕着管理目标开展的。没有管理目标的领导活动是没有效果的。

(二) 行政领导与行政领导者

1. 行政领导的含义

所谓行政领导,是指在公共组织中,经选举或任命而享有法定权威的领导个人或领导集体,依法行使行政权力,运用各种方法和手段,有效地影响部属,以实现行政目标的行为过程。行政领导是在国家行政系统中进行的,从而使之有别于政治领导、企业领导和其他社会组织领导。行政领导过程本身也是一个社会组织系统。这个系统是由行政领导者、被领导者和行政领导环境有机组成的,三者缺一不可。

2. 行政领导者的含义

行政领导者,是指在行政系统中有正式权威和正式职位的集体或个人。没有正式权威和正式职位的领导者不能被称为行政领导者,因为他没有行使权力的合法性。

行政领导者不仅是指政府的各级行政领导部门和职能部门,还包括政府各种部门的行政首长或负责人。他们是行政领导活动的发起者、指挥者、协调者和监督者,也是行政责任的承担者。

二、行政领导的特点

行政领导是国家公共行政活动中的领导活动,它既具有一般领导的共同特点,又有自身的特点,主要表现为:

第一,行政领导只是对"行政"的领导。在一定的行政环境中,为实现一定的行政目标，行政领导者依据法律，对纳入行政活动的被领导者进行指挥与统御，从而保证国家行政权力的行使，有效地为组织和管理国家行政事务进行决策、指挥、协调、控制、监督。

第二，从行政领导活动方式的特性上讲，行政领导的执行性，是它的显著特点。在我国，行政机关是权力机关的执行机关。因此，行政机关必须在权力机关发出的指令下工作。对行政机关来说，它与权力机关的关系是：按照权力机关的合法指示，依法行政；根据权力机关的合法要求，迅速组织人力资源与物力资源，提高工作效率，以便高效快捷地实现权力机关的工作意志。

第三，从行政领导活动的社会属性来看，它具有鲜明的政治性。政府是为实现国家意志和人民利益而建立的公共组织；政府依照体现国家意志和人民利益的法律规定来进行活动，实现国家的政治统治职能。行政机关的使命是执行国家权力机关制定的法律、政策，实现政治统治职能。

三、行政领导的作用

行政领导在公共行政中起着举足轻重的作用。这种作用可概括为：

第一，行政领导是政治领导的贯彻执行。政治与行政是国家生活中两个最基本的功能。政治领导主要是政党和国家权力机关的活动，它通过路线、方针和政策的制定，规定了一个国家和社会的发展方向。行政领导则以推行政务为主要工作内容。与政治领导相比，行政领导主要是具有执行性的，它依据国家的法律，运用国家赋予的权力对国家事务、社会公共事务以及行政机关内部事务进行管理。离开了行政领导，政治领导也就无从实现。

第二，行政领导是公共行政协调统一的保证。公共行政是由许多组织和人员共同进行的管理活动，为保证行政活动的协调和统一，必须有统一的意志和指挥，这就需要行政领导。特别是现代公共行政，由于行政机关规模庞大，人员众多，组织之间和人员之间的冲突和矛盾时有发生，这就需要行政领导者通过行政领导进行协调。行政领导通过制定各种活动程序来控制广大行政人员。同时，由现代公共行政专业化分工所产生的各部门之间的利益、职能等各方面的不同，也需要通过行政领导加以整合，使行政人员能够通力合作。此外，行政领导在协调人际关系方面也有重要作用。

第三，行政领导贯穿公共行政的全过程。一般而言，行政领导是推动他人去做，借助他人的智慧和力量来表现的，这符合管理的特征。因此，行政领导是一种具有管理性质的社会活动，公共行政过程与行政领导过程是交叉的。就具体过程而言，公共行政是通过各环节连接起来的链条，其中主要环节有建立行政组织、选才用人、收集信息、确立目标、制订计划、组织实施、检查监督、调节完善等。这实质上是一个不断制定和执行政策的过程。"出主意""用干部"是行政领导干部的根本职责。正是这两种领导职责构成了有效的公共行政活动，并贯穿公共行政活动过程的始终。

第四，行政领导对行政效能具有决定性作用。公共行政的宗旨在于提高行政效能，以高质量、高效率地实现行政目标。行政效能包括社会效益和工作效率。从公共行政的社会效益来看，效益的好坏直接取决于行政领导的决策活动。决策正确，就能够产生良好的社会效益；决策失误，则社会效益就难以保证，甚至产生不良的社会后果。从公共行政的效率来看，效率的高低也有赖于行政领导的组织、指挥活动。指挥有方、善于协调、控制得力，整体效率就高，行政决策也就能够得到迅速有力的执行。从一定意义上讲，行政领导是公共行政成败的关键，对公共行政的效能会产生决定性影响。

四、行政领导者的类型与产生方式

（一）行政领导者的类型

根据不同标准，行政领导者可进行多种类型划分，常见的有：

按照工作内容的不同，行政领导者可分为政治领导者、经济领导者、文化领导者及其他方面的领导者。

按照工作性质或所处管理层次的不同，行政领导者可以分为高层领导者、中层领导者和基层领导者。

应该说，以上对行政领导者的分类方式都有一定道理，但是，我们对行政领导者类型应该根据其工作性质和所负的职责以及产生的方式来划分，而不能从其领导方式的角度来划分，因为领导方式属于思想意识和领导艺术的范畴，是经常变化的。工作性质和职责以及产生方式一般是比较稳定的因素，因此，从这个角度，我们可以把行政领导者划分为两种类型：政务类行政领导者和行政类行政领导者。

1. 政务类行政领导者

在我国，政务类行政领导者是指从中央到地方各级人民政府的领导成员和组成人员。尽管中央政府和地方政府在地位和权力上有很大差异，一个是国务院领导成员和组成人员；另一个是地方政府的领导成员和组成人员，有中央与地方之分。但是，他们的产生方式是相同的，都是经过同级人民代表大会选举产生的，对国家或地区都负有政治责任，都是国家或地区的领导者，国家或地区各种社会公共事务的决策者、规划者与管理者，国家或地区的主要负责人与责任者。只有选举产生他们的立法机关才有罢免他们的权力。在这一点上，从中央到地方的各级政务类行政领导者都是相同的。因此，他们可以划为同一种类型。

2. 行政类行政领导者

这类领导者一般是由政务类行政领导者或人事组织部门任命而产生的领导者。他们不是一级政府的组成人员，也不负政治责任。他们或是协助政务类领导者处理具体行政事务，或是承担一个行政机构或基层行政机关的领导工作。他们不是一级政府的决策者和管理者，而是政策的执行者和具体行政事务的管理者。政务类领导者和人事组织部门有权免去他们的职务。

（二）行政领导者的产生方式

行政领导者产生的标志是将合适的人选拔到公共组织中的一定职位上，并赋予相应的权力和责任。在不同的国家和时代，行政领导者产生的方式是不同的。现在较为常见的行政领导者产生方式有四种：选任制、委任制、考任制和聘任制。

1. 选任制

选任制是指通过直接或间接选举制度选举产生行政领导者的制度。直接选举制是由有选举权和被选举权的选民进行投票选举产生行政领导者的选举制度。一些国家全体选民直接选举国家领导人就属于这一类。间接选举制是由选民选举的选举代表投票选举产生行政领导者的选举制度。我国由人民代表大会代表投票选举产生政府领导者就属于这一类。我国宪法和政府组织法明确规定，从中央人民政府到县级人民政府以及政府领导成员，必须由同级同届的人民代表大会选举产生。在人民代表大会闭幕期间，县以上的各级人民代表大会常务委员会有权决定任命代理正职政府领导人，无权任命正职政府领导人，但有权任命副职政府领导人。选任制能代表民意，选举的结果具有较大的权威性和公正性。

2. 委任制

委任制，亦称任命制，是指由立法机关或其他任免机关经过考察而直接任命产生行政领导者的制度。委任制的优点是：权力集中，责任明确；指挥统一，不受牵制；行动迅速，简便易行。但为了防止任人唯亲和压制民主，在实行任命制的实际过程中，上级往往受到许多资格和手续方面的限制，并非能够随心所欲地行使任命权。我国政府的大多数行政领导者都是任命产生的，如国务院常务会议有权任命各部委领导者的副职，直属机关和办事机关的正、副职领导；地方各级人民政府的综合部门和职能部门的秘书长、厅长、主任、局长等，由同级人民代表大会常务委员会根据政府领导人的提名予以任命。

3. 考任制

考任制是指由专门的机构根据统一的、客观的标准，按照公开考试、择优录取的程序产生行政领导者的制度。考任制源于我国古代的科举制，现已被世界各国所采用。当然，现代的考任制与古代的科举制已有了本质意义上的不同。考任制作为一种行政领导者的产生方式，越来越多地得到重视。因为现代公共行政的发展，越来越需要更多的具有不同知识和技能、通晓行政管理的人才。只有通过考试、考核才能准确地产生大批不同专业、不同智能要求的行政领导者。考任制的优点在于：广开才路，吸引广大真才实学者前来报考；择优录取，在竞争基础上鉴别人才；公开平等，有效防止任人唯亲和仅凭领导者个人好恶决定晋升的弊端。近些年来，中央一些部委和一些省市公开招考司（局、厅）级和处级领导者，已取得了明显的效果。实践证明，考任制为领导干部队伍带来了新鲜血液和活力。

4. 聘任制

聘任制，是指根据工作需要，通过签订合同的方式选用外部人员在一定的任期内担任一定的行政领导职务的制度。其一般适用于聘用社会上有名望的专家、学者和技术人员担任学术型的行政领导职位。因这些人一般拥有社会公认的成就，所以不需要再经过考试的环节。聘任制一般都有任期、任职目标、奖罚条件等具体规定。聘任制的优点在于：能广纳贤才，解决本部门、本地区人才不足的问题；能促进人才的合理流动；也有助于解决领导者能进能出、能上能下的问题。聘任制一般是临时聘用或有一定期限聘用，所以，在实际运用中要注意防止短期行为。同时，由于聘任制一般是从外部选拔行政领导者，要注意防止产生"外来的和尚会念经"的错误用人观念，在引进人才的同时，也要重视组织内部人才的使用。

第二节　行政领导的权力与责任

一、行政领导的权力

（一）行政领导权力的概念

关于领导权力的概念，学者们并未形成统一的认识。总体上可以概括为如下观点：

第一，领导权力是决策权。拉斯韦尔在《权力与社会》中就持有这种观点。他指出，决策是涉及严厉制裁的政策，领导权力就是参与决策。制裁把权力同一般意义上的影响力区别开来。权力是借助制裁那些背离政策的行为来影响他人的决策过程。拉斯韦尔在这里十分明确地指出，领导权力是一个决策过程。决策是为了政策的推行，并以制裁为手段规范那些违背政策的行为。这个决策过程能够影响其他人自觉地执行政策。因此，他把领导权力定义为领导决策。

第二，领导权力是一种能力。韦伯认为领导权力是把一个人的意志强加在其他人的行为之上的能力，是一个人或一些人不顾其他人的反对甚至反抗而实现自己意志的能力。政治学家摩根索认为，领导权力是指人们对其他人的思想和行为施加影响和进行控制的能力。

第三，领导权力是一种关系。按《简明不列颠百科全书》中的定义，权力是"一个人或许多人的行为使另一个人或其他许多人的行为发生改变的一种关系"。

第四，领导权力是一种支配力量。持这种观点的学者把领导权力看作是起控制作用和强制作用的支配力量。赫希认为，领导权力是把自己的意志强加于各种人和物的支配力量。马里顿在《民主与权威》一书中指出，领导权力就是支配主体影响支配客体的支配力量。

行政领导权力是指行政领导者在行政管理活动中，利用其合法地位以不同的激励方式和制约方式，引导下属同心协力达成行政目标的影响力。

（二）行政领导权力的构成

权力是一切组织的必要条件。行政领导权力是政府运行的必要条件，是正常进行行政管理的推动力，是规范行政组织行为的控制力，是开展行政管理活动的组织力。总之，权力具有其他任何力量都不能与之相比的影响力。根据权力的性质，行政领导权力可以分为强制性影响力和非强制性影响力。

1. 强制性影响力

强制性影响力是从合法的权力中产生的，因此，具有强制性和权威性。它使人在心理上有一种不得不服从、不能抗拒的感觉。强制性影响力包括以下因素：

（1）职位因素。行政领导者的职位是强制性影响力的主要构成因素。行政领导职位是衡量领导者在政府中权力大小与地位高低的尺度。职位越高，在政府中的地位就越高，权力也就越大。尤其把权力作为主要价值观的国家，更看重这方面。职位高低所造成的影响力是由领导者的合法地位决定的，任何人拥有这种合法地位都有这种影响力，它与组织有关，与个人无关。这是职位给予领导者的一种外在强制性的力量，为领导者行使权力和权威提供了客观条件。

（2）资历因素。资历是指一个人的资格和经历。行政领导者的资历是指行政领导者的资格和经历。资格和经历两者是密不可分的，没有一定的经历就没有资格可言。领导者的资历是指领导者曾经担任过的领导职务和所从事的工作的资格和经历。如果一个领导者担任过许多重要的领导职务，而且他领导有方，成绩卓著，是一位成功的领导者，人们就愿意服从他的领导。人们敬重他，畏惧他，在心理上有一种不得不服从、无法抗拒的感觉。资格与领导者的职位有关，它所产生的影响力也是强制性的，因此，也是强制性影响力。

（3）传统观念因素。传统观念作为领导权力的价值支持是不容忽视的。在任何社会中，传统和习惯都是最稳定的文化和力量，甚至没有什么力量可以把它改变。因此，人们对权力的传统观念在社会中起着真正的作用，而且没有哪个组织或哪个人能够摆脱得了。这是文化的约束，而不是个人的好恶。人们在传统上认为，当官者地位高、权力大、能力强，必须服从他。不服从他，就会受到惩罚；服从他，就会得到奖赏。这一点在我国尤为明显。权力的传统观念可以加强领导者的影响力。这种力量也是具有强制性的，因此，它也属于强制性影响力的范畴。

2. 非强制性影响力

非强制性影响力也叫自然性影响力。它不是从合法的权力和职位中产生的，对领导对象没有强制性的约束力，也不能使用惩罚和奖励的手段。被领导者服从领导者从不得不服从变为愿意服从，甚至是心甘情愿追随领导者。非强制性影响力的产生是很复杂的，但主要包括以下因素：

（1）品格因素。品格因素是领导者非权力性影响力的最重要构成因素。它涉及领导者的道德情操、品行作风等个人修养的问题，涉及个人人格。对领导者品格的高要求在我国有悠久的历史传统。我国几千年的行政管理史，从一定意义上来说，是道德行政或人格行政的历史。我国古代所宣扬的"修、齐、治、平"的核心就是对领导者个人品格提出了较高的要求。它要求领导者要有较高的道德修养，讲究领导者自律。一位领导者道德品质高尚、大公无私、高风亮节，就能够吸引人，产生组织凝聚力；就能够不言而教，不令而行，以德服人，身教胜于言教。领导者应当十分注意自身的道德修养，那样才能够加强非强制性影响力。

(2) 能力因素。领导者的能力是一个组织或一项行政管理活动成功或失败的关键。所谓"人存政举，人亡政息"就足以说明有能力的领导者的重要性。我国古人认为为政之要，贵在得人。这固然是对我国道德行政的历史传统的核心内容的十分精辟的表述，但是也从另一个侧面说明了有能力的领导者的决定作用。我们今天并不认为个人能够决定历史发展的命运，而是更相信制度的作用，但是也决不能否认领导者的个人作用。领导者能力强，办法多，在他的领导下工作有成就，事业有成，使人们对他有敬佩感，愿意跟随他一起工作，这就能够加强领导者的影响力。

(3) 专业因素。作为领导者必须具备专业素质，这是卓有成效地进行领导的必要条件。领导者仅掌握领导艺术是不够的，不精通业务就不可能进行科学的决策和有效的领导，就缺少发言权。专业有长，本身就是一种权力，称为专家权和专长权力。领导者如果没有专家权就会大权旁落。如果领导者在某方面是专家，人们对他就会有十足的信心，对他的领导就会心悦诚服，其影响力不言自明。

(4) 感情因素。人是有感情的高级动物。领导者与被领导者之间除了命令与服从的工作关系之外，还有一种人际关系互动。领导者与被领导之间有权力距离，这种权力距离也是一种心理距离。它使被领导者对领导者往往采取敬而远之的态度。如果领导者和蔼可亲，平易近人，无形中就缩短了这种心理距离，使被领导者有一种亲切感和归属感，这种影响力是其他各种影响力不能相比的。它是形成组织凝集力的重要因素，它会使领导者像磁石般吸引他的下属。

一位有效的行政领导者拥有强制性影响力，这是进行领导工作的基础。但是，有了合法的正式权力，领导并不一定有效。只有领导者同时拥有非强制性影响力，才能使领导有效。当然，在现实生活中，确实有不考虑非强制性影响力的领导，他们往往用合法权力进行专制式的领导。不能说这种领导方式是无效的，但其有效性十分有限，尤其是在民主意识很强的当今社会，更不能作为一种有效的领导方式予以运用。即使有合法权力，但如果没有亲和力，这样的领导者，也不能被称为好的领导者。

(三) 行政领导权力的来源

行政领导权力的来源，就是说领导者的权力是谁给予的。认识这一点十分重要，只有认识到了这一点，领导者才知道应该对谁负责。正如国家产生于社会又服务于社会一样，权力是人民赋予的，又服务于人民。从本质上来讲，领导权力来源于人民。人民通过宪法和立法机关或通过选举的方式，把自己的权力赋予领导集团行使。认识到这一点，对领导者廉洁自律、慎重用权、确保权力的合法性十分重要。

通过对行政权力现象及其作用进行考察，可以发现，行政领导权力的来源主要有以下几种：

(1) 合法权力。合法权力亦称法定权力，是指领导者在行政组织中所具有的法律地位。

这种法律地位是以有关法律制度和组织内的规章制度的合理合法授权为保证的,不是私授的权力。这种法律地位是官僚制组织层级节制的前提。只要领导者合法地拥有领导权力,他们就有了领导、命令和指挥下属的影响力。其下属必须服从领导,服从命令,听从指挥。如果不服从甚至对抗领导者的领导、命令与指挥,就应该受到不同方式的惩罚。这就是合法权力的作用。服从领导者的领导、命令与指挥,不是服从领导者个人,而是服从其法律地位。这是任何大的组织,包括政党、军队、教会、公司、学校等必须实行的一种组织原则。在现代社会,行政领导者的领导权力是按照有关法律和组织规章制度,通过考试、选举、委任和聘任来获得,而且对获得合法权力领导者的资格条件也有明确的规定。这就更加强了权力的合法性和不可抗拒的服从性。

(2)奖惩权力。这是领导者权力的重要来源,它产生于合法权力。只要有合法权力的领导者,就有这种权力。奖惩权是指奖励权和惩罚权。奖励权是领导者对那些认同组织目标与组织价值,努力工作并且取得优异成绩的组织成员,进行功利性奖励与符号性奖励以及功利—符号性奖励。惩罚权是领导者对那些违背组织目标,偏离组织价值,破坏组织原则,不服从甚至对抗领导的成员进行必要的惩罚,主要是符号性的处罚,直至撤职开除。奖励与惩罚是矛盾的,也是统一的。两者是围绕组织目标、组织价值、组织原则进行的正激励和负激励,目的都是维护和加强领导权力,调动下属的工作积极性和主动性。我国历来要求领导恩威并重,宽严相济。领导者应当善于运用奖励和惩罚。奖励一个人而能够激励大多数人时则奖,惩罚一个人而能够规范大多数人的行为则罚。但是,奖罚及时,奖应奖之人,罚应罚之过,恰到好处,就能够起到奖罚的作用。如果奖不当奖之人,罚不当罚之过,有失公正,那么奖罚就不能起到激励作用。应当指出的是,领导者应当尽量少用惩罚权,惩罚太多,组织内部会有一种恐怖的气氛,不利于组织的生存与发展。

(3)专业知识权,又称为专家权。知识也是一种使人服从的力量,现代科学的发达和社会的进步,使得公共组织具有的一个鲜明特色就是专业化。行政机关的领导者,一方面必须经常接受专家的建议,以弥补自己专业知识的不足;另一方面也要具有必要的专业知识和广泛的社会知识,才能有效地对部属实施领导行为。如果欠缺必备的知识,就难以对某些问题做出正确的裁决而使部属信服,从这个意义上说,知识就是权力。所以,有些学者认为,人们之所以接受一个人为他们的领导者,首先是因为承认这个人确有专长,使他们对其具有信心,愿意接受其领导。所以,超群的智慧、渊博的学识与丰富的经验,都是领导的基础。

(4)归属权,又称关系的权力。它是指公共组织中领导者与部属之间,由于部属对领导者的认同或敬慕而服从领导。这种服从基于领导者所具有的人格、才能及领导者对待部属的态度而定。当领导者具有品德高尚、风度不凡、平易近人这些长处,而足以为部属信服与敬重时,部属就会对领导者产生一种认同感,以领导者为中心,愿意服从其领导,这种认同感也是行政领导权力的一种来源。

二、行政领导的责任

(一)行政领导责任的含义

行政领导者因被赋予一定的职位而有了一定的名位,被赋予一定的权力而有了一定的支配性影响,但二者都不是没有相应约束的。在一定职位上的领导者必须承担一定的责任。因此,行政领导责任是指行政领导者违反其法定的义务所引起的必须承担的法律后果。

行政领导责任和行政职位、行政职权是统一的。首先,行政领导者要有行政职位,即行政领导者在国家行政机关所处的法律地位和担任的行政领导职务,这是行政领导者行使职权、履行责任的前提。其次,行政领导者要有行政职权,即来自于行政职位的权力,它是行政职位所具有的一种由法律规定的权力,是行政领导者履行责任的必要依据。最后,行政领导者要履行行政领导责任,即行政领导者在国家行政机关中处于一定的职位,具有一定的职权,就要承担国家所委托的一定工作任务,并对国家负有责任,这就是行政领导者的行政领导责任。

作为领导者,责任是第一位的,权力是第二位的;权力是尽责的手段,责任才是行政领导的真正属性。行政领导者绝不仅仅是掌权者、管人者,而首先要对自己的本职工作负责,忠实于自己的责任,以工作成绩和贡献表明自己的责任心,表明自己对工作的胜任,否则,就不是一个称职的行政领导者。行政领导者履行责任,完成工作任务,也是对国家应当承担的一种义务。国家对于渎职、失职和不称职的行政领导者要追究其责任,并做出必要的处理,从而在行政领导者中树立起责任观念。

行政领导责任分为以下四种:

(1)政治责任。政治责任一般是由直接或间接选举的行政首长对国家宪法和立法机关以及对公众所负的责任。在社会主义国家,行政领导的政治责任就是要对国家和人民负责,正如毛泽东所说:"我们的责任,是向人民负责,每句话,每个行动,每项政策,都要适合人民的利益,如果有了错误,定要改正,这就叫向人民负责。"[1] 在我国,各级政府和领导者有巩固和维护社会主义政治制度、法律制度和社会主义宪法的重要责任,应该确保国家安全、社会稳定,有良好的社会秩序,人民群众的生命和财产有保障。对那些破坏国家政治制度和法律制度的活动,对那些破坏宪法的行为,对那些危害社会稳定和社会秩序,以及危及人民群众生命与财产安全的行为,必须进行坚决的斗争,予以严厉的打击。那些不能履行政治责任的政府官员,将受到立法机关和授权机关的追究。在西方国家,往往由议会通过不信任案或进行弹劾,责任者往往也会主动辞职,有的甚至是内阁总辞职。

(2)法律责任。法律责任是指行政领导者在执行公务时违背或触犯有关法律所形成的责任,根据所造成的后果轻重不同,受到法律的不同处罚与制裁。它是行政主体与管理对象

---

[1] 毛泽东:《毛泽东选集》,第4卷,1128页,北京,人民出版社,1991。

发生的法律关系。它产生行政法律责任，这种责任是行政主体在处理公务时与公众发生的法律纠纷，必须由审判机关介入并予以解决。如果发生了人身伤害或造成财产和其他损失，则构成了民事责任；严重者，则构成刑事责任。对负法律责任的行政主体的处分，一般由审判机关裁定。如经济赔偿，给予行政处分，严重者被判刑。

（3）行政责任。行政责任是指行政领导者在处理公务时，违背法律和行政法规的规定所形成的责任。行政责任是一种管理责任，也就是说这是行政机关和行政工作人员依照有关法律和行政法规规定必须履行的职责，而且必须按照有关规定进行管理。如果不履行职责或违背有关规定，就构成了行政责任，应受到行政处分。

（4）道德责任。行政领导者在行政管理活动中，必须恪守行政道德和社会道德。如果违背了行政道德和社会道德，将受到处分。道德行为就是合法性和公正性的行为。行政道德是行政工作人员的行为规范和行为准则。忠于政府、维护政府的声誉、忠于职守是行政道德的核心内容。一个高效的政府必然是一个具有高道德水准的政府。行政领导者不仅应该模范地遵守行政道德，而且必须模范地遵守社会道德。行政领导者的道德品质对政府的合法性影响是很大的，对良好的社会风气的形成有重要作用。官场的风气影响并引导社会风气的形成，可以说，有什么样的官场风气，就必然会形成什么样的社会风气。作为行政领导者，如果违背了行政道德和社会道德，要依照有关的规定，按照情节轻重，给予不同的行政处分，直至开除；情节特别恶劣者，要绳之以法。

（二）行政领导责任的内容

行政领导者的责任所包括的内容是非常丰富的，主要有：

第一，负责贯彻执行法律、法规以及权力机关、上级行政机关的决定。国家行政机关是国家权力机关的执行机关，应对其负责并报告工作，在权力机关监督下进行行政管理活动。因此，行政机关的领导者应负的责任，首先是贯彻执行国家权力机关制定的宪法、法律、法规、决定。其次，根据政府组织层级结构的特点，行政领导者还要执行上级行政机关的决定。这既是行政领导者的基本职能。

第二，主持制订本地区、本部门的工作计划。行政机关的领导者，要根据国家制定的社会发展总目标和总体规划，从实际出发，发挥创意，主持制订本地区、本部门的工作计划，这既是推行管理工作的前提，也是行政领导工作的重要组成部分。是否有切实可行的工作计划，避免盲目性，关系到管理效能的高低和管理活动的成效。

第三，负责制定行政决策，决定公共行政工作中的重大问题。行政决策是行政领导工作的中心内容，是行政领导者不可推卸的和别人无法取代的主要责任。行政领导者要具有负责的精神和科学的态度，及时、正确地制定决策。

第四，正确地选拔、使用人才。这是行政领导者的一项经常性的工作和重要责任，毛泽东同志曾说过，领导者的责任，归结起来，主要的是出主意、用干部两件事。领导者要做到知人善任，人尽其才，才尽其用，各得其所。

第五，负责对本部门和下级行政机关的工作进行监督、检查。在实际工作中，由于种种原因，个别行政部门或行政人员可能从本位主义出发，过多考虑自身的利益，违反行政法规的规定，谋求局部利益而影响整体行政工作。为了制止这种现象，保证整体行政管理活动的正常进行，行政领导者必须进行检查、监督，发现问题，及时纠正，这也是行政领导者的重要责任。

第六，做好协调工作。在公共行政工作中，机关内部难免会发生一些矛盾和冲突，有时是因为工作计划本身有不周到、不符合实际的情况，在执行中暴露出来一些问题；有时是因为客观条件发生了变化；更多的情况是因为部属之间的本位主义或个人、部门之间的感情隔阂，导致矛盾。如果不及时加以协调，就会影响行政目标的实现，所以，协调便成为领导者必不可少的责任。行政领导者应该从总体目标出发，掌握原则，用整体观念教育部属，统一思想，进而解决各部门之间的矛盾，使各部门互相配合，为实现共同的目标而努力奋斗。

第三节 行政领导理论

进入20世纪以来，领导理论得到了迅速的发展，各国学者针对领导行为进行了大量的研究，提出了各种各样的领导理论，对于我们研究行政领导有很大的启发。尽管这些领导理论千差万别，但目的都是探究如何造就一个有效的领导者。

一、领导特质理论

领导特质理论着重研究领导者的人格特质，以便发现、培养和使用合格的领导者。19世纪末20世纪初，随着管理学和心理学等学科的产生和发展，学术界对领导特质进行了较为系统、科学的探讨，陆续出现了各种各样的领导特质理论。

美国学者西拉季和华莱士提出领导者的六种特质理论，认为领导者应具有身体特点、社会背景、智力、个性、任务定向和社会技能六个方面的特质。美国管理协会调查发现，成功的管理人员一般具有以下20种能力：工作效率高；有主动进取精神，总想不断改进工作；逻辑思维能力强；富有创造精神；有很强的判断能力；有较强的自信心；能帮助别人增强工作能力；能以自己的行动影响别人；善于用权；善于激发别人的积极性；善于利用谈心做工作；热情关心别人；能使别人积极而又乐观地工作；能实行集体领导；能自我克制；能自行作出决策；能客观地听取各方面的意见；对自己有正确的估价，能以人之长补己之短；勤俭艰苦，具有灵活性；具有技术和管理方面的知识。

领导特质理论侧重于比较领导者与被领导者、高层领导者与基层领导者、成功的领导者与不成功的领导者之间的个体差异，试图确定成功的领导者具有什么样的人格特质，也就是确定具有什么样特性的人适合做领导者，进而在此基础上确定进行什么样的训练能够培养出胜任领导工作的人。但是，大量研究使我们得出这样的结论：具备某些特质确实能提高领导者成功的可能性，但没有一种特质是成功的保证。为什么领导特质理论在解释领导行为方面并不成功？原因有四个[①]：一是它忽视了下属的需要；二是它没有指明各种特质之间的相对重要性；三是它没有对因和果进行区分（如到底是领导者的自信导致了成功，还是领导者的成功建立了自信？）；四是它忽视了情境因素。这些方面的欠缺使得研究者的注意力转向其他方向。从20世纪40年代开始，领导特质理论就已不再占主导地位了。

二、领导行为理论

领导行为理论主要研究领导者在领导过程中的具体行为以及不同的领导行为对部属的影响，以期寻求最佳的领导行为。研究领导行为理论的目的在于提高对各种具体的领导行为的预见性和控制力，改进工作方法和领导效果。研究的侧重点在于确定领导者应具有什么样的领导行为以及哪一种领导行为的效果最好。较有代表性的领导行为理论有以下几种：

（一）四分图理论

1945年，美国俄亥俄州立大学教授斯多基尔和沙特尔在调查研究基础上把领导行为归纳为"抓组织"和"关心人"两大类。"抓组织"，强调以工作为中心，是指领导者以完成工作任务为目的，为此领导只注意工作是否有效地完成，只重视组织设计、职权关系、工作效率，而忽视部属本身的问题，对部属严密监督控制。"关心人"，强调以人为中心，是指领导者强调建立领导者与部属之间的互相尊重、互相信任的关系，倾听下级意见和关心下级。调查结果证明，"抓组织"和"关心人"这两类领导行为在同一个领导者身上有时一致，有时并不一致。因此，他们认为领导行为是两类行为的具体结合，分为四种情况，用两度空间的四分图来表示。属于低关心人、高组织的领导者，最关心的是工作任务。高关心人、低组织的领导者大多数较为关心领导者与部属之间的合作，重视互相信任和互相尊重的气氛。低组织、低关心人的领导者，对组织对人都漠不关心。一般来说，这种领导方式效果较差。高组织、高关心人的领导者，对工作对人都较为关心。一般来说，这种领导方式效果较好。

（二）领导方格图理论

在四分图理论的基础上，布莱克和莫顿于1964年提出了领导方格图理论。横坐标表示领导者对工作的关心程度，纵坐标表示领导者对人的关心程度。在坐标图上从1~9划分为九个格，作为标尺。整个方格共81个小方格。每个小方格表示"关心工作"和"关心人"这两个基本因素相结合的一种领导类型，并分别在图的四角和正中确定五种典型类型，即

[①] 斯蒂芬·P. 罗宾斯：《组织行为学》，第7版，321页，北京，中国人民大学出版社，1997。

① (1.1) 型：贫乏型领导，他们对人和事都不够关心。这是最低能的领导方式，其结果必然导致失败。② (1.9) 型：乡村俱乐部型领导，他们只关心人而不关心工作，对部属一味迁就，做老好人。这种类型也称为逍遥型领导。③ (9.1) 型：任务型领导，他们高度关心工作及其效率而不关心人，只准下级服从，不让其发挥才智和进取精神。④ (5.5) 型：中间型领导，他们对人的关心度和对工作的关心度保持中间状态，甘居中游，只图维持一般的工作效率与士气，安于现状，不能促使部属发挥创造革新精神。⑤ (9.9) 型：协调型领导，他们既关心工作又关心人，领导者通过协调和综合各种活动，促进工作的开展，他们会鼓舞士气，使大家和谐相处，发扬集体精神。这种领导方式效率最高，必然可以取得卓越的成就。

（三）PM 型领导模式

美国学者卡特赖特和詹德在他们的《团体动力学》一书中提出了 PM 型领导模式。这一理论认为，所有团体的组成，或者是以达成特定的团体目标为目的，或者是以维持及强化团体关系为目的，或者兼而有之。为此，领导者为达到不同的目的而采取的领导行为方式可划分为三类：目标达成型（P 型）；团体维持型（M 型）；两者兼备型（PM 型）。后来，日本大阪大学教授三隅二不二发展了这一理论。他认为，P（performance）职能是领导者为完成团体目标所做的努力，主要考察工作的效率、规划的能力等；M（maintenance）职能是领导者为维持和强化团体所起的作用。他将领导的行为方式分为四种类型，即 PM，P，M，pm。为了测量 P、M 的因素，他设计了通过有关下属情况的八个方面来测定 P、M 两职能的问卷。这八个方面是：工作激励，对待遇的满足程度，企业保健，精神卫生，集体工作精神，会议成效，沟通，功效规划。根据调查问卷分别统计单位平均的 P、M 分数和领导者个人的 P、M 分数，将后者与前者相比较，就可以知道领导者的领导类型。

（四）领导系统模式

美国密执安大学教授利克特经长期研究，于 1961 年提出领导系统模式。这一理论将领导方式归结为四种体制，分别是：①专制独裁式，领导者做决定，命令下属执行，并规定严格的工作标准和方法，下属如果达不到规定的目标，就要受惩罚；②温和独裁式，权力控制在最高一级，领导者发号施令，但让下属有评议的自由，并授予下属部分权力，执行任务稍有灵活性；③协商式，重要问题的决定权在最高一级，领导者对下属有一定的信任度，中下级在次要的问题上有时也有决定权；④参与式民主，由群众制定目标，上下处于平等地位，有问题民主协商和讨论，由最高级领导做最后决定。利克特认为，单靠奖金调动员工积极性的传统管理形式将要过时，只有依靠民主管理，才能充分发挥人的潜力和智慧，而独裁式管理永远达不到参与式管理所能达到的生产水平和员工对工作的满足感。

（五）领导作风理论

勒温提出的领导作风理论是研究领导者工作作风类型，以及工作作风对员工的影响，以期寻求最佳的领导作风。该理论以权力定位为基本变量,把领导者在领导过程中表现出来的极端行为分为三种类型。第一种类型为专制式的领导作风,权力定位于领导者个人手中,领导者只从工作和技术方面来考虑管理,认为权力来自于他们所处的位置,认为人类的本性是天生懒惰,不可信赖的,必须加以鞭策。第二种类型为民主式的领导作风,权力定位于群体,领导者从人际关系方面考虑管理,认为领导者的权力是由他领导的群体赋予的,被领导者受到激励后,会自我领导,并富有创造力。第三种类型为放任自流式的领导作风,权力定位于员工手中,领导者只是从福利方面考虑管理,认为权力来自于被领导者的信赖。在实际工作中,这三种极端的领导作风并不常见。勒温认为,大多数的领导者所采纳的作风往往是处于两种极端类型之间的混合型。

三、领导权变理论

"权变"一词有"随具体情境而变"或"依具体情况而定"的意思。领导权变理论主要研究与领导行为有关的情境因素对领导效力的潜在影响。该理论认为,在不同的情境中,不同的领导行为有不同的效果,所以又被称为领导情境理论。领导权变理论主要有下列几种:

(一)领导行为连续带模式

领导行为连续带模式是行为科学家罗伯特·坦南鲍姆和沃伦·斯密特于1958年提出的。他们认为,在独裁和民主两个极端之间存在一系列的领导行为方式,构成一个连续带。领导方式不可能固定不变,而是随着环境因素的变化而变化。领导方式不是机械地只从独裁和民主两方面进行选择,而是按照客观需要将二者结合起来运用。连续带模式表示一系列民主程度不同的领导方式。有效的领导方式就是能在特定的条件下选择所需要的领导行为。领导者在选择其领导方式时,应考虑自身的能力和部属的能力。如果领导者认为部属有才干,则选择较为民主的领导方式;反之,则选择强制性的领导方式。

(二)菲德勒的权变模式

1967年,美国华盛顿大学教授F.菲德勒经过15年的调查研究,提出了一个"有效领导的权变模式",他将与领导有关的情境因素分为三种:领导—成员关系、任务结构和职位权力。每一种因素分别有好坏、有无、强弱两个不同方面。根据这三种因素六个方面的不同组合,菲德勒把领导者所处的环境从最有利到最不利,分成八种类型。他认为,三个条件齐备,即领导—成员关系良好、有任务结构(工作任务明确)、职位权力强,这是领导最有利的环境;三者有一项或两项具备的是领导的一般环境;三者都缺的是最不利的环境。这一模式指出,要提高领导的有效性,或者改变领导方式,或者改变领导者所处的环境。在环境因素最好或最坏的条件下,应该选择以关心工作任务为中心的领导者;否则,应该选择以关心人为中心的领导者。

（三）通路—目标模式

通路—目标模式最早由加拿大多伦多大学教授 M. G. 埃文斯于 1968 年提出，其同事 R. J. 豪斯于 1971 年做了扩充和发展。该模式的基本要点是要求领导者阐明对下属工作任务的要求，帮助下属排除实现目标的障碍，使之能顺利达成目标。在实现目标的过程中满足下属的需要和成长发展的机会。领导者在这两方面发挥的作用越大，越能提高下级对目标价值的认识，激发积极性。通过实验，豪斯认为，"高工作"和"高关系"的组合，不一定是有效的领导方式，还应考虑情境因素。哪一种领导方式可导致最好的下属表现或结果，取决于下属的个性特点（如领悟能力、教育程度、对成就的需求、对独立的需求、愿意承担责任的程度等）和环境因素（包括工作性质、权力结构、工作小组的情况等）两个方面，也就是说，领导者应根据不同的情境因素确定激励或促进下属工作的最有效的领导方式。为此，他提出了指令型、支持型、参与型、成就型四种领导方式供同一领导者在不同的情境下选择使用。

（四）领导—参与模型

1973 年，美国行为学家 V. 弗隆和 P. 耶顿运用决策树的形式试图说明在何种情境中、在什么程度上让下属参与决策的领导行为。他们在领导者单独决策和接受集体意见决策之间按照征求和接受下属意见的程度划分出五种不同的领导方式，并以提问的形式按照信息来源、下属接受和执行决策的不同情况划分出八种情境因素，让领导者利用肯定、否定式的决策树选择方法，依次从这八种情境因素的判断中找出最佳的领导方式。该模型提出的五种领导方式是：①领导者运用手头现有资料，自己作决策；②从下级得到必需的情报资料，然后自己作决定。在向下级要资料时，可能向他们说明问题，也可能不说明。下级只是向领导者提供必要的资料，并不提供或评价解决问题的方案；③以个别接触方式，让下级知道问题，取得他们的意见或建议，随后由领导者作出决策。决策可以反映下属的意见，也可以不反映；④让下级集体了解问题，集体提意见和建议，随后由领导者作出决策。决策可以反映下级意见，也可以不反映；⑤让下级集体知道问题，并一起提出和评价可供选择的方案，争取获得解决问题的一致意见。

（五）不成熟—成熟理论

美国学者克里斯·阿吉里斯认为，一个人由不成熟转变为成熟的过程，会发生七个方面的变化：从被动到主动；从依赖到独立；从少量的行为到能做多种的行为；从错误而浅薄的兴趣到较深而较强的兴趣；从时间知觉性短到时间知觉性较长（过去与未来）；从附属的地位到同等或优越的地位；从不明白自我到明白自我、控制自我。他认为，由不成熟到成熟的变化是持续的、循序渐进的，一般正常的人都是随着年龄的变化，生理也不断变化，心理也由不成熟日趋成熟。因此，领导者应针对下级不同的成熟程度分别指导，对那些心理不成熟或心智迟钝的人，应使用传统的领导方式；对比较成熟的人，应该扩大个人的责任，创造一个有利于其发挥才能和有助于其成长发展的社会环境。

（六）领导生命周期理论

领导生命周期理论也称领导寿命循环理论，是由美国心理学家科曼于1966年提出的，后由保罗·赫塞和肯尼斯·布兰查德发展为情境领导理论。领导生命周期理论将四分图理论和不成熟—成熟理论结合起来，创造了三维空间的领导模型。该理论认为，有效的领导行为应该把工作行为、关系行为和被领导者的成熟程度结合起来考虑。所谓被领导者的成熟程度是指被领导者完成某一具体任务的能力和意愿的程度。该理论将领导行为的两个维度（任务行为和关系行为）的高低分别组合，形成了四种具体的领导风格，即指示（高任务—低关系）：领导者告诉下属干什么、怎么干以及何时何地去干，强调指导性行为；推销（高任务—高关系）：领导者同时提供指导性行为与支持性行为；参与（低任务—高关系）：领导者与下属共同决策，领导者的主要角色是提供便利条件与沟通；授权（低任务—低关系）：领导者提供极少的指导或支持。这一理论提出，要针对下属的成熟度采取不同的领导风格：当下属既无能力又不情愿执行某任务时，领导者宜采取指示方式；当下属有工作的积极性但缺乏足够的技能时，领导者需要采取高任务、高关系的推销行为，高任务行为能弥补下属能力的欠缺，高关系的行为则试图使下属领会领导者的意图；当下属有能力但不愿意做领导者希望他们做的工作时，领导者需要处理好与下属的关系，让下属参与决策，以激励员工的工作积极性；一旦下属成熟度较高，即下属有能力而且愿意做好领导者交付的工作，领导者则不必多加干预，只要大胆授权，即把决策和执行的责任授给下属就可以了。

四、变革型领导理论

（一）巴斯的变革型领导理论

近些年来，西方一些大的公司在很短的时间内进行了比较成功的变革。人们开始重新审视对领导理论的研究，从注重领导行为的研究又开始转向对组织有突出影响的个体的研究。这些个体可以称之为个人魅力型领导或变革型领导。巴纳德·巴斯在研究变革型领导时，把变革型领导行为与交易型领导行为进行了比较。交易型领导者能够确定工作人员如何做才能实现组织目标和个人目标。这种领导者能够了解下属的需求，并且能够帮助他们树立实现组织目标和个人目标的信心。变革型领导者强调的是对自身和工作价值的重要性的认识，强调献身精神和超越自我。领导者运用敏锐的洞察力激励下属，自己为组织、为事业、为重大的政策能够超越自我利益，能够把组织成员的需要提到较高的层次，在组织中有非常大的影响。变革型领导理论又称魅力型领导理论。

巴斯认为目前的领导理论都是交易型的领导理论。这些领导理论是有意义和有价值的。

但是，如果领导者要使其领导行为更有效，更具影响力和冲击力，就必须用个人魅力和远见卓识来鼓舞下属。

（二）豪斯的个人魅力型领导理论

罗伯特·豪斯对个人魅力型领导理论的研究颇有影响。豪斯认为个人魅力型领导者有极强的自信心、支配欲，组织成员对其道德的公正深信不疑；有较高的目标，能够超越自我。因此，个人魅力型领导者具有很强的感召力，这种感召力能够使其得到下属的追随和拥戴。他们愿意奉献，愿意承诺并承担更大的责任。领导者精心地为自己创造出一个成功者和实现自己人生价值的高大而光辉的形象，以激励下属为实现更高的目标而努力工作。

豪斯认为固然个人魅力型领导者有能够激发组织成员甘于奉献、勇于牺牲的巨大热情的能力，但是却不能保证他们为之奋斗的事业是正义的。他认为，希特勒可以算是个人魅力型的领导者，但是他和他的追随者却给人类造成了巨大的灾难。

第四节 行政领导者的素质与能力

一、行政领导者的素质

（一）行政领导者素质的含义

"素质"一词最早见于生理学，指的是人的神经系统和感觉器官上的先天特点，其后又被人们用来泛指事物本来具有的内在特征。所谓领导者素质有双重含义：首先是指构成领导者的各种内在要素，即指领导者之所以成为领导者的生理、心理、文化、思想、政治、道德等因素，以及由这些因素综合而形成的本质性能力，亦即领导能力。它们是领导者任职的内在根据和条件，统称为领导者素质。其次还指这些要素、能力的现实状态，即发展程度或实际水平。也就是说，领导者素质同时又是一个发展的动态概念，用以描述和揭示现实领导者的实际状态、水平和差距。领导者素质与先天遗传的生理、心理特点有关，受它们的影响与制约，但主要是后天社会实践中自身努力的结果。

行政领导者的素质是指行政领导者所具备的先天的心理和智力，经过后天教育与实践所形成的行政领导者必须具备的价值取向、心理特点、文化修养、智慧、能力和品德的综合条件。公共行政领域运作和发展的活力，归根结底取决于其工作人员，特别是公共行政部门领导者的素质。要建立办事高效、运转协调、行为规范的公共行政体系，完善公务员制度，建设高素质的专业化国家行政管理干部队伍，素质建设是其中的重要问题，领导者素质尤其是重中之重。

(二) 行政领导者素质的特点

行政领导者素质具有如下特点：

第一，时代性。行政领导者素质具有时代性，是指一代之治有一代之才，不同的历史时期和不同的任务，对领导者素质有不同的要求。同时，领导者的素质既有稳定性的一面，一经形成，便相对稳定地发挥作用，而又处在不断变化之中，这也是时代性的表现。

第二，层次性。行政领导者素质的层次性，是指对处于不同层级、肩负不同责任的领导者，素质要求也是不同的。例如，美国学者罗伯特·卡茨认为领导者必备三种技能：技术技能（专业业务能力）、人际技能（处理人际关系能力）、概念技能（分析和决策能力）。如果把领导者分为低、中、高三个层次，那么三种技能的结构比例依次为：低阶层——47：35：18，中阶层——27：42：31，高阶层——18：35：47。公共行政领导者一步步向上升迁时，他对技术技能的需求将会逐渐降低，而对于概念技能的需求程度将会急剧上升。一位高阶层的公共行政领导者若想发挥最高的效能，就必须具备良好的概念技能。

(三) 行政领导者素质的构成

1. 政治素质

政治素质是任何国家的行政领导者都必须具备的素质。政府必须贯彻执行国家意志和代表人民的利益行使权力。政治素质包括如下几个方面：

（1）坚定信念，忠于国家，忠于党。在我国，行政领导者必须坚定对马列主义、毛泽东思想的信仰，努力学习邓小平理论，坚持四项基本原则。忠于国家是每个公民都应该具备的基本素质，对行政领导者尤为重要。它要求行政领导者以天下为己任，谋黎民百姓之福，不谋一己之私，捍卫国家利益和人民利益胜于自己的生命。没有这些基本素质，就没有成为行政领导者的资格。忠于党是指坚决贯彻执行党的基本方针、路线和政策，严格遵守党的纪律和组织原则。

（2）忠于政府，忠于人民，忠于职守。这是行政领导者最起码的职业道德和最基本的素质。应该做到有损政府声誉和形象或有损人民利益的话不说、事不做。行政领导者应当勤勤恳恳、兢兢业业地工作，有一种献身精神。

2. 文化素质

现代社会是信息社会，是知识社会，没有知识就不能进行卓有成效的领导。因此，行政领导者的文化专业素质十分重要。政治素质决定行政领导者的施政方向，而文化专业素质决定其工作能力。正如飞行员，如果他没有爱国主义的思想，可能会将飞机开到敌国去；但是，一个非常爱国的飞行员，如果飞行技术不过关，就无法将飞机开上天。行政领导者的文化专业素质主要有如下几个方面：

（1）一般文化知识。现代行政领导者必须具备广博的文化知识，这是时代的要求。他们应当有扎实的哲学知识、社会科学知识和自然科学知识。这三个方面的知识缺一不可。管理层级越高，对此要求也越高。现在的政府管理往往是社会问题与科学技术问题融合在一起。例如环境保护，既是社会问题，也是科学技术问题。哲学为行政领导者提供世界观和方法论，社会科学提供认识问题、分析问题和解决问题的方法，自然科学提供解决问题的技术手段。但是一般而论，三者并没有严格的界限。例如"克隆人"的问题，究竟是科学技术问题还是社会问题？很显然，既是科学技术问题，也是社会问题，而且主要是社会伦理问题。因为克隆羊仅是科学技术问题，并没有道德伦理问题，因此也没有引起争议，而克隆人则不然。一方面，如果行政领导者没有较完备的知识结构，面对这类问题将束手无策；另一方面，如果行政领导者不具备较完备的知识结构，就不可能制定出具有前瞻性的国家发展战略和发展计划，不可能作出符合时代发展的行政决策。

（2）专业知识。行政领导者必须掌握自己管理领域所涉及的专业知识。没有专业知识就不能进行领导，不可能作出科学的决策。职业化和专业化是现代行政管理的特点。许多社会事务都必须有专业知识才能处理，就算是城市垃圾处理的问题，如果没有专业知识也无法作出正确的决策。

（3）管理知识。行政领导者必须具备管理知识和相关知识。政治学、行政学、管理学、社会学、心理学、法学、经济学等是管理的基本知识。这些学科为行政领导者提供了不同的管理视角，对进行有效管理有着重要的指导意义。

3. 道德素质

道德是人格的力量，高风亮节具有人格的魅力。个人魅力型领导者的感召力除了他们拥有崇高的目标、能够超越自我和成就伟大的事业之外，个人高尚的道德情操也是重要方面。我国老一辈无产阶级革命家毛泽东、周恩来、刘少奇、邓小平等之所以为人民所敬仰，与他们个人高尚的道德情操有直接关系。为了中国革命事业，毛泽东主席有五位亲人献出了生命。在抗美援朝战争中，他把自己的儿子送到朝鲜前线，最后壮烈牺牲。行政领导者的道德素质主要有如下几点：

（1）大公无私，克己奉公。行政领导者必须处理好公与私的问题。孟子在《孟子·梁惠王下》中曾说过："乐民之乐者，民亦乐其乐；忧民之忧者，民亦忧其忧。乐以天下，忧以天下。"这些话十分明确地指出行政领导者应该以人民的利益为重，在公与私的问题上，应该将人民利益放在第一位，不能损公肥私，更不能化公为私。

（2）实事求是。这是行政领导者十分重要的基本素质。为了晋升和邀功而搞虚夸假报，不实事求是，是行政管理的一种灾难。实事求是是要担风险的，是不容易做到的。

（3）严于律己，宽以待人。行政领导者必须严格要求自己，严格遵守法律和规章制度，严格遵守组织纪律。对同事和下属宽厚，以大局为重，以整体利益和集体利益为出发点，既能够坚持原则，又善于团结他人。能够团结大多数人一同工作是一个行政领导者的基本素质。

（4）要有个人修养。要与人为善，尊重人，对人有爱心。为人要谦虚谨慎、虚怀若谷，正确地对待名誉、地位和权力，不争名于朝、争利于市。另外，要勤俭、简朴，不铺张浪费、讲排场、比阔气。

4. 心理素质

从个体心理品质角度来看，心理素质主要包括气质、性格、意志等几个方面。心理学研究分析表明，具有创造精神，能打开工作局面的开拓型行政领导者，其心理素质都会有一些相似的特点。具体表现为：

（1）敢于决断的气质。任何决策都是有时效性要求的。在对客观事物充分调查的基础上，行政领导者应有不失时机、勇敢果断地处置问题的热情与气魄。

（2）竞争开放型的性格。竞争在某种意义上说就是奋力争先。领导者应有敢为天下先、善于争先的品格。领导者要与各种人打交道，要随时处理各种矛盾。这决定了行政领导者要有开放的心态、宽阔的胸襟、公道正派的作风，团结众人一起去不懈地竞争。

（3）坚忍不拔的意志。开拓创新，难免遭受挫折、失败。只有具备面对挫折与失败却百折不挠的精神，才能经得起各种风浪的考验。因此，意志坚强是行政领导者必备的条件之一。

此外，行政领导者的身体素质也是非常重要的。身体是革命的本钱，没有健康的身体就不可能正常地履行行政职责。

二、行政领导者的能力

对于不同层级的行政领导者，对其能力的要求也不一样，但只是能力结构的侧重点不同，并没有什么本质的区别。行政领导者应该具备如下能力：

（一）抽象思维与决断能力

（1）分析问题与解决问题的能力。分析问题与解决问题的能力是行政领导者的最基本的能力。作为一位行政领导者就是为解决各种社会问题开展工作的，遇到问题不知道问题是如何产生的，如何解决才是正确的方法，那么他就没有资格成为行政领导者。分析问题是解决问题的前提条件，只有在界定了问题以后，才能着手解决。

（2）决策能力。决策能力是行政领导者的主要能力之一。国家的兴衰、政府管理的成败关键取决于行政决策的成败。决策效率是决定全局的宏观效率。科学的符合实际情况的行政决策能够使国家很快繁荣兴盛起来，可以使一个组织起死回生。而错误的行政决策大可以毁掉一个国家，小可以毁掉一个单位或一项事业。所以，决策能力是评价行政领导能力的主要标准。

（3）指挥、协调与监督能力。决定政策之后的行政执行是落实政策的关键步骤。所以，行政领导者的指挥能力、协调能力和监督能力是高效有序地实现行政目标的保证。做到指挥有力、协调有方、监督有效，是行政领导者执行能力的具体体现。

（4）应变能力。应变能力是指行政领导者处理自然界和国内外突发事件的能力。这种突发事件没有先兆，没有人能预测到，行政领导者也没有什么思想准备，遇到这种情况，必须马上处理，而且处理这种突发事件往往需要很高的政策水平和决断能力，尤其是涉外的突发事件，处理不好就有可能引发社会冲突或国际危机。应变能力是分析问题能力、解决问题能力和决策能力的集中体现。在这个利益多元、社会多元、思想多元、国际竞争激烈的快节奏的21世纪，国内外突发事件将会增加，因此对行政领导者的应变能力的要求也越来越高。

（二）人际关系的能力

（1）激励人的能力。领导艺术主要是激励人的艺术。行政领导者如何能够善于启发人的需要和动机，善于为组织成员注入动力和活力，善于将组织目标与个人目标巧妙地结合起来，善于团结大多数人一同工作，这是行政领导者激励人的能力的具体表现。如果行政领导者没有这种感召力，仅凭借正式职权推行工作，就会出现领导不足、管理有余的现象，不可能使组织成员成为他的追随者，也不会使组织成员有更大的积极性、主动性和创造性。

（2）协调人际关系的能力。这是指行政领导者协调与上级的关系、与同事的关系和与下级的关系，以及与下属之间的关系的能力。作为下级的行政领导者与上级领导的关系，是领导与被领导的关系，虽然他们之间必然产生互动，但是主要是上级领导的单向行动，被领导者处于被动地位。然而，如果处理不好与上级领导的关系，在工作中得不到上级领导的支持，也不能很好地开展工作。处理好与同事之间的关系是行政领导集体能否团结的关键，也是一个组织形成团体凝聚力的关键。虽然有的人为处理好与同事之间的关系煞费苦心，但其实协调人际关系并不复杂，只要行政领导者坚持原则，待人以诚，交人以心，感人以情，处事以真，与人为善，平等相处，没有处理不好与同事之间关系的。

（三）技术能力

技术能力就是专业能力，是指行政领导者处理专业行政管理时具备的足够的专业知识技术，所以叫作技术能力。行政领导者如果没有很强的技术能力，就不能进行有效的领导。而那种缺乏技术能力但又自以为是的行政领导者，如果武断而盲目地决策，就可能造成重大损失。技术能力是影响力，是行政领导者取得直接权力的重要能力。

一般来说，对高层行政领导者的抽象思维和决断能力要求较高，在领导能力中占的比重较大，其次是指挥、协调和监督能力，占比重最小的是技术能力。

对中层行政领导者的人际关系能力要求比较高，在领导能力中占的比重也比较大，指挥、协调和监督能力与技术能力所占的比重没有多大区别。

对下层行政领导者的技术能力要求比较高，在领导能力中占的比重也较大。其次是人际关系能力，最后是指挥、协调和监督能力。

小结

行政领导在行政管理中起着举足轻重的作用。行政领导者可以划分为两种类型：政务类行政领导者和行政类行政领导者。较为常见的行政领导产生方式有四种：选任制、委任制、考任制和聘任制。从权力的性质上，一般把行政领导权力分为强制性影响力和非强制性影响力。行政领导权力的来源有多种，主要有：合法权力；奖惩权力；专业知识权；归属权。行政领导责任分为四种：政治责任；法律责任；行政责任；道德责任。行政领导者的责任所包括的内容是非常丰富的。行政领导理论主要包括：领导特质理论；领导行为理论；领导权变理论；变革型领导理论。行政领导者素质的构成：政治素质；文化素质；道德素质；心理素质；身体素质。行政领导者应该具备如下能力：抽象思维与决断能力；人际关系的能力；技术能力。行政领导者要胜任行政职业和其所担负的行政职位的要求，必须不断提高自身能力。

第七章 人事行政

科学的人事行政制度为公共行政提供有力的人才保障。因此，各国政府都致力于建设一个与本国政治制度、经济制度和行政体制相适应的人事行政制度，强调人事行政的科学化和法治化，这就形成了国家公务员制度。近些年来，随着人力资源新观念被引入到公共行政领域，公共部门的人力资源开发与管理也就成了公共行政的研究热点之一。本章主要介绍人事行政的含义、特点、原则和人事行政机关，人力资源的含义与特点，人力资源管理的作用和国家公务员制度。

第一节 人事行政概述

一、人事行政的含义

"人事"一词，在日常生活中应用得相当广泛，可以说，凡与人有关的事情，包括一切社会活动中的人与事、人与人、人与组织之间的关系，都可以称为人事。管理学意义上的"人事"，主要是指人们在工作中所形成的人与事、人与人之间的关系，也就是我们通常意义上所讲的人事关系。

人事行政主要是指政府部门中的人事管理。单就人事行政与人事管理两个概念而言，又有所不同，一般意义上的人事管理既包括一切社会组织中的人与事的管理活动，也包括政府部门中的人事管理。人事行政作为政府部门中的人事管理具有两重含义：一是指各个行政机关和部门内部的微观人事工作，如录用、晋升、考核、工资等，带有一定的技术性和执行性质；二是指国家的宏观人事管理活动，主要是指国家人事部门通过一系列法规、制度和措施对公共行政人员的管理，偏重于组织、计划、指挥等带有设计性、统筹性的人事工作。因此，我们把人事行政定义为：国家的人事机构为实现行政目标和社会目标，通过各种人事管理手段对公共行政人员所进行的制度化和法治化管理。

我们理解人事行政的含义时，需把握以下要点：

第一，人事行政为履行公共行政职能，完成各种组织目标和社会目标提供了重要的保障。人事行政是公共组织赖以活动的基本条件。人事行政在国家行政人员的管理和行政队伍的建设方面发挥着十分重要的作用。因此，公共组织只有重视和加强行政队伍建设，才能保持自身高效运转，更好地履行其公共行政职能，完成各种组织目标和社会目标。

第二，人事行政的管理主体是国家人事行政机关。人事行政机关是具体执行人事行政制度的行政机关。人事行政机关负责对公务员的管理工作。它向行政首长提供有关人事工作的建议与意见及各种人事信息，供行政首长决策参考。它虽然有一定限度和一定范围的决策权，但是重要的人事决策权属于行政首长。它协助行政首长协调和科学合理地安排各部门的人力资源，达到人事相宜、适才适用的目的。人事行政机关是协调机关而不是决策机关，是以协调方式开展工作而不采取命令的方式。在我国，人事行政机关必须服从同级和上级的党委组织部门的决定，人事行政机关的权力是有限的，一般由党委组织部门和行政人事部门划分人事管理权限，但是，行政人事部门必须服从党委的组织部门的决定，这是我国人事行政的主要特点。我国人事行政系统是党的组织系统的辅助系统。

第三，人事行政是法制化和制度化的人事管理。人事行政法制化是公共行政法制化的组成部分。人事行政法制化就是要使公共行政用人有章可循、有法可依。法制化的人事行政必须按照有关法律、法规和政策进行管理，是制度化的管理。从世界各国历史经验来看，国家兴衰系于吏治，吏治兴衰在于吏制。可见人事行政法制化和制度化的重要性。

第四，人事行政的管理对象是行政工作人员。人事行政有其特定的规范对象和管理领域，即公共行政机关的各级各类的国家公务员。选择适当的人员在适当的岗位上是人事行政的基本工作任务。人事行政按照国家制定的一套行之有效的法律、法规、政策和规章制度，对国家公务员进行规范的管理，调动他们的工作积极性，提高行政效率，从而造就大批的优秀人才。

二、人事行政的特点

人事行政的管理性质和特征是多方面的。在现代政府中，现代人事行政的特点可以归结为以下几个方面：

（一）法治化

法治化是现代民主国家推行法治行政的必然结果。根据法治行政原则，人事行政必须符合宪法精神，并以法律和法规为依据。这可做如下理解：

第一，法定地位。代表国家行使国家行政权的政府公务人员，其地位由法律规定，包括其身份、职权、权利、义务、责任等，都以法律的形式加以正式确认和规范。

第二，法定关系。因其法定地位，行政人员与公民、国家、上级、同级、下级形成法定关系，并依据这种关系的规定或承担责任，或履行义务，或执行命令，或提供合作，或实施领导。

第三，依法行政。行政人员执行其职务所实施的一切行政行为，都必须以法律和法规为依据，其行政裁量行为也必须在法律和法规限定范围以内，任何违法或越权行为都必须受到司法制裁或行政处分。

第四，程序法定。一切有关行政人员的规定及其修订、更换和重新确认等，都必须由法定机关经过法定程序予以实现。

第五，法律责任。由其义务和责任所规定，行政人员履行公职时只对法律或法定职位负责，而不对任何个人负责；在西方，任何政党或个人均不得介入或干涉行政人员依职务实施的行政行为。

（二）专业化

专业化来自现代政府行政事务的复杂化、多样化和规范化的趋势，为此，政府管理体制必须相应地部门化，政府行政人员也必须实现专业化。这可做如下分析：

第一，国家公务员职业专业化。现代行政职务所需要的专业知识和技能是以往所无法比拟的。行政人员不仅需要了解和熟知众多的相关法律和法规的条款或惯例，而且需要懂得并实际运用这些条款或惯例，以灵活处理实际公共事务。

第二，人事行政理论专业化。人事行政理论已经成为一门领域专有、内容独特的专业学科，并成为指导现实人事行政过程和建立人事行政制度的主要理论依据。其中的许多管理思想和管理方法，充分反映了专业化人事管理的需要。

第三，人事行政机构专业化。在现代国家行政体制中，专业人事行政机构已经成为必不可少的、十分重要的和作用突出的一个组成部分。世界各国无不将建立专业化的人事行政机构作为保障依法行政、推行吏治、适应环境变革和发展人事行政制度的重要手段。

第四，人事管理方法专业化。通过推行功绩制、同工同酬、公平竞争、身份保障、法定关系、规范行为等原则，形成一整套人事行政方法体系。

（三）职业化

职业化即国家公务员职业的终生制或永业制。终生任职是现代政府国家公务员的一项基本权利。这种权利的必要性首先来自稳定行政人员队伍的需要，其次来自吸收优秀人才为政府服务的需要。职业化的基本内容包括：一是国家公务员一经任用就取得法定身份，受国家法律保障，除本人自愿转业，即成为终生职业；二是国家公务员非因违法失职并经过法定程序，不得被免职或停薪，即使被认为有错，本人也有申诉和说明理由的权利；三是国家公务员身份一经确认，即享有法律规定的一切权益，非经法律程序，任何机关或个人不得剥夺其权益。

（四）现代化

现代化是指人事行政适应公共行政和社会发展的需要而做的改变或更新。这种改变或更新直接推动着人事行政的发展，使其不断调整完善，在国家行政管理中发挥应有的功能。现代化包括以下方面：

第一，观念现代化。现代人事行政对行政人员的认识是建立在行为科学的基础之上的，强调通过人性激励以发扬责任感、义务感和荣誉感，进而发挥行政人员的潜能，提高行政效率，实现行政目标。

第二，管理现代化。其主要表现为各国政府在现实行政的过程中，逐步发现所属人事行政制度的积弊和缺陷，从而依据本国的国情和他国的经验不断调整和完善人事行政，使其更符合现实政治生活和社会生活的需要，更加科学化、合理化、规范化。

第三，技术手段现代化。20世纪60年代以来，为实施人事行政而使用的技术手段已经发生了日新月异的变化，以计算机为中心的技术手段已经成为和正在成为人事行政的主要技术手段，实施人事行政的效率和准确性也因此大大提高。可以预计，现代技术手段将在人事行政的规范化管理中进一步发挥作用，并将推动人事行政的法治化、专业化、职业化和现代化的进程。

三、人事行政的原则

人事行政作为公共行政的重要内容，是选拔人才，正确培养和使用人才，不断提高行政效率，使人事行政逐步实现科学化、法制化、现代化的必要条件。要达此目的，人事行政应遵循以下基本原则：

（一）德才兼备原则

德才兼备原则是任人唯贤的具体化。"德"主要指爱国敬业，事业心强等；"才"一是指知识，二是指能力。德与才，两者缺一不可，不可偏废。有德无才和有才无德的领导者都会给工作带来损失。德才兼备原则是我们党在长期的革命实践中形成的，并被历史证明是行之有效的选拔和使用干部的原则，必须认真坚持。

（二）知人善任原则

只有知人，才能善任，知人是善任的前提，善任是知人的目的。由于人是一种复杂的社会动物，知人并不容易。知人难，善任亦不易。人事行政就是要扬长避短，适才适用，全面地考察一个人，把有用的人才安排到适合的岗位上去，真正做到人尽其才，才尽其用，各尽所能。

（三）公平竞争原则

公平竞争、优胜劣汰是现代人事行政的基本原则之一，也是现代人事行政区别于传统人事行政的重要标志。它是民主政治在人事制度中的具体体现。其根本目的在于形成择优选拔、优升劣降的良好环境，促进优秀人才脱颖而出，最大限度地调动其工作积极性。

在现代人事制度即国家公务员制度中,公平竞争的原则主要表现在以下方面:在法律上,每个公民都有申请报考国家公务员的权利,并以同等机会参加国家公务员录用考试;国家公务员以同一标准晋升的权利,不因家庭出身、民族、宗教信仰、性别等状况而受到歧视或享有特权。

(四) 功绩原则

功绩原则就是把行政人员的工作成绩和贡献作为评价、奖励、晋级、晋职的主要标准,作为升降的主要依据。根据考核,有成绩者奖,有贡献者升;有优异成绩者重奖,有特殊贡献者越级晋升;而考核结果为"不称职"者不得晋级。注重实绩是现代人事制度的一个突出特点,也是激励行政人员勤奋工作和创造性工作的有力手段,有利于创造一种人人向上、积极进取的组织气氛。

(五) 依法管理原则

建立健全人事法规,坚持依法办事,是做好人事行政工作的重要保证。人事行政内容复杂,涉及面广,政策性很强,只有依法办事,才能有效地进行人事行政活动和有力地防止不正之风。因此,建立和完善人事行政的有关法规,使国家行政人员的管理,从录用、培训、考核、晋升,到奖励、工资、福利直至退休,都有严格的法律规定,并且在此基础上,做到有法必依、执法必严,才能使人事行政沿着法治化、科学化的轨道运行。

四、人事行政机关

(一) 人事行政机关的含义

所谓人事行政机关,是指根据人事管理职责,按照一定的组织原则建立起来的专门承担人事行政业务的组织机构。

据史书记载,我国古代自唐、宋起,至元、明、清历代王朝中设置的吏部,就是封建国家专门负责官吏考铨任用的人事行政机关。西方国家中,在建立国家公务员制度的同时,也相应地建立了现代意义上的人事行政机关。例如,英国为加强对文官考试业务的管理,于1855年成立了文官委员会,这是现代意义上的第一个独立的、职能化的人事行政机关。发展到今天,西方国家的人事行政机关已演变进化为一个比较健全的人事管理系统,其功能较为完善,管理形式多样,部门分工专业化,具有较强的科学性,人事行政的效率也大为提高,基本上适应了西方国家人事行政的需要。

(二) 人事行政机关的类型

1. 部外制

所谓部外制,亦可称为独立制,是指人事行政管理机构设立于政府组织系统之外,独立掌握整个政府的人事权。这类人事机构不仅负责制定一般的方针政策，而且具体掌管考试、考核、晋升、培训、工资、退休等实际业务，直接管理国家公务员事宜。这类机构典型的有美国的文官委员会、日本的人事院等。

部外制是美国用法律制度把政党制度排除在政府之外而产生的一种人事行政机构。这种人事行政机构处于超然地位，使人事行政不受政党政治的干涉，使行政管理摆脱政党分赃，同时，也免于行政首长直接干涉人事安排。部外制的优点是对政府系统的人事管理有系统且统一的考虑，有较长远的战略目标和规划，能够制定综合性的人事政策和人事规划。因为人事行政机构在政府之外，态度超然中立，不会卷入行政系统内部的派系之争，能够公平公正地处理人事事务。但是，也正因为人事行政机构在行政系统之外，因此对行政系统的人事工作缺乏深入而全面的了解，人事行政管理有时会脱离实际情况。人事程序比较复杂、烦琐，效率较低。而且人事行政作为独立工作机构，缺乏必要的监督。它使行政首长在用人上缺乏必要的权力，用人和治事无法很好地统一起来。

2. 部内制

所谓部内制，是指人事机构设在政府部门之内，是政府机关的组成部分之一。内阁设有人事机构，负责提出人事行政的一般性原则意见，具体的人事管理事务由各部门内设的人事机构自行负责。实行部内制的国家主要有法国、德国和瑞士等。

这种人事行政机构能够深入、细致地了解人事工作的实际情况，制定的各种管理制度和政策符合行政管理需要。行政首长有较大的用人权，用人和治事容易统一起来。人事行政程序简单、效率高。但是，这种组织机构是在行政首长的领导之下，是官僚制组织结构下的一个组织部门，人事行政是例行公事，容易因循守旧，缺乏推动变革的动力。人事行政工作往往要受到行政首长的干预，有时必须按长官意志进行人事安排。

3. 折中制

所谓折中制，是部内制与部外制之间的一种类型，是指人事机构既有一些独立于政府部门系统之外，也有一些附属于政府机关之内。

折中制是英国实行的一种人事行政管理体制。中央人事机构分为独立的两部分，一部分是设在中央政府之外的文官委员会；另一部分是设在中央政府之内的文官部，各自独立地行使职权。这是一种部外制与部内制结合的人事管理机构。文官委员会负责文官资格审定，超越党派之争，独立地行使考试和考绩权；秉承法制精神，客观地考核和选拔文官，其他的人事行政工作由文官部行使。它集中了部外制和部内制的优点，既在人事行政的关键问题上由超越党派的部外制掌管，又在具体的管理上加强了行政首长的地位。但是，其工作程序繁多，协调和管理分离，效率较低。

4. 党统一领导制

党统一领导制是我国和一些社会主义国家的人事行政体制。在行政系统之外，中国共产党党中央设置组织部，制定统一的干部政策，并且直接管理一定行政级别的干部。地方各级党委也设置组织部门，除了掌握干部政策之外，也直接管理一定级别的干部。在中央政府内设置人力资源和社会保障部,贯彻执行党的干部政策,负责具体的人事行政工作。各级地方政府也设置人力资源和社会保障部门,在党委组织部门的统一领导下,负责具体的人事管理工作,也直接管理部分干部。

以上所述各种类型的人事行政管理机构,可以说是各有所长,也各有所短。在实践中,无论采用哪种类型和形式,只有能充分体现科学、理性、效率精神的,能适应国家制度、政府管理、经济增长和社会发展的,并能带来人事行政良性运行的那种人事行政的管理机构,才是最好的模式。

第二节 人力资源管理

一、从人事行政到人力资源管理

当今人类社会已进入一个崭新的知识经济时代,对于作为第一资源的人的有效开发和利用已经成为一个普遍受到关注的重要课题。与此相应的是,传统的人事行政理论已不适应时代的要求,新的人力资源开发理论在时代的召唤声中应用于人事行政实践。传统的人事行政开始走向现代的人力资源开发与管理并重。

现在人力资源开发与管理已逐步形成一套较为完善的管理理论、方法步骤和措施,并逐步取代了传统的人事行政。现代人力资源开发与管理理论所追求的最终目标是:通过各种管理手段达到人与人、人与事之间相互关系的最佳状态,以最大限度地释放人的潜在能力,从而产生最大化效益。其立足点是把组织中的所有成员都看作人力资源,群体成员在不同方面与层次上为实现组织目标共同发挥作用。而作用的程度和性质,则取决于管理过程是否科学、是否合理,从而突出了管理诸要素之间的互动及管理活动与环境之间的互动。

人力资源管理与传统人事行政相比较有以下特点:

第一,以人为本。以人为本就是把人当成组织中最具活力、能动性和创造性的要素。人是组织得以存在和发展的第一位的、决定性的资源。组织以人力资源管理为本就是围绕人这一要素,为他们创造各种能充分施展其才能的条件,提供各种机会,使每个人都能在一种和谐的环境中尽其所能。以人为核心的管理,就是要尊重人、关心人;以人为核心的管理,就是要树立为人服务的观念。

第二,把人力当成可以开发利用的资源,当成能带来更多价值的价值。把人力仅仅看作成本,是一种负担,这是对人的一种消极看法;把人力当成资源,是对人的一种积极能动的看法。对人力的不同看法,必然导致不同的管理。把人力当作成本就会把注意力放在节约上,重使用而轻开发;而把人力当成资源,就会把注意力放到如何使人力发挥出更大的作用,创造更大的效益上,就会把提高人力素质、开发人的潜能作为人力资源管理的基本职责。显然,前一种管理是传统的人事行政,而后一种管理才体现出人力资源管理的基本特征。

第三，把人力资源开发放到首位。重使用而轻开发是传统人事行政的特点，而人力资源管理则不同，它把人力资源开发放到首位。但这并不意味着就不重视人力资源的使用管理。使用是目的，而开发是手段，开发人力资源的目的是为更好、更有效地使用人力资源，是为了在使用过程中产生更大的效益。要使人力资源在使用过程中产生更大的效益，就必须大大提高人力资源的品位，开发人的潜能。知识更多，技能更高，积极性、创造性更强的人，创造的效益就更大。

第四，人力资源管理被提高到组织战略高度来对待。组织战略是指组织为自己所确定的长远性的主要目标。一个组织不仅要制定总体战略，而且还需制定各种职能战略，以保证和支持总体战略的实施。人力资源战略发挥为其他职能战略提供人力资源支持的作用。可见，组织中的任何战略决策，都需要人力资源战略决策予以支持和保证。因此，人力资源管理在组织内被提高到组织战略决策的高度对待，而不是只当事务性工作看待。

二、人力资源的含义与特点

（一）人力资源的含义

所谓人力资源，是指在一定范围内能够作为生产性要素投入社会经济活动的全部劳动人口的总和。它可分为现实的人力资源和潜在的人力资源两部分。现实的人力资源，即现在就可以使用的人力资源，它由劳动适龄（就业）人口中除因病残而永久性丧失劳动能力外的绝大多数劳动人口和老年人口中具有一定劳动能力的人口组成。潜在的人力资源，即现在还不能使用但未来可使用的人力资源，它由未成年人口组成。"现实的人力资源"是说这部分人力资源现在就可以使用，投入生产，创造财富。但是，由于种种原因，在现实人力资源中，总会有一小部分未被使用。因此，现实人力资源又包括正在使用的人力资源和暂时未被使用的人力资源。在劳动统计上是用就学人口、在业人口和失业人口来表示。

一个国家或地区人力资源构成有两个基本要素。第一个要素是人力资源的数量，这是标志人力资源总量的基础性指标，是人力资源量的特征。一国的人口数量与广义的人力资源数量呈明显的正相关性，反映了国家人力资源绝对量的水平。而人力资源的相对量是现实的人力资源数量在国家总人口中所占的比重。现实人力资源数量投入得越多，就意味着就业人口越多，表明该国家或地区经济发展具有一定优势。第二个要素是人力资源的质量，这是国家人力资源总体素质的指标，是反映人力资源质的因素。人力资源的质量对于国家和社会发展的作用比人力资源的数量因素更为重要。人力资源的质量综合体现在劳动者个体和人力资源整体的健康状况、知识水平、技能水平和劳动态度四个方面。提高一国人力资源的质量是现代人力资源发展的重要目标和方向，尤其是在以信息、知识和技术密集为特征的现代知识经济时代，国家之间的竞争主要体现在人力资源素质的竞争上。

（二）人力资源的特点

人力资源主要具有以下几个方面的特点：

1. 人力资源的时效性

人从事工作的自然时间是有限的，而且人在生命每一阶段的工作能力是不同的，智力、知识、技能也不断发生变化，如果没有得到及时的开发、利用，就会失去原有的作用和能力。实践也证明，人的知识技能若得不到利用和发挥，必然会极大地挫伤其积极性，给其造成心理压力，使其应有的社会价值得不到体现。这种损失常常是无法弥补的。

2. 人力资源的时代性

人总是生活在一定的历史条件和社会环境中，不同时期社会经济发展的整体水平必然决定了人的整体素质与水平。因而，人力资源是具有时代性的，它本身反映了其所处时代的社会关系、生产力水平和生产方式的状况，人力资源赖以生成的社会必然影响和决定着人的认识能力、创造能力，即决定着人力资源的质量、能力等。所以，人力资源只能是具体的某一时代的人力资源。

3. 人力资源的能动性

人力资源首先注重的是人和人的能动性。在现代管理活动中，人的主观能动性是指人具有思想、感情，可以自由地支配自己的体力和智力，有目的地进行活动，能动地改造客观世界。

4. 人力资源的再生性

一般来说，自然资源被消耗之后不能再生。人力资源在劳动过程中被消耗之后，还能再生产出来。从劳动者个体来说，他的劳动能力在劳动过程中消耗之后，通过适当的休息和补充必需的营养物质，劳动能力又会再生产出来；从劳动者的总体来看，随着人类的不断繁衍，劳动者又会不断地再生产出来。人力资源的再生产过程是一个连续不断的过程。因此，人力资源才是取之不尽用之不竭的资源。

5. 人力资源的增值性

人力资源不仅具有再生的特点，而且人力资源的再生过程是一种增值的过程，即人力资源的存量不断增大的过程。从劳动者的数量来看，随着人口的不断增多，劳动者人数会不断增多，从而增大人力资源的总量；从劳动者个人来看，随着教育的普及和提高、科学技术的进步和劳动实践经验的积累，他的劳动能力会不断提高，从而增大人力资源的存量。

三、人力资源管理的作用

公共部门人力资源管理的重要作用表现在以下方面：

第一，公共部门人力资源管理是国家长治久安、社会安定团结的重要保证。人事制度历来处于国家政权建设的核心地位。任何一个国家必须通过有效的公共行政来维持政权的稳定，而一切公共行政都需要人来推行。因此，选拔数量适当的合格的人来行使行政权力，执行国家公务，就成为国家政权能否巩固和发展的重要因素。自古以来，人事就是行政之本。公共部门人力资源管理的直接对象是以国家机关各级各类管理人员为主的公职人员，他们是国家的精英、人民群众的带头人，因此，他们的素质高低和工作状况，直接关系到广大人民群众的切身利益和政府的合法性。一个国家是否安定，人民是否拥护政府，主要取决于公务员能否完全彻底地代表广大人民群众的利益，能否为人民的利益辛勤工作。这是国家长治久安和社会安定团结的保证。

第二，公共部门人力资源管理是推动经济和社会发展的必要条件。世界各国的经验证明，发展经济，一靠财力，二靠人力。二者相比，人力资源是更为重要的因素。众所周知，美国之所以能在科学技术和经济等方面长期居世界领先地位，其重要原因之一便在于美国政府一贯重视人才，在人力资源管理方面制定了许多特殊的政策，采取了大量的措施，吸引和网罗了世界各国的大批优秀人才为其服务。当前，我国正处于社会主义现代化建设的关键时期，要把国民经济和社会发展提高到一个新的水平，就需要全体人民的共同努力，充分发挥自己的积极性、创造性，贡献自己的体力和智力。而能否做到这一点，在很大程度上取决于国家和政府对人力资源能否进行合理的配置。

第三，公共部门人力资源管理不断开发和培养公共部门人力资源，是造就一支优秀公务员队伍的重要途径。公共部门在使用人力资源的同时，还要通过建立健全员工教育培训体系，借助个人开发、职业生涯开发、组织开发，进一步开发人力资源的潜力，使其在适应社会发展与部门发展需要的同时，也能够实现自己的职业生涯发展的计划。人才建设是当前我国现代化建设中迫切需要解决的问题。[①] 实践证明，科学合理的人事制度，使能人有用武之地，能促进人才的成长和开发；而落后的人事制度，使庸人占据要职，必然埋没和扼杀人才。因此，认真分析各类人才的特点和作用，研究人才成长的规律，制定科学合理的人力资源管理制度，加强人才建设，是造就一支优秀公务员队伍的重要途径。

第三节　国家公务员制度

一、国家公务员制度概述

（一）西方国家公务员制度的形成

在西方，国家公务员是指通过非选举程序而被任命担任政府职务的国家工作人员。西方各国对国家公务员的基本含义和特定范围都有严格规定，这些规定因国而异。

国家公务员制度是一种现代人事行政制度，它通过制定法律和规章，对国家公务员进行

[①] 《邓小平文选》，第 2 卷，220～221 页，北京，人民出版社，1994。

依法管理，是人事行政的制度化、法治化、科学化管理较为完备的形式，是人事行政的核心内容，体现了人事行政发展的一般趋势。

西方国家公务员制度是资本主义制度的产物。它源于中国古代的科举制，而始于英国资产阶级革命后建立的文官制度。1805年，英国财政部首先设立了一个地位相当于副大臣的常务次官，主持日常工作，不参加政党活动，不随政党更迭而更迭。"政务官"和"事务官"的区分由此开始，文官制度也因此而奠定雏形。1853年，从东印度公司开始的通过公开考试来录用职员的办法逐步在政府各部得到推广，建立了官职考试补缺制度，这标志着英国文官制度基本成形。1855年和1870年，英国政府两次颁布枢密院令，确定了考试录用官员的制度。英国国家公务员制度因此而正式诞生。在长期的历史发展中，西方各国国家公务员制度虽各有特点，但也有共同之处，主要是：

第一，公开考试，择优录用。这是国家公务员制度最根本的特征。英国进行文官制度的改革即是以公开考试、择优录用为突破口的。"公开考试，择优录用"是杜绝用人制度上的种种弊端的有效手段，有助于政府选拔贤能和提高公务人员整体素质，也适应了政府职能扩大化和专业化的需要，从而提高了政府绩效，也为人才充分施展才华提供了舞台。

第二，严格考核，功绩晋升。考核是提高工作效率的重要环节。英国文官制度建立之初，官员的晋升主要凭资历，只要按部就班，例行公事，不论工作好坏，随着工龄的增长一律晋级加薪，结果导致冗员充斥，效率低下。1854—1870年，英国政府对此进行了改革，建立了"重表现看才能"的考核制度。这种论功行赏的考核制度称为"功绩制"。美国在借鉴英国国家公务员制度的过程中，从一开始就建立起一套以功绩制为基础的国家公务员考核制度，强调国家公务员的任用、留任、加薪、晋级均应以工作考核为依据。尔后，其他国家在建立和完善考核制度时，大多借鉴了英、美两国的经验。

第三，政治中立，职务常任。国家公务员按其产生方式、任期和与执政党的关系不同而分为政务官和事务官两大类。前者是通过竞选获胜的执政党组阁而获得政治任命的，实行任期制，与执政党共进退；后者是通过公开考试，择优录用而进入公职系统的，在政治上实行中立原则，实行职务常任，不因政党斗争和不同的选举结果而进退。在国家公务员制度中规定政治中立的目的，是为了在多党竞争的政治环境中，避免"政党分赃制"造成的工作混乱和国家公务员队伍的动荡不稳，通过让业务类国家公务员不卷入政治斗争，以保证政府的各项工作有条不紊地进行，保持政策的连续性和政治的稳定。

第四，人事分类，依法管理。世界各国国家公务员制度中都对国家公务员进行了人事分类，目的是实现国家公务员的科学管理。其主要表现为两种形式：一种是职位分类，分类的依据主要是职位的客观需要；另一种是品位分类，分类的依据是国家公务员的个人条件。两种分类方式各有其优缺点。实际上，每个国家的国家公务员也不完全是按照一种形式进行分类的，而是以一种分类形式为主，兼顾其他分类形式的优点。依法管理是国家公务员制度的一个基本特征，也是人事管理制度现代化、科学化的一个重要标志。各国都相继制定和颁布了一系列国家公务员管理法律、法规，使国家公务员管理做到了有法可依。

（二）我国国家公务员制度的形成

我国国家公务员制度的建立和推行，经过了一个较长的历史过程。在建立和推行国家公务员制度以前，我国传统的干部人事体制是在长期的革命实践过程中逐步形成和发展起来的。在革命战争时期，我党实行统一管理干部体制。新中国成立以来，我国建立了分部分级管理干部体制。这一管理体制与当时实行的计划经济体制相适应，具有管理权限高度集中、管理方式高度统一和计划性等特点。它对新中国成立后迅速医治战争创伤、恢复经济、巩固政权及以后的经济建设起了重要的保障作用。

从20世纪50年代开始，国家和政府通过颁布有关法律和专项法规，把国家领导人和国务院组成人员的产生和任免纳入法治的轨道。此外，国务院还制定了有关录用、任免、调配、培训、奖惩、工资、福利、退休、退职等方面的法令、规章和制度，有效地规范了国家行政机关乃至企事业单位的人事行为。

1966年至1976年的"文化大革命"，使我国的干部人事制度遭到严重的破坏，人事法治化进程被迫中断。中共十一届三中全会以后，随着社会主义建设新时期的到来，干部人事制度又进入了恢复、发展和改革的新阶段。1987年10月，中共十三大确定我国干部人事制度改革的重点和关键，是建立和推行国家公务员制度。1992年10月，中共十四大报告中提出尽快推行国家公务员制度。1993年4月24日，国务院第二次常务会议通过了《国家公务员暂行条例》，并决定于1993年10月1日起施行，它标志着有中国特色的国家行政机关新的人事管理制度的初步确立，从此，我国干部人事管理体制进入了一个新的阶段。

根据《国家公务员暂行条例》的规定，我国国家公务员是指在各级国家行政机关中行使行政权力、执行国家公务，除工勤人员以外的工作人员。在范围上相当于我们过去所说的政府系统干部。这样一个范围的划定，是根据我国国情，并结合建立国家公务员制度的目的来考虑的。我国建立国家公务员制度的目的，是为了实现对政府工作人员的科学管理，保障政府工作人员的优化、廉洁，提高行政效能。因此，要按照分类管理的原则，将政府工作人员从原有的干部队伍中分解出来，在管理方法上区别于其他部门的工作人员和其他社会职业，建立一个独立的国家公务员管理体系，依法进行科学管理，以适应改革开放和社会主义现代化建设对行政管理工作的需要。

经过十多年的实践，《国家公务员暂行条例》也暴露出一定的问题，主要是公务员的范围仅限于国家行政机关的工作人员，而我国党政机关干部是一个有机的整体，从事的都是国家管理或者是与执政、参政有关的公共事务，均使用国家核定的行政编制，从国家行政费用中支付薪酬，对基本素质有着共同的要求，应当由国家立法对他们依法管理，并依法保障其权益。因此，2005年4月27日，第十届全国人民代表大会常务委员会第十五次会议通过了《中华人民共和国公务员法》（以下简称《公务员法》），并于2006年1月1日施行。该法所称公务员，是指依法履行公职、纳入国家行政编制、由国家财政负担工资福利的工作人员。具体来说，中国共产党机关和人大、政协、民主党派机关的工作人员以及法官、检察官与国家行政机关的工作人员一样都属于公务员。人民团体、群众团体的工作人员，鉴于管理上历来属于干部范畴，因而参照公务员法进行管理。此举有利于保持各类机关干部的整体一致性，有利于统一管理，有利于党政机关之间干部的交流使用。鉴于我国公务员的范围不限于国家机关，因而《中华人民共和国公务员法》不再使用"国家公务员"的称谓，而使用"公务员"的称谓。这说明，我国公务员制度具有中国特色。

我国公务员制度的建立，不仅对提高国家行政机关工作人员的素质和行政效率有重要作用，而且突破了以往只在干部人事制度内做局部改革的局限，在建立科学灵活的、各具特色的、与社会主义市场经济相配套的人事管理体制上迈出了决定性的一步。所以，公务员制度虽然是干部人事制度改革的自我完善，但不是它的简单再版，而是一个新的发展阶段的开始。

二、职位分类制度

（一）职位分类与品位分类

国家公务员队伍相当庞大，要对其进行科学、有效的管理，必须按照一定的标准将其划分成不同的类别，然后才能在选拔、任用、考核等方面制定科学的标准作为依据。这就是所谓的人事分类。世界上通行的人事分类制度有两种：一种是品位分类，为英国、法国等国家所采用；另一种是职位分类，美国、日本等国家采用此种人事分类制度。

品位分类是以国家公务员所具有的资格条件为主要依据，并以其地位高低来分类和确定待遇。在这种分类制度中，国家公务员既有官阶，又有职位。官阶标志品位等级，代表地位之高低、资历之深浅、报酬之多寡；职位标志其权力等级，代表职责之轻重、任务之简繁。"官"与"职"是分离的。官阶是任职者的固有身份，可以随人走。

职位分类又称职务分类，就是根据职位的工作性质、责任轻重、难易程度和所需资格条件，分为不同的类别和等级，然后用文字的形式固定下来，形成规范性文件，为国家公务员的考试录用、考核、晋升、培训、奖惩、工资待遇等各项管理提供依据。职位分类最早产生于19世纪的美国，后被许多国家所效仿。

（二）职位分类的内容

我国公务员职位分类的内容如下所述：

我国公务员的职务分为领导职务和非领导职务两个序列。领导职务指副科长以上的职务和各级政府职能部门的领导职务；非领导职务序列包括办事员、科员、副主任科员、主任科员、副调研员、调研员、副巡视员、巡视员。

公务员的级别，按照所任职务及所在职位的责任大小、工作难易程度，以及公务员的德才表现、工作实绩和工作经历确定。公务员的级别分为二十七级。

仅就国家行政机关中的综合管理类公务员而言，职务与级别的对应关系是：

国家级正职：一级；

国家级副职：四级至二级；

部级正职，省级正职：八级至四级；

部级副职，省级副职：十级至六级；

司级正职，厅级正职，巡视员：十三级至八级；

司级副职，厅级副职，助理巡视员：十五级至十级；

处级正职，县级正职，调研员：十八级至十二级；

处级副职，县级副职，助理调研员：二十级至十四级；

科级正职，乡级正职，主任科员：二十二级至十六级；

科级副职，乡级副职，副主任科员：二十四级至十七级；

科员：二十六级至十八级；

办事员：二十七级至十九级。

其中，非领导职务在中央行政机关可设到正司级，在地方国家行政机关最高不能超过本级政府各部门的领导职务层次。

三、任用与更新制度

（一）国家公务员的任用

国家公务员的录用是人事行政的初始环节。所谓任用，是指用人单位根据用人条件和用人标准，按照法定的程序和原则，采用一定的方式，选拔和任用国家公务员的过程。

机会均等原则、公开原则和择优原则是国家公务员任用制度的主导原则。机会均等原则是指对国家公务员公开择优任用，不受民族、种族、性别、出身、居住地、政治立场、宗教信仰、婚姻状况等影响，一视同仁，并以业绩、品行情况等作为任用国家公务员的标准。

国家公务员考试必须公开公正。该考试通常由政府主考部门通过各种新闻媒体发表公告，公开任用部门和职位，以及考试科目、地点和报考的资格条件。报考者报名后由有关机关对其各方面情况予以资格审查，符合报考资格条件的人员才能参加考试。

考试一般是由初试和复试组成。初试一般采用笔试方法，主要检测应试者的文化基础知识和能力等；复试多采用口试形式，主要测试考生实际操作的熟练程度、分析和解决问题的专门技能等实际的行政工作能力。

录用就是在成绩最好的候选人中挑选任用。

（二）国家公务员的调配

国家公务员的调配，是指行政组织基于工作培养人才的需要或其他法定的原因，依据法定的管理程序和方法，改变国家公务员的隶属关系或工作岗位，以激发组织活力并达成人事相应目的的人事管理活动。

有计划的调配，可以使国家公务员在不同的岗位上积累经验和知识，增长阅历和才干，提高素质和能力。国家公务员调配通过人才流动机制，可以最大限度地发挥国家公务员的聪明才智，也为国家公务员学以致用和适才适用提供了一条途径。调配还有助于贯彻回避制度，杜绝各种不正之风对行政活动客观性和公正性的影响。通过调配活动，组织还可以妥善、合理地解决公职人员的一些个人生活中的问题，体现出组织对国家公务员的关心，具有稳定国家公务员队伍的作用。

在我国，公务员调配主要体现为公务员交流制度。我国公务员制度中规定了公务员交流的三种方式为调任、转任和挂职锻炼。

调任，是指非公务员系统的工作人员调入机关担任领导职务或者副调研员以上非领导职务，以及公务员调出机关任职。调入机关任职的，必须经过严格考核，具备拟任职务所要求的政治思想水平、工作能力以及相应的资格条件。

转任，是指公务员因工作需要或者其他正当理由在机关内部的平级调动（包括跨地区、跨部门调动）。公务员转任，必须符合拟任职务规定的条件要求，经考核合格后，按照规定的程序办理。

挂职锻炼，是指机关根据培养锻炼公务员的需要，有计划地选派公务员在一定时间内到上级、下级或其他地区的机关、国有企业、事业单位担任一定职务，经受锻炼，丰富经验，增长才干。

（三）国家公务员的培训

培训，就是通过有关的培训机构，由具有实际行政工作经验和行政科学理论知识的人员，教导政府公务人员掌握和提高行政工作所需的特定知识和技能的过程。国家公务员通过培训，可以更新和补充新形势和新环境下所需要的知识和技能，可以在科学技术日新月异的情况下，较迅速地掌握现代化的行政工作技艺和手段，以更加有效地从事政府公务工作。

对国家公务员的培训，一般都强调学、用一致，即要求培训内容与工作实际相结合，在培训中学习到的知识和技能，要与国家公务员所在职位的工作有密切的关系，能迅速、直接地运用于实际工作之中。在培训过程中，国家公务员因等级不同、工作种类不同而分别接受不同内容的培训。

培训有如下几种：

（1）初任培训。初任培训是指对那些经过考试择优录用的人员，在其试用期阶段所进行的培训。一般进行职业教育，包括学习公务员法，以及工作性质、职业道德、业务范围等的培训。

（2）任职培训。这是对晋升新的领导岗位的国家公务员进行的培训。按照领导者出任新职的要求和条件，对其业务和能力进行培训。

（3）业务培训。这是旨在使国家公务员掌握某方面的专门业务和新技术所进行的培训。

（4）更新知识培训。这是向国家公务员传授最新的科学技术知识，使他们更新知识结构，吸收新的科学知识，开阔视野，提高业务水平。

此外，调入行政机关的人员还必须进行调任培训。

在实行国家公务员制度的国家里，国家公务员的培训制基本上都达到了比较科学、比较健全的程度。概括来讲，这些国家公务员的培训制大体上具有以下几个特点：

（1）培训制度法律化。即把国家公务员的培训制度以法律的形式确定下来，给以法律保障。明确规定接受培训既是国家公务员应享受的权利，也是国家公务员必须履行的义务。例如，美国、法国都制定了有关培训的法律。

（2）培训机构专门化。即设立专门主管国家公务员培训的领导机构，以便加强对国家公务员培训工作的领导、组织、协调、监督和研究。英国、美国、日本、德国等国家都有专门机构负责国家公务员的培训工作。

（3）国家公务员培训的终身化。由于现代社会与现代科技的迅猛发展，知识老化的速度加快，国家公务员只有接受"终身教育"，经常参加培训，才能在任职期间不断掌握新的知识和技能，才能适应工作的变化。

（4）培训、任用和晋升的一致化。即注意把国家公务员的培训与国家公务员的任用和晋升挂钩，做到训、用、升的互相配套，这样可以鼓励国家公务员在培训中努力学习和展开竞争。

在我国，建立和健全一整套公务员的培训制度，是我国公务员制度建设的重要内容之一。一些在公务员培训方面具有丰富经验的国家的实践表明，一整套系统、完善的培训制度，是不断开发和提高公务员智能，更新公务员素质的有效途径。

（四）国家公务员的辞职、辞退与退休

1. 国家公务员的辞职

所谓国家公务员的辞职，是指国家公务员按照一定的法定程序，主动地提出解除与其所服务的行政机关工作关系的申请，并经过有关部门批准而辞去所担任的行政职务的制度。换言之，它是指国家公务员辞去现任职务，解除或部分解除其与行政机关职务关系的法律行为或法律事实。国家公务员的辞职有两层含义：其一是担任领导职务的国家公务员辞去所担任的领导职务，但继续保留国家公务员的身份，即部分解除国家公务员职务关系；其二是国家公务员依法辞去所担任的任何国家公务员职务，包括领导职务和非领导职务，即全部解除与行政机关的职务关系。

辞职是建立在国家公务员自愿的基础之上的，是国家公务员的自由择业权利的体现。辞职虽然是国家公务员个人的权利和自由，但辞职并不是无条件的。至于辞职的限制条件，各国相关规定的限制程度是不同的。我国公务员辞职的限制条件为：未满国家规定的最低服务年限的公务员不得辞职；在涉及国家安全、重要机密等特殊职位上任职的公务员，不得辞职。

2. 国家公务员的辞退

所谓国家公务员的辞退，是指国家行政机关依据有关法律，按照一定的法定程序和事

实，由有关行政机关批准，解除国家公务员与国家行政机关工作关系的制度。辞退是国家行政机关的主动行为。但是，辞退不是行政处分，而是行政机关输出不适合在本单位工作人员的一种手段。

世界各国对辞退国家公务员的条件有十分明确而严格的规定：辞退包括经过考核而确定不称职者；不胜任现职工作而又不服从重新安排者；因机构撤销、合并、缩小而不服从重新安排者；旷工或无正当理由请假，并逾期不归超过法定期限者；不履行国家公务员义务，不遵守国家公务员纪律，经教育仍不改正而又不宜给予开除处分者。

对下列国家公务员不管在任何情况下都不能辞退：因公致残而又丧失劳动能力者；身患严重疾病或负伤正在治疗者；在孕期、产期、哺乳期的女性国家公务员。

辞退的程序是：首先由被辞退者的行政机关在确认事实的基础上，依法提出辞退意见，并报请具有人事任免权的主管行政机关审批；然后，任免机关依法进行审核批准，并以书面形式通知呈报单位和被辞退的国家公务员。如果被辞退者不接受辞退，有权在规定的期限内向有关机关提出申诉。

3. 国家公务员的退休

所谓国家公务员的退休，是指当国家公务员因年老或其他原因（如因公致残等）而不适宜继续工作时，由政府机构发给该国家公务员一定的退休金，并使之退出政府公务职位的制度。国家公务员的退休制作为国家公务员系统的人员输出机制，与考试录用制一起担负着促进国家公务员队伍更新代谢的功能，保证了政府部门工作人员新老交替的顺利进行，是使国家公务员队伍年龄结构保持年轻化、阶梯化、稳定化的有效手段。

国家公务员的退休，一般都有一定的资格条件限制，只有达到一定的退休条件，国家公务员才可被准予退休并享受退休待遇。概括起来，国家公务员的退休条件包括以下三项内容：

（1）年龄条件。一般国家都规定为 60 周岁左右。如我国男性为 60 岁、女性为 55 岁。现在正在对退休政策进行逐步完善，逐步提高退休年龄。

（2）工龄和缴纳退休保险金的年限。许多国家都对国家公务员退休的工龄条件作出了规定，即国家公务员只有工作过一定的时间，才可享受退休待遇。国家公务员退休金的一部分是直接来源于国家公务员工作期间从工资中抽取并定期缴纳的退休储蓄金。

（3）身体与精神状况。一般国家都规定，国家公务员因伤残、疾病或由于体力、智力、精神上有了缺陷而永远丧失工作能力时，可以准予退休。

四、激励与保障制度

（一）国家公务员的考核、奖励与升降

1. 国家公务员的考核

国家公务员的考核是指国家行政机关按照法定管理权限，根据国家公务员法规和国家其

他有关规定确定的考核内容、原则、方法、形式和程序对所属国家公务员进行的考察与评价制度。考核是国家公务员管理的重要环节。考核为国家公务员奖惩、职务升降、工资增减、培训和辞退等管理活动提供了依据，也为国家公务员制度引入了竞争机制和激励机制。

我国公务员考核内容是在总结了新中国成立以来对各级政府工作人员进行考察的经验的基础上，同时也借鉴了西方国家有益的经验后确定的，概括起来有五个方面，即德、能、勤、绩、廉，重点考核工作实绩。

德，是指公务员在工作中的政治思想和道德品质的表现。其主要包括：是否认真执行党的基本路线、党和国家的各项方针政策；是否依法行使行政权力；是否执行国家公务；是否坚持全心全意为人民服务的宗旨，廉洁奉公，不以权谋私；是否忠于职守，服从上级领导，执行命令，遵纪守法；是否密切联系群众，自觉接受群众的监督等。

能，是指公务员的业务知识和工作能力。其主要包括：是否具备胜任本职工作的文化水平、专业知识、工作经验；是否具备完成本职工作应具有的各种能力，如组织协调能力、计划指导能力、分析判断能力、语言和文字表达能力，以及社会交往能力等。

勤，是指公务员在工作中的态度和勤奋敬业精神表现。其主要包括：工作中是否积极主动，有高度的责任心；是否注重工作效率，在单位时间内保证工作质量，并保证出勤率；是否肯于钻研业务，有创新意识。

绩，是指公务员工作的数量、质量、效益和贡献大小等，其主要包括完成工作的项目件数的多少，完成任务或具体工作结果的好坏优劣，取得的成果、业绩对政府和社会产生的经济效益和社会效益等。

廉，是指为政清廉，廉洁奉公。这是公务员考核中比较重要的一个环节。只有在政治上廉政，在生活中廉洁，才可以起到安定团结的作用。

2. 国家公务员的奖励

国家公务员的奖励是指国家行政机关按照规定的标准、条件和程序，对在公务活动中成绩突出的公职人员给予物质、精神嘉奖的人事管理活动。奖励是一种重要的人事激励手段，它通过物质的、权力的和精神的奖励，使工作业绩优异者可以与工作一般者区别开来，并得到实际的利益、社会荣誉和地位的奖赏，从而激励包括受奖励人在内的全体组织成员更加努力工作，模范履行义务，创造更大业绩。

奖励必须依据法定的条件，这样才能保证奖励的严肃性，避免随意性产生负激励效应。我国公务员制度中规定，奖励的条件包括：忠于职守，积极工作，成绩显著的；遵守纪律，廉洁奉公，作风正派，办事公道，模范作用突出的；在工作中有发明创造或者提出合理化建议，取得显著经济效益或者社会效益的；爱护公共财产，节约国家资财有突出成绩的；防止或者消除事故有功，使国家和人民群众利益免受或者减少损失的；在抢险、救灾等特定环境中奋不顾身，作出贡献的；同违法违纪行为作斗争有功绩的；在对外交往中为国家争得荣誉和利益的；有其他突出功绩的。

3. 国家公务员的升降

（1）国家公务员升降的含义。

从广义上讲，国家公务员的升降包括职位的升降和级别的升降。一般意义上的升降，是指国家公务员职位的升降，它包括晋升和降职两个方面的内容。晋升，即国家公务员由原来的职位调任另一职责更重的职位，它意味着国家公务员在行政部门职位结构中地位的上升，职权和责任的增大，同时也伴随着待遇的提高。降职，是指国家公务员所任职务的下降，它一般意味着国家公务员在行政部门职位结构中所处位置的降低，职权和责任范围的缩小，以及工资、福利方面待遇的相应降低。

国家公务员的升降制度，在一定意义上说，是考核制度的体现和延伸，是科学的、有效的人事管理不可缺少的一环。建立国家公务员的升降制度，能够使国家得以选贤任能，激励国家公务员奋发进取，施展才干。

（2）国家公务员的晋升。

国家公务员的晋升要贯彻公平、择优和资历原则。所谓公平原则，即国家公务员晋升的标准和条件应当一致，不因性别、家庭出身、种族、民族、信仰和社会关系等的差别而有所不同。所谓择优原则，就是对国家公务员的业务能力、学识和工作成绩进行考评，对考评优秀者，优先晋升。所谓资历原则，就是根据国家公务员在职服务的经历和服务时间长短来晋升国家公务员。在不同的国家，晋升的具体条件不尽相同，择优原则和资历原则在晋升中的相对重要性也不相同。

国家公务员晋升需要具备一定的条件。前提条件是晋升国家公务员的职务，必须在国家核定的职数限额内进行。行政机关的职务设置和职数限额，是根据该机关所承担的职能任务、工作性质、机构规格等因素确定的，不得随意突破。否则，必然造成机构臃肿，人浮于事，从而降低行政效率和增加行政成本。国家公务员晋升职务，还必须具备拟任职务所要求的德才条件和资格。

国家公务员晋升从形式上来看，大体上有功绩晋升制、考试晋升制、年资晋升制、越级晋升制、综合晋升制五种。以国家公务员工作实绩和贡献大小作为晋升的衡量标准，称为功绩晋升制；通过竞争性考试，以考试成绩的优劣作为晋升的标准，称为考试晋升制；年资晋升制把工作年限的长短和资历的深浅作为晋升的主要依据；对于工作成绩特别优异、能力超群的国家公务员，可以不受其他条件的限制，实行越级晋升制；所谓综合晋升制，是指把工作成绩、年资以及考试同时作为晋升的依据。目前，世界上实行国家公务员制度的国家，一般不单独实行某一种单纯的晋升制度，共同的趋势是以功绩晋升制为主，同时兼有年资、考试、越级等晋升制。

（3）国家公务员的降职。

国家公务员的降职体现为国家公务员职务的下降，但降职并不是一种行政处分，而是让由于各种原因不胜任职务的国家公务员改任一种较低的职务的管理措施。

有关降职的条件，各国大都在其国家公务员法规中有明确规定。根据我国的实际情况，

《公务员法》规定我国公务员降职的条件为：在定期考核中不称职的，按照规定程序降低一个职务层次任职。一般来说，公务员降职时，同时要调整其级别和工资档次。降低公务员职务，需按照公务员制度规定的职务名称序列，一般每次只降低一级职务。

国家公务员降职的实施，应十分慎重。因为，降职虽然不是一种行政处分，但它直接关系到国家公务员的名誉、地位、待遇，以及才能的发挥和合理使用，因此，其必须严格按照法定程序进行。同时，要在行政机关中创造能上能下的宽松环境，公正地评价被降职的国家公务员的工作；做深入、细致的思想政治工作，从关心爱护国家公务员的角度出发，正确对待他们；合理安排他们的工作，帮助他们提高工作能力和工作水平，充分调动其工作积极性。

（二）国家公务员的工资、保险与福利

1. 国家公务员的工资

国家公务员的工资是指政府机关以货币形式支付给国家公务员的劳动报酬。工资制度作为社会的分配方式，是有关工资形式、工资标准和工资支付原则、办法的总称，是一个历史的范畴。建立科学合理的国家公务员工资制度，有利于贯彻按劳分配原则，增强竞争激励机制，从而调动广大国家公务员的工作积极性。同时，国家公务员的工资制度作为整个国家公务员制度的一个组成部分，对国家公务员制度中的考核、奖惩、晋升、辞职、辞退、退休等管理环节的有效运转，都具有非常重要的作用。

在确定国家公务员工资时，对担任相同职务与工作的人员，应给予大致相同的工资待遇，不应因其性别、民族、出身等不同而有所不同。在此基础上，也应以工作职责、工作性质、贡献大小、教育程度、工作熟练程度、地区差别、工作时间等作为确定国家公务员工资的依据。为了使优秀人才留在公共行政组织中，在确定国家公务员工资时，应参考企业职工的工资水平，力求使国家公务员的工资水平与企业职工相当人员的平均工资水平大体持平。随着社会经济的发展和国家公务员年资的增加，应定期提高国家公务员的工资，目的在于使国家公务员的实际工资水平不断提高，鼓励国家公务员为政府服务。

《公务员法》颁布前我国公务员的工资包括职务工资、级别工资、基础工资和工龄工资四部分，其中职务工资和级别工资是工资构成的主体；《公务员法》实施后公务员工资包括基本工资、津贴、补贴和奖金四部分。

2. 国家公务员的保险

国家公务员保险制度，是指国家对因生育、年老、疾病、伤残和死亡等原因，暂时或永久丧失工作能力的国家公务员给予物质帮助的一种保障制度。国家公务员保险制度是社会保障制度的一个重要组成部分。建立和实施国家公务员的保险制度，对于保障国家公务员的基本生活，解除他们的后顾之忧，调动他们的工作积极性，促进经济的发展和维护社会的稳定等，都具有重要的作用。在我国，公务员享受国家规定的社会保险，还是一个比较新的课题。

国外公务员享受的保险项目，一般包括养老金、残废金、医疗保险、失业保险、工伤事故保险等。其保险费一般由政府和公务员个人共同负担。我国公务员的保险主要包括以下项目：公务员因公负伤、残废、死亡的保险待遇；公务员非因公负伤、残废、死亡的保险待遇；公务员生育的保险待遇；公务员退休的保险待遇；公务员疾病的公费医疗和保险待遇；公务员失业期间的保险待遇；公务员供养直系亲属的保险待遇；公务员集体保险待遇。

3. 国家公务员的福利

国家公务员福利制度是国家和单位为解决国家公务员生活方面的共同需要和特殊需要，在工资之外给予经济上帮助和生活上照顾的制度。它是国家公务员社会保障制度的重要组成部分。建立国家公务员福利制度，有利于改善国家公务员的工作生活条件，减轻公务员的经济负担和促进其身心健康，从而有利于稳定国家公务员队伍，调动他们的工作积极性，提高其工作效率。

实行公务员制度的国家普遍建立了福利制度，并用法律形式将其固定下来。我国亦不例外。《公务员法》规定："公务员按照国家规定享受福利待遇。"一般认为，我国公务员福利制度的主要内容包括：工时制度，我国规定公务员每日工作8小时，每周工作40小时，星期六和星期日为休息日；福利费制度，是对公务员及其家属生活困难的给予福利补助的一种福利制度；探亲制度，是国家为解决公务员分居两地的配偶、父母亲团聚问题而建立的一种福利制度；年休假制度，是国家为保护公务员身体健康，每年安排公务员集中一段时间进行轮休的一种福利制度；冬季宿舍取暖补贴制度，是国家为补偿居住在寒冷地区的公务员因宿舍取暖所支出的费用而建立的一种补贴制度；交通补贴制度，主要有上下班交通费补贴和出差交通费补贴两种。

（三）国家公务员的回避与惩戒

1. 国家公务员的回避

在国家公务员制度中，回避是指在国家行政机关中，为了防止国家公务员出于某种亲情关系或个人利益，不能秉公执行公务，直至徇私枉法、以权谋私，而对其任职和执行公务等做出的事前限制性措施。在我国建立公务员回避制度，不仅是必要的，而且也是必需的。这样做，就从法律上为公务员为政清廉创造了有利条件，有利于公务员摆脱各种人际关系的干扰，更好地秉公办事，依法行事，防止"关系网""裙带风"的形成。这既维护了公务员的形象和政府的声誉，也有助于形成良好的社会风气。

回避针对的是亲属聚集现象。我国公务员制度规定应回避的亲属关系包括：

（1）夫妻关系；

（2）直系血亲关系，包括祖父母、外祖父母、父母、子女、孙子女、外孙子女；

（3）三代以内旁系血亲关系，包括伯叔姑舅姨、兄弟姐妹、堂兄弟姐妹、表兄弟姐妹、侄子女、甥子女；

（4）近姻亲关系，包括配偶的父母、配偶的兄弟姐妹及其配偶、子女的配偶及子女配偶的父母、三代以内旁系血亲的配偶。

公务员回避一般包括：

（1）任职回避。任职回避是指公务员凡有上述所列亲属关系的，不得在同一机关担任双方直接隶属于同一领导人员的职务或者有直接上下级领导关系的职务，也不得在其中一方担任领导职务的机关从事组织、人事、纪检、监察、审计和财务等工作。

（2）公务回避。公务回避是指公务员在执行公务时，凡处理涉及本人或与本人有上述亲属关系人员的利害关系的，应自己主动提出公务回避，并不得以任何方式对公务的执行和处理施加影响。

（3）地域回避。地域回避是指在一定级别政府中，担任主要领导职务的公务员，回避在原籍任职，以避免其亲属、宗族对正常公务活动进行干扰。我国《公务员法》规定，公务员担任乡级机关、县级机关及有关部门主要领导职务的，应当实行地域回避。同时，考虑到民族自治地方工作的特殊性，民族自治县、民族乡镇担任领导职务的公务员则不受地域回避的限制。

2. 国家公务员的惩戒

惩戒即惩罚以示警戒。惩戒制度是指国家行政机关依法对国家公务员违法违纪的职务行为进行行政处分的制度。我们应该认识到，对国家公务员的惩罚不是目的，而是手段。通过对国家公务员违法违纪职务行为的惩罚，使他们引以为戒。没有惩戒，就没有规范。因此，严格执行对国家公务员的惩戒制度是规范行政管理的重要方面。

我国公务员制度规定：公务员因违法违纪应承担纪律责任的，应当给予处分；违纪行为情节轻微，经过批评教育后改正的，可以免予处分。处分分为：警告、记过、记大过、降级、撤职、开除。受撤职处分的，按照规定降低级别。公务员在受处分期间不得晋升职务和级别，其中受记过、记大过、降级、撤职处分的，不得晋升工资档次。

公务员的惩戒制度是人事行政的重要部分，具有权威性和严肃性。对公务员的处分，应当事实清楚、证据确凿、定性准确、处理恰当、手续完备。给予公务员处分，依法分别由任免机关或者纪检监察机关决定；其中给予开除处分的，应当报上级机关备案。县级以下机关开除公务员，必须报县级党委或政府批准。

公务员受开除以外的处分，分别在半年至两年内由原处理机关解除处分。但是，解除降级、撤职处分不视为恢复原级别、原职务。公务员在受处分期间，有特殊贡献的，可以提前解除处分。解除处分后，晋升职务、级别和工资档次不再受原处分的影响。

小结

人事行政是指国家的人事机构为实现行政目标和社会目标，通过各种人事管理手段对公共行政人员所进行的制度化和法治化管理。现代人事行政的特点是：法治化；专业化；职业化；现代化。人事行政必须遵循一定的原则。人事行政机关，是指根据人事管理职责，按照一定的组织原则建立起来的专门承担人事行政业务的组织机构。人事行政机关的类型包括：部外制、部内制、折中制和党统一领导制。社会的发展使得传统的人事行政开始走向现代的人力资源管理。人力资源有着不同于物力资源的特征。公共部门人力资源管理是行政管理的重要组成部分，它是从组织上保证国家机器及整个社会生活得以正常运转的重要条件。国家公务员制度是一种现代人事行政制度，是资本主义制度的产物。我国建立公务员制度的目的，是为了实现对政府工作人员的科学管理，保障政府工作人员的优化、廉洁，提高行政效能。公务员制度的基本内容包括：职位分类制度，任用与更新制度（包括公务员的录用，调配，培训，辞职、辞退与退休），激励与保障制度（包括考核、奖励与升降，工资、保险与福利，回避与惩戒）。

第八章 机关行政

机关行政是指政府和其职能部门内部的综合办事机构，即办公厅（室）对机关自身事务的管理。机关行政是事务性、综合性和时效性很强的管理活动，其主要职责是参与政务、处理事务和搞好服务。机关行政对公共行政起发动作用、枢纽作用、保障作用、效率作用和联系作用。机关行政要搞好日常工作程序、会议、文书档案、行政经费和总务后勤的管理。计算机和信息技术的应用促进了办公自动化，大幅度地提高了行政效率。同时，本章也探讨了机关事务服务与管理的有关问题。

第一节 机关行政概述

一、机关行政的含义

本章所讲的机关行政，是指综合办事机构对机关的日常事务、规章制度和工作秩序等所进行的自身事务管理。因此，对办公厅（室）的管理是我们这里所讲的公共行政机关管理的主要内容。

为了管理行政机关内部诸多方面复杂而琐碎的日常事务，各级人民政府都设置了办公厅（室）。尽管有些政府除了办公厅（室）外，还设有其他管理部门负责办公设施、物资供应、财务管理和后勤管理等方面的工作，但办公厅（室）毕竟是协助行政领导者指挥、组织、协调、沟通和控制各职能部门的核心机构。在一般情况下，它是行政领导者的参谋和助手，起着特殊的桥梁和枢纽的作用，是被大家一致认定的行政机关中最主要的综合办事机构。因此，办公厅（室）主任及其工作人员素质的高低就成为搞好行政机关管理的关键所在。各级人民政府所建立的大大小小的办公厅（室），在行政系统中形成了纵横交错的公共行政管理网络。

机关行政具有事务性、综合性和时效性的特点。

机关事务是相对机关职能而言的，是指机关职能之外为实现职能所必需的、例行的、程序性的、辅助性的事情的总体。机关事务活动则是指那些为机关职能的实现、为职能活动的有效展开奠定基础、提供服务、创造条件的辅助性、技术性的活动。

机关行政的综合性是指其管理对象广泛，管理活动内容庞杂。它既要负责处理日常行政事务方面的工作，包罗万象，面面俱到，同时，也要协助行政领导者协调、沟通、控制行政机关各部门、各层级之间的关系并安排日常工作，向行政领导者提供各种意见和建议。机关行政的综合性特点，要求工作人员在管理实践中务必注意从机关整体角度出发来考虑和处理各种问题。机关行政的时效性要求我们必须树立正确的时间观念，养成雷厉风行的工作作风；充分发掘时间的利用价值，科学安排时间，合理配置时间；在保证质量的前提下，提高事务处理的速度，尽量缩短运转周期；注意对事务处理时机的有效把握，要及时，并且要适时。例如，对紧急文件和突发事件必须及时予以处理，如果稍有拖延，就会贻误工作，有时甚至会给国家造成无法弥补的重大损失。

二、机关行政的职责

各级政府内部的综合办事机构，在行政机关当中起着承上启下、协调沟通的枢纽作用。它虽然不直接承担行政机关的各项职能活动，但却担负着为实现组织目标进行必须的机关事务管理活动的任务。而事务活动往往与职能活动渗透、交融，这就必然使相应的管理活动变得庞杂起来。面对各有特色的职能活动及其多种多样的需求，面对互有联系又各成体系的各项工作，面对内容繁杂、性质不一的具体事务，面对职能活动中的事务和事务中的职能，办事机构既要管人、管事，又要管钱、管物、管信息；既要管程序、管规范，又要管协调关系、管随机事件的处置，以此来推动职能部门的正常运转。因此，机关行政的职责可以概括为"参与政务、处理事务、搞好服务"三个方面。

（一）参与政务

行政机关的综合办事机构，特别是办公厅（室）作为各级行政领导者直接领导下的处理具体工作的办事机构，首先必须当好行政领导者的参谋与助手。各级行政领导者担负着科学地进行决策，并将决策贯彻执行的重要职责，办公厅（室）正是起着参与决策、推行政策执行的辅助作用。这是办公厅（室）参与政务的主要作用。

为了有效地为行政领导者进行科学决策服务，辅助行政领导者推行政策、实施决策、处理政务，各级办公厅（室）的工作人员必须加强对马列主义、毛泽东思想和邓小平理论的学习，加强对党和国家的方针、政策、法规的研究与学习，尽可能多地理解和掌握党和国家的政策和法律，不断地提高参与决策的水平。

办公厅（室）协助行政领导者制定政策和进行决策并参与指挥、协调与监督工作。在深刻地领会国家有关的政策和法律的基础上，在经过深入、细致的调查研究之后，要为行政领导者进行科学决策提供各种准确的信息和资料或各种可行的决策方案，以供行政领导者在进行决策时参考和选择。在行政决策执行的过程中，要不断地收集反馈信息，督促和监督决策的贯彻执行；同时，进行协调和沟通，发现问题，及时向行政领导者反映并提出切实可行的调整性或补充性的意见和建议。在行政目标达成之后，负责进行实事求是的评估和总结。在此，特别需要指出的是，各级政府的办公厅（室）必须明确自己扮演的是参与政务、参与决策的角色，起的是行政领导者的参谋与助手的辅助作用，绝不能越俎代庖，更不能越权行事，取代行政领导者进行决策。

（二）处理事务

综合办事机构需要处理大量的、例行的、程序性、辅助性的日常事务以及各种临时性、突击性的工作，如各种文件和电文的起草和印发、上下级之间公文的处理、公务接待、会议组织、来信来访、督促检查财务与物资管理、外事活动，以及为本机关的工作人员提供工作和生活方面的服务等。同时，它还要根据行政领导者的授权，来推动机关内部各方面工作的正常开展，协调处理各方面的关系，解决工作中出现的各种问题与矛盾。它必须及时、准确地将行政领导者的命令、指示、意见和通知传达下去，同时将下级的情况、意见和工作情况加以收集并及时反馈给行政领导者。它负责创建良好的工作环境和气氛；建立并完善各种必要的规章制度，稳定工作秩序；建立畅通的信息系统。

机关行政的事务性特征要求我们在管理实践中，要重视对各种事务、事务活动规律性和事务管理方法的研究，同时可以根据实际情况和需要，更加充分地发挥制度化、程序化管理方法的作用。

（三）搞好服务

综合办事机构主要是为本机关行政领导者提供工作服务，为本机关各项工作的开展提供条件服务，为本机关的全体工作人员提供生活福利服务。因此，综合办事机构的工作人员要始终将为领导、为基层、为其他各级各类工作人员、为实现行政机关的各项职能提供服务放在首位；要切切实实地将机关内外的服务对象当作顾客。

搞好服务要求我们在实施管理的过程中，无论是设计规划，还是制定政策和规范；无论是从事监督控制，还是从事沟通协调；无论是在宏观方面，还是在微观方面，都要确立这样一种保证：要为行政机关事务活动的开展，创造尽可能好的方便条件和管理方法及保障措施；要以热忱的态度，以主动、积极、负责的精神，以科学有效的方法，为服务对象提供及时、周到、便利的服务。

机关事务管理活动的本质特征就在于它的服务性质。它的存在价值就在于能为领导、为基层、为其他各级各类工作人员，为实现机关各项职能提供所需要的各种服务。机关事务管理工作的目标，说到底也就在于使这种存在价值得到更充分的体现。"管理就是服务"，这对于机关行政来说最贴切不过了。为此，进行机关事务管理需要提倡顾客导向理念，树立全心全意为顾客服务的精神，更有效、更优质、更令人满意地为内外顾客服务。

第二节 机关行政的主要内容

一、机关日常工作程序的管理

行政机关的管理工作千头万绪，错综复杂。"置以规矩，始成方圆"，在管理领域是永远不变的硬道理。要使行政机关的日常工作井然有序，运作有效，处理各方面的事务必然要有程序管理。科学合理的程序设计可以使纷繁无序的事务工作化繁为简，变乱为治，以收事半功倍之效。科学合理的工作程序应注意以下几个环节：

（1）计划安排工作。计划工作在机关管理活动中是至关重要的首要环节。任何机关管理活动的开展、管理目标的实施，都需要通过制订和执行相应的计划才能推行和落实。计划是组织活动实施的纲领，是开展工作的步骤，是管理活动的控制标准，也是对目标进行评估和考核的依据。因此，计划必须明确、具体、详细、切实可行，并且要留有调整的余地。

（2）组织实施工作。组织实施工作是实现机关管理工作计划的首要步骤。机关管理目标要通过分解落实到各个具体的组织机构，落实到具体的工作人员。在组织落实的同时，要明确职、责、权、利，并建立严格的规章制度。组织实施工作要做到有目标、有计划、有组织、有领导、有人员；要做到事事有人管，人人有事干。

（3）协调控制工作。在目标实施的过程中，行政机关要做到及时反馈信息，全面掌握情况，迅速进行协调和沟通。对在管理过程中出现的问题和偏差，要予以有效的解决和控制，不断纠正一切脱离目标的偏向，万不可使之发展和蔓延。同时，还要果断、及时地采取必要的补救措施，调整或修改计划。

（4）检查总结工作。机关管理目标达成之后，要认真进行检查总结。目的是肯定成绩，发现不足，总结经验，汲取教训，改进工作，提高效率。切忌应付门面，走过场或文过饰非，只报喜不报忧。

（5）奖惩教育工作。通过检查总结，评比出工作的优劣，要奖励先进，批评后进，惩罚玩忽职守者和渎职犯罪者，奖惩要做到是非功过分明，奖惩得当，起到教育和激励的作用。

二、会议管理

现代社会，会议已经成为人们工作和生活中的一种重要的活动方式，也是各种管理活动中经常采用的工作形式，在行政管理工作中发挥着重要的作用。采用相对通行的说法：会议是人类群体有组织的会晤、议事行为或过程。

会议之所以被人们广泛使用，主要在于它的有利作用，即它的功能。会议的功能是具体的、多方面的,但最本质的功能在于:它能以多向即时传递信息的方式,有效聚合组织中分散的意志和智慧,深化或统一认识,沟通感情,协调关系,处理事务。

会议在行政机关工作中确实是一项重要的活动方式,有着特定的有利作用。但是,如同所有的管理活动方式和手段一样,它的实际适用范围也是特定和有限的。在客观条件需要和可能的情况下,可以利用会议去开展工作而放弃不用,改换其他方式,就会造成工作中的不便、时间的浪费并降低工作效果;相反,如果不具备使用会议去开展工作的需要和可能,仍旧去召开各种会议,甚至只依靠会议这一种工作方式去从事所有工作,同样会给工作带来不便,带来人力、物力、财力、时间等多方面的浪费,降低工作效率与质量。上述这两种不正确的认识和做法,会使一个行政机关实际召开的会议的数量不足或者泛滥成灾,它说明这个行政机关的会议数量是失控的,是与管理工作的需要不相适合的,是有害的。同时也说明,必须对会议数量加以控制,改变或多或少现象,行政机关的管理工作才能真正做到有效率、有质量。

鉴于在实际工作中,滥用会议方式造成会议泛滥成为会议数量失控的主要表现,为此,对会议数量控制就常常表现为努力减少会议。

三、公文与档案管理

(一) 公文管理

公文是指行政机关在行政管理活动中产生的,按照严格的、法定的生效程序和规范的格式制定的具有传递信息和记录作用的载体。

公文的种类很多,包括命令(指令)、决定、公告、通告、通知、通报、议案、报告、请示、批复、意见、函、会议纪要13类。

公文的功能具体表现为:它是法律规范的重要表现形式(法律法规及其他规范均需成文);传达政令采取重要管理措施的主要工具;下情上达的基本手段;横向联系的纽带(公务机关之间协商联络的中介和桥梁);开展公共管理工作的重要依据;教育激励的有效教材(权威性与真理性相结合,使有关信息的教育激励作用倍增);印证事实的真凭实据。

公文的效用是指公文的实际效力和功用。公文有两个方面的效用:第一是现实执行效用,也就是指公文对受文者以及其他机构、组织和个人有关行为的强制影响;第二是历史效用,是指公文在记录和印证历史事实方面的权威性作用和影响。公文中的一部分之所以在办理完毕之后能够转化为档案,主要就在于它有这种历史效用。

公文管理,就是对公文的创制、处置和管理,即在公文从形成、运转、办理、传递、存贮到转换为档案或销毁的一个完整周期中,以特定的方法和原则对公文进行创制加工、保管料理,使其完善并获得功效的行为或过程。

公文管理的基本任务就是及时、准确、有效地创制、加工、传递、保管、处置公文,为公务活动提供适用的信息。其具体内容主要有:创制公文,传递公文,办理公文,处置办毕公文，管理公文。为使上述任务有效完成，需要对公文实施科学、系统的保管管理措施：公文的收发、传送、登记、清理分类、用印、签注，要建立检索体系，提供查阅；对公文运转过程进行组织与监控；对公文机密与安全进行维护等。周恩来总理曾指示说，公文管理第一要保密，第二要准确，第三要迅速。

目前，公文管理中存在的问题是公文太多、太乱，即人们通常所说的"文山"。因此，一是要严把发文的数量关，各级行政机关不要动辄发文，搞形式主义。二是要严把发文的质量关，要做到合法、有效、及时、准确、严谨、规范、完整。文字要精炼，不要长篇累牍，要避免空话、假话、套话。

（二）档案管理

行政机关档案是行政机关在行政管理活动中直接形成的，保存备查的文字、图表、音像等各种形式的历史记录。

行政机关的档案是由行政机关公文转化而来的，是经过文书部门（公文管理机构）将有历史效用的公文编立成为案卷，按照归档制度规定的时间、范围、质量标准，移交给档案部门转化形成的。档案部门按照规定的标准对接收来的案卷进行加工、清理，使之系统化。

行政机关档案的形式多种多样，文字档案是其主要形式。它包括文件资料、电文、手稿、传真、照片、画片、音像制品、技术图纸等。

行政机关档案的功能主要在于：一是具有凭证作用，它可以成为印证历史事实的真凭实据，也就是人们可以以档案为根据证明有关事实。二是具有参考作用，它可以为行政机关开展各种公共行政管理活动提供经验和指导，即人们可以以档案所记载的内容作为借鉴或参照，吸收前人经验为后人所用；引前人教训为后人所戒；积累前人知识为后人所学、所用。

按照国家有关部门的规定，我国行政机关档案工作的基本内容包括两大类：一类是本机关档案业务；另一类是下属机构档案工作的管理，即对本系统和直属单位档案工作的监督、指导。其主要方式是：制定规范、组织培训、评比检查等。

《中华人民共和国档案法》规定：我国档案工作实行"统一领导，分级管理"。因此，行政机关的档案管理，要在国家统一领导、统一制度前提下，实行分级、分类、分专业管理。国家—地方—专业系统，实行条块结合。

按照国家档案工作管理体制的要求，行政机关所有档案由档案机构集中管理：一是行政机关的档案必须按照国家规定定期向本机关的档案机构或人员移交，集中管理，不得据为己有或分散保存；具有长远保存价值的向档案馆移交，由档案馆统一进行集中管理；一切档案非依规定和批准不得任意转移、分散和销毁。二是党政档案应集中统一管理。一个机关内党、政、工会、共青团等组织的档案，统一集中于一个机构，分门别类保管；有长远价值的统一集中于各级档案馆。

行政机关的档案管理必须严格执行《中华人民共和国档案法》，要求安全、保密，防止盗窃和各种自然灾害的毁坏。尤其是对那些涉及重大的政治、经济、军事、外交事件和科学技术的档案，在其尚未解密时，必须严守机密。

行政机关的档案管理是一项政治性和技术性很强的工作，它要求从事档案管理的工作人员具有一定程度的文化知识和专业知识，具有较强的工作责任心和保密意识。

四、行政经费管理

行政经费管理是指在行政机关工作中对本机关资金的领拨、运用、管理、监督活动。通常包括的具体活动有：一是制订财务计划，编制本机关的预算、财务收支计划，对财务计划进行调整；二是组织收入，管理支出，制定和执行费用支出标准，管理资金（包括预算外），进行部分财产管理等；三是进行财务活动分析，明了收支盈亏的情况，进行财务监督，即借助本机关财务预算、会计核算、分析检查以及审计等方式对财务工作本身和机关其他工作进行监督。

行政经费管理是机关行政的内容之一，行政机关财务管理工作的重点是管好行政经费的使用，它是行政机关理财的重要组成部分。行政机关开展各项行政管理活动，必须要掌握和利用一定的资源。行政经费就是这种资源的重要组成部分。

行政经费管理是一项政策性很强的管理活动，行政经费的划拨和使用必须严格遵守党和国家有关法律和政策的规定，任何人不得随意支配。行政领导者更要严格自律，不能凭借手中的权力而随意挥霍国家资财。对于行使国家权力的行政机关，加强对行政经费的管理，是尤其重要和完全必要的。

五、机关总务后勤管理

机关总务后勤管理，是指综合办事机构对本机关的物资和日常的工作与生活事务的管理。其基本任务就是合理组织安排财力、物力资源，为机关工作提供必要和充分的物质保障和生活服务。这项活动的主要内容包括：物材工作、基本建设工作、生活服务工作、接待服务工作、交通服务工作、安全保卫工作、绿化美化工作等。

机关总务后勤管理是机关行政的内容之一，鉴于它的管理对象，即各种各样的后勤事务活动具有比较特殊的性质，因此在对后勤事务的管理过程中，要特别注意掌握并遵循如下特殊要求：一是始终把方便服务对象、便利机关工作放在首位，即坚持服务性；二是厉行节约，减少浪费，讲究成本效益，即强调经济性；三是加强法制建设，充分发挥法律手段的作用，即注重规范性。

我国机关总务后勤服务体系是从战争时期的供给制演变而来的，其主要特征是：小而全或大而全，封闭性强，自我服务，机关办社会，不讲核算、不讲经济效益。实事求是地说，这种服务体系在新中国成立初期及之后一段时间里，确实发挥了很好的作用，但同样不能否认的是，目前这种服务体系已经与客观实际需要，特别是与社会主义市场经济体制对政府职能转变的需要、对机关管理效能的需求形成了严重的不适应，甚至是对立。有的总务后勤服务体系不仅是造成政府机构庞大，人力、物力和其他各种资源浪费严重的重要原因之一，各级财政已不堪重负，而且为腐败现象的滋生提供了土壤，往往成为一些人利用职务之便牟取私利和为某些领导者提供名目繁多的特殊服务的一条方便渠道。同时，提供的服务质量低劣也是不争的事实。因此，这是一个亟待解决的问题，而解决问题的主要途径就是尽快实施改革，实现后勤服务的社会化。

机关总务后勤服务的社会化就是机关总务后勤服务的商品化和市场化。

第三节 信息时代的机关管理

一、信息技术对机关管理的作用

政府管理的信息化首先发生在行政机关的内部，是行政机关内部公务处理的电子化。因此，行政机关内部公务处理的电子化既是政府管理信息化的核心，也是政府管理信息化的基础。换言之，如果不能实现行政机关内部公务处理的电子化，那么，政府管理的信息化就将是一句空话。

政府管理的信息化是以办公自动化为先导，逐步普及应用发展起来的。随着科学技术的迅猛发展，传统的信息处理与决策方法和手段已不能适应社会的需要。为实现办公高效率，彻底改革传统的手工办公方式，办公自动化已势在必行。与此同时，计算机技术、通信技术以及软件技术的长足发展，为实现办公自动化提供了坚实的物质和技术保证。

（一）办公自动化的概念

办公自动化是指在行政机关工作中，以计算机为中心，采用一系列现代化的办公设备和先进的通信技术，广泛、全面、迅速地收集、整理、加工、存储和使用信息，为科学管理和决策服务，从而达到提高行政效率的目的。

我国的办公自动化起源于20世纪70年代，虽然时间不长，但发展却极其迅速，已从单项办公业务处理向综合型办公系统发展，从局限于单个机构的办公系统向网络化、标准化和智能化发展，从文字、数据处理向文字、数据、图像视频和语音综合一体化处理发展。特别是高科技成果不断被应用于办公自动化，使办公领域发生了革命性的变化。这一发展变化过程大致经历了单机操作阶段、数据处理阶段、网络运行阶段和知识管理阶段。

知识管理阶段是以互联网为基础，融信息处理、业务流程和知识管理于一体，以提供丰富的学习功能和知识共享机制为目标，使每个工作人员都能根据日益增长的工作需要来不断地获取各种知识，在提升每个工作人员创造能力的基础上，大大提高整体创新和应变能力。

办公自动化的知识管理阶段已经发展为一个多功能的公务处理平台，即形成了一个办公自动化系统。这一系统，不仅可以全面实现从手工操作到无纸办公的过渡，用网上办公方式取代传统手工方式，更重要的是以信息交流、知识管理为核心，实现办公信息的共享，协同处理工作事务，最终达到提高行政机关办公效率和质量的目的。

1. 办公自动化系统的概念

办公自动化系统是指为提高办公效率而建立的，面向特定工作部门，支持其综合办公业务的集成化信息系统。它将这一特定部门的人员、工作流程、信息、组织机构与办公自动化技术和设备集合成一个高效运转的有机系统。

2. 办公自动化系统的构成

办公自动化系统由三个功能层次构成，从低到高，对应组织机构的三个层级：

第一，事务处理层办公自动化系统。它以个人电脑、各种现代化办公设备的应用为主要标志，支持行政机关各办公机构分散的事务处理的办公自动化。

第二，管理信息层办公自动化系统（Management Information System，MIS）。管理层办公自动化除具有办公事务处理的功能外，还具有办公业务处理和管理信息的功能。从信息处理的角度来看，该系统是满足基于整个业务系统的信息处理一体化的需求，合理地改善信息处理的组织方式和技术手段，从而达到提高信息处理效率和管理水平的目的，将办公系统的业务活动和管理活动构成一个整体的自动化功能模块。

第三，决策支持层办公自动化系统（Decision Support System，DSS）。决策支持层的办公自动化功能，除具有办公事务处理功能和管理信息功能外，还具有决策支持功能。具体而言，该系统是一种基于计算机的交互式系统，用来帮助决策者在决策过程中利用数据和模型求解问题并作出判断。所以，DSS是能支持专门的数据分析和决策模型建立过程的、以未来计划为目标的、不定型的、可扩充的系统。它由三个互相联系的部分构成：语言子系统，在用户和DSS之间的通信机构和交互界面；知识子系统，由数据和过程组成的领域知识库；问题处理子系统，连接上述两个部分的控制和推理机制。

（二）办公自动化系统的意义

第一，办公自动化系统是机关行政不可或缺的工具。在信息时代，办公自动化系统已经取代了工业社会的笔墨纸张，使机关行政的各项工作的效率更高，质量更优。

第二，办公自动化系统有效降低了机关行政的工作成本。机关行政的工作成本可以定义为机关行政在为行政机关各项工作提供服务的活动过程中，投入的人力、财力和物力。办公自动化系统除了可以减少纸张的使用和各种设备的重复购置等这些显而易见的成本外，最为重要的是其实现了人力资源的节约。工作人员将一般性的、重复性的、烦琐的、杂乱的事务交由计算机处理或通过网络传递，就可节省出大量时间去思考更高层次的问题、从事更为有益的事情，从而极大地提高了人力资源的利用效率。

第三，办公自动化系统提高了机关行政的工作效率。在经济和信息全球化加快发展的形势下，政府绩效已经成为一个国家或地区在全球竞争中的一个极其重要的竞争因素。而机关行政效率的高低又是直接影响和制约政府绩效的首要的、关键的因素。办公自动化系统的根本目的就是提高机关行政的工作效率，从而促进政府绩效迅速提升，并且能够以此推动整个国家的全面发展和进步。

二、信息技术在机关管理中的应用

办公自动化系统的目标就是要打破时间和地域的限制，创造一个集成的公务处理环境，使机关内部的和政府系统所有的工作人员一起来协同工作，共享信息和知识。

办公自动化系统的应用涵盖机关行政日常工作的全部事宜，而其中最主要的内容包括公文处理、电子邮件、会议管理、信息管理、档案管理、公共信息服务等。

第一，公文处理。公文运转是行政机关不可缺少的工作环节，办公自动化系统为公文快速、安全、有效地运转提供保证，实现公文管理的办公自动化。

第二，电子邮件。电子邮件的应用是行政机关内部协同工作的基础，办公自动化系统可以根据不同的处理流程，自动将各类文件以电子邮件的方式进行传递，实现管理信息在行政机关内部及个人之间的快速传递。

第三，会议管理。办公自动化系统为行政机关各种会议的组织召开提供科学、高效的管理，包括会议的设计、准备、记录、查询等功能，实现会议通知、会议日程、出席情况、接站方案、订票安排、会议决议、会议纪要、在线查询等系列化管理。

第四，信息管理。办公自动化系统对原始信息进行收集和归纳，具备编辑、摘要、查询、统计、汇编等多项功能，实现信息管理的办公自动化。

第五，档案管理。办公自动化系统通过编立、调整、删除、编入、移出档案等工作过程，可迅速实现档案查询、借阅、催还、归档、保管的自动化管理，有效实现档案管理全过程的自动化控制。

第六，公共信息服务。办公自动化系统提供的公共信息服务主要包括行政机关的机构设置、人员编制、主要职能、业务范围、通信方式、政策咨询，以及办公自动化系统使用方法等。

第四节 机关事务管理

一、机关事务管理的含义与特点

这里所讲的机关事务管理并不是前文所讲的行政机关的办公厅（室）所辖的内部后勤管理，而是指一级政府或国务院部委设置的专门机构对政府各个部门的事务所提供的服务与管理。

一级政府或国务院各部门设置的专门为各个部门提供服务与管理的机构，一般称为机关事物管理局或服务局，也有称为机关服务管理中心或机关服务办公室的，如国务院机关服务管理局（现已合并到国家机关服务管理局），现在国务院各部委、省、直辖市、自治区均设置了机关事务管理局或服务局、机关事务管理中心或办公室，它们就是这类机关事务管理的专门机构。在机构改革之前，国务院各部委和省一级政府设置的这类机关事务管理局为司局级行政机关。机构改革后，少数省仍然保留了其行政机关的编制。但是，作为一个司局级的行政单位，许多部委和省将其改为事业单位，仍称之为机关事务管理局或服务局，或管理中心。

机关事务管理专门机构，无论其属于行政单位还是事业单位，其性质和服务对象都没有变化，仍然作为政府部门的一个部门，仍然为政府各个部门提供服务。

机关事务管理专门机构的服务和管理范围有明确规定，其经费由国家供给。这一点并不能因为划归事业单位而有变化。

机关事务管理是以为政府各部门提供高质量、全方位的高效服务和管理作为目标，而不是以营利为目的的。作为公共部门，它受到有关法律和规定的严格约束。

二、机关事务管理的职能

机关事务管理局或服务局，管理中心或办公室，其主要管理职能如下：
（1）负责行政机关事务的管理、保障和服务工作；
（2）组织和制定行政机关的后勤体制改革政策，并监督实施；
（3）负责所属的行政事业单位的国有资产的管理工作；
（4）按规定制定行政机关财务管理有关规章制度并组织实施；
（5）负责行政机关房地产管理工作；
（6）负责行政机关节约能源管理工作；
（7）按规定承担行政机关采购工作；
（8）负责行政机关的人民防空工作等。

这些职能都非常具体而繁杂，如房地产管理，负责各部门办公房产分配、物业管理等，管理下属的培训中心、疗养院、剧院等。其他各种服务，如机关安全保卫、集体户口管理、食堂、计划生育、义务献血、爱国卫生等，有的还包括为离退休老干部提供各种服务，集体采购办公用品、车辆等。这些工作政策性很强，要求讲究效率、效益与公平，服务必须细致周到。

三、机关事务管理的定位与改革

机关事务管理局或服务局、管理中心或办公室，无论属于行政编制还是事业编制，其性质是具有公权力,是行政机关,其目标是为了给政府各个部门提供优质的、全面的服务和管理;在其职权范围内,对政府各个部门进行监督。这个定位是不应该偏离的。

但是,现在有的省机关事务管理局背离了其服务宗旨,把自己当成市场主体,在其自我介绍时,甚至提出以房地产为龙头,发展多种产业的方针。机关事务管理机构不是企业,即使是事业编制,也不能把自己定位为以营利为目的的企业。它具有公权力,不能参与市场竞争。它的目标是为行政机关服务和管理,而不是发展产业,一些从事机关事务管理的单位甚至想把机构进一步扩大。因此,政府必须对机关事务管理进行改革。

首先,机关事务管理机关必须回归本位,不能发展多种产业,不能成为市场竞争的主体。

其次,机关事务管理局或服务局,之所以成为事业编制的管理中心,是机构改革时变相精简人员的变通做法。它机构多、人员多,要精简机构、精简人员。有的机关事务管理的工作人员甚至超过同级政府的公务员人数。这极其不正常,不精简就会出现政府机构少了,可是这种机构却臃肿的现象。

再次,用信息化、网络化科技手段提供管理和服务,引进市场机制购买服务。这样不仅可以减少机构、精简人员,而且还可以提供服务和管理质量。

最后,应当加强机关事务管理专门机构的权威性。没有权威就无法进行管理。机关事务管理专门机构以事业单位的身份去管理政府部门的事务,缺乏应有的权威性,应当恢复其行政机关的地位。应该用精简机构、精简人员、创新管理手段和技术方法达到精简的目的,而不应将其划为事业单位,而达到难精简又要保持政府精简的目标。

机关事务管理机构改革是一件很复杂的事情,随着行政机构改革的发展与创新,一定能达到机构精简、人员干练、服务上乘、管理严格的目标。

小结

机关事务管理是公共行政的组成部分,是行政机关综合办事机构,它辅助行政首长开展各种管理工作,是行政机关有效率、有计划、有秩序地进行工作的保证。

第九章 行政决策

通过本章的学习，了解行政决策程序；理解行政决策的作用、行政决策体制、行政决策参与；掌握行政决策的含义和特点、行政决策的原则与类型。行政决策既有决策的一般特点，在决策主客体、决策目的等方面又有其特殊性。科学决策和民主决策需要有体制上的保障。

第一节 行政决策概述

一、行政决策的含义

决策是一个非常广泛的概念，它几乎涉及人类社会的各个活动领域，是人类改造自然和社会实践活动的重要构成部分。决策就是决定，就是拿主意、想办法。决策并不神秘，上至国家大事，下至个人日常生活中各种问题的解决，都涉及决策，决策正在改变和影响人类的生活或改变一个人的命运。

行政决策是各种各样决策中的一种，是指行政领导者在处理政务时，从公共利益和公平与公正原则出发，依照法律和有关规定作出决定的行政行为。

二、行政决策的特点

行政决策是一种特定决策形式，但它具有决策的一般特点，如目的性、预见性、选择性、实践性、优化性等。同时，它还具有其自身的特点：

第一，行政决策主体的特殊性。行政决策的主体是行政领导者，是政府和政府各种职能机关以及具有行政授权的社会组织。它既可以是一个领导人，也可以是一个领导集体，他们都有法定职权和地位以及法律授权。一般来说，非经上级国家机关、法律以及其他社会规范授权，任何其他机构和社会组织、个人，都不拥有行政决策权力，不能成为行政决策的主体。

第二，行政决策客体的广泛性。行政决策的客体是社会公共事务，从中央到地方，各级行政机关运用行政决策权力解决社会公共事务的各种问题，涉及国家和社会生活各个领域的广泛事务，往往要涉及很多机构，动用大量的人力、物力和财力。不涉及社会公共事务的决策不是行政决策。

第三，行政决策目的的非营利性。行政决策以实现公共利益为出发点。这是行政决策与其他类型决策的最大区别之一。政府是非营利性组织，是以为公众服务为宗旨的。行政决策以实现公共利益为目标，均衡地协调社会利益和社会价值，确保社会公平和社会稳定。这是其他任何类型的决策不可能有的功能。如果政府舍弃公共利益进行决策，那么势必会造成社会不公平，造成社会动乱，危及政府自身。

第四，行政决策的合法性。行政决策必须符合宪法和有关法律以及行政法规，不能违背宪法和有关法律以及行政法规。依法决策是依法行政的关键。行政机关行使自由裁量权必须符合宪法、法律、法规和有关政策的精神，不能随心所欲地进行决策。

第五，行政决策地域效力的普遍性。一级政府所作出的行政决策在其管辖地区之内，其效力达及每个公民和每个社会组织。换句话说，每个公民和每个社会组织都必须贯彻执行其决策，如果不执行，必将受到应有的制裁。政府职能部门作出的行政决策，凡政策所涉及的每个公民和每个社会组织也都必须贯彻执行。行政决策的这种地域效力是其他社会组织的决策效力无法相比的。

第六，行政决策执行的强制性。政府是以强制力为后盾的，因此，行政决策不是可以或不可以执行的问题，而是必须执行的问题。任何公民和任何社会组织都必须贯彻执行政府制定的行政决策，如果不贯彻执行，必定受到惩罚，甚至会被强制执行。行政决策的这种强制性体现了行政机关单向行政行为的合法的强制力量，但是，它不能成为知法犯法的借口。任何组织和个人都不能违反，否则将受到惩罚。

三、行政决策的作用

第一，行政决策在行政管理过程中具有决定性作用，处于核心地位。行政管理有领导、决策、指挥、执行、协调和监督等环节，但是，在所有这些环节中，行政决策是最重要的，是关系到行政管理成败的关键因素。整个行政管理活动都是围绕着行政决策开展的，都是为了落实行政决策的目标和标准进行的。行政决策是公共行政的起点，如果没有行政决策，公共行政就无法进行，领导、指挥、执行、协调和监督等管理环节就没有根据和标准。因此，行政决策在公共管理活动中起决定性的作用，处于核心地位。但是，在强调决策的重要时，并不意味着"管理就是决策"。

第二，行政决策主导着行政管理的全过程。行政决策不仅是行政管理活动的先导，而且贯穿于行政管理的全过程，从而也主导和左右着行政管理的全过程。行政决策渗透在各种行政功能的运作中，但其他的行政管理功能并没有消失，依然具有其独立性。

第三，行政决策是行政管理的成功与失败的决定因素。"一言兴邦，一言丧邦"就是说一项行政决策可以使国家兴旺发达，也可以使国家衰败灭亡。一定程度上说，行政决策确实是关系到国家成败和行政管理成败的关键。行政决策正确与否，直接关系到行政管理的目标能否实现，行政决策水平如何；会影响到行政管理工作是否有生机和活力；行政决策质量的高低决定着行政管理成效的高低。所以，高明的行政领导者就是要将主要精力用于决策，并及时根据情况的变化，调整决策或形成新的决策，保证行政管理的一切工作正常运转，提高行政效率。

第四，行政决策是贯彻执行国家意志和加强政府合法性的必要途径。国家的任何政治决策都必须通过政府予以贯彻执行。政府必须把国家的政治决策转换为行政决策才能真正得到落实。我国正在进行社会主义民主化，在农村实行村民委员会自治。但是，要真正落实村民委员会自治，必须各级政府贯彻执行。

行政决策一般表现为法律、法规或公共政策，它往往涉及一些人的切身利益。因此，制定行政决策必须从公共利益和大多数人的利益出发，为公众利益服务，才能加强政府的合法性。

第二节 行政决策的原则与类型

一、行政决策的原则

行政决策必须遵循如下基本原则：

第一，科学预测原则。凡事预则立，决策是针对未来的。行政决策是建立在对未来发展与问题的预测基础之上的决策。政府制定投资政策，它必须在充分论证并预计到某种产业在世界范围内将有较大的发展，如果不及时制定这方面的政策，就有可能被其他国家占先机之利。行政决策的执行过程当中，如果不能预见到可能遇到的困难和出现的问题，就会面对困难和问题束手无策。面对亚洲金融风暴突然袭击，亚洲各国没有应对之策，只得听之任之，使各国蒙受巨大损失。究其原因，是亚洲各国沉浸在发展与繁荣的兴旺和清平之中，而没有想到满则损、盈则亏，没有一个国家的政府制定了回应金融风暴的对策。可见政府制定各种政策如果没有预见性是不行的。行政机关，无论是中央机关还是地方机关，无论是一级政府部门，还是不同级别的政府职能部门，在进行决策时都必须对决策对象的未来发展情况有充分的分析与预测。

第二，信息原则。行政决策正确与否的主要因素之一是准确、可靠的信息，信息是进行决策的根据，没有信息，决策就是无源之水，无本之木。现代社会是一个信息爆炸的社会，而且传递信息的手段已十分发达，斗室之中便知环宇风云变幻，对国内外发生的各种事情，只要电视和网上进行报道，就如身临其境；只要打电话、发微信，哪怕相隔千万里，就犹如面对面促膝谈心。但是，媒介手段的发达并不能代替对信息的分析与综合。信息超载是现代社会的重要特征之一。没有信息不能进行决策,信息过多也难于决策。面对繁多复杂的政务信息,决策者要有较高的政策水平和分析与综合能力,要善于发现那些能够满足决策需要的信息。作为行政领导者,必须重视信息,但更应该重视信息的真实性与全面性。兼听则明,偏信则暗。不能以点代面,以偏概全;更不能一叶障目,不见泰山。

第三,可行性原则。行政决策是为了解决管理过程中出现的问题,因此,决策的可行性是进行决策时必须考虑的重要因素。决策方案必须以可行性为基础。毫无疑问,无论什么样的决策都不可能达到完全理性,而只能达到有限理性。但是决策的限制条件不能造成决策不可能实行,最起码不能成为较大的障碍。如果一项决策只有少数人反对,而大多数或绝大多数人赞成,那么就有可行性。当然,可行性不仅仅是这一点,还要进行成本效益分析和各种相关因素分析等。

第四,满意原则。传统上认为决策应该对各种决策方案进行择优选择,但是,实际上最优决策方案是不存在的,只有相对满意的决策方案。也就是说,最优决策方案只不过是一种理想状态,能够有最优决策方案当然好,而实际上任何决策方案都有其限制条件。那些能够满足决策要求和条件的方案就是好方案。理想状态的决策方案有时并没有可行性,在实施决策方案时会遇到重重阻力。

第五,成本效益原则。在进行决策方案选择时,应该选择那种投入人力、物力、财力和时间最少,而收益最大的方案。公共行政是为社会公众服务的,政府在进行决策时应该充分地考虑到必须对纳税人负责,不能浪费纳税人的钱,要降低行政成本。同时,政府也必须考虑到决策的实施能够为社会公众提供最好的服务,获得最大的社会效益。

第六,公平与民主原则。政府的重要作用就是确保社会公平。因此,在进行决策时必须充分考虑到社会公平的问题。尤其是在社会主义市场经济的条件下,市场经济所造成的分配不公只能由政府进行再分配予以弥补。政府的真正价值就在于坚持公平。只有社会公平,社会才能稳定。而没有社会稳定,就不可能有社会的全面、和谐发展。所以,政府在进行决策时必须坚持公平原则;政府在进行决策时必须充分发扬民主,实行公民参与,听取公众意见,反映民心民意,满足公众的需求。民主决策是公共行政民主化的重要组成部分。在知识经济时代和信息社会的条件下,民主是历史发展的必然趋势,不可阻挡。那种传统的政府决定、公民被动执行的管理方式已经不符合时代的要求,它必须转变为政府广泛地听取公众意见,让社会充分参与,然后政府决策、公民执行的管理方式。我们党有这方面的优良传统,一直采取"从群众中来,到群众中去"的民主决策原则。

第七,法制原则。公共行政是依法行政。因此,在进行决策时必须贯彻法制原则。决策必须符合宪法,必须符合有关法律和法规,必须符合党的方针、路线与政策。否则,决策便没有合法性的基础。地方政府的决策也必须与中央政府和上级政府的决策保持一致,不能另起炉灶,与中央政府和上级政府的决策唱对台戏。

第八,实现公共利益的原则。政府是为社会公众服务的,是为了实现公共利益的。政府进行决策时,不能谋求自身的利益,因为它是非营利性的。应当承认政府也有其自身的利益，但是这种利益不应该干扰决策的公平性和公正性，否则就会发展为部门利益和行业利益。因此，在进行决策时应当把实现公共利益作为衡量政府决策行为是否公平合理的重要标准。

二、行政决策的类型

对行政决策类型的划分，从不同的角度可以划分不同的类型。如果从决策者的法定地位的角度进行划分，行政决策可以分为中央政府决策、地方政府决策和基层政府决策；如果从决策内容上来划分，可以分为政治决策、经济决策、文化决策和社会决策；如果从决策的重要性上来划分，可以分为战略决策和战术决策；如果从决策所涉及目标的多寡来划分，可以分为单目标决策和多目标决策。这些决策类型的划分都在一定程度上说明了决策的性质和作用。但是它往往涉及决策的主体和决策的内容，而不涉及决策方式，也就是说，其仅指出了谁进行决策，决策的内容是什么，而没有指出决策主体怎么进行决策，为什么作出决策。我们认为决策类型从决策方式的角度可以有如下几种划分方法：从决策的风险程度来讲，可以分为确定型决策、风险型决策和不确定型决策；从决策对象的结构性程度来讲，可以分为程序性决策和非程序性决策；从决策主体的行为方式来讲，可以分为个人决策和集体决策；从决策主体采取决策的方法上来讲，可以分为经验决策和科学决策；从所要解决的决策问题的范围和重要性来讲，可以分为战略决策和战术决策。

（一）确定型决策、风险型决策和不确定型决策

确定型决策是指决策者对决策对象的自然状态和客观条件能够确定，决策目标也非常明确，对决策实施的结果也能够确定。确定型决策一般是对决策所要解决的问题的有利条件和不利条件都很清楚，决策目标也很明确，有几个可供选择的决策方案，对各种决策方案的实施后果也有十分确定的把握。这样，决策者可根据自己的经验和主观偏好进行决策。

风险型决策是指决策者对决策对象的自然状态和客观条件比较清楚，也有比较明确的决策目标，但是实现决策目标必须冒一定风险。风险型决策必须有一个明确的决策目标，要有两个以上可供选择的决策方案，能够确定实施决策方案的有利条件和不利条件；决策对象的自然状态和客观条件，是决策者可以控制并可预测的；决策者对决策实施的后果要有一定的把握，但是必须付出一定的代价，冒一定的风险。在这里应该指出，确定型决策和风险型决策有时很难有明确的界限。

不确定型决策是指决策者对决策对象的自然状态和客观条件都不清楚，决策目标也不够明确，对决策的结果也不能控制和预测。不确定型决策是比风险型决策难度大得多的决策，一般有两个以上的决策方案。决策对象有两个以上的变量，而且这些变量和自然状态的发展变化是不可预测的，也是不可控制的。没有最好的决策方案，决策者从不同的角度出发可以作不同的选择。对决策对象的自然状态在不同条件下发生什么样的变化不可能做出确定性的

预测，对各种决策方案出现的各种结果的概率也很难确定。它往往以决策者的主观意志和判断为决策依据。决策者有各自偏好，有的魄力大，敢于冒风险，往往选择那种收益大，但损失也大的方案；有的魄力比较小，不敢冒风险，往往选择那种收益小，但损失也小的方案。因此，不同的决策者可以作出不同的决策，而没有最好的决策，因为一切都是不确定的，都是发展变化的。

（二）程序性决策和非程序性决策

程序性决策也叫作常规性决策，是指决策者对有法可依、有章可循、有先例可参考的结构性较强、重复性的日常事务所进行的决策。通俗地讲，程序性决策就是照章办事或例行公事。程序性决策要求必须按照规则处理各种公共事务，必须依照有关法律、法规、政策、规章制度予以决定。在没有规则可循的情况下，必须有先例可供参考。程序性决策的决策对象一般都不是涉及面广的重大问题。

非程序性决策也叫作非常规性决策，是指决策者对无法可依、无章可循、无先例可供参考的问题的决策，是非重复性的、非结构性的决策。这类决策的要求较高，它要求决策者必须有较全面的法律知识，有较高的政策水平，有对决策对象的全面了解与分析，有对决策结果的准确把握。也就是说，所作出的决策不能违背有关的法律和法规，不能违背有关的规章制度。

程序性决策和非程序性决策并没有明确的界限，大多数决策既不是完全程序化的决策，也不是完全非程序化的决策，而是程序化和非程序化的结合。程序性决策一般由下层领导者作出，非程序性决策由高层领导者或主要领导者作出。尤其是关系到组织的生存和发展的重大问题，必须由组织的主要领导者作出。

（三）个人决策和集体决策

在进行行政决策时，由行政领导者一个人所作出的决策，叫作个人决策。这是在政府系统内常见的一种决策方式和决策类型。领导者独自进行决策，有的领导者听取其他人的意见，有的则不听任何人的意见，但是，听或不听其他人的意见，都是领导者自己一个人进行决策。个人决策容易造成决策失误，这是因为领导者个人掌握的政务信息有限、知识有限、理性有限、能力有限。如果领导者个人能够掌握完全的政务信息，有过人的智慧，有完全的理性，非常有能力，能够保证决策的质量，那么，个人决策是成本最低、效率最高的。但是一般的领导者很难具备这些条件。同时，个人决策也容易造成权力垄断，如果没有权力制约，就会造成滥用权力和滋生腐败，这是权力行使没有界限必然导致的结果。

集体决策是指在进行行政决策时，由行政领导集体所作出的决策。集体决策往往采取少数服从多数的原则。集体决策既可以充分反映各方面的意见，集思广益，集中大多数人的经验和智慧，又可以反映各个方面的不同利益，扩大实施决策的基础，调动各个方面和各种人员的积极性和主动性。同时，它可以防止个人垄断权力和滥用权力，防止产生寻租现象和腐败。但是集体决策与个人决策相比，成本过高，效率也较低，尤其可能出现议而不决、拖拖拉拉的现象，对执行决策的结果由集体负责，实际上没人负责。

（四）经验决策和科学决策

1. 经验决策

经验决策是指决策者对决策对象的认识与分析，以及对决策方案的选择，完全凭借决策者在长期工作中所积累的经验和解决问题的惯性思维方式。这是领导者经常用的决策类型，也是最传统、最常见的决策类型。公共事务纷纭复杂，千差万别，成因也不尽相同，缺乏确切的定量因素和确定因素，然而它却存在着大量的不确定因素和难以定量的不断变化的各种因素。领导者在长期的工作实践中，处理了各种各样的问题，有成功的，有失败的。这些正反两方面的结果都是经验，成为领导者进行决策的根据。

2. 科学决策

科学决策是指决策者凭借科学思维，利用科学手段和科学技术所进行的决策。现代科学技术的高速发展为科学决策提供了必要的条件和手段。信息技术的发展为科学决策理论和技术的应用和发展奠定了基础。现在许多公共事务可以建立比较成熟的数学模型，可以用比较成熟的科学决策模型进行决策。

尽管科学决策是建立在现代科学技术基础之上的先进决策方法，但是也不能认为经验决策就是落后的方法，是没有价值的方法。科学决策和经验决策各有所长，各有所短，互相不能取代，只能是取长补短。当然，如果一切公共事务都能用科学方法进行决策是非常理想的，但是到目前为止还不可能办得到。社会问题的变量很多，成因很复杂，而变化又快，涉及面又广，许多变量是用科学方法不能予以概括的，也无法建立数学模型，所以无法用科学方法进行决策，而必须靠领导者的经验进行分析、判断和决策。科学决策难以处理那些不能定量化的社会因素，而经验决策往往容易墨守成规，缺乏创新。

（五）战略决策和战术决策

战略决策是指直接关系到组织的生存与发展，涉及组织全局的、长远性的、方向性的、影响范围广大的决策。一般来说，战略决策风险大，需要长时间才可看出决策结果，所需解决问题复杂，环境变动较大，对决策者的洞察力和判断力要求高。因此，战略决策一般多由高层决策者作出。

战术决策是指根据战略目标的要求，为解决某一重大问题或某一阶段面临的重大问题而作出的在组织内部范围贯彻执行的局部性、短期性的具体决策。战术决策以战略决策规定的目标为决策标准，为战略决策服务，是实现战略决策的手段和环节。战术决策一般由中层管理人员作出。

（六）危机决策

危机决策是指领导者在自然或人为的突发性事件发生后，迅速启动各种突发事件应急机制,大胆预测,作出决定的过程。一般来说,大多数危机事发突然,事先也很难预知,其本身带有很大的不确定性,很多现象以前从未见过,因此对领导者应对公共危机的能力是一个考验。危机发生后,领导者要善于抓住危机中的契机,变被动为主动,根据危机的变化过程,及时调整方案,正确决策,化解危机。

第三节 行政决策体制与程序

一、行政决策体制

现代的公共行政必须建立现代的行政决策体制,行政决策体制的法制化、民主化和科学化是行政法制化、民主化和科学化的核心。行政决策体制应该解决由谁进行决策,由谁参与决策,反映谁的意见和谁的利益,由谁监督决策的合法性、民主性和科学性等问题。建立现代行政决策体制,一方面要保证决策必须反映民心民意,另一方面也要确保决策必须符合法律,符合程序,具有科学性和可行性。领导权就是决策权,谁把持了决策权,谁就掌握了权力。行政决策体制重要的作用之一就是对决策权的行使进行监督。

所谓行政决策体制,是指由承担各项任务的行政机关和行政人员所组成的一个组织体系。现代行政决策体制应该包括:领导决策系统、公民磋商与参与系统、专家咨询系统和信息支持系统。

(一) 领导决策系统

毫无疑问,行政决策必须是由一级政府或职能部门的行政领导者作出的决策。其一般有两种决策方式,即个人决策和集体决策。个人决策是比较常见的决策方式,政府首长往往习惯于个人决策。例如,美国政府由总统独自进行决策,内阁成员起着咨询和参谋的作用,他们的意见不能左右总统的决定。但是,个人决策容易导致个人独断专行,也可能由于领导者个人的智力、能力和经验的有限影响决策质量。另一种决策方式是由一个领导集体进行决策,即集体决策。无论是个人决策还是集体决策,其关键是决策是否反映了民心民意,领导者是否考虑了大多数人的意见和大多数人的利益。

领导者有独自作出决断的权力,关键问题是这种权力使用的合法性。对决策权的合法性的监督一般由立法机关进行。议会对政府的决策进行辩论和投票,决定政府的决策是否具有合法性。议会或者进行否决,或者提出修正案。一级政府的决策权由立法机关进行监督,而政府的职能部门或其他行政机关的决策权应该由上级机关进行监督。

领导决策系统的基本任务是,确定要解决的问题和决策目标,把公民磋商和参与系统、专家咨询系统和信息支持系统组织起来,围绕所要解决的问题和决策目标开展工作;组织专家咨询参谋系统拟订各种不同的决策方案;负责选择决策方案,也就是进行决策,并对立法机关和上级机关与公民负责；负责推行决策，监督决策的执行，在执行过程中可以完善和修正决策，并且对实施决策的结果负有完全的责任。

领导决策系统是行政决策体制的核心，是实际权力的把持者。它决定在多大程度上容许公民参与，在多大程度上听取公民意见，在多大程度上听取专家意见，决定行政决策体制法制化、民主化和科学化的程度。没有行政决策体制的法制化、民主化和科学化，也就不可能实现行政管理的法制化、民主化和科学化。

（二）公民磋商与参与系统

政府决策与公民磋商并吸收公民参与是现代行政决策体制的重要内容，也是行政民主化和政治民主化的重要内容。政府决策必须集中和反映大多数人的意见和利益，不能片面地代表和反映少数人利益和特权者的利益。我国是社会主义国家，人民群众是国家的主人，政府是为人民服务的，领导者是人民的公仆，必须听取公民的意见，代表公民的利益。我们应该看到，政府也有自身的利益，政府和官员更愿意对任命和提拔他们的上级负责，而对公民则没有那么强的责任心。公民要求政府提供优质服务是公民的消费权，公民是政府的顾客。政府为公民服务就应该有商家为顾客服务的态度。人民是国家的主体，是国家的主人，政府的决策如果不能代表和反映人民的意见和利益，政府就缺乏合法性的基础。这是任何类型的政府不得不注意的问题，也是关系到政策的可行性和政府的生存与发展的问题。苏联和东欧社会主义国家在短时期内发生了巨变，很快从社会主义国家变为资本主义国家，除了有深刻的国际背景之外，非常重要的原因是这些国家的政府缺乏合法性，最起码它们从主观上没有重视这个至关重要的问题，以为社会主义国家政府必然有合法性。其实，社会主义国家的政府也会有政策失误，也会有官僚主义、衙门作风，也会有少数人当官做老爷，也能够产生腐败，也会脱离人民群众，人民群众也可能不认同政府的政策，不拥护政府的某些措施，也可能产生一些矛盾和冲突。这些都需要建立公民磋商和参与系统。公民磋商与参与系统包括如下内容：

第一，建立社会信息反馈系统。它的作用是广泛地进行调查研究，了解民情民意，重视人民群众的要求和希望，及时反馈给政府。这样，政府在进行决策时就能够做到政策目标符合人民群众的需要，想人民群众之所想，急人民群众之所急，决策方案的抉择就能够恰到好处，切实可行；这样也可以避免官僚主义和主观主义。

第二，建立政府与社会组织和社会团体的磋商系统。在社会主义市场经济条件下，已打破"大一统"的单一社会结构，社会已成为网络型社会。社会的不同阶层和不同行业形成了不同的利益集团，社会组织和社会团体则代表他们的不同利益与意志。因此，一项公共政策制定之前，政府要和代表不同利益和意志的社会组织和社会团体进行磋商，听取他们不同的意见，协调他们的意见和利益，在互相妥协的基础上达成共识。例如，北京关于出租汽车调价的问题，政府曾经请出租汽车司机的代表和乘客代表进行磋商，最后达成作为卖方的出租汽车司机和作为买方的乘客都满意的价格。这是一次十分成功的政府与社会组织和社会团体进行磋商的案例。社会组织和社会团体与政府进行磋商并参与决策，共同制定的政策就具有了广泛的基础，更具有可行性与合法性。

第三，建立公民评价与监督政府系统。政府是为人民群众提供服务的，这种服务作为一种公共物品，它的质量如何，只能由服务对象予以评价和监督。要做好这方面的工作，首先必须做到政务公开、岗位职责明确、政策透明、程序公开，同时要有明确的评价标准。如果这些问题不明确，就无法对政府的工作进行评价和监督。与此相对应，政府对人民群众的评价和监督要有回应，需要建立反馈机制，必须制定措施，公开评价和监督结果，惩罚分明，奖优罚劣。有了这种竞争机制，公民评价和监督机制就不会流于形式，这样就从根本上改变了过去只对上级负责而不对公众负责的做法，对改变政风起到了巨大的推动作用。现在，全国许多政府和政府部门都不同程度地实行了这种制度，取得了比较明显的效果。

（三）专家咨询系统

专家咨询系统是现代行政决策体制中最重要的组成部分之一，也是现代各国普遍采取的决策方式之一。在现代社会，信息爆炸，知识超载，利益多元，社会问题也往往与现代科学技术问题搅在一起，许多社会问题不仅是社会问题，还是科学技术问题，不是专家很难予以界定。政府首长的能力、知识和时间都有限，有时面对复杂的各种问题也很难作出决策。因此，为了加强决策的科学性和可行性，第二次世界大战以后，西方发达国家成立了许多专家咨询机关，叫作"外脑""思想库""智囊团"。

西方发达国家有许多这方面的私营机构和公立机构，其目的都是为政府出谋划策，提供政策咨询。这些机构往往得到政府资助，独立研究政府可能遇到的各方面的问题，制定各种决策方案，供政府决策参考。美国兰德公司是最著名的咨询机构，它很早就预测到希特勒必然发动第二次世界大战，它愿意以几百美元的价格把它的研究报告卖给美国政府，但是美国政府予以拒绝。然而历史证明了这个研究报告十分准确地指出了爆发第二次世界大战的必然性，是科学的预见。亡羊补牢，犹未为晚，20世纪80年代，美国政府以几百万美元的价格买下了这份研究报告，以弥补政府当年所造成的失误。从以上例子可以看出，专家咨询系统是非常重要的，是现代决策体制不可或缺的组成部分。它能够弥补领导者能力、智力和时间上的不足，使决策更具科学性和可行性。

专家咨询系统的主要作用是拟订决策方案。首先，专家咨询系统由学者和专家以及资深行政官员组成。他们有独立工作的权利，可以接受政府的委托进行政策研究，但是不受政府政策和政府意图的左右，不受长官意志的影响，必须确保他们有独立思考的空间。他们制定的决策方案可以与政府的政策不同，甚至相反。他们进行调查研究，分析综合，提出各种决策方案。这些决策方案具有排他性，它们之间不能相互重复，相互涵盖，相互交叉。决策方案的制订必须独辟蹊径，别出心裁，自成一家，自成一体。但专家咨询系统只有拟订方案和提出决策方案的权力，没有决策权。同时，如果政府采纳了专家提出的决策方案，专家咨询系统对政策执行的结果也不负任何责任，政府也不能把责任推到专家身上，谁决策谁负责。

（四）信息支持系统

信息是政府进行决策的基础，没有信息，政府的决策就成为了无源之水、无本之木。信息支持系统为领导决策系统和专家咨询系统提供各种政务信息。所以，信息必须准确、正确与及时。信息支持系统主要由如下机制组成：

第一，建立一个收集各种社会信息和政务信息的网络。这些信息包括民情民意，国内外的政治、外交、军事、经济、科学、技术和文化等信息。尤其是现代社会变化大、节奏快、信息多，所以收集信息的工作就更为繁重。但现代科学技术已经有能力使收集的信息覆盖全社会，而没有遗漏。收集的信息必须正确并准确，政府要分清真实信息与虚假信息，不能只报喜不报忧。改革开放以来，干部出数字、数字出干部的现象也曾大行其道，害民误国。因此，政府要建立一个全社会的信息网络，收集需要的各种准确信息，为行政决策服务。

第二，整理、分析和加工各种社会信息和政务信息。对信息必须进行分类整理，整理的过程是一个去伪存真、去粗取精的过程。信息的整理、分析和加工工作必须具备较高的政策水平和实际经验，见微知著，一叶知秋；辨真伪于细微之处，权轻重于毫厘之间；莫为巧言令色所迷惑，不为位高权重所左右。收集的这些信息客观地反映了一定的社会问题，应该如实地向领导决策系统和专家咨询系统传递，供它们在拟订和选择决策方案时参考。

行政决策体制的四个组成部分，缺一不可。领导决策系统是核心系统，它决定是否设置其他三个系统，决定它们如何发挥作用，决定它们之间的关系和协作。但必须肯定的是，决策必须以人民群众的意志和利益为导向，以法制性和科学性为标准，因此，必须有相应的机制予以保证。

二、行政决策程序

行政决策程序是指行政决策过程中相互独立又相互联系的诸环节的先后次序与步骤。著名学者西蒙认为决策程序有四个阶段：第一阶段是情报活动阶段，其主要任务是收集信息，找出差距，界定问题，确定决策目标；第二阶段是方案设计活动阶段，其主要任务是提出各种各样的决策备选方案；第三阶段是选择方案阶段，也就是决策阶段。第四阶段是审查方案阶段，对实施方案进行审查和评价。我们认为行政决策程序应该包括如下几个步骤：

（一）认识问题，界定问题，找出差距

无论什么类型的决策都是围绕确定问题并解决问题而开展的活动，行政决策也不例外。首先必须收集信息，凡属与决策对象有关的各种数据和资料都在收集的范围之内，包括历史的和现在的各种信息。然后，确定问题是什么，为什么会出现这样的问题，问题涉及的范围和程度的广度和深度，出现这些问题的主观因素和客观因素，问题所造成的损失程度和负面影响，问题将怎样发展。这些问题都必须在分析信息的基础上找出答案。

在找出问题并界定问题以后，必须确定理想状态和现实的差距是什么。在这种情况下，决策者必须以实事求是的科学态度，竭力避免主观臆断和个人偏好的影响，尤其不能固执己见，不承认有差距和问题的存在，更不能仅凭经验判断。在政府中，这种情况经常发生，领导者往往不愿意承认有问题，不承认自己的管理和决策有问题，往往沿着错误的方向向前走，试图以更大的代价和更多的投入来挽救和弥补失误，结果是劳民伤财，问题越搞越大，非闹个折戟沉沙不可。决策者必须按照过去确定的目标和标准或一种期望的目标和标准，如一个先进组织的目标和标准进行对比，找出差距。

找出的差距必须准确、客观，能够全面地反映现实状态与理想状态之间的差距。同时，还必须找出出现这样差距的原因，包括主观因素和客观因素，内因与外因。

（二）确定决策目标

在行政系统，决策目标的产生有其特殊性。一个公司可以自主地决定决策目标，但是政府有时却不能自主决定。国家和立法机关以及上级政府和上级领导部门有下达决策目标的权力。

一般来讲，政府决策目标的产生有如下几种：

第一，立法机关确立的决策目标。在我国，各级政府是同级立法机关的执行机关，政府必须贯彻执行立法机关制定的各种法律，这是它们责无旁贷的任务。

第二，中国共产党所制定的方针、路线和政策。在我国，党领导政府，政府必须贯彻执行党的方针、路线和政策。因此，党的方针、路线和政策就成为了政府的决策目标。

第三，上级政府或上级领导机关下达的具体决策目标。这种目标是由上级确定的目标，下级的任务是结合本地区或本单位的具体情况贯彻执行。决策者要研究具体的落实方案，进行仔细周密的分析，确定执行决策的有利条件和不利条件，找出那些妨碍实现决策目标的制约因素。如果制约因素和不利条件太多，可以要求上级给予各种支持，包括财政和人力等资源的支持，也包括政策上的支持。如果没有条件执行决策，可以向上级提出申请，要求改变决策目标。

第四，上级政府或上级领导部门下达的粗略目标。这种目标只规定大致方向和目标，没有具体目标，需要决策者把决策目标具体化。因此，它要求决策者对上级给的目标进行全面的分析，结合具体情况，针对具体问题，提出具体的决策目标。

第五，针对组织本身的发展所确定的决策目标。一种是为了落实组织发展的长远目标而制订的短期目标，另一种是针对组织目前存在的问题所确定的决策目标。

确定决策目标必须符合宪法和国家的有关法律与法规，必须符合党的方针、政策，必须符合上级的指示与命令。决策目标必须符合人民群众的希望和要求，不能违背或侵犯人民群众的利益，必须符合成本效益原则。同时，决策目标必须非常明确，不能含糊不清，模棱两可，要用十分明确的语言予以表达，也要明确决策目标的各种有利条件与约束条件。

（三）确定决策标准，确定每个标准的权重

在确定目标之后，决策者必须根据决策目标的要求，确定决策标准。也就是确定什么因素与实现决策目标相关，必须解决哪些问题才能达到决策目标所要求的理想标准。一般决策目标所要求的标准是多方面的。如果一个城市把建立良好的社会秩序作为决策目标，那么达到这个目标的标准可以有几十个，如社会治安、犯罪率、意外伤亡事故、交通秩序、交通事故、公共秩序等，都可以作为标准。不实现这些标准就不可能实现决策目标。一系列决策标准并非都是一样重要，还必须确定哪些标准更重要，更具有优先权。决策者如何衡量决策标准的重要性，这往往与决策者的个人经验和偏好有直接联系。最简单的方法就是给各种决策标准打分，并根据得分多少确定优先次序。

（四）拟订决策方案

拟订者根据决策目标和标准拟订决策方案。拟订决策方案必须忠于决策目标和决策标准。要进行科学预测，充分分析有利条件和限制条件，要考虑行政环境容许做什么，组织的资源能够做什么，实现决策目标和决策标准的关键因素是什么。

拟订方案分两个阶段：粗拟阶段和精心设计阶段。

粗拟阶段提倡方案设计者敞开思路，开阔视野，大胆设想，丢掉各种清规戒律和条条框框，殚精竭虑，尽可能把各种各样的解决问题的有价值的方案都提出来。这些决策方案具有排他性，它们之间不能重复，不能相互涵盖。粗拟阶段只是轮廓设计，是大致的设想。但是，经过科学的分析，经过比较鉴别，去粗取精，去伪存真，能够找出几个投入少、产出多，并且负作用较少的决策方案，作为精心设计的决策方案。

精心设计阶段就是对这些有价值的方案进行细致和缜密的构思和设计。它必须高标准，严要求。决策方案的构思和设计严格地按照决策目标和决策标准进行，并且要考虑到许多相关因素，如实施决策方案的有利条件和不利条件、符合人民群众的需要的程度、社会环境的认可程度、组织资源和组织能力、受益公众的范围、决策负作用的范围和程度以及防范措施等，并且要制定出实施决策方案的标准和步骤，确定每一阶段所需要的时间、人力、物力和财力以及其他的资源。

决策方案一般有四种：积极方案、临时方案、追踪方案和应变方案。积极方案是指为了实现目标而制订的方案，这是构思和设计的主要方案。临时方案是指为了解决在实施决策的过程中出现的而一时又难以查清原因的问题的决策方案，目的是不使问题扩大，以便查明原因，采取措施。追踪方案是为了弥补或完善决策而制订的决策方案。

（五）分析方案

制订各种决策方案以后，就要对这些决策方案进行系统全面的分析。首先，要分析哪些决策方案更符合决策目标和决策标准，能够最大限度地实现决策目标。然后，进行成本效益

分析和风险分析。对实现这些决策方案所需要的成本和产出进行比较，比较在同样实现决策目标的情况下，哪些决策方案成本更低，效益更高。这里所说的效益主要是指社会效益。在实现决策方案需要有同样的成本效益的情况下，要对这些决策方案进行风险程度分析，要选择那些风险程度低、确定性程度高的决策方案。对各种方案给予各种不同的权重，可以采取对各个方案的各项打分的办法。

（六）选择方案

对各种决策方案进行分析以后，由决策者对决策方案进行选择。领导者根据决策目标和决策标准进行选择。一般来说，领导者对决策目标和决策标准的认同比决策方案的制订者更清楚、更明确。而且，领导者了解实际情况，有比较丰富的工作经验，对实现决策目标和决策标准的有利条件和不利条件，风险程度和可行性有比较全面的了解和把握，也了解组织资源和组织环境；对实施决策方案的正负两方面的影响能够比较准确地评估和权衡，对成本效益也比较清楚。因此，领导者在进行决策方案的选择时，可以综合各方面的情况，根据自己的价值观和偏好，选择一个决策方案或综合几个方案作为决策方案。

选择决策方案的方法有三种：决策者或根据自己的决策经验，或经过实验方法，或对决策方案进行研究和分析。

决策者可以根据自己在过去决策工作中所积累的经验和教训选择方案。这些经验和教训不是无用的，对它们必须进行科学的总结，升华为理性的东西，才能作为选择决策的根据。这种经验和教训对选择决策方案来说弥足珍贵，它可以弥补决策方案重理性而缺乏实践的不足。选择方案的第二种方法是进行实验。选择一个决策方案在小范围内实施，看一看究竟有什么效果，其可行性究竟如何，哪些不足需要修正和完善。实验的方法需要时间和投入，但是确实是一种比较好的方法。

（七）实施决策方案，完善决策

领导者选择了决策方案之后，也就是决策之后就要实施。领导者首先要分解决策目标、制定实施标准和检查监督制度，建立实施领导机构、执行与检察机构。然后，将分解的决策目标落实到具体执行的组织部门，建立责任制。决策的实施必须在统一领导下进行。做到组织机构明确、任务明确、责任明确。领导者应该选择一个具有普遍意义的决策对象实施决策，并对其进行完善，从而取得经验，然后再全面实施。决策的实施过程也是"从群众中来，到群众中去"的过程。

决策的实施不可能是一帆风顺的，会遇到各种阻力，会出现各种问题，这是预先无法估计的。但是应该指出，任何决策都不可能代表所有人的利益并且反映所有人的意志，都不可能得到百分之百的公众拥护，这是决策本身的局限性所决定的。作为领导者要善于引导，化解矛盾，不要发生冲突。同时，如果决策本身确实有不完善之处和失误，就必须及时完善决策或追加决策。实施决策的过程也是完善决策的过程。在经过重点实验之后的全面实施过程中，可能会出现执行不力、政策走样、偏离目标、降低标准等情况。因此，要进行强有力的检查监督，确保高标准、高质量地达成决策目标。如果客观条件发生了变化，则要调整决策，以便符合客观实际。

执行决策必须有统一领导，没有统一领导就不可能统一决策目标和统一决策标准，统一领导是实施决策的保证。

（八）评估决策

对决策的执行结果进行评估，是决策活动的重要一环。评估可以划分为三个步骤：第一步，评估必须实事求是地衡量决策执行的实际效果，它必须客观而真实，不能弄虚作假。这是进行决策执行评估的基础。第二步，将决策执行的实际效果与决策目标和决策标准相比较，找出差距。第三步，分析原因，采取管理措施，按决策标准实现决策目标。

为了确定决策执行取得的实际效果，领导者首先需要收集必要的信息。领导者往往通过个人亲自实际观察、听取汇报和看工作报告来获得信息。

领导者为了了解实际情况，亲自深入到决策执行的实际工作中去，通过观察和调查研究，最直接地掌握第一手材料。这种获得信息的方式可以获得比较广泛的材料，生动而具体，与听取汇报和阅读报告相比能得到更多的信息。

听取汇报是指领导者召开会议，或者进行一对一的谈话，听取对决策执行情况的汇报。这种获得信息的方式有一定的直接性，但它要求汇报者必须真实地反映实际情况，不能报喜不报忧。所以，作为会议主持者的行政首长，应该鼓励大家讲真话、讲实话，不能给会议定调子，划框框。这样才能获得真实的信息。

领导者也可以通过统计报告和工作报告来了解信息。现在互联网发展迅速，各种统计数据都已上传到网络。领导者随时都可以通过计算机查看统计报告，来了解决策执行的情况。这种报告涉及面广，有数据，可以作为评估决策执行的依据。工作报告则比较严肃正规，虽然它形成得比较慢，但也是进行衡量决策执行情况的重要信息来源。

这三种信息获得的方式各有所长，各有所短，三者可以取长补短。领导者如果同时利用这三种方式获得信息，就能够更加客观地评估决策执行情况。评估什么，是评估的关键问题。总的来讲，其包括评估决策目标和决策标准实现的程度。但是，这样讲过于笼统，有些含糊其辞，缺乏明确性。我们认为应该评估如下几点：

第一，应该评估在决策执行过程中，是否真正贯彻执行了党的方针、政策，是否按照有关的法律和法规执行决策，是否贯彻执行了上级的指示与命令。

第二，应该对决策质量进行全面的评估，评估是否真正按照决策目标和决策标准开展了各种管理活动。分析决策是否真正解决了所要解决的问题，即是否切中要害，确实有针对性；决策目标的选择是否最优，是否能够达到期望的理想状态；制定的决策标准是否客观准确。应该根据决策的子目标和标准衡量与检查各项工作，确定决策目标和决策标准的实现程度。

第三，应该衡量和检查决策执行活动的成本效益并就此进行评估。成本效益评估是决策执行分析的重要方面。主要评估是否按照计划进行投入，有没有造成浪费，因为这也是实现公共利益的重要方面。同时，也要分析其是否达到了预期的效益标准。

第四，要评估实施决策领导机构和执行机构的工作是否卓有成效，坚强有力；各项规章制度是否切实贯彻执行，组织是否得力，协调是否有效，是否严格按决策标准检查和监督各项工作；领导者是否尽职尽责，是否有较高的政策水平和领导能力；工作人员是否有敬业精神，忠于职守，有没有实施决策的综合素质。

第五，采取措施，完善决策。对决策执行与决策标准之间出现的差距进行具体的分析。要找出在某些方面存在的主要差距，分析哪些差距是不可避免的，同时也是无关紧要的；哪些差距是可以避免的，但又是非常重要的；哪些差距是决策本身造成的，而哪些问题是环境和资源的约束造成的。针对产生差距的具体原因，采取不同的应对措施，必要时要对决策进行补充与修正，完善决策。

三、行政决策参与

在行政决策体制中，已经谈及政府决策与公民磋商系统，吸收专家学者、社会团体、公民等参与行政决策是现代行政决策体制的重要内容，也是行政民主化和政治民主化的重要内容。

所谓行政决策参与，是指行政领导者个人或集体在行政决策时，专家学者、社会团体、公众等对决策提出意见或建议的活动。也就是说，行政向公众公开，行政决策者在作出影响公众权益的决定时，应通过各种方式让公众表达意见，并且能充分吸纳各种意见，减少行政决策的失误，增强行政决策的科学性。同时，政府在决策过程中听取并重视公众的意见，更是政府更加亲民爱民的体现，是民主政治进程加快的体现，是民主行政的重要内容。

行政决策参与的形式多种多样，既包括直接选举和全民公决，也应包括公共决策听证会、公示、民意调查、政务公开及其他一些形式。其中，公共决策中的听证制度是现代民主社会普遍推行的用于保证各方利益主体平等参与公共决策过程，最终实现决策民主化、公开化、公正化、科学化乃至法制化的一种重要制度。

我国最初的行政决策听证源于1998年《中华人民共和国价格法》的规定，而使价格听证会几乎一夜之间成为我国街头巷尾的热门话题的，则是中央电视台现场直播的广东省2001年12月的公路春运价格听证会和2002年1月12日举行的首次铁路票价听证会。价格听证制度在一定程度上增加了公民参政的渠道，但是听证制度在我国毕竟还是个新生事物，必然会存在这样或那样的问题，如目标定位不全面、具体制度建设滞后、对听证代表的意见缺乏回应机制，从而导致透明度太低，实施过程缺乏制度和社会舆论的有效约束等。但是作为一种参政渠道，凡涉及公众切身利益的决策建议，一般应通过公示或听证会听取意见和建议，已成为大家的共识。作为政府来讲，在作出重大决策前，首先要为公众提供和创造更加完善的参与环境,调动公众的政治参与热情,扩大公民有序的政治参与。应根据需要,通过召开座谈会、听证会等形式,直接听取民主党派、工商联、人民团体、人大代表、政协委员、专家学者等方面的意见和建议,集思广益,避免决策失误,增强决策的科学性和民主性,增加决策的透明度,保证公众知情权、选择权的落实,使正确的决策能够顺利得到贯彻实施。

小结

行政决策是行政领导者的重要责任。传统的行政决策是以"最优"为主要原则,实际上这是不可能的,只能以"满意"为原则。不同的行政决策类型有不同的特点,其效果也不一样。科学、高效的决策是以行政决策体制为保障的。民主决策是未来行政决策的主要方式。

第十章 行政执行

行政执行在公共行政中具有十分重要的地位，它是整个公共行政学研究的一条主线。研究行政执行问题对于学科建设有着十分重要的意义。公共行政学研究的各种问题都与行政执行有关。例如，公共组织、行政体制、人事行政、公共财政等，这些内容都是在行政执行的基础上结合为一个有机整体的。本章主要介绍行政执行的含义与特点；行政执行的原则与作用；行政执行的步骤；行政评估的含义与作用；行政评估的原则与方法；行政评估的内容和程序。

第一节 行政执行概述

一、行政执行的含义与特点

（一）行政执行的含义

行政执行也称行政实施，是公共行政学发展史上形成最早的概念。不过，如何界定这一概念却长期存在着分歧。古德诺认为行政就是国家意志的执行，从而把行政执行完全等同于公共行政。西蒙曾经提出了"管理就是决策"的观点，把行政执行仅仅视作行政决策的继续和最后环节。

我们认为行政执行是行政机关及行政人员依法实施行政决策，以实现预期行政目标和社会目标的活动的总和。它始于行政决策形成之时，终于行政决策目标的实现，是政府工作中经常性的活动。

我们理解行政执行的含义，应把握以下要点：

第一，行政执行的主体是行政机关及行政人员。在延伸的意义上，还应当包括由法律授予行政权的社会组织。

第二，行政执行是一种具有目标导向的活动。行政执行过程中的一切行政行为都是对决策机关所作决策的贯彻、落实，以实现决策目标。

第三，行政执行是一种实施性质很强的活动，是务实性的、付诸实际的行动，它需要通过一定的具体步骤或实际行动来落实政策。

第四，行政执行是一种行政法律行为。只有具有特定行政权力的行政机关或行政人员，才能实施一定的行政行为。

第五，行政执行活动还具有强制性。行政执行以国家强制力为后盾，它要求执行对象必须服从执行者所发出的执行指令，遵守有关制度和规定，否则执行机关和执行人员就有权对其实行职权范围内的强制措施或处罚行为。

（二）行政执行的特点

行政执行作为行政过程中相对独立的环节，较之于行政决策等其他环节，具有以下显著特点：

第一，综合性。行政执行过程牵涉到许多动态因素。首先，在执行系统内部，需要把人、财、物、时间、信息、管理技术、规章制度等因素进行协调、平衡；其次，执行过程需要各个执行机关和社会各部门积极配合；最后，行政执行需要使用各种管理手段，如行政手段、法律手段、经济手段及思想政治教育手段等。

第二，目的性。行政执行是按照决策的要求而进行的一种有特定目的的活动。在行政执行之前，行政决策已经为执行活动规定了明确的方向和要求，提出了实施的步骤和应达到的目标。行政执行必须严格按照行政决策确定的思路和方案进行行政操作，使整个执行过程中的一切活动都能紧紧围绕实现行政决策规定的目标进行，使执行中的每一步都能目标明确、措施对路，保证达到预定目标，实现公共利益。

第三，具体性。行政执行是一个具体的活动和过程。行政执行所面对的工作对象是具体的组织、团体和个人，行政执行所运用的手段是具体的，行政执行所实施的步骤、程序和环节也都是具体的；同时，行政执行的过程是法律和政策原则的具体化，是一般原则与特殊对象相结合的过程。

第四，强制性。行政执行活动是依靠行政权力，贯彻、落实国家方针政策和法令、法规的活动。因此，其在执行手段、执行方式等方面都有一定的强制性。这也是行政管理活动权威性和严肃性的重要体现。

第五，灵活性。行政执行是决策目标具体化为付诸实施的过程，在坚持决策目标的前提下，应当做到因时制宜、因地制宜、因事制宜，具体问题具体分析，灵活采用多种有效的方法和手段。行政执行应当坚持原则性与灵活性的统一。

二、行政执行的原则与作用

（一）行政执行的原则

行政执行作为一个动态系统，有其特殊的运行规律。行政执行的原则正是这一规律的反映和体现。行政执行的原则主要有以下几点：

第一，忠实决策的原则。忠实于决策，执行不走样，这是公共行政对行政执行环节的首要要求。再好的决策，如果在执行中不照办，就等于没有作出决策。行政执行的根本任务就是贯彻国家法律法规，落实上级的指示和决定，实现行政目标。这就要求行政执行主体必须全面、正确地理解有关法律、政策、决策和任务，并在行政执行过程中忠实于有关政策和决策，严格按照决策目标予以实施。

第二，迅速有力的原则。行政执行的意义就在于以最快的速度、在最短的时间内圆满地实现决策目标。正确的决策一经作出，贯彻执行越坚决、迅速、有力，效果就越好，因此必须坚持迅速有力。一要讲究时效，不能贻误良机；二要办事果断，节奏紧张，杜绝拖拉、推诿的作风。

第三，创新灵活的原则。行政执行既要求忠实于决策，使贯彻执行不走样，又要求从实际情况出发，创造性地贯彻执行。所谓忠实，是指忠实于决策的基本精神和目标，而不是"句句照办"。所谓创新，就是在准确执行决策的前提下，从实际出发，根据时间、地点和情势的具体情况，创造和制定最有效的执行方式和方法，达到最好的效果。如果行政执行者只是机械地理解和执行上级的决策，毫无创新精神，那样就会造成行政效率低下，甚至事与愿违。

第四，计划安排的原则。行政执行要有周密的计划安排，各个环节工作有条有理；根据任务的轻重缓急，合理地组织、分配人员和财物；善于抓住主要矛盾，围绕中心任务开展各项工作，做到有主有次，有先有后，环环相扣，有条不紊；善于制订预备方案，分析和解决难点问题和突发性问题，做到沉着冷静，临危不乱。

第五，团结协作的原则。行政执行绝不是少数几个人就能完成的工作。它不仅需要行政首长的正确领导，更需要广大行政人员的全力工作。只有上级和下级达成共识，把领导者的积极性和群众的积极性结合起来，将领导者的决策和规划变为群众的自觉行动，才能实现行政执行的职能。

（二）行政执行的作用

行政执行作为行政机关及其工作人员经常性、现实性的管理活动，在行政过程中占有十分重要的地位。行政执行所产生的效果对于整个公共行政过程乃至整个社会的影响都是最直接和最现实的。行政执行的作用具体体现为：

第一，行政执行决定着决策方案能否实现及实现的程度。行政决策是针对现实生活中存在的重大问题作出的，及时、正确地将决策付诸实施，行政决策才具有实际意义，政府的工作目标任务才能真正完成。行政执行是实现行政决策目标的有效途径，而且执行人员的创造性活动可以弥补规划、决策的不足，提高决策的经济和社会效益。

第二，行政执行效果是检验、修正和完善行政决策的途径。在行政管理过程中，行政决策正确与否最终必须由行政执行来检验。人们通过行政执行就能够发现原决策本身的错误和不足，为修正和完善行政决策提供重要的依据，因此，行政执行是修正和完善行政决策的重要途径。

第三，行政执行是实现行政职能的必要形式。行政职能是政府管理国家政务和社会公共事务的活动内容的总概括，是公共行政活动的实质和方向的集中反映，因而也是行政管理活动的依据和前提。它主要包括政治职能、经济职能、文化职能、社会职能等。这些职能无不需要通过指挥、沟通、协调、控制等行政执行的诸多环节来加以实际运作和落实。因此，行政执行不仅仅是行政职能的具体表现，更是行政职能得以实现的必要形式。

第四，行政执行是衡量公共组织及其运行状况的重要标准。行政执行不仅仅是行政机关的任务，也是行政领导者的主要职责。因此，行政执行的情况和效果能够检验和衡量公共组织的设置是否合理，行政领导者与一般工作人员的配备是否得当，具体的工作制度是否健全，信息系统和监督系统的工作是否得力，各有关单位的权责划分是否明确适当等。同时，行政执行的效率和效果也直接影响公共行政的效率和效果。

第二节 行政执行的步骤

一、行政执行的一般过程

行政执行是一个完整的过程并具有阶段性。一般来说，这一过程大体可以分为准备阶段、实施阶段和总结阶段。明确每一阶段的工作内容，完成每一阶段的各项任务，各个阶段之间相互衔接，对于行政执行活动来说是十分重要的。

（一）准备阶段

准备阶段是行政执行过程的第一阶段。准备工作是否充分，直接影响着行政执行的整个进程。行政执行所实施的决策和任务决定着准备工作的具体内容。执行的决策和任务不同，准备工作的具体内容也就不同。就一般情况而言，它主要包括制订执行计划、法律准备、组织准备、思想准备、物资准备和技术准备等。以上各项准备工作应该本着必要、适当、节约和预防的原则，既不能准备不足，也不可铺张浪费。

（二）实施阶段

准备工作就绪之后，行政执行活动便进入实施阶段。这是整个行政执行过程中最具实质意义、最为关键的阶段。实施阶段是由行政管理工作的若干功能性环节所组成的，这些环节主要包括行政指挥、行政控制、行政沟通、行政协调等，以下将对之作专门论述。

（三）总结阶段

行政机关在工作任务完成或基本完成以后，就要对整个执行情况进行总结。所谓总结，就是对行政执行情况进行全面、深入的检查和评价，肯定成绩，检讨缺点，将实践中的感性认识提升为理性认识，从而获得较为系统的经验教训，据以改进工作，把行政执行推进到更高的水平。总结工作应当坚持实事求是的原则。同时，总结工作必须注意发现和研究新情况和新问题，为新的决策提供实践依据。

二、行政指挥

（一）行政指挥及其作用

行政指挥是行政执行过程的主要环节之一，是行政领导者在行政执行过程中，按照既定的决策目标和实施计划，对其部属进行领导、指导和调度的管理活动。

行政指挥在行政执行过程中主要具有以下几个方面的作用：

第一，行政指挥是保证行政执行活动协调一致的重要手段。现代行政执行活动涉及领域广泛，参与机关和人员众多，分工精细，事务性强，各项任务和工作联系密切，需要有各部门、各地区和各工作人员之间的有机配合和协调一致。但是，冲突和矛盾总是难免的，并且会给执行工作带来阻力。因此，想要协调各部门、各地区和各工作人员之间的关系，整合其工作目标，避免和化解各种冲突和矛盾，保证行政执行的一致性，就必须有高度统一的行政指挥。

第二，行政指挥是高效地贯彻执行行政决策的根本保证。行政指挥在执行系统中起着导向的核心作用。行政指挥的角色扮演得如何，决定了行政执行的效率和质量。行政指挥必须利用自身地位和资源的优势，采取各种方法和手段，把各个组织部门和各种执行人员的行为引导指向决策目标，使他们的行为以决策目标为导向，以决策标准为准则，心往一处想，劲往一处使，目标一致，团结协作，高效率地完成任务。

第三，行政指挥是高质量地达成行政决策目标的根本保证。行政指挥必须了解实施行政决策的客观环境和工作环境，充分认识执行决策的限制条件，要结合实际情况，在坚持决策标准的前提下，灵活地贯彻执行决策目标，不能以任何借口降低决策标准，更不能修改和篡改行政目标。行政指挥必须狠抓决策目标和决策标准的落实，要抓典型、出经验，进行严格的检查、控制和监督。行政指挥必须注意反馈信息的真实性和可靠性，要深刻警惕在行政执行过程中出现好大喜功、弄虚作假的现象。坚强有力的行政指挥是高质量地达成行政决策的根本保证。

第四，行政指挥是保证各种行政资源得以充分利用的必要条件。行政执行活动必须依赖一定的行政资源，如人力、物力和财力资源等。能否充分、合理地利用这些资源，减少浪费，直接影响着行政执行的效果。行政指挥可以合理调度和使用这些资源。同时，行政指挥可以极大地统一部属的思想和意志，激发部属的士气，增强其责任感，从而可以最大限度地发掘和调动他们的积极性、主动性和创造性，为行政执行工作增添活力和动力。

第五，行政指挥是衡量行政领导者的政策水平和组织与领导能力的重要标准。政策制定之后，负责执行的行政领导者是决定性因素。行政执行的过程就是把行政决策具体化的过程。这就要求行政领导者必须有比较高的政策水平,能够准确而全面地理解和解释政策,并且能够在坚持决策目标和决策标准的条件下灵活地贯彻执行行政决策。要把行政决策变为现实,行政领导者就必须进行大量的组织和领导工作。从进行决策执行的准备工作开始,到组织、协调、检查、控制和监督;从人员的配置到物资供应,都需要有较强的组织和领导能力。否则,就不可能高效率、高质量地实施行政决策。因此,行政指挥是衡量行政领导者决策水平和组织与领导能力的重要标准。

（二）行政指挥的原则

在行政执行过程中,人们为了进行卓有成效的指挥,必须遵循下列原则：

第一,统一指挥原则。一方面,行政指挥主体只能对其直属下级发布命令和指示,一个下级只能服从一个上级的指挥。在一般情况下,多头指挥和越权指挥的情况是不允许的。否则,下级机关及其工作人员便无所适从,行政执行便会发生混乱。另一方面,指挥主体所发出的指挥命令应保持稳定统一,协调一致。一般情况下,行政执行活动在一定的时间和空间范围内只能按照同一指令进行。如果政令不一或相互矛盾,下级就难行动,从而严重影响指挥效果。

第二,法定权威原则。行政指挥是一种具有强制性的管理形式,行政领导者必须拥有一定的强制权力,才能够命令下级。因此,行政机关在授予行政指挥者一定的行政职位的同时,应明确赋予其相应的法定权力,包括指挥权、命令权、审批权、奖惩权等,并规定统一的纪律和制度。有权威的领导者可以做到令行禁止,思想统一,行动协调,有条不紊,甚至可以做到不令而行。

第三,果断有力原则。行政指挥必须意志坚定,信心十足,雷厉风行,百折不挠,处变不惊;推动各项工作要坚定有力,迅速及时;遇到问题要当机立断,当断不断,反受其乱。对于行政指挥能否做到坚定有力、及时果断这一问题,我们不能把它看成简单的工作作风问题。它首先是指挥者对执行工作的责任心问题,其次是指挥者的领导指挥能力和政策水平问题,同时也能反映其工作经验和智慧。

第四,准确权变原则。行政执行面临的情况是千差万别的,执行工作中出现的各种情况也是难以预料的。这些不确定因素增加了执行的难度,对行政指挥提出了更高的要求。行政指挥必须具体情况具体分析,结合实际实施行政决策,既不能改变决策目标,降低决策标准,还必须符合实际,切实可行。这不仅要求指挥者对实际情况和决策目标及决策标准的理解和掌握要正确,而且要准确。在处理各种意外情况时,也必须准确。准确是十分重要的,不准确就不可能做到指挥正确,命令和指示也不可能明确。正确而明确的行政指挥是建立在准确指挥的基础之上的。如果不能准确地理解决策目标和决策标准,灵活权变和创新就是另搞一套,就会改变决策目标,降低决策标准。所以,行政指挥应该在准确地理解和掌握行政决策的基础之上,中规中矩,结合实际,灵活权变,这样才能进行创新。

第五,合理授权原则。授权就是上级授予下级一定的权力和责任,使其在一定范围内有处理问题的自主权。这是行政领导者的分身术和成事术，是最重要的领导艺术。要想顺利而高效地开展行政执行工作，指挥者必须进行行政授权。在行政执行中进行的行政授权，是指指挥者把某些权力授予下级执行部门，以便下级部门在指挥者的监督下自主地开展执行工作。指挥者根据执行工作需要，向下级分配工作任务，授予相应的权力，并且被授权者有相应的责任。被授权者有义务向授权者报告和请示，并且接受监督。

（三）行政指挥的方式

行政指挥方式是指指挥者向下属发出命令、指示的方法。行政指挥方式有如下几种：

第一种，口头指挥。这是一种利用口头语言表达上级意图、下达工作任务的指挥方式。它具有简明、及时、灵活、方便等特点，利于指挥者和被指挥者的直接沟通，因而常被采用。口头指挥较适合于简单、紧急的执行活动。运用该种指挥方式，要注意语言艺术，注意区分不同对象。如果语言运用恰当，会使指挥效果倍增。

第二种，书面指挥，也称公文指挥。这是一种利用文件、简报、通知等书面材料表达上级意图、下达工作任务的指挥方式。为了解决那些涉及政策性的全局性的问题，往往按照政府的等级层次下达行政公文。这些行政公文往往是政策法规性质的文件。这类文件不是三言两语可以讲清楚的。用行政公文进行指挥，责任明确，有据可查。书面指挥较适合于指挥层次高、范围广、时空等条件受到限制的执行活动。运用该种指挥方式，要注意公文的语言必须科学、规范、准确，不能含糊其辞，模棱两可。公文不宜太多、太滥，否则，必然导致文牍主义；且公文旅行，会产生官僚主义；照本宣科，也容易产生教条主义。

第三种，会议指挥。这是利用各种类型的会议表达上级意图、下达工作任务的指挥方式，也是一种常用的指挥方式。会议正规严肃，利于贯彻方针政策，提高认识，统一思想；可以进一步明确执行工作的目标和步骤，利于协调各种管理要素和安排各种资源。运用这种方式时，要特别注意提高会议效率，控制会议范围，压缩会议开支，防止"会海"泛滥。为此，我们必须做好开会的准备工作，包括确定解决的问题，达到什么效果，会后如何开展工作，以及时间地点和参加人员，还要本着勤俭节约的原则做好会议的经费预算。

第四种，现代通信指挥。这是一种运用现代信息网络系统传达上级意图、下达工作任务的指挥方式，是一种高效率的现代化指挥方式。现代行政指挥人员应当更新观念、更新知识，在条件许可的情况下，多采取此种指挥方式。现代通信指挥的关键是要做好保密工作，防止国家机密的泄露，同时也要严防计算机黑客和病毒的破坏。

三、行政控制

（一）行政控制的作用和类型

1. 行政控制的作用

行政控制指行政领导者运用一定的控制手段，按照目标规范衡量行政决策的执行情况，及时纠正和调节执行中的偏差，以确保实现行政目标的活动。

行政控制贯穿于行政执行的全过程，其作用体现为：

（1）行政控制是完成计划的重要手段。计划是控制的标准，标准愈明确，控制效果就愈好。但计划不可能万无一失，行政执行是个动态过程，有些要素及其相互关系的变化事先无法全部掌握，一旦出现意外情况，实际工作同计划要求就可能不符，必须依靠控制，才能逐步地落实计划。

（2）行政控制是行政工作方向正确的重要保障。实践证明，有些正确的决策，由于在执行中缺乏必要的控制，偏离了行政决策的方向，不能做到令行禁止，因而无法实行统一指挥，致使决策没能得到很好的落实。

（3）行政控制是贯彻依法行政的重要体现。多途径、全方位、依程序是现代行政控制的必然要求。明确各个控制主体的法定权限和职责是公共行政法制化的具体体现。

（4）行政控制是保证行政目标实现的重要机制。行政控制贯穿公共行政管理全过程，行政控制对行政目标的实现具有保证作用。行政控制对行政行为的规范约束，保证行政过程不偏离正确的轨道；行政控制的积极引导和教育作用，可整合行政系统的力量，促使行政系统产生强大的凝聚力；行政控制的引导和调控作用，最大限度地把人们的思想和行动引导到实现共同的行政目标上来，保证行政目标的一致性。

2. 行政控制的类型

行政控制根据控制的范围划分，可分为宏观控制和微观控制。前者是对行政管理的整个系统或整个过程的控制，具有导向性、整体性等特点；后者则是对公共行政管理的某个局部或环节的控制，具有实务性、具体性等特点。

行政控制根据控制的组织机构划分，可分为集中控制、分散控制和分级控制。集中控制是指由一个控制机构所进行的控制。分散控制是指由若干个分散的、相对独立的控制机构所进行的控制。分级控制则是指由多层级的控制机构所进行的控制。

行政控制根据控制的方式划分，可分为直接控制和间接控制。前者是指控制者不需经过中间环节而直接对被控制对象进行控制；后者则是指控制者需要经过中间环节才能对被控制对象进行控制。

行政控制根据控制的时序划分，可分为事先控制、事中控制和事后控制。事先控制，也称预先控制或前馈控制，即在计划执行的准备阶段进行的控制，其目的是使所需人力、物力、财力都合乎标准，防止在执行过程中出现偏差，做到防患于未然。事中控制，亦称过程控制或同期控制，即在执行过程中直接对执行情况进行检查、督促和纠偏。现场控制是事中控制的最常见形式，它一般由第一线的领导者和管理者负主要责任，亲临现场指导下级人员按标准进行工作，并及时检查纠正不合标准的行为。事后控制，亦称成果控制或反馈控制，即在执行过程完成之后进行的控制，其目的是衡量最终结果与计划目标是否存在偏差，以便为今后的工作提供借鉴。因此，与事先控制和事中控制有所不同，事后控制主要不是为了保证现行决策的圆满执行，而是为利于下一环节工作的顺利开展。

（二）行政控制的过程和控制重点

1. 行政控制的过程

行政控制过程大体上可分为以下三个相互衔接的步骤：

第一步，确定控制标准。确定控制标准是行政控制过程的起点。控制标准就是根据整体的工作目标和计划而制定的对工作成果进行计量和考评的规范和准则。这种标准应当严格服从和充分反映整体目标和计划的要求，同时还要简单易行，便于具体操作。由于具体的行政控制的对象和任务是各不相同的，因而控制的具体标准也应有所不同。

第二步，衡量成效。衡量成效是指根据确定的控制标准衡量和比较实际执行情况，并对执行情况进行客观评估，获取偏差信息。为了衡量行政执行工作的实际效果，人们首先必须收集有关信息，才能进行衡量和评估。决策标准是衡量和评估执行工作的实际效果的主要依据。把执行计划所规定的各项程序和指标与实际效果相比较，得出执行效果与标准之间的偏差。在具体执行工作中出现某些偏差在所难免，重要的是这些偏差能否被接受，是否影响了决策目标的实现。因此，必须确定一个可以接受的偏差范围。这个偏差范围有允许的上限和下限。如果偏差超出了允许的范围，领导必须予以重视。

第三步，纠正偏差。这是行政控制过程的最后环节，也是最为关键的环节，即在衡量工作成效的基础上，对那些已经发现的失误和偏差，进行纠正和补救，以保证行政工作按照原定目标进行。如果对执行效果不满意，就采取纠正措施，修订标准；如果偏差是由于绩效不足造成的，领导者应该采取措施，改进实际绩效。改进实际绩效的具体方式主要有：制定新的管理策略，调整组织结构，进行人事调整，或者采取补救措施以及调整培训计划等。有时，执行工作出现偏差和问题是因为标准定得过高或过低。因此，必须修订标准。

2. 行政控制对象

行政控制以如下五个方面作为对象：行政工作人员、财务、工作、信息和组织绩效。

对行政工作人员的控制主要是对其行政行为的控制。其主要对行政工作人员的岗位、职位、素质、能力、效率和行为的合法性，以及对目标和标准的认知情况进行衡量和评估。

财务控制是行政控制的重要内容，是降低成本和有效地利用资源的保证。财务是领导者重要的控制点，财务工作必须规范，要堵塞各种漏洞，防止发生挥霍公款和各种非法开支的现象。

工作控制是对具体执行工作的各方面的控制。它包括计划控制、标准控制、程序控制、成本控制和质量控制。

信息控制主要是保证信息传递渠道的畅通、及时和信息的真实性与准确性。信息控制对领导者是非常重要的，领导者只有在掌握信息的基础上才能进行有效的指挥。

组织绩效控制是对组织整体效果和效率的衡量和评估。它是以组织实际完成的决策目标的结果来衡量和评估效果的，也可以称为绩效控制。

四、行政沟通

(一) 行政沟通及其作用

行政沟通是指在行政管理活动中,在政府各个部门和各个层级之间以及各种人员之间所进行的政务信息的交流与传递。

行政沟通在本质上就是信息的交流和传递,它普遍存在于行政管理的各个环节和各个阶段,在行政管理过程中具有特别重要的作用。

第一,行政沟通是实现行政决策民主化的重要基础。从一定意义上说,行政决策也就是一个信息的输入、转换和输出的过程。发现行政问题、确定行政目标、优化决策方案,都需要掌握丰富真实的行政信息。行政沟通是获得这些信息的根本途径,缺少信息交流和沟通往往会导致决策的失误。

第二,行政沟通是行政执行各环节顺利进行的重要基础。在行政执行阶段,只有通过有效的行政信息沟通,才能保证执行工作的统一指挥和统一行动,才能协调好公共组织的内部与外部关系,才能使执行活动保持正确方向,避免和减少偏差。如果不注意行政沟通,行政执行活动就容易出现指挥不灵的现象,产生隔阂和矛盾,造成认识和行动的混乱,影响行政工作的顺利进行。

第三,行政沟通是行政检查和监督的重要依据。行政检查和监督是保证行政管理工作合法性、合理性和有效性的重要环节。实施检查和监督必须以客观准确的行政信息为依据。因此,只有加强行政沟通,才能实施有效有力的行政检查和监督。

第四,行政沟通是所有行政人员参与管理的重要手段。行政管理并非仅是少数领导者的事情,所有行政人员都是行政管理的主体。对于他们来说,能够获得必要的行政信息,不仅有利于他们的工作,而且会使他们产生尊重感和满意感,增强他们的主人翁意识。要做到这一点,就必须进行有效的行政沟通。同时,行政沟通还有利于形成行政工作的民主风气,防止官僚主义和独断专行的现象发生。

(二) 行政沟通的分类

行政沟通的分类是十分复杂和多样化的。按照不同的标准,行政沟通可以分为不同的类型。

1. 正式沟通和非正式沟通

行政沟通按沟通的确定性划分,可分为正式沟通和非正式沟通两种。正式沟通是一种通过正式的组织程序和组织所规定的正式渠道进行的沟通,是沟通的一种主要形式。正式沟通因其体制严密而具有便于管理、沟通效果较好和约束力较强的优点,所以重要的信息通常都采用这种沟通方式。正式沟通的具体形式主要包括行政机关按其层级体系发布的法规、公告、公报、命令,举行的各种正式会议和正式会谈,以及下级对上级的报告、请示、意见等。非正式沟通是一种通过正式规章制度和正式组织程序以外的其他各种渠道进行的沟通。非正式沟通是以人们的社会交往为基础的,一般产生于因兴趣、爱好和愿望的一致而进行的私下交往。它大量存在于行政管理活动之中,其效力有时会超过正式沟通。

2. 单向沟通和双向沟通

按沟通的线路划分,有单向沟通和双向沟通两种。单向沟通是一种一方只发出信息,另一方只接收信息而不反馈信息的沟通,故亦称无反馈沟通。这种沟通类型传递信息速度较快,且能保证信息发出者的权威不受接收者的威胁。但是,它由于不允许接收者提问、讨论和商量,因而接收的准确性较差,且不易调动接收者的积极性和主动性。双向沟通是一种有反馈的信息沟通,它可以多次进行,直到双方满意为止。双向沟通具有信息传递准确性和接受率较高的优点,是一种应当提倡的沟通方式。

3. 下行沟通、上行沟通和平行沟通

行政沟通按信息流向划分,可分为下行沟通、上行沟通和平行沟通三种。下行沟通是一种自上而下的沟通,即上级向其下级传递信息。它的主要目的就是把组织的决定和领导的意图传达到下级组织和人员中去,做到"上情下达"。这种沟通因沟通双方之间的隶属关系而具有较强的权威性。上行沟通是一种自下而上的沟通,即下级向上级反馈信息,反映意见和情况,其目就是下级向上级汇报工作,请示问题,反映情况,提出建议,做到"下情上达"。有效的上行沟通能够使上级充分了解下级的工作情况,并可以使下级获得心理的满足。但是,在沟通过程中,下级应当注重信息的客观真实性,不得因不良的目的和动机而隐瞒或虚夸;上级则应注意不能偏听偏信,更不可闭目塞听。平行沟通是一种同级部门或同事之间的信息沟通,亦称横向沟通。有效的横向沟通可以增强相互了解,避免互相推诿和相互扯皮的现象,使之和谐一致地共同实现公共组织的整体目标。平行沟通与纵向沟通(包括上行和下行)不同,它不宜采用命令或指示的沟通形式,而只能通过协商、合作的办法进行。

4. 口头沟通、书面沟通和网上沟通

行政沟通按沟通工具划分,可分为口头沟通、书面沟通和网上沟通三种。口头沟通是通过面对面或者用电话进行信息传递的沟通方式。它可以是正式沟通,也可以是非正式沟通。它方便、简单、直接、亲切、明确。它是最理想的沟通方式,但是往往带有个人的倾向性和感情色彩,容易使人产生误解。书面沟通是以书面文件的方式进行的信息传递的沟通方式。它一般是正式沟通,也有少量的非正式沟通。它往往以正式组织的名义进行沟通,正式、严肃、准确,有时还具有强制性和约束力。但是,这种沟通传递速度慢,有时缺乏真实性。网上沟通是政府利用信息网络所进行的信息传递方式。电子政府必然要求进行网上沟通,这是已经开始采用的沟通方式。与传统的沟通方式相比,它更加简单、方便、快捷。

(三)行政沟通的改善

1. 行政沟通的障碍

行政沟通要取得良好的效果,就要弄清影响沟通效果的障碍,分析其各自的成因、程度，以便对症下药，找出消除障碍的办法。公共组织中的沟通往往难以达成预期的效果，其原因归纳起来主要有以下三个方面：

（1）心理与语言障碍。导致沟通失败的主要原因是个人心理方面的障碍。这种心理障碍可能因知觉差异而引起。个人知识与经验，对事物注意的程度，个人的动机与性格、价值观、人格特征以及社会关系各不相同，使沟通发生了障碍。沟通的信息大多借助语言发挥，但运用语言是一件复杂的事，书面文字的晦涩或字义不明确也容易引起不同的解释而导致误解，形成沟通障碍。

（2）职位与专业障碍。职位有别，视角不同。有的下级怕得罪上级，向上反映情况会不全面；有的上级存在官僚主义作风，摆架子，甚至动辄训斥，使有些下级与之拉开距离，阻塞了情感和意见的传递。因专业分工不同，对别的部门、专业的语言生疏，容易形成偏见，产生分歧，使沟通变得困难。

（3）组织结构障碍。现代公共组织的庞大导致意见沟通的辗转，形成时间上的迟缓和意见的层层过滤，可能导致意见原意改变甚至歪曲。各级主管出于"自保"心理往往会搁置或修正对自身或本单位不利的意见。

2. 改善行政沟通的途径

（1）全面提高行政人员的素质。加强对行政人员的教育和培训，使他们在政治思想观念、文化知识和心理素质各方面得到全面提高，从而减少和克服行政沟通中的许多障碍。如果树立实事求是、勇于探索、团结合作等意识，就容易克服沟通中的心理障碍。随着文化科学知识的增多、视野的拓展，行政人员就能理解各行各业的紧密联系，易于消除专业和语言上的沟通障碍。

（2）明确沟通目的，建立沟通的规章制度，使行政沟通规范化。要使广大行政人员深刻地认识行政沟通的目的和意义，尤其要强调信息真实性的重要作用。建立沟通的规章制度，使沟通渠道畅通，语言准确而没有歧义，沟通程序规范而不横生枝节，不能泄露国家和政府的秘密信息；要使行政沟通有法律保障。

（3）建立信息反馈系统，进行信息的核查和监督。仅靠行政人员在行政沟通活动中的自律是不行的，必须建立信息反馈系统，对信息的真实性和全面性，对沟通程序的合法性进行核查和监督。这样，才能保证行政沟通的质量。

五、行政协调

（一）行政协调的含义与作用

1. 行政协调的含义

行政协调是指调整行政系统内各机构之间、人员之间、行政运行各环节之间的关系，以及行政系统与行政环境之间的关系，以提高行政效能，实现行政目标的行为。行政协调是一个动态过程。在这个过程中，行政机构及其人员，尤其是政府的办事机构和政府综合部门作为行政协调的主体,即行政协调行为的承担者,是行政协调活动的核心。行政协调者根据国家机构的授权或其法定地位带来的权力,以国家强制力为后盾,依据政策法规,对非对抗性矛盾进行协调,要求被协调者必须服从。

2. 行政协调的作用

做好行政协调工作,是实现政府职能的前提条件,是提高公共组织适应能力和效率的重要保障,是促进社会经济发展的重要措施。具体地说,行政协调的作用主要有:

第一,行政协调可以使各行政部门和行政人员在工作上密切配合,和谐一致,避免内耗和互相冲突,从而达到齐心协力、团结一致的目的。现代行政既要求高度的专业分工,又要求高度的协作配合。但是,本位主义的现象也大量存在,如条块分割、互设关卡、各自为政、互相推诿等。解决这些问题既依赖于行政体制的改革和完善,也依赖于及时有效的行政协调。

第二,行政协调可以促进各行政部门合理配置及有效利用人力、物力、财力和时间等行政资源,精简和优化办事程序和环节,提高行政效率。在行政执行过程中,可供利用的人力、物力、财力和时间等行政资源都是有限的。如果行政部门之间互设关卡,推诿扯皮,必然会造成人力、物力、财力和时间的巨大浪费,造成工作过程的重复或脱节,从而延误工作的进程,降低工作效率。

第三,行政协调有助于各行政部门和行政人员树立整体观念和全局观念,并从整体和全局立场出发,充分认识本职工作的意义,努力完成本职工作,从而有利于行政管理活动的有序进行。行政管理活动应当是一个有序的过程,各项工作环环相扣,相互制约,每个行政部门和行政人员的工作必然会给其他部门和行政人员的工作乃至整个行政管理过程带来或好或坏的影响。因此,所有行政机关和行政人员必须做到放眼全局,搞好本职工作。在这一点上,行政协调具有十分重要的意义。

第四,行政协调有助于将分散的力量集中起来,使每个部门和每个人的努力成为集体的努力,单独的行动成为合作的行动,从而产生整体的"合力"。搞好行政管理,离不开每个部门和每个人的努力。但是,这种努力只有借助于行政协调才能形成一种合力,才能真正产生效能。从这个意义上说,行政协调正是行政合力赖以形成的重要基础和源泉。

(二)行政协调的原则

行政协调的原则是从行政协调实践中检验和总结出来的对各类行政协调行为的本质与必然联系的概括,是行政协调行为的准绳。这些原则可以概括为:

第一,依法协调的原则。政府和有行政权的社会组织进行协调时,必须以法律、法规和政策为依据。依靠政策法规,协调就有了正确方向,协调的效能就高,协调结果就能符合国家和人民利益;行政协调对象复杂,关系多变,只有依据统一法规,才能达成共识。

第二,统筹兼顾、顾全大局的原则。统筹兼顾是协调各方面关系,解决重大问题的一条准则,因为只有各方利益要求得到合理满足,其积极性才可被调动。行政管理活动必然有全局和局部，有点有面。不同时期管理工作的任务不同，工作的重点也不同。在进行行政协调时，必然围绕工作中心进行协调，以保证这些工作的顺利完成。进行协调时应该从全局出发，统筹安排，局部服从全局。协调是顾大局、识大体、突出重点，但并不是牺牲局部和一般，而是兼顾局部和一般。协调就是使工作和谐有序地进行。

第三，求同存异、动态协调的原则。求同存异原则是指行政协调必须善于寻求和促成有关各方在重要问题方面的共识和统一，暂时搁置细小问题的分歧，在坚持原则的前提下，做出一定的让步和妥协，做到求大同存小异。在行政管理活动中，并非所有问题都能通过行政协调得到完全解决或立即得到解决。因此，行政协调必须坚持求同存异原则。在某些特定情况下，如果没有适当的让步和妥协，就难以达成调解。相反的，必要的让步和妥协则有利于化解矛盾，排除纠纷，从而有利于行政工作的推进和行政目标的实现。动态协调原则是指行政协调必须根据客观条件的变化及时协调公共行政管理过程中出现的新问题。由于公共组织各方的活动随着时间的推移而总会发生一些变化，也由于公共组织及其活动的外部环境也处在不断的变化之中，因此，新的矛盾和冲突也就不断地产生，而需要加以协调。这就决定了行政协调必然是一个动态的过程，是一种经常性的活动。

第四，公正合理、实事求是的原则。公正合理原则是指行政协调必须公正对待有关单位和人员，合理解决各种矛盾与冲突。首先，行政协调必须准确地掌握和运用有关法律、法规及政策，做到在法律和政策面前人人平等。这是保证协调工作公正合理的重要条件。其次，行政协调必须以客观事实为根据，对工作中的矛盾和冲突一定要弄清原因，分清责任，而不可无原则地进行调和，否则，协调就会有失公正，就不能起到应有的作用。最后，行政协调还必须充分考虑有关各方的具体情况和条件，在人力、物力和财力的配置以及工作任务的分配方面不能搞简单的、绝对的平衡。行政协调要从实际出发，尊重历史，遵循事物的发展规律。协调并不是凭借行政权力搞平均主义。我国是一个幅员辽阔的发展不平衡的大国，各个地区的发展水平有很大区别。协调必须从各个地区的实际出发制定有关政策予以协调，而不是搞平均主义。在公共组织内部进行协调也必须实事求是，这样协调才有效果。

（三）行政协调的类型

1. 公共组织内部的协调

公共组织内部的协调是以提高公共组织整体效能为目标的协调。它可以分为层级结构的协调、横向部门之间的协调、对各种资源的协调以及人际关系的协调。

（1）层级结构的协调。层级结构的协调是围绕着集权与分权的问题，解决效率问题。层级结构的上下级之间是领导与被领导的关系，命令与服从的关系。权力太集中不能调动下级的积极性，权力太分散则指挥不灵。所以，层级结构的协调首先必须针对组织集权与分权的具体情况。如果权力过于集中，则要进行行政分权、行政授权和权力下放。如果权力相对分散，则要加强行政控制和行政督导。当然，也可以采取减少层级的办法加强控制，提高效率。

(2) 横向部门之间的协调。这是政府平行部门之间的协调。政府的横向部门之间经常出现职能交叉、权力冲突、责任不明确、办事重复和利益冲突等问题。这就要求政府有一套完整的协调机制和协调办法。对于职能和权力重复、交叉的部门，要对某一个部门进行合并或撤销。对于其他的各种矛盾和冲突，一般由政府首长主持召开各种会议或由专门的跨部门的协调委员会进行协调。

(3) 对各种资源的协调。这也是政府内部重要的协调内容。政府各部门在人力、物力、财力等资源分布的不平衡状态，必须由政府的有关职能部门进行协调。例如，有关人力资源的协调，必须由人事主管部门进行；有关财政资源的协调，必须由财政主管部门进行。对各种资源进行协调的目的是为了有效地利用各种资源，最大限度地发挥资源效益。

(4) 人际关系的协调。人际关系协调是以加强团结和组织凝聚力为目标的协调。人与人之间的各种矛盾和冲突是经常发生的，这是人际关系的常态。协调人际关系必须以组织目标为导向，从全局利益和团结的愿望出发，相信人，尊重人格，坦诚相见，平等对待；必须能够化解各种矛盾和冲突，达到团结的目的。

2. 公共组织与外部环境之间的协调

公共组织与外部环境之间的协调包括转变政府职能，建立社会反馈体系和民主参与等。这种协调的目的是为了高效率地适应与满足社会需要。

(1) 转变政府职能。政府必须适应和满足社会的需要，这是政府存在的基础。社会演变每时每刻都在发生，尤其是在社会大变革时期，社会正在发生急剧的变化。政府管理必须适应这种变化，以满足社会的需求。政府不能够要求社会适应它的管理，而必须是政府适应社会的要求。这就要求政府必须转变职能和管理方式。例如，我国正在建立社会主义市场经济体制，经济基础发生了很大的变化，全能式的政府职能已成为经济发展的障碍，因此我国进行了政府机构改革，转变政府职能。在社会大变革时期，政府必须转变职能并以此来协调政府与社会之间的关系。

(2) 建立社会反馈体系。为了使政府对社会各方面的信息作出快速灵活的反应，必须建立社会反馈体系，反映民心民意和社会政治、经济、文化等各方面的发展情况。社会反馈网络系统是社会跳动的脉搏，它对政府了解情况、进行决策有决定性的作用。在信息技术高度发达的今天，建立社会反馈网络系统也是必然趋势。它是网上政府即电子政府的组成部分。

(3) 民主参与。民主参与是民主行政的重要组成部分，是政府与社会组织和社会团体以及公众的互动。民主参与就是社会组织和社会团体以及公众参与行政管理，包括参与行政决策，进行行政监督等。民主参与不仅是管理的理念，更重要的是它必须建立民主参与机制，建立参与渠道。制度化的民主参与是民主行政发展的标志。政府也可以委托社会组织和社会团体进行行政管理，如把行业管理权授予社会中介组织，委托社会组织管理政府部门应该管但是管不过来的事务。这样既能减轻政府的管理负担，又能调动社会组织和社会团体的积极性。

第三节 行政评估

一、行政评估的含义与作用

（一）行政评估的含义

行政评估是指对行政执行活动的进展情况和效果进行评价和总结，包括行政执行过程评估和行政执行效果评估两个方面。一般意义上所说的行政评估主要是指行政执行效果评估。行政执行过程评估是在贯彻执行某项政策或某种计划方案的过程中，全面检查、核实各项工作的布置、落实、推进和完成情况，其基本内容包括：政策或计划方案是否及时、准确地得到传达和理解，各种具体实施方案或措施是否符合政策或计划的要求，预定的阶段性目标实现情况是否与布置、落实、推进和完成总目标的计划相符，是否遇到某些工作困难或未预料到的问题，各级行政机关的工作是否得力，整体进展情况是否顺利，能否比较圆满地完成预定计划、达到预定目标，等等。

行政执行效果评估是指在某项政策或计划方案已实行了一定时期或已完成某一过程时对政策效果或计划效果进行的检查和评价。其基本内容包括：分析研究某项政策或计划方案实施后在政治、经济、文化等方面所产生的直接影响或间接影响，以及引起的舆论反应，并重新审查预定目标或计划是否充分、合理、全面，等等。

行政执行过程评估主要由各级行政机关组织进行，而行政执行效果评估的范围则较为广泛，各级立法机关、各种党派、社会团体、新闻媒介或专门的评估机构都可以组织进行。行政执行评估有利于及时发现行政执行活动中出现的问题，适当采取有效的措施或补救方案，控制行政执行的进展过程，以达到预期的社会效果。同时，它也可以为校正原定目标和计划的不足提供依据。

（二）行政评估的作用

行政评估作为衡量政府管理成效的工具，其重要作用在于：

第一，行政评估是合理配置社会资源的有效手段。作为社会资源配置的重要工具之一，公共政策是对社会价值的权威性分配。因此，如何通过行政评估来评价社会资源分配是否合理，或者是否最有效率，乃是行政评估存在于当代社会的首要意义。只有通过行政评估，才能确认每项政策的价值，并决定投入各项政策的资源的优先顺序和比例，以寻求最佳的整体效果，有效推动政府各个方面的活动。同时，通过行政评估，也可以对照以往的政策资源分配情况，看其是否合理，总结经验，吸取教训，使政策活动优质高效地进行。

第二，行政评估是检验政策的效果、效益和效率的基本途径。任何政策，如果投入运行后，就再没有人去做相关的评估反馈工作，那它的效果如何就不得而知。尤其是一项构思精良、经多方论证认定是无懈可击的政策投入运行以后,究竟有没有达到预期目标,产生预期效果,或产生了哪些非预期的连带的效果,这都需要我们进行科学的评估工作。也就是说,评估人员要密切关注政策执行的动向,搜集相关的资料和信息,再加以科学的分析论证,得出可靠的结论,以确定该项政策是否有好的效果,执行过程是否效率很高以及它的效益所在。

第三,行政评估是决定政策去向的重要依据。一项政策在执行过程中总会呈现出一定的走向。伴随着政策目标实现程度的不断推进,该项政策是应该继续、调整还是终结,都必须依据一定的客观资料。能够提供这种客观资料的有效活动只有行政评估。政策的走向一般分为三种情况:一是政策继续,即通过科学的评估,发现该政策所指向的问题还未得到解决,其政策环境也没有发生大的变化。基于这种情况,适宜用原来的政策继续指导这个问题的解决。二是政策调整。如果一项政策在执行过程中,遇到了新情况、新变化,原来的政策已明显不适应新的政策情况,就必须对原有政策进行调整,以适应新变化,更好地实现政策目标。三是政策终结,也就是完全终止原来的政策。政策终结分两种情况:一是政策目标已经实现,原有的政策已经完成了一个政策周期,没有了存在的意义,自然终结;二是政策环境或问题本身发生了非常大的变化,原有政策已明显不能解决问题,甚至会使问题变得更为严重,而且通过调整已无济于事,这时就需要终结旧政策,代之以新的、更为有效的政策。为了避免终结旧政策带来的混乱,旧政策的终结与新政策的出台最好能够同步。无论是政策的继续、调整还是终结,都必须建立在科学、系统、全面的行政评估基础上。

第四,行政评估是开始新的政策运行的必要前提。行政评估的总结功能决定了行政评估在重新确定政策目标,制定新政策时,能够总结经验教训,奠定基础。实际上,有的政策就是对原有政策分析评价的产物,是原有政策的继续和发展。

第五,行政评估是公共政策科学化、民主化的必由之路。在现代社会,国家管理活动中重要的一环就是利用公共政策来调整、组织社会生产和社会生活。随着社会的发展,各种新情况和新变化层出不穷,单靠传统的经验来决策已经不能应付日益复杂的决策问题。实践证明,经验决策必须向科学决策转变;而行政评估正是使决策迈向科学化的必由之路。行政评估不仅可以检验政策的效果、效益和效率,更合理地配置政策资源,形成一种优先顺序和比例,而且可以与时俱进,随时抓住情况的变化,对政策作出继续、调整或终止的决定。从另一个角度来看,通过评估得出的结论体现了科学性,为下一步的民主决策奠定坚实的基础。因此,行政评估对于公共决策的科学化、民主化是不可或缺的。

二、行政评估的原则与方法

(一)行政评估的原则

行政评估的原则主要包括以下几个方面:

第一,客观性原则。行政评估要树立科学思想,运用科学方法,实事求是,客观公正。

在评估标准面前，人人平等，防止主观臆断，避免因人或因事而选择不同的标准，搞特权和歧视。为了保障行政评估的客观性和科学性，必须使行政评估有法可依，有法必依；确立行政评估工作的法律地位，并把评估程序和处理办法变成一项制度，使之规范化、标准化、经常化。

第二，系统性原则。行政评估需要注重系统理论与方法，考虑各方面的情况，照顾各种利益关系，注意政策运行整体功能和效果的分析评价。

第三，可比性原则。有比较，才有鉴别。所谓政策优劣，总是在比较后才能确定。行政评估的重要工作是对政策及其运行进行纵向的比较和横向的比较。

第四，准确性原则。行政评估涉及事实的分析、价值的评判、正误责任的归属和利益关系的调整，因此，行政评估要力求科学、准确，坚持原则性与灵活性、定量分析与定性分析相结合。

第五，实用性原则。行政评估的实践性非常强，因此，所选定的行政评估标准必须具有可操作性和实用性，不能神秘化、复杂化和太理论化；相反，要切合实际、大众化，简便易行。

第六，导向性原则。行政评估对政策及其政策运行以至社会的发展都有一定的导向作用，因此，所选定的评估标准也应遵循导向性原则，以使行政评估服从和服务于一个国家的政治、经济、道德、文化和社会的发展。

（二）行政评估的方法

由于行政执行内容的多样性，评估行政执行绩效的方法也有很多。行政评估方法的选择取决于问题的性质和资料的可行性。在日常工作中，主要有以下几种方法：

第一种，直接质询法。通常是行政首长或立法机关成员，就行政执行结果直接质询行政人员，由行政执行者提供有关报告。

第二种，民意调查法。这是为了了解民众对行政执行情况的态度和意见而进行的一种调查方法。该方法一般是选择一定数量的测验对象，征求他们对行政执行效果的意见，并作出统计分析和说明。

第三种，标准衡量法。在行政执行活动的一些领域，由专门的机构研制出一些衡量成绩的标准，再将行政执行的结果与这些标准相比较。

第四种，历史比较法。根据被执行对象在行政执行前后的变化值之差，来衡量行政执行的影响程度。

第五种，对象比较法。将受行政执行影响的目标群体与不受行政执行影响的群体进行比较。比如，可将参与行政执行的人与未参与行政执行的人相比较，将受决策影响的地区与未受决策影响的地区相比较。

第六种，案例类比法。就数个类似方案的执行结果进行比较，以观察受影响程度的差异。

三、行政评估的内容与程序

（一）行政评估的内容

行政执行总会带来一定的影响和后果，行政执行的绩效就是行政执行后解决某一社会问题，满足工作对象的需求程度以及对政治系统、经济系统、社会系统及其环境产生影响的总称。由此可见，行政评估的内容具体包括以下几个方面：

第一，行政执行的直接效果。这是指对被执行对象直接发生作用的效果。这种效果具体包括三个方面：①进展，指行政执行后解决问题的程度；②效能，指决策方案达到预期结果或影响的程度；③回应，指行政执行后，满足被执行对象利益和需求的程度。

第二，行政执行的连带效果。这是指行政执行可能对被执行对象以外的事物或人所产生的影响。这种影响有积极的，也有消极的。行政执行活动还有可能只对眼前有利而对社会长远发展不利。所以，对每项行政执行都应注意评估其所带来的连带效果。

第三，行政执行的历时效果。这是指行政执行影响的时效长短。一项行政执行不仅可以影响目前的状况，也可能对未来状况产生深刻的影响。

第四，行政执行的系统性影响。整个社会是一个有机体，一项行政执行活动实施后，将通过社会的诸多联系对个人、团体造成初步与后续的影响，也会对整个社会系统产生影响。

（二）行政评估的程序

所谓程序，是指对某种活动进行的步骤、次序等的规定或计划。许多事务的处理都要按照程序开展，行政评估活动也不例外，也要遵循一定的程序或步骤。一般来说，行政评估活动存在三个相互关联的程序，即评估准备、评估实施和评估总结。

1. 评估准备

评估准备阶段对于行政评估具有重要的意义。如果准备工作比较充分，就能抓住关键的政策问题，明确评估的中心和重点，避免盲目性，使行政评估工作顺利进行。评估准备阶段的主要任务包括：

（1）确定评估对象。这是评估工作的第一步。只有解决好评估什么，评估的目的、标准与方法等要素才能随之确定下来。行政执行的复杂性和综合性决定了在确定行政评估对象时要有所选择，不能随意或胡乱评估。这就要求做到一方面选择的评估对象必须确有价值，能够通过评估达到预定的或可能的目的；另一方面所选择的评估对象又必须是可以进行评估的，即从时机、人力、物力、财力上看均能满足评估所需要的基本条件。

（2）明确评估目的。所谓明确评估目的，就是确定为什么要进行评估的问题。评估目的可能不止一个，但往往要确定其主要的目的。评估目的决定了行政执行效果评估的基本方向。只有明确了为什么要进行评估，才能使各类参与评估者及其直接评估者步调一致，朝着既定的方向迈进。

(3) 选择评估标准。评估标准有一般标准,也有具体标准;有国外的标准,也有国内的标准。这就要根据情况做出适当的选择。实践中,评估标准一般都要进一步量化,即采用"指标体系及其指标体系的集合"来实施评估活动。

(4) 培训评估人员。评估人员是行政评估系统构成要素中的最主要的要素。其素质的高低、专业化程度、评估态度、敬业精神、评估立场等都直接影响评估的质量。因此,培训和选择评估人员,提高他们的业务水平及其综合素质至关重要。

(5) 评估方案的撰写。一个完整的评估方案应包括:①阐述评估对象;②明确评估的目的、意义与要求;③提出评估的基本设想,根据评估目标,确定评估的内容与范围;④确定评估标准,决定评估类型,并选择评估的具体方法;⑤写明评估的场所、时间,规定工作进度的有关计划;⑥写明评估经费的来源及筹措与使用等;⑦其他内容。

2. 评估实施

评估实施是整个评估过程中的关键环节,其主要任务是采集评估信息,统计分析评估信息。这一阶段工作的好坏,直接决定着行政评估的成功与否。评估实施大致包括以下几个方面的内容:

(1) 采集评估信息。行政评估的过程,实际上是一个信息过程:收集—整理—反馈—再收集—再整理—再反馈。所以,信息的采集评估十分重要,可以说它是评估中的一项基础性的工作。其主要任务是利用各种社会调查手段,全面收集行政执行的第一手资料。收集资料的技术与方法有很多种,常用的有:观察法;查阅资料法,如查阅政策运行记录等;调查法,如开会调查、个别访问、问卷调查等;个案法,如典型分析;实验法等。这些方法各有其特点和应用范围,最好是交叉使用,相互配合,务求所获信息具有广泛性、系统性和准确性。

(2) 分析评估信息。这个阶段是对采集到的评估信息进行统计分析处理的阶段。由于采集所获得的信息都是原始数据,比较分散、杂乱,所以需要对其进行系统的整理、分类、统计、综合和分析。统计分析的方法很多,根据统计学原理,行政评估通常采用多变量统计分析等方法,对各类数据进行系统研究。单项指标评估是多变量统计分析方法在评估指标法中的具体化,它是查明各项评估指标的实现程度的基础。如果问题复杂,还可分单项指标和单类指标,如经济类指标中包含成本、利润、税金等多个指标。单项指标都具有较强的业务性,需要较多的具体数据。每个单项指标,在整个评估系统中所处的位置与作用是不相同的,需要确定它们的权重。在各类与各个单项指标的基础上,还要进行整体综合评估。

(3) 形成初步结论。在综合统计分析评估信息之后,紧接着就是要运用直接比较法、综合比较法、成本效益分析法、前后对比分析法或统计抽样分析法等具体的方法,给出一个初步的评估结论。在进行评估时,要坚持评估资料的真实性、全面性、多样性和具体分析的客观性、可比性、科学性等几个原则,客观、公正、真实、准确地反映出行政执行的实际效果,给出评估结论。

3. 评估总结

评估总结是行政评估的结束阶段。这个阶段是处理评估结果、撰写评估报告的阶段。行政评估离不开价值判断，个人的价值判断受客观条件和一些非理性因素的影响，难免有疏漏。因此，当我们采集评估信息，得出评估结论后，还必须善加处理。首先，要自我检验、统计分析评估信息所得出的结果的可信度和有效度。其次，让评估结论与政策设计者、决策者、执行者、参与者见面，以便发挥评估的诊断、监督、反馈、完善和开发作用，提高政策的科学性。

评估总结包括以下两个方面的内容：

（1）撰写评估报告。撰写评估报告是出成果的阶段，可以说特别地重要，为此要注意两点：一是对初步结论要再作一次简明扼要、提纲挈领的分析总结，然后给出一个正式的评估结论；二是在评估报告中，除了要写好价值判断部分外，还必须写好政策建议部分及整个评估工作的说明。

（2）总结评估工作。在撰写好评估报告之后，接下来就是对评估工作进行系统的总结。总结是对本次评估活动进行一番全面的回顾，评估工作中的优缺点，总结经验，吸取教训，为以后的行政评估活动打下基础。这一阶段通常的做法是写一个"关于××行政评估的工作报告"。至此，行政评估工作全部结束。

小结

行政执行在行政管理中发挥着重要的作用。行政执行的特点有：综合性；目的性；具体性；强制性；灵活性。行政执行要遵循一定的原则。行政执行过程分为准备阶段、实施阶段和总结阶段。实施阶段主要包括行政指挥、行政控制、行政沟通、行政协调。行政评估包括行政执行过程评估和行政执行效果评估两个方面。行政评估作为衡量政府管理成效的工具，有着重要的作用。行政评估的原则主要包括：客观性原则、系统性原则、可比性原则、准确性原则、实用性原则和导向性原则。行政评估的方法主要有：直接质询法、民意调查法、标准衡量法、历史比较法、对象比较法和案例类比法。行政评估的内容包括：行政执行的直接效果、行政执行的连带效果、行政执行的历时效果和行政执行的系统性影响。

第十一章 行政监督

行政监督的首要价值是以权力制约权力,不受监督的权力必然走向腐败。监督是法治的重要内容,没有监督,公共利益和公民权利将失去保障。本章论述行政监督的含义和原则,阐述了行政监督在实现民主与法治中的重要作用,介绍了行政系统内部监督、法制监督和社会监督的类型和方式。

第一节 行政监督概述

一、行政监督的含义与特点

(一)行政监督的含义

行政监督有广义和狭义之分。广义的行政监督是指政党、立法机关、司法机关、社会组织、社会舆论和公民以及行政系统内部的专门监督机关,依法对政府和行政人员履行职责行为的合法性、公平性和有效性的监察和督促。狭义的行政监督是指行政系统上下级组织间或监察机关,依法对行政系统自身履行职责行为的合法性、公平性和有效性的监察和督促。

我们这里介绍的是广义的行政监督。行政监督应该从以下几个方面理解:

第一,行政监督主体由三方面主体构成。一是法定监督主体,是指享有行政监督职权,能以自己的名义从事行政监督活动,并能独立承担由此产生的法律责任的组织,如政府专司监督的监察机关。二是法律、政策授权的行政监督主体,即依据法律或政策本身的授权(授权的主体资格、范围、时间限制等必须是明确的),负有对特定事项行使行政监督权的组织。某一特定监督事项完成,该监督组织的监督职能也就宣告终结,监督中所产生的法律责任由其自身承担,如中央巡视组。三是委托监督主体,即受法定监督主体的委托,履行行政监督职能的组织。该组织受有权主体的委托实施特定的监督职责,其法律责任由委托机关承担。如责任事故调查中的专家组。

第二,行政监督的内容是指行政过程中的行政主体及其公务员的行为和与其相关联的机制。具体而言,行政监督是指行政机关的"组织、职责、程序、措施与资源"与行政主体的行政行为。

第三,从形式特征方面看,行政监督是一种"整体性"的监督活动。所谓整体性,包含三方面内容:一是方法和技术的多样化,即采取定性与定量相结合的监督标准和可操作性的监督方法和技术;二是行政监督的双重性,即监督行政机关的组织、职责、程序、措施、资源和行政主体的施政行为,同时也包括监督管理对象的行为;三是行政监督结果的综合性,既督导行政机关对其组织、职责、程序、措施与资源作出相应的改进,推动管理的进程,又对违法违纪人员予以纪律处分或党政问责,或对构成职务犯罪的国家工作人员予以刑罚。

第四,从价值特征方面看,行政监督是一种"整体配置效益"和"效率与质量均衡性"的监督。"整体配置效益"是针对组织结构、职责、程序、措施、资源及与之相配套的规范性文件而言的。这是行政机关的"硬件",它决定行政机关整体效益。"效率与质量"是针对行政主体的行为而言的。有最优化的"硬件",并不意味着公共行政管理的效能是最优化的,更何况"硬件"和"软件"之间存在内在的互动关系,质量与效率的完美结合所产生的均衡状态,是行政监督所要实现的根本目的,即以政治清明、政府清廉和干部清正为监督目的。

(二)行政监督的特点

第一,监督主体的多样性。由于制定主体和管理内容的广泛性,决定了行政监督主体的多层次性和管理对象的多元化。它包括国家权力机关、党的机关、司法机关、纪检监察机关、行政机关、社会组织、公民及社会舆论等。

第二,监督对象的双重性。行政监督的对象的双重性可以理解为两方面:一是对行政主体的监督;二是对公职人员履职行为的监督。

第三,行政监督内容的双向性。行政监督内容的双向性是由行政监督的性质决定的。一方面,行政监督是对行政机关本身,也就是对整个行政活动全过程的监督,以行政管理的合法性和合理性为标准,以督导行政目标的实现为价值尺度,以查处行政过程中违法不当行为为手段;另一方面,还应对行政主体纠偏、整改行为进行延伸监督。

第四,行政监督主体的层次性。所有监督主体分别处于不同的监督层次,隶属于不同的授权主体,承担内容和范围均有差别的监督职责。从总体上看,各监督主体所处层次,尤其是专职监督主体的监督层次,一般高于级别相当的行政和经济管理部门的层次,以便对各级政府和经济管理职能部门实施监督,保证监督系统有效地发挥监督职能。

第五,法律地位的独立性。监督主体独立行使监督权,是保证监督效果的最基本的前提条件,而相对独立性又取决于监督主体的领导体制问题。相对独立性主要体现在两方面:一是监督主体依法行使监督权,不受其他机关、团体和个人的干涉。二是各监督主体实施监督活动所需的人员、经费、技术手段和信息资源等不受监督对象的制约。

二、行政监督的原则与作用

(一) 行政监督的原则

行政监督的原则主要体现在以下几个方面：

1. 行政监督机关依法行使职权，不受其他部门、社会团体和个人干涉的原则

它有以下三点基本含义：

第一，依法监督。行政监督机关的一项重要职责就是检查和纠正违法违纪行为，保证法律、法规、政策、政令的贯彻实施。这样的法律地位，首先要求行政监督机关和监督人员自身必须具有很强的法制观念和纪律观念，严格依据国家法律、法规和政策进行活动。

第二，自主行使监督权。按照责权一致的原则，它依法拥有自主行使监督职权的权力。这是使监督机关正确履行职责、提高工作质量和效率的法律保障。

第三，监督机关依法行使职权不受其他部门、社会团体和个人的干涉。所谓干涉，是指其他部门、社会团体和个人利用职权、地位、影响，采取种种不正当手段，非法干预、影响监督活动的行为。

2. 实事求是，重证据、重调查研究的原则

贯彻实施这一项原则，对于搞好各项监督工作，具有十分重要的作用。这一原则的基本内容有三点：

第一，坚持实事求是。坚持实事求是，就是要尊重客观实际，一切从实际出发。行政监督机关和监督人员应自觉贯彻实事求是的原则，根据实际情况决定工作方针，做出工作部署，进行工作指导，解决各方面的问题，防止和克服在工作中的主观性、片面性、表面性和盲目性。

第二，重证据。重证据，就是注重事实，就是要充分收集和掌握证据，使违法违纪案件的处理建立在尊重客观事实的基础上，确保案件质量。

第三，重调查研究。调查研究是坚持实事求是的基本环节，是了解真实情况的基本途径和方法。行政监督机关在开展的各项监督工作中，都必须经过艰苦细致的调查研究，全面、客观地了解情况，再加以去伪存真、由表及里地分析研究，才能对监督事项的性质作出正确的判断，为作出监督决定和提出监督建议提供符合客观实际的依据。

3. 在适用法律和行政纪律上人人平等的原则

坚持和实行这一原则，在行政监督工作中的要求是：

第一，任何监督对象的合法权益都平等地受法律保护；

第二，任何监督对象都必须履行法定义务，遵守法律和行政纪律，不允许有超越法律和行政纪律的特权；

第三，一切违反法律和行政纪律的行为都必须受到追究，任何监督对象都不能例外。

4. 教育与惩处相结合的原则

教育与惩处相结合的原则，是行政监督机关在查处违法违纪案件等工作中必须遵循的一项基本原则。行政监督机关是维护法律的专门机构，通过严肃惩处违法违纪者，可以给监督对象以正确的导向，使违法、违纪者及其他人员认识到法律是必须遵守的，违反了就要受到惩处，从而增强遵纪守法的自觉性，并遏制和防范腐败行为的发生。这对于维护行政机关的正常工作秩序，保证政令畅通，严格行政管理，提高行政效能，推动廉政勤政建设，都具有重要促进作用。另外，行政监督机关应坚持惩处与教育相结合。通过惩处，教育那些违法违纪的人员认识错误，改正错误，做好工作，将功补过；同时，通过案件的剖析，对广大的监督对象进行法制和纪律教育，促使他们增强法制观念、纪律观念和遵纪守法的自觉性，为搞好廉政、勤政建设提供思想保证。

5. 监督检查与改进工作相结合的原则

监督检查与改进工作相结合的原则，要求行政监督机关必须把履行职责同要达到的目的统一起来。行政监督机关通过监督检查，在发现、揭露存在的缺点和错误，对违法违纪者给予应得的惩罚的同时，通过发现问题、执行法律，去分析产生错误的客观环境和主观原因，研究纠正错误、改进工作的对策和措施，以改善公共行政管理。

6. 监督工作依靠群众的原则

监督工作依靠群众的原则，体现了党的群众路线的精神和要求，是做好新时期行政监督工作的基本保证。因为人民群众对监督对象遵纪执法和工作情况的好坏最为了解，因此，监督机关必须通过各种形式听取人民群众对监督对象的意见和建议，认真受理其控告、检举，从而把行政监督与人民群众的监督紧密结合起来。同时，行政监督机关应当支持和保护人民群众的这种积极性。

（二）行政监督的作用

行政监督对公共行政的重要作用，主要表现在如下几个方面：

第一，行政监督能有效地强化和改善公共行政，提高行政效能，促进行政机关廉政建设。公共行政关系到公民、法人和其他组织的切身利益，行政机关及其工作人员只有依法、廉洁、高效地开展工作，才能维护被管理者的合法权益。行政监督正是保障人民群众的利益和对行政机关及其工作人员进行有力监督和制约的有效途径。行政监督在公共行政活动中的性质具有双重性。一方面，行政系统的内部监督，是行政组织和公共行政的一项内容，为实现政府工作的总目标服务，提高行政效率；另一方面，监督机关代表国家，为实现国家意志，依法对国家行政机关及其工作人员执行法律、法规和政策的情况及其违法违纪行为进行监督，实现依法行政的根本目的。

第二，行政监督是健全社会主义法治，进一步保障公民、法人和其他组织合法权益的有效制度。行政监督作为法治建设的重要组成部分，其目的和任务就是促进行政机关及其工作人员依法行政，维护国家法律、法规、政策和决定、命令在公共行政领域中的正确实施。监督机关通过受理个人或单位对国家行政机关的国家公务员以及行政机关任命的其他人员的违法违纪的控告、检举，以及受理不服行政处分的申诉，查处和纠正违法违纪及不当行为，有利于进一步保障公民、法人及其他组织，包括公务员和行政机关任命的其他人员的合法权益。

第三，行政监督是改革开放和经济建设顺利发展的重要保障。改革开放和社会主义经济建设顺利进行的重要先决条件是有一个稳定的政治局面和良好的外部环境。如果忽视政治稳定，腐败现象泛滥，必然引起社会的不满和社会动荡。监督机关通过惩治腐败、加强机关和干部的作风建设、维护政治稳定，为改革开放和经济建设的顺利发展提供政治保证。同时，行政监督可以密切政府与人民群众的联系，提高政府威信，从而调动一切积极因素，为改革开放和经济建设的顺利发展提供强大的动力。

三、行政监督的类型

（一）依监督的主体分类

依照监督的主体分类，可将行政监督分为执政党的监督、权力机关的监督、行政机关的监督、司法机关的监督和社会监督五种。

1. 执政党的监督

执政党对公共行政具有广泛的监督权。其广泛性体现为两方面，既包括中国共产党对行政机关及其公务员遵守和执行党的纲领、原则、方针、路线的情况的监督，也包括专司纪律审查的纪律检查机关以党规党纪为依据，以政治纪律、组织纪律、廉洁纪律、工作纪律、群众纪律和生活纪律六方面纪律要求为标准，对政府中的党员和党员领导干部进行的纪律审查。

2. 权力机关的监督

权力机关的监督是指各级人民代表大会及其常委会对行政机关及其公务员的施政行为的监督。由于权力监督是一种法律监督，因此其监督的宗旨是保证公共行政与国家宪法和法律的施行相一致，即保证公共行政的合法性。同时，由于权力监督一般不直接去纠正公共行政中的违法不当行为，只有当行政主体及其公务员拒不改正或纠正时，权力监督机关才行使罢免权或撤销权，而不能越俎代庖地自行决定。

3. 行政机关的监督

行政机关的监督是指在公共行政中，上级行政机关对下级行政机关的监督，专门监督机关、监察机关对行政机关及其公务员的监督，以及行政机关对行政相对人的监督等。由于行政职能主要是由行政机关来承担的，因此，最为主要的监督机关是行政机关。

4. 司法机关的监督

司法机关实施的监督是指审判机关的监督和检察机关的监督。检察机关对行政管理的监督主要体现为侦查监督和职务犯罪监督两方面。侦查监督是指对公安机关和国家安全机关的刑事侦查实行的法律监督，即监督公安机关和国家安全机关的刑事侦查行为的合法性和合理性。这里所说的刑事侦查工作是指针对行政管理过程中所发生的刑事案件，作为实施刑事侦查的公安机关和国家安全机关的侦查行为；惩治职务犯罪监督是指检察机关针对国家机关工作人员的职务行为是否构成犯罪所实施的监督。惩治职务犯罪监督包括对贪污贿赂的监督、侵权犯罪的监督和渎职犯罪的监督。审判机关监督是指人民法院通过行使审判权对行政主体及其公务员犯罪行为的法律监督。审判机关监督包括行政诉讼的监督、国家赔偿的监督、刑事诉讼的监督等。

5. 社会监督

社会监督是指非执政党和非国家机关对行政活动的监督。社会监督是凭借国家宪法和法律赋予的权利，而不是凭借国家权力或政治权力赋予的权力。具体而言，政协、各民主党派、各社会团体、新闻机构及公民个人对行政机关的监督，构成了社会监督。当前，随着现代信息技术的发展，网络监督成为一种社会监督的有效途径。

（二）依监督的过程分类

依照监督的过程分类，可将行政监督分为事前监督、事中监督和事后监督。

1. 事前监督

所谓事前监督，指的是在某种公共行政管理活动开展之前，监督部门围绕公共行政管理主体的行政行为进行的监督检查。事前监督工作主要应把住"三关"：一是分析行政行为的合法性，把住法律、法规和政策关，看其是否与之相悖；二是分析行政行为的可行性，把住论证关，看行政目标是否符合客观实际，是否兼顾了当前与长远、局部与全局利益，是否科学可行；三是分析行政行为的可靠性，把住措施关，看其对实施中的有利因素、不利因素的分析是否客观、全面、准确，从组织领导到措施保障是否有力。

2. 事中监督

事中监督是指对监督对象在执行法律或实施决策、计划过程中履行职责情况进行的监督检查，也叫作跟踪监督。其主要形式是现场监督和跟踪监督。通过现场监督，监督部门可以随时了解行政主体的行为，保证其正确履行职责；同时，还可以增加行政活动的透明度，有效地防止违法违纪行为的发生。跟踪监督就是全过程的监督，可以及时发现和总结好的经验、好的典型，强化良性行政行为，制约和纠正监督对象的不良行为，防止其扩散蔓延，避免和减少损失，促使行政管理沿着正确的轨道运行。实践也证明，开展事中监督能够有效防止监督对象在行政管理中违纪违法行为的发生。

3. 事后监督

事后监督是对行政行为结束以后所进行的监督活动，是对行政行为结果的监督。通过开展事后监督，监督部门可以掌握其完成行政任务的合法性、完整性和实效性。事后监督的特点主要有下列几点：

第一，全面监督，具有综合性。事后监督主要对行政管理主体的情况做全面、系统的检查和了解，并对其行为作出综合分析和整体评价。在程序上，其包括检查发现问题、提出改进工作的建议、发现案源、查办案件、处分违纪违法人员、表彰先进、推广经验，还涉及宣传教育、制度建设等。

第二，建制堵漏，具有规范性。在事后监督中，监督部门可以发现一些单位或部门管理上的漏洞和制度上的缺陷，通过提出监督建议、完善制度、加强管理，并采取必要的措施，消除行政管理中的某些障碍，以规范行政管理主体的行为。

第三，查案惩腐，具有惩戒性。惩处行政管理中的腐败行为，是行政管理的法律监督强制力的体现，也是保障行政管理畅通的有力工具。对那些只顾局部利益而不顾全局利益，有令不行，有禁不止，以及失职渎职造成重大损失的行为，都必须严肃查处，构成犯罪的，要移送司法机关处理。监督部门通过事后监督查出违法违纪问题，为案件查办提供了信息和线索；通过事后监督中的案件调查，查出更深层次的问题，进而使行政管理向纵深发展。显而易见，事后监督和查办案件二者互补，有相得益彰之功，故事后监督具有较强的惩戒功能。

第二节　行政系统的内部监督

一、一般行政监督

（一）一般行政监督的含义

一般行政监督制度是基于上级政府对下级政府、各级政府对其工作部门和公务人员的监督。在这种法律监督制度中，主体与对象之间的领导关系是其首要特征。我国各级行政机关实行民主集中制原则，下级服从上级。所以，一般行政监督制度具有普遍性和较强的约束力。其次，一般行政监督制度属于政府系统和组织内部监督制度，具有内部监督的各种优点和不足。各级政府对其工作部门的监督比起上级政府对下级政府的监督更具有这些特点。最后，在政府法律监督系统中，层级监督制度的内容最为广泛，它包括了政府工作的各个方面。

（二）一般行政监督的主要方式

根据有关法律规定，目前的监督方式主要有以下几种：

1. 工作报告

法律规定，各级人民政府向上级政府报告工作；政府各工作部门向本级政府报告工作。通过听取、审查报告的方式，实施上级政府监督下级政府，各级政府监督其工作部门的监督目的。其具体包括：一是工作简报。主要是简要报告其主管业务中的最新的重要情况、经验和对重大问题的处理结果，每周一次。二是年度报告。总结上年度的工作，提出本年度的工作计划，在本年度的第一季度报送。三是专题报告。这是一种不定期的报告。对于某一重要工作的安排部署，对工作中存在的问题和经验的总结，重大事件的处理办法或结果，或国务院指定的事项，均可使用此种形式报告。四是临时报告。如各部门认为应将一段时期工作情况或工作中存在的困难、问题报告上级。五是综合报告。此报告一年两次，第一次在第一季度报送，主要报告上年度工作情况和本年度工作部署。第二次在第三季度报送，主要反映上半年工作进展情况及存在的问题和下半年的工作计划及措施。工作报告在政府工作中大量使用，它是监督对象向监督主体主动提供情况，反映意见的方式。其优点是及时、经常、信息量较大，但由于报告是由监督对象作出的，应当防止失实、片面、文过饰非、报喜不报忧的问题。

2. 检查

与报告不同，检查是行政主体主动了解管理对象活动的行为，一般具有直接、实地、深入的特点。行政主体通过检查能够比较全面、客观地了解和掌握实际情况，听取和收集各方面的反映和要求。政府检查的种类很多，从不同的角度看常见的大致有四类：第一类，全面检查和专题检查。前者是指对监督对象在一个时期内全部立法或执法活动的检查，后者只是对某一方面的情况进行检查。第二类，单独检查和联合检查。单独检查是指一个部门或一个领导人进行的检查。联合检查则是多个部门组成联合检查团（组）实施的检查。联合检查通常是针对相互关联的问题，由有关政府工作部门共同协商组织，由政府领导或主要部门牵头。第三类，立法检查和执法检查。前者是对监督对象制定抽象行政行为的检查，后者的检查内容是行政执法活动。由于检查的内容不同，具体的检查方式也有所不同。第四类，定期检查与不定期检查。前者作为一种工作制度，是确定时间的经常性的检查，后者则是根据需要而采取的临时措施。

3. 专案调查

专案调查是指依法对监督对象发生的重大违法案件或带有普遍性的违法行为，人民政府组织专门人员进行的专案调查。专案调查可以较为全面客观地了解事件发生的详细情节以及责任人的违法犯罪情况，为处理事件提供证据。专案调查组织是由上级政府及有关主管部门组织的，还可以聘请有关专家参加。一般来说，专案调查组织只负责了解情况和提出处理意见，并不直接处理问题。因此，专案调查基本上属于法律监督的了解方式。政府的专案调查也是有强制性的，调查人员可以要求有关人员作证，提供文件和实物，并要求其如实反映情况，并予以积极配合，保守秘密等。调查结束后应当写出专案调查报告。

4. 审查

审查是对行政法律文件、行政命令、措施及财政预算、决算、账册、报表等进行审阅核对的行为，旨在确定其合法性。审查有事先审查、事中审查和事后审查三种形式。事先审查是在监督对象作出行政行为以前所进行的审查，这种审查具有批准色彩，监督对象往往需经审查批准后，才可行动。事先审查可以起到预防违法犯罪的作用。事中审查是在对象采取行政行为的过程中进行的，与行政行为同步进行，便于及时发现问题并及时予以纠正。事后审查是在行政行为作出之后施行的审查，以维护正确合法的行为，改正或撤销违法行为。

5. 备案

备案是监督主体对监督对象施行事后监督的一种形式。我国法律有许多关于备案的规定，按照接受备案的主体划分，主要有：向国务院备案；向国务院各工作部门备案；向地方各级政府及工作部门备案。

第一，向国务院备案。根据立法体系，国务院有权制定行政法规，其效力高于地方性法规和自治条例、单行条例、行政规章。为了保证地方法规、条例和规章不与行政法规相抵触，它们制定以后均要报国务院备案。

第二，向各部、委和国务院直属机构备案。《地方各级人民代表大会和各级人民政府组织法》规定，省、自治区、直辖市人民政府的各工作部门受人民政府统一领导，并且受国务院主管部门的领导或业务指导。因此，国务院主管部委和直属机构可以要求省级政府的工作部门就制定的重大行政措施和规范性文件报送备案。

第三，向地方各级人民政府和其工作部门备案。地方各级人民政府领导所属各工作部门和下级政府，有权改变或撤销所属各工作部门不适当的命令、指示和下级人民政府不适当的决定命令。自治州、县、自治县、市、市辖区的人民政府各工作部门受同级政府的领导，同时接受上级人民政府主管部门的领导或业务指导。为了正确有效行使这些权力，人民政府和各工作部门也广泛采取备案的形式。

6. 批准

批准作为人民政府的一种法律监督方式，指的是各级人民政府依照法律的规定和授权对下级政府或工作部门的职权行为进行审查并加以确定的行为。它是约束力较强的一种事先监督方式。其内容包括：要求监督对象报送审批材料，进行审查，批准（含不批准）三个基本步骤。不经批准，行为不能生效。在我国，人民政府批准的主要是制定行政法律文件的行为，也有一些重大的具体行政行为。

7. 提出议案

国务院和地方各级人民政府都有权向同级人民代表大会及其常务委员会提出属于其职权范围内的议案。如果人民政府认为其他国家机关制定的法律文件或采取的司法或行政措施违反了行政法律，但又无法采取其他方法加以纠正时，可以通过向本级人民代表大会及其常委会提出议案的方式，要求权力机关采取纠正或其他处分措施。这是人民政府的一种间接监督方式。比如，国务院如果认为省级人大及其常委会制定的地方性法规或民族自治区制定的自治条例与行政法规相抵触，就可以向全国人大常委会提出要求撤销这些地方性法规和自治条例或改变某些条款的议案，由全国人大及其常委会按照议案处理办法进行审查处理。

8. 改变或撤销

《中华人民共和国宪法》（以下简称《宪法》）第 89 条规定：国务院有权"改变或者撤销各部、各委员会发布的不适当的命令、指示和规章"；"改变或者撤销地方各级国家行政机关的不适当的决定和命令。"地方人民政府组织法也规定，县级以上地方各级人民政府有权"改变或者撤销所属各工作部门的不适当的命令、指示和下级人民政府不适当的决定、命令。"这里所指的不适当应当包括不合法在内，不合法的行政行为当然是不适当的。对违法的抽象行政行为的改变和撤销是一种较为彻底的法律监督方式。

根据法律的规定，行使改变或撤销权的只能是国务院和各级人民政府。各级政府的领导人以及各工作部门都不能使用这种监督方式。监督的对象是本级政府的工作部门或下级政府，下级政府一般是指下一级政府。改变或撤销的内容包括了对象的所有抽象行政行为。

9. 惩戒

对于下级政府及政府工作部门的违法行为，各级政府可视其情节作出惩戒处分。惩戒处分分为两种情况，一种是对国家机关适用的，根据行政法规的规定，这种方式主要有：责令检讨、通报批评、限期整顿等，有时还可采取一些经济制裁办法；另一种是针对违法机关领导人或违法责任人的。根据《公务员法》和《中华人民共和国行政监察法》的规定，行政处分共有六类：警告、记过、记大过、降级、撤职、开除。

二、行政监察

（一）行政监察概述

1. 行政监察机关的性质与体制

行政监察机关是人民政府专司监督权的职能部门，是国家行政系统内部自我监督的重要组织形式，它隶属于国家行政机关序列，是政府机构的组成部分。各级行政监察机关在本级人民政府领导下开展监督，地方各级行政监察机关同时接受上级监察机关的领导。

2. 行政监察的对象

行政监察的对象是国家行政机关和公务员以及国家行政机关任命的其他人员。具体而言，行政监察机关对本级人民政府各部门及其公务员、本级人民政府及其各部门任命的其他人员、下一级人民政府及其领导人员实施监督。

3. 行政监察的内容

行政监察通过执法监察、效能监察和廉政监察等方式对行政监察对象的廉政状况与勤政状况进行经常性的、直接的监督检查。

4. 行政监察机关与党的纪律检查机关、检察机关的关系

行政监察机关与党的纪律检查机关、检察机关有明确的权限划分。对监督对象未构成犯罪，仅构成违反政纪的案件，由行政监察机关调查处理；对监督对象构成犯罪的案件，由检察机关追究刑事责任；党的纪律检查机关与行政监察机关合署办公，因此，对具有公务员身份的中国共产党党员的案件，需要给予处分的，分别由行政监察机关给予政纪处分和党的纪律检查机关给予党纪处分；对涉及非中国共产党党员的公务员的案件，需要给予处分的，则只由行政监察机关给予政纪处分；而对涉及国家行政机关以外的中国共产党党员的案件，需要给予处分的，则由党的纪律检查机关给予党纪处分。

（二）行政监察机关的机构设置和领导体制

1. 行政监察机关的机构设置

行政监察机关的机构设置：一是国务院监督机关。中华人民共和国监察部是国家最高行政监察机关，在国务院的领导下进行工作。现行的中共中央纪律检查委员会和国家监察部实行合署办公，合署后，实行一套工作机构、两个机关名称的体制。二是地方各级人民政府监察机关。地方各级监察机关是指省、自治区、直辖市的监察厅（局），设区的市、自治州、盟的监察局和县、自治县、不设区的市、市辖区的监察局三级。三是派出监察机构或派出监察人员。派出监察机构或者监察人员是指县级以上各级人民政府监察机关依据法律、法规的授权，根据工作需要设置的管理监察事务的机构。四是内部职能机构。内部职能机构要设置合理、分工清晰。行政监察机关要按照履行职责的需要，确定内部机构设置。五是发挥组织的效能。通过对组织的合理配置，行政监察机关能够有效地完成其组织目标。

2. 行政监察机关的领导体制

（1）行政监察机关领导体制的含义。

行政监察机关的领导体制，是指行政监察机关与其权力管辖范围之外的组织之间的法律关系和行政监察组织之间的法律关系所构成的制度体系的总称。行政监察机关与其权力管辖范围之外的组织之间的法律关系主要体现在行政监察机关与权力机关、司法机关、党的组织和人民政府之间的法律关系。国家权力机关对行政监察机关的领导是以行使间接监督权的方式来实现的；司法机关与行政监察机关之间的法律关系体现为业务分工与办案合作关系，即以是否构成职务犯罪作为其业务分工的分水岭，以司法机关与行政监察机关的职权和手段的互补性作为其办案合作的基础。我国行政监察机关实行双重领导体制，即县级以上各级人民政府监察机关受本级人民政府和上级监察机关的双重领导，监察业务以上级监察机关领导为主。

（2）行政监察双重领导体制的内容。

地方各级人民政府监察机关是人民政府内部行使监察职责的职能部门，是本级人民政府的组成部分和所属部门。行政监察机关的性质和法律地位，决定行政监察机关必须在本级人民政府的领导下开展工作，对本级人民政府负责并报告工作；人员编制、经费拨付、劳动工资等问题，由本级人民政府统一协调解决和安排；下级监督机关同时接受上一级监督机关的领导。国务院监察部主管全国行政监察工作，县级以上地方各级人民政府监察机关同时对本级人民政府和上一级监察机关负责并报告工作。上级行政监察机关对下级监察机关的领导是全面领导，但以业务领导为主。应当指出的是，由于党的纪委与行政监察机关合署办公，行政监察机关在党的纪委领导下开展监察工作。

（三）行政监察对象与管辖

1. 行政监察对象

（1）行政监察对象的范围。

行政监察对象是指国家法律、法规规定的接受行政监察机关监督的组织和人员。其范围包括国家行政机关、国家公务员和国家行政机关任命的其他人员。

（2）行政监察对象资格的构成要件。

拥有法定的行政职权，这是行政监察对象所享有的行政权力的具体体现；行政监察对象必须是依法成立的行政组织或具有公务员身份，或者是由国家行政机关任命的其他人员。

2. 行政监察管辖

行政监察管辖，是指对某个监督对象确定由哪一级或者哪一个行政监察机关实施监督和哪一级或者哪一个行政监察机关对哪些特定监督事项有权进行管辖的法律制度。行政监察管辖权与行政监察权既有联系又有区别。行政监察权是国家赋予行政监察机关对行政监察对象的违纪行为实施监督、执纪和问责的权力；行政监察管辖权是指对某个具体的违纪行为在行政监察机关内部由哪一级或者哪一个行政监察机关实施监督。一方面，行政监察机关依法拥有监督权是确定管辖权的前提，凡是不属于行政监察机关行使行政监察权范围的事项，行政监察机关无权管辖；另一方面，管辖权是行政监察权的进一步落实，行政监察权必须通过管辖权来行使和体现。

（四）行政监察机关的职权

我国行政监察机关的职权由基本职权和辅助职权两部分构成。基本职权是行政监察机关职权的核心，反映行政监察机关的性质。辅助职权是为了使行政监察机关更有效地履行职责而赋予行政监察机关处理相关事务的权力。基本职权包括检查权、调查权、建议权和行政处分权四种。辅助职权包括对监督事项涉及的单位和个人的查询权，查处违法违纪案件时的请求协助权、对违反行政纪律取得的财物的处置权等。

1. 基本职权

（1）检查权。检查权是指行政监察机关依法拥有的对国家行政机关在行政行为中出现的问题进行监督检查的权力。但是，行政监察机关并不能对行政监察对象的所有行政行为进行检查，它只能检查国家行政机关在遵守和执行法律、法规和人民政府的决定、命令中的问题。行政监察机关在行使检查权时，有权采取下列措施：①查阅、复制材料；②要求被监督的部门和人员就监督事项涉及的问题作出解释和说明；③责令被监督的部门和人员停止违反法律、法规和行政纪律的行为。

（2）调查权。调查权是指行政监察机关依法拥有的对行政监察对象违反行政纪律的行为进行专门调查的权力。行政监察机关在行使调查权时，除可以采取检查权的各项措施之外，还可以采取下列行政强制性的措施：①暂予扣留、封存监督对象与案件有关的材料；

②责令保全与案件有关的监督对象的财物；③责令监督对象在指定的时间、地点解释和说明问题；④建议暂停监督对象执行职务；⑤查询监督对象的银行存款和提请法院予以冻结。

（3）建议权。建议权是指行政监察机关在检查与调查的基础上，就一定的事项向被监督部门和人员提出处理建议的权力。行政监察机关的建议权具有一定的行政法律效力。首先，接受建议的行政监察对象无正当理由拒不采纳的，要承担相应的法律责任。其次，行政监察机关在行使建议权的同时，还有权对建议的执行情况进行监督检查。最后，行政监察机关行使建议权不能超越其管辖的范围。

（4）行政处分权。行政处分权是指行政监察机关根据调查结果，对有违反行政纪律的监督对象依法予以行政制裁，给予行政处分的权力。根据行政监察对象的不同，行政监察机关的行政处分权可以划分为直接给予行政处分权和建议有关机关给予行政处分权。行政处分种类分为警告、记过、记大过、降级、撤职和开除六种。

2. 辅助职权

（1）查询权。行政监察机关有权对行政监察机关管辖范围以外的单位和个人就监督事项涉及的问题进行查询。

（2）请求协助权。行政监察机关在办理行政违法案件时，可以提请有关部门予以协助。

（3）奖励权。行政监察机关有权对控告、检举重大违法违纪行为的有功人员给予奖励。

三、审计监督

审计监督是指专门审计机关和其他受委托的人员，依法对有关国家机关、企事业单位的财政及经济活动进行审核检查，以判断其合法性、合理性、有效性的监督、评价和鉴证活动。从审计制度的合法性审查方面来看，它是一项专门的财政经济法律监督制度。

《宪法》第91条规定："国务院设立审计机关，对国务院各部门和地方政府的财政收支，对国家的财政金融机构和企业事业组织的财务收支，进行审计监督。"宪法关于审计制度的规定奠定了我国审计监督的法律基础。

（一）我国的审计体制

1. 机构设置

我国目前设置的审计机关有两种，即中央审计机关和地方审计机关。中央审计机关即审计署，是国务院的组成部门，是我国的最高审计机关，它具有双重法律地位：一方面，它作为中央政府的组成部门，要接受国务院的领导，执行法律、行政法规和国务院的决定、命令，以独立的行政主体从事活动，直接审计管辖范围内的审计事项；另一方面，作为我国的最高审计机关，审计署在国务院总理的领导下，主管全国的审计工作。地方审计机关，是指省、自治区、直辖市以及市、县、区人民政府设立的审计机关。

2. 领导体制

审计机关领导体制，是指审计机关的隶属关系和内部上下级之间的领导与被领导关系。我国审计机关的领导体制实行双重领导制，地方审计机关同时接受本级政府行政首长和上一级审计机关领导。一是在行政上，审计机关直接受本级政府行政首长领导；二是在业务上，地方审计机关接受上级审计机关的垂直领导。

3. 派出机构

依据《中华人民共和国审计法》（以下简称《审计法》）第10条规定："审计机关根据工作需要，可以在其审计管辖范围内派出审计特派员。审计特派员根据审计机关的授权，依法进行审计工作。"我国审计机关设立了审计机关驻地方派出机构和驻部门派出机构。

（二）我国审计体制的特点

我国现行的政府领导下的行政型审计模式，在一定程度上有利于发挥审计监督在维护财经秩序，加强廉政建设，促进依法行政，保障国民经济健康发展方面的作用。

1. 强制性

一是地位上的强制性。国家审计机关依据宪法在县级以上人民政府内部建立，代表国家行使审计监督职能，构成了国家审计在整个审计组织体系中的主导地位。

二是审计立项上的强制性。国家审计的审计立项可以根据本级人民政府或上级审计机关交办的事项和自我编制的年度审计计划安排，还可根据掌握的线索临时追加。审计立项以自身工作需要为主要依据，而不受被审计单位和其他方面的左右和干涉。

三是审查权限上的强制性。国家审计机关依照国家法律规定独立行使审计监督权，被审计单位必须无条件接受审计机关的监督检查。

四是审计处理上的强制性。审计机关作出的审计结论和决定，被审单位或部门应主动地、自觉地予以执行或协助执行，部门或单位没有或不准备主动、自觉执行或协助执行审计决定时，审计机关可采取相应措施使审计结果得到强制执行。

2. 权威性

一是国家审计行为的依据《审计法》在我国法律体系中处于较高的地位。宪法是国家的根本大法，它把审计监督制度确立为国家财经经济管理中的一项基本制度。《审计法》是对宪法有关规定的具体化，在规范国家审计监督制度方面，是仅次于宪法的国家法律。

二是审计机关根据宪法规定直接在各级人民政府的主要行政首脑的领导下，依法独立行使审计监督权并向其负责和报告工作，不受本地行政机关、社会团体和个人的干涉，使国家审计具有代表行使监督权力的权威性。

三是根据《审计法》规定，审计机关不但可以对各级政府机构、国有大中型企业事业单位进行经济监督，还可以对经济执法部门如财政、税收、金融、工商行政、物价、海关等专业经济监督部门进行"再监督"的特性，促使其依法履行监督职责。不仅可对微观层次进行监督，而且可对宏观管理层次加以监督，使其监督工作更具有权威性。

（三）审计监督的对象、主要内容和方式

1. 审计监督的对象

审计监督的对象包括：各级人民政府及其工作部门；国家金融机构；全民所有制企事业单位和基本建设单位；国家给予财政拨款或者补贴的其他单位；中外合资、合作企业；国内联营和其他企业。从法律监督的角度看，各级政府部门、国家金融机构及国营企事业单位领导人和其他政府任命的行政工作人员可成为审计监督的对象。而不具有执法职能的企业、事业单位不是审计监督对象。

2. 审计监督的主要内容

（1）财政预算的执行和财政决算；

（2）信贷计划的执行及其结果；

（3）财务计划的执行和决算；

（4）基本建设和更新改造项目的财务收支；

（5）国家资产的管理情况；

（6）预算外资金的收支；

（7）借用国外资金、接收国际援助项目的财务收支；

（8）与财政、财务收支有关的各项经济活动及其效益；

（9）严重侵占国家资产、严重损失浪费等损害国家经济利益行为；

（10）全民所有制企业承包经营责任的有关审计事项；

（11）国家法律、法规规定的其他审计事项。

3. 审计监督的主要方式

审计监督主要通过审查会计账目和有关财经资料的方式进行，必要时也进行调查活动。

（1）主动检查。审计机关根据工作需要可定期或不定期地对审计对象的有关账目、资产、票据进行检查，查阅有关文件、资料；被审计机关有义务为其提供方便条件。

（2）要求报送。审计机关可要求被审计机关报送财政预算、财务计划、决算、会计报表及有关资料，被审计机关应如期真实报送。

（3）参加会议。审计机关认为必要时，可派员参加被审计机关的有关会议并取得会议材料。

（4）调查。对审计中的有关事项和违法违纪线索，审计单位可进行调查或组织专门调查，有关单位和人员有义务为其提供证据。

（5）审计专案。对于严重违反财经法规的重大事件可以设立审计专案。在审计专案中，审计人员可采取适当方法获取证据，如询问证人或关系人、询问责任人、查阅有关材料、观察现场、摄制照片、获取音像资料等。

（6）强制措施。审计机关对于正在进行中的违反财经法规的行为，可提请被审计单位的上级主管部门采取临时的制止措施，以防止事态进一步扩大。对于制止无效的，可直接通

知财政部门或有关银行暂停拨付有关款项。对阻挠破坏审计工作的被审计单位，可以采取封存有关账册、资产等临时措施。

（7）对违反财经法规的被审计单位，审计机关可根据情况采取以下处分方式：一是警告、通报批评；二是责令纠正违法收支；三是责令退还或没收非法所得；四是收缴侵占的国家财产；五是对违反国家规定使用财政拨款或者银行贷款，严重危害国家利益的被审计单位，作出停止财政拨款或者停止银行贷款的决定；六是按照有关法规处以罚款，对于拒不缴纳应缴款项和罚款的，可以通知银行扣款；七是对违反财经法规的单位负责人和有关责任人，审计机关认为应当给予行政处分的，移送有关部门处理，构成犯罪的，提请司法机关依法追究刑事责任；八是对于拒绝提供有关文件、账簿、凭证、会计报表、资料和证明材料，阻挠审计人员行使职权，抗拒、破坏监督检查，弄虚作假、隐瞒事实真相，拒不执行审计结论和决定，打击报复审计工作人员和检举人的单位、单位负责人和直接责任人，审计机关可给予警告、通报批评、酌情处以罚款的处分，也可移交监察机关给予行政处分。

第三节　行政系统的外部监督

一、法制监督

（一）法制监督的概念

法制监督，又称对行政的监督，是指有监督权的国家机关对行政机关及其公职人员是否合法正确地行使职权所进行的监督与控制。在我国，法制监督的宪法基础是《宪法》第5条。其规定："一切违反宪法和法律的行为，必须予以追究。"由于我国宪法在国家机构体系上设置了权力机关（即人民代表大会及其常委会）、司法机关（人民法院和人民检察院），使它们成为有权行使对行政的监督职能的国家机关。因此，法制监督按主体分为权力机关的监督、司法机关的监督。有关法律、法规还具体规定了对行政的监督权限、范围、程序等，从而形成了我国行政法上一项重要的保障制度，即法制监督制度。

（二）法制监督的特征

法制监督具有下述特征：

第一，法制监督是权力分配的均衡。监督权是国家权力的重要组成部分，我国目前存在着人民代表大会、执政党、法院、行政机关和检察院这五大权力模块，并在相当程度上形成了权力制约。

第二，监督的对象包括行政机关、法定授权组织、委托组织和公务员。

第三，监督的范围具有广泛性。凡行政行为，不管是行政立法行为、行政执法行为，还是行政司法行为，包括行政监督行为，均属于法制监督的范围。

第四，监督方式和手段具有多样性。不同的法制监督主体享有不同的监督权，从而构成了一个互补的、和谐的监督体系。法制监督的方法和手段虽然具有多样性，但它们均需遵循一个共同的原则，即任何组织和个人原则上不能直接代替行政机关及其工作人员作出行政行为，否则将破坏行政权统一的原则。

第五，以权力制约权力。以权力制约权力是通过两种方式实现的：一是由一种上位权力监督下位权力；二是平行权力层级之间的权力制约。

（三）国家权力机关的监督

1. 权力机关监督的含义

所谓权力机关的监督，即各级人民代表大会及县级以上人民代表大会常务委员会对行政机关及其工作人员的监督。各级国家权力机关，特别是全国人民代表大会及其常务委员会，是行政法制监督的最重要的主体。国家权力机关对行政的监督主要是对行政机关抽象行政行为的监督，如最高国家权力机关对国务院行政法规的监督，省、自治区、直辖市的人民代表大会及其常务委员会对地方政府规章的监督，其他地方国家权力机关对相应地方人民政府规范性文件的监督。如认为行政机关的抽象行政行为同有关法律、法规相抵触，可以撤销相应抽象行政行为。此外，国家权力机关对行政的监督还包括对各级人民政府组成人员的监督。国家权力机关如发现政府组成人员有渎职、失职行为，可以通过法定程序予以罢免。

权力机关对行政的监督是由其性质和法律地位决定的，这是对行政行为的全面监督，反映了我国的根本政治制度。因此，权力机关对行政实施监督，可以保证政府在法定的范围内活动，保证政府的政治方向和目标与人民的利益相一致，体现了我国的国家性质。

2. 权力机关监督的内容

权力机关对行政的监督是最高层次的监督，在对行政实施监督的国家监督体系中居于核心地位，其内容包括：

第一，政治监督。政治监督是指权力机关对行政机关的行为从宏观上监督其是否符合国家总的政策方向，典型的形式是行政机关负责人依据宪法规定，代表行政机关向权力机关负责并报告工作。如果行政活动不符合政治要求，就应承担政治责任，如人民代表大会罢免政府组成人员，政府组成人员向人民代表大会引咎辞职。

第二，法律监督。法律监督是权力机关对政府是否依法行政进行的监督，即对政府行为的合法性和合理性进行的监督。法律监督的对象包括政府的具体行政行为和抽象行政行为。如《宪法》第67条规定：全国人大常委会撤销国务院制定的同宪法、法律相抵触的行政法规、决定和命令；第104条规定：地方各级人大及其常委会撤销本级人民政府的不适当的决定和命令。

第三，工作监督。权力机关对政府工作进行评价，审查行政机关及其工作人员是否遵守和执行宪法、法律和法规，是否严格履行各项政府职能，从而对政府的工作是否符合人民利益、是否富有成效进行督促和批评，促使行政机关及其工作人员进行改进。例如，权力机关听取和审查本级人民政府的工作报告，视察和检查政府工作，对行政机关工作人员违反法律和纪律的行为通过罢免的方式予以追究，或责令有关机关给予处理，追究其法律责任（刑事责任和行政责任）。工作监督与政治监督、法律监督有一定的交叉，但又有自己独特的意义。

国家权力机关监督的方式主要有：①听取和审查同级人民政府的工作报告；②审查和批准本行政区域内国民经济和社会发展计划及执行情况的报告；③审查和批准国家预算和预算执行情况的报告；④撤销本级行政机关发布的不适当的法规、规章、命令和决议；⑤任免各级人民政府组成人员；⑥行使质询权；⑦组织特定问题调查委员会和进行执法检查；⑧组织人民代表视察工作和办理人民来信来访。

（四）司法机关的监督

司法机关对行政的监督，由人民检察院和人民法院两个司法监督主体构成。人民检察院通过履行国家法律监督机关的职责实施对行政的监督；人民法院通过依法审判各种诉讼案件实施对行政的监督。

1. 司法权的特征

（1）终结性。在实质意义上，司法权就是一种裁判权。那么，司法权的终结性就表示司法权是国家对任何社会冲突所作出的一种最终的、最权威的裁判权。正是司法权的终结性构成了现代诉讼程序的公正、合理和一项必要条件。而司法审查制度的普遍确立，则意味着行政权并不具有这种特性。

（2）独立性。在国家权力和国家职能的分工中，由于司法机关主要承担国家的专门裁判职能，代表国家行使司法权，具有专属性，因此，其必须有效地排斥所有外来的干预，使司法机关真正成为抵御专断、保障人权的坚实屏障。如果司法权没有这种独立性，也就没有权威性。

（3）中立性。当社会冲突发生之后，如果双方当事人自己无力解决，则往往诉诸能够充当公正第三方的司法机关作出权威裁断。所以，司法权的中立性主要表现在司法权主体本身与待决的社会冲突事实和利益之间必须具有非关联性；司法者的个人价值取向、情感等因素对冲突双方没有任何偏异倾向，并在裁断的过程中不受任何来自外部因素的干扰或影响。

（4）专属性或不可转授性。司法权是一种不可转让、转授的国家权力，具有极强的专属性，其他任何个人、政府机关、组织、民间团体等都不得代为行使司法权，当然更不能容许一个国家存在两种司法机关，而行政权一般具有可转授性。

2. 司法机关监督的途径

人民检察院实施监督的途径：一是通过对叛国案、分裂国家案以及严重破坏国家的政策、法律、政令统一实施的重大犯罪案件行使检察权的方式进行监督；二是通过对涉及国家行政机关工作人员违反职责的刑事案件进行侦查和提起公诉的方式进行监督；三是通过对公安机关侦查的案件进行审查，决定是否通过逮捕、起诉或者免予起诉等方式对公安机关的侦查活动是否合法进行监督;四是对监狱、看守所、劳动改造机关的活动是否合法进行监督。

人民法院通过依法审判各种诉讼案件,一方面审判行政诉讼案件和审查行政机关强制执行申请的案件。人民法院在行政诉讼中有权撤销违法的具体行政行为,变更显失公正的行政处罚决定,责令行政机关限期作出具体行政行为,以及判决行政机关承担行政赔偿责任,并可对拒不执行法院判决、裁定的行政机关及其工作人员依法采取司法强制措施。另一方面,人民法院通过审判职务犯罪案件实施监督。

二、社会监督

(一) 社会监督的含义

社会监督是指非执政党和非国家机关对行政活动的监督。具体而言,政协、各民主党派、各社会团体、新闻机构以及公民个人对政府及其公职人员的监督,构成了社会监督的主体。社会监督的有效性具有两个前提:一是公共行政的透明度,即政务公开,将公共行政的内容、行政程序、行政目的向社会公开;二是社会监督必须与国家监督相结合,社会监督如果没有国家监督作为保障,那将是极为脆弱的。体制外监督必须依赖于体制内监督才能真正有效发挥作用。强有力的权力体系监督是保障社会监督得以广泛化的前提,在缺乏有效的权力监督保障、打击报复横行时,社会监督多表现为公民无法忍受公共行政管理不当或违法侵害,不得不起来捍卫自己的基本权益时才实施监督,这种个别正义即便得到了伸张,社会的普遍正义却依然遭受着不法行政管理的侵害。

(二) 公众监督

公众监督是指让公民有序参与到司法机关、检察机关、政府机关及其他事业机关的相关事务之中去,充分发挥公民的监督作用,实现"权利制约权力"。具体而言,其主要通过各种新闻媒介广泛宣传国家机关需要公众参与、公众监督的主张和政策,宪法赋予人民群众对任何国家机关工作人员的"批评和建议的权利",人民群众有对任何国家机关和国家工作人员的违法失职行为提出申诉、控告和检举的权利等监督知识,营造浓厚的有利于公众参与反腐败斗争的氛围,并通过公众监督典型事例、宣传公众监督成果,不断增强公众依法正确参与监督的自觉性。同时,拓宽渠道,使公众便于参与。公众是社会监督的主体,要拓宽形式和渠道,方便公众参与社会监督。一是扩大并保障公众对权力运作的知情权,逐步完善公众直接参与社会监督的机制。制定保障公众知情权的法律,规定在法律限度内公众应享有的知情内容、范围和权利;行政机关和公共部门依法应公开的内容清单和达到的程度;公众享有质询和监督的权利,有关方面如拒绝提供或虚假提供,不接受监督和质询,应承担相应的法律责任。二是在完善原有的反腐败举报箱、举报电话和提高信访举报处理质量的基础上,可实行网上举报,方便公众参与,严格规范受理和处理程序。

(三) 舆论监督

舆论监督是指公民或社会组织通过公共舆论工具批评包括权力腐败在内的不良现象；广义的舆论监督指对社会一切不良现象的监督。这里的舆论监督取狭义解释，是指通过舆论力量对政府机构和政府官员滥用权力等不当行为的监督与问责。舆论监督的主体为新闻媒体等社会组织。

舆论监督具有监督机关所不具有的特点：一是监督方式的公开化。舆论监督使舆论以新闻的形式传播，将监督的具体内容全部公开化。二是监督表达形式的直接性。其他监督形式意见的表达是间接的，必须通过权力部门的分拣和处理，才能进入监督程序，这一过程容易使事实发生变形，影响群众对这类监督的期望和信任；而舆论监督所具有的无所畏惧、有求必应的特点使其获得社会底层人群的支持和信赖。三是监督效应的及时性。由于舆论监督的操作平台是大众传播媒体，监督意见的表达时效超过其他任何监督方式，产生的效应也快，而没有其他监督形式复杂的处理程序。四是监督效果具有社会效应。舆论监督是通过新闻媒体进行的，因此当其对某一行为进行监督时，必然引起其他行政权力主体的注意和不法行为的收敛，且这种效应比其他监督形式更为广泛。

小结

本章就行政监督制度及其存在的基本问题进行了系统的阐释和评价，尤其是针对行政管理活动的特征，着重阐释了行政监督制度的基本特征和监督组织的基本结构，并且就行政监督过程中存在的问题进行了分析。学完本章后，应该能够了解行政监督体系的基本架构，不同行政监督主体之间的相互关系，以及行政监督的基本原则，着重掌握行政监察的基本内容，尤其是行政监察机关在人民政府内的职能定位。同时，掌握社会监督的理论基础及舆论监督的基本功能。

第十二章　公共财政

在市场经济条件下，由于市场失灵现象的存在，政府成为公共物品责无旁贷的提供者。政府职能可以弥补市场的缺陷，满足社会公共需要；财政则是实现政府职能的物质基础。因此，市场经济条件下的财政亦被称作"公共财政"。公共财政通常担负三个方面的职能，即优化资源配置、调节收入分配和稳定经济增长。本章主要介绍公共财政的含义及其职能，公共预算与决算，财政收支。

第一节　公共财政概述

一、公共财政的含义

财政作为国家行使职能的物质依托和社会经济关系的重要组成部分，是随着国家的产生而产生并随着国家的发展而发展的。国家又总是以行使公共权力的社会公共事务管理者的面目出现的，其财政支出也就用于社会公共目的，因而使财政不同程度地具有一定的公共性。但是，在奴隶社会和封建社会，国家财政为剥削阶级利益服务的"私"的特征极为突出，而其"公共"性极为微弱，所以，"公共财政"的概念只有在资产阶级国家产生以后，国家财政被纳入议会民主决策和监督的范围，财政资金至少从形式上被宣布用于各种公共利益时，才真正得以产生。

公共财政的内涵在资本主义历史上也是不断发展的。在自由资本主义阶段，由于反对国家干预经济，财政规模和财政职能受到严格限制，财政的公共性被局限在提供公共安全、法律秩序和国防等政治服务成本的狭窄范围内。随着垄断资本主义的发展，资本主义经济制度固有的各种矛盾不断加剧，经济危机的强度一次比一次加大，以致20世纪30年代初爆发了资本主义世界的经济总危机。凯恩斯开出了通过财政、货币政策手段调节有效需求来刺激经济增长、减少失业、抑制经济波动的药方并付诸实施，取得了相当大的成效。其后，西方经济学家和国家政要根据资本主义市场经济及社会发展过程中遇到的各种问题，对如何运用财政手段调节经济社会关系，不断进行探索实践，逐步形成了以满足社会公共需要和弥补"市场失灵"为基础的公共财政理论政策体系。与此同时，随着资产阶级政治民主的发展，公民选举权和被选举权不断扩大到一般平民百姓，各政党为争取选举胜利，不得不在施政纲领中尽可能多地考虑公众的共同需要。公共财政的公共性也得到空前扩展，这是应当肯定的。

所以，我们认为公共财政指的是仅为市场经济提供公共服务的政府分配行为，它是国家财政的一种具体存在形态，即与市场经济相适应的财政类型。

公共财政具有以下主要特点：

第一，政府是公共财政的分配主体。政府作为分配的主体，使得公共财政与其他类型的财政一样，是政府的分配行为，是财政分配活动。而仅以政权组织身份进行的政府分配，又使它与处于或兼有生产资料所有者身份的政府分配行为相区别，既不同于计划经济体制下的单元财政，也不同于社会主义双元财政下的国有资本财政。所以，这是公共财政最根本的规定性。

第二，公共财政分配的目的，是为了满足公共需要。公共财政不具有企业财务的性质，而是立足于市场经济，是与市场经济相适应的，是针对作为市场活动主体的企业和个人而言的"公共"活动。因为公共服务只能由作为政权组织的政府来提供，所以提供公共服务和满足公共需要所需的财力就成为公共财政的基本目的，它区别于其他财政类型或兼有或只为生产资料所有者服务的目的。

第三，公共财政具有强制性和补偿性。这是由公共财政是凭借公共权力为市场服务、参与分配的性质所决定的。在市场经济体制下，政府凭借法律的强制力向企业和个人收税。不过，公共财政的这种税收的强制性是与利益补偿性相联系的，即尽管税收是强制征收的，却是与企业和个人的根本利益相一致的，是为了提供必不可少的公共物品而征收的。企业和个人通过纳税减少了自身可支配的财力，减少了自身的利益，却从公共服务中获得了新的利益，这就在纳税与公共服务之间形成了一种利益补偿关系，决定了公共财政具有补偿性。

二、公共财政的职能

要矫正市场缺陷，政府应涉足市场不愿参与或无力参与的领域。因而，关于公共财政所具有的职能，至今形成的共识是优化资源配置、调节收入分配和稳定经济增长三大职能。

（一）优化资源配置职能

优化资源配置职能，是指公共财政作为国家和政府的一种分配手段，通过财政分配活动，将社会资源按照实现行政职能的要求，合理地配置于社会经济的各环节，使其得以充分而有效利用的职责和功能。

资源合理配置需要选择适当的资源配置方式，而在现代社会中，资源配置的方式主要有两种，即市场配置和政府配置。公共财政所承担的资源配置职能是为弥补市场在资源配置方面的缺陷而存在的。其内容主要有以下方面：

第一，将资源配置于无法按付费原则经由市场配置的公共部门。将资源配置于社会公共部门，以提供社会所需要的公共物品，是财政资源配置职能的首要内容。公共物品是与私人物品相对应的概念,它是供社会成员共同消费的物品和为全体社会成员共同提供的劳务。典型的公共物品有国防、安全设施与服务和社会公益性设施等;介于公共物品和私人物品之间的"准公共物品",如医疗保健、收费教育、公路等交通设施。

第二,将资源配置于具有自然垄断倾向而不宜由市场配置的非竞争性商品和行业。市场经济是竞争性经济,竞争机制是市场机制的重要组成部分,因此,经由市场配置资源的产品和行业都应该具备有效竞争的条件。而在现实生活中,有一些产品和行业却存在规模效益递增的情况,这就使市场竞争本身产生出自然垄断的倾向。此外,有一些行业和产品天然存在竞争失效的问题,即独家经营能取得较多家竞争性经营更好的经济效益。上述自然垄断倾向符合市场追求利润最大化的法则,但又反过来抑制市场竞争,妨碍市场效率。这种缺陷应该通过政府对资源进行直接配置或间接引导和干预来弥补,因此它是决定政府财政资源配置职能的另一重要内容。

第三,将资源配置于具有高风险,且预期收益不确定,但对经济发展有带动作用的高新技术产业。高新技术产业是推动经济快速发展的先导性产业,它有投资大、研究开发初期风险大、预期收益不确定等特点,因而企业和个人无力或不愿投资,这就要求政府承担起对这些行业的投资。

第四,将资源配置于投资大、建设周期长、私人部门无力投资的基础产业和部门。农业、原材料、交通运输、能源等行业是国民经济的基础性产业,其发展是整个国民经济发展的前提,但这些产业具有投资大、建设周期长、投资回收相对缓慢的特点,因而其投资不可能完全经由市场形成,而必须借助于政府财政力量来实现。财政通过直接投资或给予补贴等方式将资源直接或间接地配置于基础产业和部门,可以协调基础产业与加工业之间的资源配置比例,进而提高资源配置的宏观效益。

(二) 调节收入分配职能

调节收入分配职能,是指公共财政作为政府为主体的分配活动,按照社会公平的原则,改变和调整市场分配的结果,以协调各种利益分配关系,促进社会稳定和经济发展的职责和功能。它是对市场分配结果的调节和修正。其内容主要包括:

第一,调节个人之间的收入分配关系。在市场经济条件下,市场机制对个人收入的分配尽管能体现效率准则的要求,却难以兼顾社会公平。市场分配的结果会形成投资者与劳动者之间、劳动者之间,以及就业者与失业者之间、有劳动能力者与无劳动能力者之间收入份额的悬殊差别。这种悬殊差别不利于社会经济的稳步发展,市场机制本身又难以克服,因而需要政府财政来协调,从而使对个人收入分配关系的协调成为财政调节收入分配职能的首要内容。具体而言,其实现途径主要是通过税收和社会保障制度来缩小个人之间的收入差距,调节个人之间的分配关系,从而缩小市场分配中所形成的社会成员之间的收入差距。可见,实施超额累进税制和社会保障制度是政府调节个人收入分配、缩小收入差距的重要手段。

第二,调节部门及产业间的收入分配关系。现代市场经济是以社会分工为基础的专业化协作经济。各部门、各产业之间相互依存，客观上存在着一定的比例要求，并相互钳制。但在现实生活中，各部门、各产业的特点不同，会引起其经营成本及利润率的差异：有些产业和部门会因其所具有的投入小、产出多的客观优势而从市场分配中获取较多的收入；有些产业和部门则会由于其先天存在的投资大、见效慢等特点而出现要素投入与所获报酬不对称的情况。按照市场法则，资源将流入收益率较高的部门和产业，进而破坏部门或产业间客观存在的比例关系。为了促进国民经济按比例健康发展，政府必须调节各部门和产业的利益水平，从而使调节部门及产业的收入分配关系成为财政调节收入分配职能的重要内容。具体做法是通过差别税制对不同产品加征调节性税种，来调节不同产品及行业的赢利水平，贯彻国家的产业政策，调节不同产品和行业间的收入分配关系。此外，还可以通过财政投资、财政补贴等形式来增加鼓励性产业和产品的资源流入量，以增强其积累能力，均衡因收入分配差异而导致的积累能力差距。

第三，调节地区间的收入分配关系。地区间的均衡发展是经济发展和社会进步的重要标志。在市场经济条件下，按照要素投入与要素报酬对等的原则，经济条件不同的地区之间会形成收入分配不均等的情况，进而导致居住在不同地区的社会成员所享受的个人福利和社会福利差别较大，使生产要素流向收入高的地区，加剧地区间经济和社会发展的差距。这种差距的存在不符合资源优化配置、社会共同进步、人类福利普遍提高的要求，而缩小差距的要求市场机制又难以满足，因而其必须借助于政府的力量，通过公共财政的调节收入分配职能来实现，主要是通过中央对地方实行转移性支付制度，调节不同地区间的收入差距，促进区域经济均衡发展。

（三）稳定经济增长职能

稳定经济增长职能，是政府运用税收、公债、转移性支出、投资等财政变量与其他经济变量的有机关联和相互影响，来调节和管制社会需求的总量和结构，使之与社会供给相适应，促使经济增长过程持续稳定的职责和功能。

稳定经济增长职能的内容主要包括以下两方面：

第一，调节经济增长速度，使其具有稳定性和持续性。稳定经济增长就是要消除经济过热或经济萧条的不正常状况，使经济增长保持稳定和持续增长的状态。因此，公共财政对经济的调节就是要在经济发展过热时减缓经济增长速度；而在经济萧条、市场疲软时，要调动闲置资源，推动经济增长。这种对经济发展速度的调节，是稳定经济增长职能的首要内容。

第二，调节经济结构，使其具有协调性和合理性。经济稳定增长往往要以协调的经济结构为前提，因为这两者之间存在密切的内在关联。协调的经济结构可以创造出适宜于经济发展的供给品，从而为经济稳定增长提供良好的供给条件；同时，经济结构协调本身便意味着社会需求与供给之间的相互适应，这也是经济稳定增长的重要标志和表现。反过来说，经济结构失衡会导致供给结构相对需求结构的不适应，这经常成为经济波动的重要诱因。可见，政府对经济过程的调节和控制离不开对经济结构的调整和优化，因此调节经济结构，使其保持应有的协调便成为政府财政稳定经济增长职能的重要内容。

经济波动的原因往往归结于社会供给和需求在总量和结构之间的矛盾。需求过旺、供给不足是经济过热的直接诱因和集中表现;需求不足、供给过剩则导致经济萧条和市场疲软。因此,稳定经济增长的关键是调节和控制社会总供求。财政收支作为经济变量是政府调控社会供求关系的重要手段,其稳定经济增长的职能也是通过对社会需求的收缩或扩张来实现的。财政对社会需求进而对经济增长速度的调节机制主要有两种,即自动调节机制和相机调节机制。

自动调节机制是利用累进所得税和转移性支出对经济发展的"自动稳定器"功能来调节社会需求的机制。累进所得税的调节机理是:通过累进所得税建立起税收收入与纳税人收入的正向关联,当经济过热时,较高的等级税率和边际税率可以自动将纳税人收入的增长部分较多地转移到国家手中,以增强国家对社会需求的控制力度,相对弱化纳税人需求的增长,从而扼制或降低社会需求膨胀及其可能推动的经济过快增长;而在经济萧条时,纳税人收入减少,相应的等级税率自动降低,从而将收入的较多部分留给个人和企业,以维持其必要的消费需求和投资需求,抑制经济下滑的速度。转移性支出的调节机理是:经济萧条、就业岗位减少、个人收入减少、社会需求趋于萎缩时,接受社会救济、享受失业保险等转移性支出的人员自动增多,政府财政的转移支付相应增加,从而可以促进社会需求,抑制经济衰退;而在经济过热时,接受救济、享受社会保险的人数减少,政府财政的转移性支出自动减少,从而可以抑制社会需求,推动经济增长。

相机调节机制是根据社会供求矛盾的具体表现,灵活选择财政政策手段及实现方式,调节社会供求关系,稳定经济增长的机制。这种机制的运作在理论上可概括为以下几种情况:一是在社会需求大于供给、经济过热时,选择增收减支的紧缩性财政政策。二是在社会需求小于供给、经济萧条时,选择减收增支的扩张性财政政策。一方面通过减收来刺激财政以外的需求,另一方面通过增支来增加政府需求。其结果是刺激社会有效需求,使经济尽快复苏。三是在社会需求与供给大致均衡,经济增长处于持续稳定的状态时,应选择均衡性的财政政策,使当年财政收支大体相当,以维持既定的社会供求对比状态,保持经济的稳定增长。

第二节 公共预算与决算

一、公共预算与决算概述

(一)国家预算与公共预算

国家预算是财政体系的重要组成部分,并同国家财政具有内在的联系。国家财政收支要求制订统一的年度计划,而且要求经过一定的立法程序审批。因此,国家预算就是具有法律效力的国家年度财政收支计划。

国家预算制度是国家政权内部立法机构与行政机构划分财政权限,并且由立法机构对行政机构的财政行为予以根本约束和决定的一种制度。立法机构掌握着根本预算权限,并对行政机构的预算活动有着根本约束与决定权限。国家预算制度的具体化就是一整套的国家年度财政计划的编制、审议、通过、执行、调整、完成和决算等,它们都是围绕着"计划"来展开的。行政机关每年编制的各项财政收支计划只有经过立法机关的审查通过,才能成为具有法律效力的财政计划,这时国家预算制度才算正式建立。

公共财政是近现代才出现和存在的财政类型与模式,因而它也必须在国家预算制度的约束与规范下开展活动,公共预算就是与之相适应的国家预算形式。作为国家预算的一种特定的类型与形式,公共预算有着国家预算所具有的全部特点。但作为与公共财政相适应的国家预算形式,它又有着自身的特点。公共预算的自身特点主要有:

1. 公共预算是与市场经济体制相适应的国家预算形式

总的来看,国家预算可存在于市场经济与计划经济两种体制形式下,公共预算只是与市场经济体制相适应的国家预算形式。这样,有市场经济就有公共财政,也就必须有公共预算。这使得公共预算与计划经济体制下的单元预算相区别,也与双元财政下的国有资本经营预算(或叫资本金预算)相区别。

近现代财政的最初模式是公共财政模式,即公共财政在西欧的出现昭示着近现代财政的到来,因而最初的国家预算也就是公共预算。由于西方财政至今仍为公共财政,因而西方的国家预算至今也仍然是公共预算。而在苏联、东欧国家和社会主义市场经济体制建成前的我国,当时的国家预算也就相应地不是公共预算,而是单元预算。随着市场取向改革的进展和社会主义市场经济体制的建立,我国的财政将转向双元模式,即公共财政与国有资本财政并存的模式。相应地,我国的国家预算制度也将出现公共预算与国有资本经营预算并存的结构。这些都表明,公共预算是建立于市场经济体制之上的国家预算形式。

2. 公共预算是与公共财政相适应的国家预算形式

公共财政是为作为独立的市场运营实体的企业和个人的市场活动提供公共服务的财政,这样,公共预算也就具有为市场提供公共服务的基本特点。这一特点将同处于社会主义市场经济体制下的公共预算与国有资本经营预算相区别。公共预算只能以市场经济为其存在和活动的经济基础,但并不等于市场经济体制下存在的所有国家预算形式都只能是公共预算。在社会主义市场经济体制下,国家预算就是由公共预算和国有资本经营预算共同组成的。公共预算作为公共财政的国家预算形式,显然必须以并且只能以为市场提供公共服务为己任,而不能直接介入和插手市场营利性活动。相反,国有资本经营预算作为国有资本财政的国家预算形式,服务于并且只能服务于营利性国有经济,因而就不具有公共服务的性质。

(二)公共预算的分类

按不同的标志,公共预算的分类主要有以下几种方式:

第一，按照不同的政府级别，公共预算可分为中央公共预算和地方公共预算。中央公共预算即中央政府的公共财政收支计划。它由中央各部门的单位预算和公共企业财务收支计划组成，在公共预算中占有主导地位。地方公共预算即地方政府的公共财政收支计划。地方公共预算由省（直辖市、自治区）、所属市和县（市、自治县）公共预算组成。各级地方总公共预算由下一级总公共预算和本级单位预算及财务收支计划组成。地方公共预算在国家公共预算中占有重要地位，发挥着重要作用。

第二，按照公共预算内容的分合程度，公共预算可分为经费预算、公共投资预算和社会保险基金预算等子预算。而各个子预算又都可分为各自的总预算和分预算。总预算是该子预算收支的综合计划，它分列出一般收支项目和各类特别收支项目。分预算是总预算的组成部分，是总预算中一般收支项目和各类特别收支项目的具体化，如经费预算包括税收计划，教科文卫经费预算，行政、国防经费预算等。各分预算汇总后组成总预算。

第三，按照预算的编制程序，公共预算可分为临时预算、正式预算、追加预算。通常政府在公共预算未正式通过之前先编制临时性的预算，作为政府进行财政收支活动的依据，称为临时预算。政府依法将本年度的公共财政收支编成预算草案，经过立法机关审议通过后才成为有法律效力的预算，称为正式预算。正式预算在执行中，由于具体情况的变化需要对预定计划作部分调整，则需要再编制一种预算作为正式预算的补充，称为追加预算或修正预算。把正式预算和追加预算或修正预算汇总执行，称为追加（修正）后的预算。

第四，按照公共预算编制范围和预算技术组织形式的不同，公共预算可分为单式预算和复式预算。单式预算是传统的公共预算编制形式，它是指在预算年度内，将全部的公共财政收支汇编入一个统一的预算平衡表内的预算编制方式。复式预算是指在预算年度内将全部预算收入和支出按经济性质归类，分别汇编成两个或两个以上的预算。新中国成立以来，我国一直实行的是单式预算。从1992年起，我国由以往的单式预算改按复式预算试编，即把全部预算收支按其性质分别编制，分成经常性预算和建设性预算。

（三）国家决算的含义与意义

1. 国家决算的含义

国家决算是按照法定程序编制，用以反映国家年度预算执行结果的会计报告，由决算报表和文字说明两部分构成。我国国家决算按统一的决算体系逐级汇编而成，包括中央级决算和地方总决算。

2. 国家决算的意义

由于各个方面的原因，国家预算执行的结果与预算不可能完全一致。国家预算执行情况如何，是否完成收支任务、收支是否平衡，只有通过决算才能准确地反映出来。编制国家决算具有如下重要意义：

第一，国家决算是国家政治经济活动在财政上的集中反映，体现着活动政府一年的范围和方向。通过国家决算的编制，可以掌握国家预算和国民经济计划的实际情况，了解党和国家有关方针政策的贯彻执行情况以及年度内国家财政资金活动的范围与流向，便于了解政府在年度中所致力的重要工作，了解政治经济与财政的关系。

第二，国家决算反映国家预算执行的结果。国家决算收入反映年度国家预算收入的总规模、收入来源和收入构成，体现了国家集中资金的程度和国家资金的积累水平；国家决算支出反映年度国家预算支出的总规模、支出方向、支出构成，以及各种重要比例关系，体现了国家经济建设和社会事业发展的规模与速度；决算中的有关基本数字，体现着各项事业发展的速度和取得的成果。

第三，国家决算是制定国家财经政策的基本资料。国家决算的编制和分析，可以从资金积累和资金分配的角度总结一年来各项经济活动在贯彻执行党和国家的方针、政策方面的情况，为国家领导机关研究经济问题、决定经济政策提供资料。

第四，国家决算是系统整理和积累财政统计资料的主要来源。国家决算的编制，可以系统地整理反映预算执行的最终实际数字，通过对决算资料的分析，总结一年来预算编制、预算执行、预算管理、平衡预算收支、资金效果和财政监督等方面的经验教训，提出改进意见和措施，为提高下一年度的预算管理工作水平创造条件，并为制定下一年度预算收支控制指标提供数字基础。

综上所述，编制决算是一项事业性和政策性很强的工作，是总结预算执行结果和经验，总结财政预算管理规律的大事。因此，从中央到地方，各地区、各部门、各企事业单位都应该重视决算的编制工作，年度终了，都要按国家的规定，正确、完整、及时地编制决算。

二、公共预算与决算的管理

（一）公共预算的编制

1. 公共预算编制的原则

公共预算的编制，是社会和政府有意识地确定和规范公共财政活动的计划安排行为，因而它首先必须遵循如下原则：

第一，预算的公开性原则。这是指公共预算收支必须经过立法机构审查批准，并向社会公布，让民众了解预算收支的情况，使之置于民众的监督之下。

第二，预算的完整性原则。这是指公共预算应包括它的全部财政收支和反映全部财政收支活动内容，不准少列与隐瞒财政收支。国家允许的预算外收支也应在综合财政计划中反映。

第三，预算的可靠性原则。这是指公共预算收支数字的依据必须可靠，计算正确，不得以假定的或上年的非正常收入作为编制预算收入的依据，更不准任意杜撰数据。各级预算收入的编制，应当与国民生产总值的增长率相适应，使公共预算所列数据符合实际情况。

第四，预算的年度性原则。这是指公共预算应按年度编制，要列清全年的财政收支，不允许将不属于本年度财政收支的内容列入本年的公共预算之内。预算年度也称财政年度，即国家预算收支起止的有效期限,通常为一年。世界上多数国家的预算年度采用日历年制,即从每年的 1 月 1 日起至 12 月 31 日止。采用这种预算年度的国家主要有中国、德国、法国、西班牙等国家。此外,也有些国家采取与日历年度不一致的跨年制。

第五,预算的法律性原则。这是指编制的公共预算必须经过立法机构审议批准,而一旦为立法机构批准后,预算就具有了法律效力,各级政府机构必须贯彻执行,非经法定程序不得改变公共预算。预算法是国家为了强化预算的分配和监督职能,健全国家对预算的管理,加强国家宏观调控,保障经济和社会的健康发展而制定的。预算法是由国家制定和认可的具有普遍约束力的预算行为规范,具有强制性,同时也是追究公共预算活动中各种违法行为的法律责任的依据。

2. 公共预算编制的依据

公共预算编制的主要依据有:

第一,国家的法律、法规和方针、政策。编制公共预算,就是制订预算收入和支出的年度计划,如公共预算收入如何取得,取得的数额有多少,公共预算支出应如何安排使用等。每一项收支都要符合国家的法律、法规和方针、政策,体现国家政治经济发展的客观要求。

第二,上一年度公共预算的执行情况。上一年度预算的执行情况是确定下一年度预算收支的基础。只有根据上一年度预算的执行情况,并结合计划年度的各种引起财政收支增减的影响因素变化状况进行具体分析,才能制定出符合实际情况的计划年度公共预算。

第三,计划年度国民经济与社会发展计划的主要指标。国家预算的编制要以计划年度国民经济计划的主要指标为依据。国民经济与社会发展计划规定了计划年度国民经济与社会发展的规模和增长速度,而国民经济与社会发展的规模和增长速度决定着公共预算收支的规模和增长速度。依据国民经济和社会发展计划指标来编制公共预算,不仅使当年公共预算的编制有较为科学的依据,并且也有利于促进和监督国民经济和社会发展计划的贯彻执行。

第四,公共预算管理体制所规定的管理权限和收支范围。公共预算管理体制是划分中央政府与地方政府之间、地方各级政府之间预算收支范围和管理权限的一项重要制度。国家的各项公共职能是由各级政府共同完成的。各级政府要行使其职能权力,必须有一定的财力保证,凡一级政权原则上都必须建立一级预算。所以,公共预算的编制应以预算管理体制所规定的预算管理权限和收支范围为依据,按隶属关系,属于哪一级政府的收支,就列入哪一级政府的公共预算内,各级政府严格按照划定的收支范围和管理权限,合理安排本级的预算收支活动。

3. 公共预算编制的程序

在我国,国家预算编制的程序一般采取自下而上和自上而下相结合的方式进行。从法定程序上讲,由国务院下达关于编制下一年度预算草案的指示和要求。各级政府、各部门、各单位根据指示和要求,参考上一年度预算执行情况和本年度预算收支的预测,编制预算草案。在规定时间内,各级政府将总预算草案上报国务院。省以下的各级政府将各级总预算草案上报上级政府。西方国家实行分级财政体制,中央预算就是国家预算,而地方预算则是作为独立的预算存在的，并没有全国统一的国家预算的制度。编制公共预算过程的主要程序是：

第一，做好编制预算的准备工作。编制政府各级公共预算是一项复杂而又细致的工作，在编制之前，必须做好以下一系列的准备工作：一是做好对本年度预算执行情况的预计和分析工作，这是正确确定下一年度预算收支指标的关键。二是拟定年度预算收支指标。在做好年度预算执行情况预计的基础上，经过测算，拟定下一年度预算收支指标。三是修订预算收支科目，制定统一的预算表格。预算收支科目是预算收支项目的总分类，预算表格是预算指标体系的具体表现形式。四是组织部署。为了保证预算编制的完整性、准确性、及时性，每年在编制预算之前，国务院要通过召开会议或发布指示、通知等形式，对预算编制工作进行具体组织部署。

第二，正式编制预算。根据预算准备工作的资料，遵照预算编制的原则和依据，进行实际调查研究，结合本地区、本部门的国民经济发展情况，认真测算，上下结合，使预算草案建立在科学可靠的基础上。各级政府预算草案报同级人民代表大会审查批准。

（二）公共预算的审批

1. 预算草案的审核

为了保证公共预算编制质量，各级财政部门在汇编预算草案之前，必须对各部门报送的部门预算草案和下一级政府总预算草案进行认真的审核，主要审核内容是：

第一，政策审核。预算收支的安排是否贯彻国家的各项方针政策，以及国务院关于编制预算草案的指示规定。

第二，指标审核。预算收支的安排是否符合国民经济与社会事业发展计划指标的要求，是否符合国家分配预算指标的要求，等等。

第三，体制审核。预算收支的安排是否符合预算管理体制的要求。

第四，技术审核。预算编制的内容是否符合要求，表格资料是否齐全，编制内容是否完整，预算说明有无漏缺，有无技术上、数字上的错误等。各级财政部门在审核本级或下级预算草案中，如发现有不符合预算编制要求的，要及时提出意见通知编报单位进行修改。

2. 公共预算的审查和批准

公共预算的审查和批准分为两个阶段，一是初审阶段，在召开人民代表大会之前，由全国人民代表大会财经委员会或地方人民代表大会常务委员会有关的专门委员会，对预算草案的主要内容进行初步审查，并在本级人民代表大会开会期间向大会报告审查结果。二是批准阶段，先由国务院向全国人民代表大会作关于中央和地方预算草案的报告（通常包括上年度预算执行情况和本年度预算草案），提请人民代表讨论审议。经过讨论审议并通过报告之后，大会作出批准国家预算的决议。经过全国人民代表大会审查批准的中央预算，即为当年的中央预算。地方各级预算草案，由地方政府在本级人民代表大会召开期间，向大会做关于本级总预算草案的报告，经过审议批准后成立本级预算。中央预算由全国人民代表大会审查批准，地方各级政府预算由本级人民代表大会审查批准。

经过法定程序审查批准的中央预算和地方各级预算，组成国家预算，具有法律效力。

（三）公共预算的执行

公共预算的执行是公共组织的公共预算收支计划实现的具体工作，预算的编制必须经过艰苦的努力才可以实现。因此，预算的编制仅是整个预算管理工作的开始，预算收支任务的完成主要取决于正确组织预算的执行，建立相应的组织管理机构，确定实施方法和调整方法，及时对执行情况进行检查分析，以便及时发现问题、解决问题，这样才能保证预算各项收支任务的圆满实现。因此，国家预算的执行是实现国家预算收支任务的最重要的环节。

从我国来看，目前我国国家预算经过全国人民代表大会审议批准后，就进入了预算执行阶段。在国家预算执行过程中，各预算执行机关有以下任务：一是按照国家预算确定的收入任务，积极组织预算收入，确保预算收入任务的完成。二是按照国家预算确定的支出任务，及时足额拨付预算支出资金。同时，还要加强对预算支出的管理与监督，以提高资金的使用效益。三是努力实现预算收支平衡或确保预定的预算赤字规模不被突破。四是加强预算执行的管理与监督。在预算执行过程中，要按照有关的法律、行政法规和有关规定，对预算资金的缴纳、分配使用等过程中的各种活动进行管理与监督，纠正预算执行中出现的各种偏差，严格遵守财经纪律。

我国国家预算是由一定的组织机构执行的。根据我国宪法规定，国家预算的执行机关是国务院和地方各级人民政府。在预算执行过程中，财政部在国务院的领导下，负责组织国家预算的具体执行工作，执行中央预算并指导地方预算的执行，地方各级财政部门在地方同级人民政府领导下，具体组织本地区预算的执行，并监督和指导下级地方预算的执行。除各级财政部门具体负责组织预算执行之外，根据预算收支的不同性质和不同管理方法，国家还指定或设立一些专门的管理机构负责参与国家预算的执行工作。预算收支执行的机关主要有税务机关、海关、中国人民银行、中国建设银行、中国投资银行、中国农业银行、中国农业发展银行等。

（四）公共预算的决算

1. 决算草案的编制

决算草案是指各级政府、各部门、各单位编制的未经法定程序审查和批准的预算收支的年度执行结果。决算草案由各级政府、各部门、各单位在每一预算年度终了后按照国务院规定的时间编制。

编制决算草案，必须按照法律、行政法规的规定，做到收支数额准确、内容完整，决算的各项数字均应以核实的基层单位汇总的会计数字为准，不能用估计数字替代。《中华人民共和国预算法实施条例》（以下简称《预算法实施条例》）规定，财政部应当在每年第四季度部署编制决算草案的原则、要求、方法和报送期限，制发中央各部门决算、地方决算以及其他决算的报表格式。

2. 决算的审核批准

决算审核分析，是指以决算表格数据和决算说明书提供的相关资料为基础，以财政方针、政策、计划、法规及有关规定为根据，对预算执行的过程和结果进行审核。它是决算编制工作的重要环节。决算编制必须做到层层负责，逐级审核，确保决算质量，促进预算管理水平的提高。决算审核分析的内容有两个方面，一方面是政策性审核，即从决算贯彻党和国家的方针政策、财政财务制度、财经法纪等方面进行审核分析；另一方面是技术性审核，即从决算报表的数字关系上进行审查和分析。

国务院财政部门编制中央决算草案，报国务院审定后，由国务院提请全国人民代表大会常务委员会审查和批准。县级以上地方各级政府财政部门编制本级决算草案，报本级政府审定后，由本级政府提请本级人民代表大会常务委员会审查和批准。乡、民族乡、镇政府编制本级决算草案，应提请本级人民代表大会审查和批准。

第三节　财政收支

一、税收

（一）税收的含义

所谓税收，是国家为了实现其职能，按照法定标准，无偿取得财政收入的一种手段，是国家凭借政治权力参与国民收入分配和再分配而形成的一种特定分配关系。这一定义包括以下几个方面的含义：

第一，国家的存在是税收产生的前提。税收是在国家产生后，为适应国家实现其职能的物质需要而产生的一种分配方式，税收产生的先决条件是国家的公共权力。同时，税收是国家得以履行其职能的物质基础。国家通过税收方式取得财政收入，是为了实现国家职能的需要。

第二，税收是按法定标准征收的。国家凭借其政治权力，把劳动者创造的一部分产品以税收的形式，依照法定的标准集中到国家的手中。税收如果没有法定标准，不论是集团还是居民都无法纳税。这也体现了税收的强制性特征。

第三，履行纳税义务的主体是社会成员。因为政府提供的公共物品是为了满足社会成员的共同需要，让社会成员共同享有公共物品并因此受益，所以，税收应该由社会成员缴纳，包括个人和各类经济组织，作为其消费公共物品的代价。

（二）税收的特征

税收是国家凭借其政治权力，参与国民收入分配与再分配，以取得财政收入的重要手段。与其他财政收入形式相比，税收具有以下基本特征：

第一，强制性。税收的强制性是指税收是依据国家的政治权力而不是财产权力参与社会产品分配。税收的强制性具体表现在税收是以国家的法律形式规定的，而税收法律作为国家法律的重要组成部分，对不同的所有者都是普遍适用的，任何单位和个人都必须遵守，不依法纳税者要受到法律的制裁。

第二，无偿性。税收的无偿性是指国家征税以后，纳税人缴纳的实物或货币随之转变为国家所有，不必付给纳税人任何形式的报酬或代价，也不再直接返给纳税人。当然，税收的无偿性是相对的。对某一个具体的纳税人来说，纳税后并未获得任何报酬，从这个意义上说，税收不具有偿还性或返还性。但从财政活动的整体性来看，税收是对公共物品或服务的价值补偿，这又反映出其有偿性的一面，即"取之于民，用之于民"。

第三，固定性。税收的固定性是指政府在实施课税之前，就以法律形式事先规定了每一种税的纳税人、课税对象以及课税标准，征纳双方必须共同遵守。税收的固定性表现在以下两个方面：一是国家和纳税人在分配关系上是固定的，即税收通过法律形式固定了纳税环节、征税范围、课税对象和征收比例等。二是指纳税人只要取得了税法所规定的应税收入，或发生了应税行为，拥有了应税财产等，就必须按照法律规定纳税，一般不受客观因素的影响。而国家对纳税人也只能按照税法规定的标准征税，不能随意提高或降低征收标准。

（三）税收的分类

根据不同的标准，税收可以做如下分类：

第一，按照税制结构的单一性与复杂性来划分，税收可分为单一税制与复合税制。单一税制是指一个国家在一定时期内主要实行的一种税收制度；复合税制是指一个国家在一定时期内实行由若干税种构成的税收制度。我国目前实行的就是复合税制。

第二，按照税收的征收办法或税额的确定方法，税收可分为定率税与配赋税。定率税是指国家按照税法中征税对象既定的税率，按期依率计算征收的税收；配赋税是指国家预先对某种税规定应征税总额，然后依照一定的标准，按照纳税人或征税对象进行分摊，确定每一个纳税人或每一个征税对象的应纳税额征收的税收。

第三，按照税收的征收对象来划分。这是划分税种的最基本方法。西方国家税收一般按课税对象的不同将税种归并为三类：一是所得课税，包括个人所得税；二是财产课税；三是商品（劳务）课税。目前，我国税制按课税对象一般分为五大类：一是以商品或劳务买卖的流转额为征税对象的流转税，如增值税；二是为了调节资源开发过程中的级差收入，以自然资源为征税对象的资源税，如耕地占用税；三是以所得额为征税对象的所得税，如企业所得税；四是以纳税人拥有和支配的财产为征税对象的财产税，如契税（在土地使用权、房屋所有权的权属转移过程中，向取得土地使用权、房屋所有权的单位或个人征收的一种税）；五是以纳税人的某种特定行为为征税对象的行为税，如印花税（对经济活动和经济交往中书立、使用、领受的凭证征收的一种税）。

第四，按照税收管理权限，税收可分为中央税、地方税、中央与地方共享税三类。中央税，是指由一国中央政府征收管理，其收入归中央政府支配的税种。地方税，是指由地方政府征收管理，其收入归地方政府支配的税种。共享税，是指由中央统一立法，收入由中央与地方按照一定的比例共享支配的税种。税种划分的原则，一般是把需要由全国统一管理、税源集中、收入较大的税种划分为中央税；把一些与地方经济联系比较紧密、税源比较分散的税种划分为地方税；把那些与经济发展直接相关，又有利于调动地方组织积极性的主要税种划分为共享税。

（四）税收制度

税收制度，简称"税制"。它是规范国家与纳税人之间税收分配关系的各种法律、法规、条例、实施细则和征收管理制度的总称，是国家税收政策的具体化。税务机关和纳税人都必须按照税收制度的有关规定征税和履行纳税义务。

税收制度的核心内容是税法，它是国家整个法律制度的重要组成部分。广义的税收制度包括税收基本法（如宪法等统领各项税收法律制度的基本大法）、税收程序法（如税收征收管理法等规范征纳税程序的法律制度）和税收实体法（规定各个独立税种的征纳税规范的法律制度）。狭义的税收制度一般仅指税收实体法，即国家设置的具体税种的课征制度。

税收制度的要素系指纳税人、课税对象、税率、纳税环节、纳税期限、减免税和违章处理等。

二、财政支出

（一）财政支出的含义和原则

1. 财政支出的含义

财政支出，也称为公共支出或政府支出，是指政府为履行其职能，将筹集与集中的资金，进行有计划的社会再分配的过程。财政支出是国家实现其行政职能的财力保证，是政府的物质基础。财政支出反映政府的政策选择，是国家政治决策的表现，是政府引导经济发展方向的手段。同时，政府必须用财政支出为社会提供公共物品，满足全社会的需要。

2. 财政支出的原则

财政支出的内容相当广泛，涉及社会和经济生活中的各方面的利益，在安排财政支出的过程中会遇到各种复杂的矛盾，如财政支出与财政收入的矛盾、财政支出中各项支出之间的矛盾，以及财政支出中如何实现支出效益的问题。要正确处理这些问题，我们必须遵循如下原则：

第一，经济效益原则。经济效益原则是指要通过财政支出使资源得到最优化配置，使整个社会的效益最大化，即由于某项财政支出而获得的社会效益应当超过其社会总成本。其中的社会效益包括由于该项支出而获得的国家安全、社会稳定和所增进的社会福利；社会总成本则是指政府通过税收或其他方式取得财政收入，而使社会付出的代价。为确定某项支出是否符合经济效益原则，往往需要对其进行成本—效益分析。

第二，公平原则。公平原则是指通过财政支出提供劳务和补助所产生的利益在各个阶层的居民中的分配应达到的公平状态，能恰当地符合各个阶层居民的需要。公平原则包括两个方面：一是横向公平，同等对待同一层次的居民；二是纵向公平，差别对待不同层次的居民。公平原则的具体体现是受益能力原则，居民的受益能力与其收入水平呈负相关，即收入水平越低，补助对他产生的效用就越大，也就是其受益能力越大，从全社会角度衡量效用也越大。因此财政支出应对收入不超过规定水平的社会成员给予补助，收入越少，给予的补助越多。

第三，稳定原则。稳定原则是指政府支出应有助于防止经济波动过于剧烈。财政支出之所以可以作为稳定经济的杠杆，是因为财政支出的增减会影响到社会需求的总量。一般说来，为谋求经济的稳定，在安排财政支出时应注意达到以下目标：高度的就业水平；物价稳定；满意的经济增长率；良好的国际收支状况。

（二）财政支出的分类

财政支出总是由不同项目的支出构成的。对此，常常采用不同的方法对财政支出进行分类。下面介绍两种主要的分类方法。

1. 按经济性质分类

根据能否在经济上直接得到等价的补偿，财政支出可分为购买性支出和转移性支出。

所谓购买性支出，就是指政府以购买者的身份，在商品和劳务市场上购买商品或劳务时所发生的支出。购买性支出的具体目的和用途虽有所不同，但都具有一个共同点：政府在付出资金的同时，获得了相应的商品或服务，体现了等价交换的原则，并运用这些商品和服务，实现国家的职能，体现了政府的市场性再分配活动。

转移性支出直接表现为财政资金的无偿的、单方面的转移，如补贴、捐赠、转移支付等。其共同特点是政府付出了资金，却无任何直接的补偿，不存在等价交换问题。它所体现的是政府的非市场性分配活动。

2. 按国家职能分类

在我国，根据国家职能的区别，财政支出可分为经济建设费、社会文教费、国防费、行政管理费和其他支出五大类。

第一类，经济建设费。其主要包括基本建设拨款支出、地质勘探费、城市维护费、国家物资储备支出、抚恤和社会福利救助费支出等。

第二类，社会文教费。其主要包括用于教育、科学、卫生、文物、地震、海洋、计划生育等方面的经费、研究费和补助费等。

第三类，国防费。其主要包括各种武器和军事设备支出、军事人员给养支出、有关军事的科研支出、对外军事援助支出、民兵建设事业费支出，用于实行兵役制的公安、边防、武警部队和消防队伍的各种经费、防空经费等。

第四类，行政管理费。其主要包括用于国家行政机关、事业单位、司法机关、检察机关、驻外机构的各种经费、业务费、干部培训费等。

第五类，其他支出。其主要包括归还由政府直接出面借入的国内外债务及利息。

三、政府采购

（一）政府采购的含义和特点

1. 政府采购的含义

政府采购是指政府机构出于履行职责需要，以购买、租赁、委托或雇佣等方式获取货物、工程或服务的活动。从2003年1月1日起正式生效的《中华人民共和国政府采购法》规定，政府采购是指各级国家机关、事业单位和团体组织，使用财政性资金采购依法制定的集中采购目录以内的或者采购限额标准以上的货物、工程和服务的行为。作为一种采购方式，政府采购具有法定的程序和规范的方法，是世界各国目前最为重要的购买性支出管理手段。

2. 政府采购的特点

政府采购不同于私人部门的采购活动，它是市场经济条件下政府责任的一种体现，同时也是政府实施政策、调节宏观经济运行的一种手段。其特点体现在以下六个方面：

第一，采购资金的公共性。政府采购所需资金来自财政，而财政资金大部分来自纳税人缴纳的税收，小部分来自政府提供公共服务收取的使用者费和规费，以及政府凭借信用原则发行公债取得的收入。

第二，采购目标的非营利性。政府采购活动不以营利为目标，而是为各政府部门的日常活动提供所需产品和服务，为公众提供公共产品和服务。

第三，采购行为的规范性。政府采购具有法定程序和规范的采购方式，采购行为充分体现出公平、公正、公开的原则。

第四，采购主体的特定性。政府采购主体是依靠财政资金运作的各级国家机关、事业单位和团体组织。

第五，采购活动的政策性。政府采购活动必须遵守相关政策的要求，体现政府的政策意图，不能按采购人员的个人偏好行事。

第六，采购范围广、规模大、影响力大。政府采购对象从总体上看只有货物、服务和工程三类，实际上它所涵盖的具体内容范围之大难以描述。同时，政府采购的规模也非常庞大，从而对整个国民经济产生巨大的影响力。

（二）政府采购的基本原则

为了保证政府采购目标的实现，我们必须明确政府采购遵循的基本原则。归纳起来，政府采购的基本原则包括竞争性原则、公开性原则和公平性原则。

第一，竞争性原则。竞争性原则是指邀请更多的供应商参与竞争，通过促进供应商、承包商或服务提供者之间最大程度的竞争，促使政府采购目标的实现。通过竞争，可以形成一种对买方有利的竞争局面，即政府采购机构可以形成一种买方市场；竞争可以促使投标人提供价廉物美的商品和服务，实现政府采购经济有效的目标。

第二，公开性原则。政府采购的公开性原则，也称透明性原则，是指有关采购的法律、政策、程序、活动都要公开，使每个有兴趣的或已参与的供应商都能获得同等的信息。透明度高的采购法和采购程序可以提高政府采购活动的可预测性，有助于投标商准确估算风险和收益，做出理性的选择，提出最有竞争力的价格。公开采购信息和采购过程，有助于加强监督，防止暗箱操作，避免采购机构及其上级主管作出随意的或不正当的行为和决定，从而增强潜在的投标商参与竞投的信心，维护社会公众的利益。

第三，公平性原则。政府采购的公平性原则，又称非歧视原则，是指要求给予每一个有兴趣参加竞争的投标商均等的机会和同等的待遇，使其享有同等的权利并履行相应的义务，不歧视任何一方。允许所有有兴趣参加投标的供应商、承包商、服务提供者参加竞争；采购机构向所有投标人提供一致的信息；在资格预审和投标评价时对所有的投标人都使用同一标准，不以投标者的各种背景而以其提出的投标条件为判断其是否中标的依据。

（三）政府采购的基本方式

按采购方式的公开程度可以将政府采购的方式分为两大类：招标性采购和非招标性采购。招标性采购是公开性较高的政府采购方式。

1. 招标性采购

招标性采购是指通过招标的方式，邀请所有的或一定范围的潜在的供应商参加投标，采购主体通过某种事先确定并公布的标准从所有投标供应商中评选出中标供应商，并与之签订合同的一种采购方式。

按接受投标人的范围不同，招标性采购又可以分为公开招标采购、选择性招标采购、限制性招标采购。其中，公开招标采购和选择性招标采购属于竞争性招标采购。公开招标采购，是指采购方通过公开程序，以招标公告的形式，邀请所有有兴趣的、不确定的供应商参加投标的采购方式；选择性招标采购，是指通过公开程序，邀请供应商提供资格文件，只有通过资格审查的供应商才能参加后续招标；限制性招标采购，是指不通过预先刊登公告程序，直接邀请一家或两家以上的供应商参加投标。

2. 非招标性采购

非招标性采购是指除招标采购方式以外的采购方式。非招标性采购方法很多，通常使用的主要有：

（1）询价采购，即"货比三家"的采购方式，是指采购主体向有关供应商（通常不少于三家）发出询价单让其报价，然后在报价的基础上进行比较并确定中标供应商的一种采购方式。

(2) 单一来源采购，也叫作直接采购，是指采购主体在适当的条件下仅向单一供应商征求建议或报价的采购。

(3) 竞争性谈判采购，是指采购主体通过与多家供应商进行谈判，最后从中确定中标供应商的一种采购方式。

(4) 自营工程，是土建项目中经常采用的一种采购方式，它是指采购主体或当地政府不通过招标或其他采购方式而直接使用当地的施工队伍来承建土建工程。

(四) 政府采购的基本程序

政府采购，无论采取什么方式，也无论涉及多大金额，都要按规定的步骤进行。从各国的经验看，政府采购制度所规定的采购程序一般分为以下几个主要的阶段：

第一阶段，确定采购需求。确定采购需求是整个采购过程中的一个非常关键的环节。采购需求由各采购主体提出，报财政部门审核，只有被财政部门列入年度采购计划的采购需求才能执行。财政部门在审查各采购主体的采购需求时，既要考虑采购预算的限额，同时还要考虑采购要求的合理性，包括采购项目的整体布局、社会效益等，从源头上控制盲目采购、重复采购等问题。

第二阶段，选择采购方式。政府采购过程中，必须根据采购的性质、数量、时间要求等因素，以有利于实现公开、有效竞争和物有所值的目标为原则，选择恰当的采购方式。采购主体不得在执行过程中自行改变采购方式。如果确有必要改变采购方式，必须报有关部门批准，同时通知供应商。

第三阶段，签订采购合同。采购合同只能给予具有向政府供货资格的供应商。供应商在签订采购合同时，须按标准交纳一定数额的履约保证金，以保证其能够按合同的规定履行其义务。

第四阶段，履行采购合同。合同签订后，采购进入了合同执行阶段，采购主体和供应商都不得单方面修改合同条款，否则属于违约，违约方必须按合同规定向合同的另一方赔偿损失。

第五阶段，效益评估。采购主体及有关管理、监督部门对已完成采购的项目的运行情况及效果进行评估，检验项目运行效果是否达到了预期目的。通过效益评估，还可以判定采购主体的决策、管理能力及供应商的履约能力，以供审批政府采购项目的有关部门参考。

小结

公共财政指的是仅为市场经济提供公共服务的政府分配行为，它是国家财政的一种具体存在形态，即与市场经济相适应的财政类型。公共预算是与市场经济体制相适应的国家预算形式，也是与公共财政相适应的国家预算形式。税收是国家凭借其政治权力，参与国民收入分配与再分配，以取得财政收入的重要手段。与其他财政收入形式相比，税收具有以下基本特征：强制性、无偿性、固定性。税收可依照不同标准分类。税收制度，简称"税制"，它是规范国家与纳税人之间税收分配关系的各种法律、法规、条例、实施细则和征收管理制度的总称，是国家税收政策的具体化。财政支出是指政府为履行其职能，将筹集与集中的资金，进行有计划的社会再分配的过程。政府采购是指政府机构出于履行职责需要，以购买、租赁、委托或雇佣等方式获取货物、工程或服务的活动。为了保证政府采购目标的实现，我们必须明确政府采购所遵循的基本原则。

第十三章　法治行政

法治行政有着丰富的内涵和具体要求，如何理解其内涵、落实其要求，关键在于能否建立起一套完备的行政法律体系和行政监督保障机制。只有建立起完备的行政法律体系，才谈得上法律优先和法律保留，才能够保障行政机关有法可依，严格依照法律办事。只有科学建构权力机关、行政机关和司法机关的监督机制，才能防止违法行政，遏制滥用权力。可以说，我国宪法和法律已经初步建立起了法治行政的保障机制。当然，推进依法行政，建设社会主义法治国家是一项长期的历史任务，不可能一蹴而就。因此，我们要牢固树立法治行政的理念，正确处理德治与法治的关系，遵循职权法定、法律保留、法律优先、依据法律和职权与职责统一的行政法治观，确保行政立法的正当性和科学性，切实通过行政复议、行政诉讼和行政赔偿等救济方式保障公民、法人和其他组织的合法权益。

第一节　法治行政概述

一、人治、德治与法治

（一）中国古代的人治

在我国古代，孔子最早提出"为政在人"的人治思想，即把国家的治乱与兴衰，全然寄托在"人"身上。这里所说的"人"，是指统治者的"贤人君子"，不是广大的民众。孔子认为这种"贤人君子"存则政存，亡则政亡。孟子很重视"仁者在位"的人治，据《孟子·离娄上》所载：孟子认为只有"惟仁者在高位"，才能实行"仁政"，治理好国家，而且，他在"仁者"中又特别重视"仁君"的决定性作用。荀子是综合儒家理论的重要思想家，是古代"人治"理论的鼓吹者和完善者。他提出了"有治人无治法"的人治论，即强调国家的治乱兴衰完全决定于"治人"，而不在"治法"。同样，荀子所说的"治人"也是指贤人当政。虽然他的思想主张并不是不要"法治"，但认为"法治"相对于贤人君子之"人治"而言，就显得不那么重要了。

但是先秦儒家的人治理论，遭到以管仲、商鞅和韩非为代表的法家思想家毫不客气的驳难和尖锐的批判。管仲最早提出"以法治国"，认为法律的作用很大，能"立朝廷""用民力""用民能",能让举国上下令行禁止。至商鞅时,他提出了"任法而治"的法治论,他认为法律是治理国家的唯一手段,"法治"是一种无可代替的治国之道。韩非子是先秦法家法治思想的集大成者,建立了"以法为本",法、术、势相结合的法治理论体系。韩非子坚决反对人治,提倡法治,他认为国家靠"贤人君子"是靠不住的,因为像尧、舜那样的圣贤,千世也难出现一个,而大多数君主只不过是缺少治理国家的智慧的"中主"。如果仅靠"贤人君子"治国,天下难安,国家难治,在这种情况下,只要任法,就没有治理不好天下的道理。

法家法治思想在当时的乱世之秋,符合普天之下皆为利来又为利往的社会走向和人性趋归,因此,法家法治思想备受统治者的青睐。而儒家的人治主张却被历史抛弃,被统治者冷待。可惜的是,在中国历史上"最引人注目"、旷世罕见的法家法治理论,由于同根深蒂固的传统思想相差太大,他们的成功只是昙花一现。

(二) 德治与道德规范

道德是一种社会意识形态,是人类在社会生活中为调整人们之间、个人与社会之间的关系,依靠社会舆论、传统习惯、内心信念所维系的行为规范的总和。它以善和恶、荣誉和耻辱、正义和非正义作为评价标准,并逐步形成一定的习惯和传统,以指导和控制人们的行为。道德与法不同,它没有强制性。从"法"与"德"的关系来讲,"法"是"德"所生。政府为了治理国家,维护社会的正常运转和人民生活的安定,将道德中的最基本部分以文字的形式记录下来,成为"法",并用国家机器强制执行。据此,"法"是最基本的社会公德。遵守道德是遵守法律的人格基础,遵守法律是遵守道德的最低要求。

德治与法治相辅相成。德治重视以德治国,但绝不能过分夸大道德的社会作用,把道德说成是万能的,而只是给予道德在国家的社会生活和人民群众的日常生活中以应有的地位,使德治与法治并行不悖、并驾齐驱,共同促进改革开放和现代化建设事业的发展。

德治是在法律范围内进行的,而绝不是超越甚至凌驾于法律制度之上的德治,更不是人治。中国古代,无论是儒家所倡导的德治,还是法家所倡导的法治,本质上都是人治。

德治对行政机关及其公务员的要求,即转化为行政机关及其公务员的道德规范。道德规范是对人们道德行为和道德关系的普遍状况的反映,它是一定社会或阶级对人们道德行为的基本要求的概括。公务员道德规范主要是指公务员这一特殊的职业群体所应当遵循的道德规范,是对公务员道德行为和道德关系的普遍反映,是国家、政府和公众对公务员道德行为的基本要求的概括。从广义上说,公务员道德规范既包括公务员在职业领域的职业道德要求,也包括人们在其他社会生活领域中的道德要求。从狭义上说,公务员道德规范是特指公务员在职业活动中的道德要求,即公务员的行政道德。行政道德是指公务员在行使公共权力、管理公共事务的活动中,处理自身与工作对象之间、上下级之间、同事之间以及公私、得失等关系时，所应当遵循的原则精神和规范。行政道德在本质上总是反映一定政治的价值取向和追求，体现着国家对社会利益的分配。行政道德除了来源于社会的价值观念、信仰和风俗、习惯等，还来源于国家法律、法规、政策和制度等，因此对公务员来说，行政道德具有一定的强制性。同时，公务员是社会的精英，也是公众行为的楷模。公务员的道德形象，在群众中起标杆作用。故此，公务员行为所表现的道德水准，对整个社会的道德提升或者衰落起重要的导向作用。

（三）法律和道德的关系

1. 规范人们行为的手段不同

法律把社会成员的权利界限和义务责任用明确的条文规定下来，在形式和内容上具有明确性和逻辑性，具有可操作性。法律手段要有效用，当然要依赖社会成员守法的自觉意识，但法律主要靠"他律"，是靠外在的强制力来发挥作用，是通过社会成员的惧怕心理来起作用的。法律在社会成员违法犯罪和蔑视法律规范时，可以依靠国家机器强制执法，直至采取剥夺公民权利、限制人身自由及至消灭肉体等极其严厉的措施。因此，法律的约束功能具有权威性和强制性。也就是说，强调用法律制度来治理国家，用强制的手段来约束人们的行为，是"法治"的主要内涵。

道德规范却不具有以国家权力做后盾的强制性。道德的实施不是依靠强制性手段，而是通过教育、舆论、习惯和传统对人们发生作用的，是通过道德教育的手段，以其说服力和劝导力来影响和提高社会成员的道德觉悟，使人们自觉地遵守这些社会规范的。所谓"说服力"，主要是指通过启迪人们的道德，增强人们的荣辱观念，培养和形成古人所说的"羞耻之心"，从而使人们在内心深处形成道德行为的内在动因，是培养和形成人的道德行为的最重要的基础和前提。所谓"劝导力"，就是指通过形成广泛的道德舆论，培养良好的道德环境，增强人们的道德责任感。

2. 规范人们行为的范围和程度不同

由于法律的"他律"性、强制性等特点，决定了法律在规范人的行为和调整社会关系的范围和程度上，有一定的局限性。对那些私人性较强的社会关系，还有那些涉及思想意识领域的问题，如认识、观念、信仰、情操等，法律是不宜干预的。

道德对社会关系和人们行为的调整范围要比法律调整的范围宽泛得多。一般说来，凡法律能够调整的领域，道德都可以调整，即使法律不能涉及调整的领域，道德也可以调整。道德不但对人的行为有要求，而且对人的思想、观念、情操、信仰等意识也有要求；不但可以制约人们的公共关系行为，而且能制约人们的私人关系行为。

3. 两者相互影响，相互补充

法律一方面要受道德的制约，另一方面法律也有助于良好道德风尚的形成、巩固和发展。众所周知，道德先于法律而产生，其覆盖面又广于法律。首先，道德是立法的基础。重要和基本的道德规范是法律规范的主要来源之一，是被社会成员普遍认同和接受的一些道德标准，可以通过一定程序使之法定化，变成社会成员必须遵守的法律规范。其次，道德也是执法的基础。为了使法律在调整社会关系时具有较大的适应性，制定者便有意采用一些模糊性条款，使法律规范不可避免地有一定的模糊性，而执法者就不可避免地有一定的自由裁量权。这样，执法者能否公正、准确地把握立法宗旨，能否恰当地运用好这一自由权，就取决于执法者的道德水准。

（四）法治的渊源

据考，"法治"一词是古希腊人毕达哥拉斯最早提出的。雅典城邦在梭伦改革后，进行了"法律"统治。亚里士多德（前384—前322年）在其《政治学》中指明"法治应包括两重意义：已成立的法律获得普遍的服从，而大家所服从的法律又应该本身是制定得良好的法律"。

古罗马人的法治观念，虽然导源于古希腊文明，但他们对法治却有不同的理解。他们提出了国家是一个法人团体的思想，认为国家作为法人团体，应以法为据，它的最重要原则，必须正当而合法。

在近代英国，詹姆士·哈林顿（1611—1677年）是第一个论及国家政治与法律的关系的人。约翰·洛克（1632—1704年）以"法律的目的不是废除或限制自由，而是保护和扩大自由"为基调，论述了法律保护的个人权利和自由不受绝对的、任意的政治权力的约束，政治权力以不侵犯和破坏个人权利和自由为限度。艾尔伯特·维纳·戴西（1835—1922年）把法治归纳为英国宪政的三个原则之一。他在《宪法研究导论》一书中，认为"英国法治有三个含义：一是政府没有专横的自由裁量权，所有的人除非依法审明破坏法律，不受民事或刑事处分；二是法律平等。官吏执行职务的行为和私人行为一样，受同一法院管辖，适用同一法律原则；三是公民的权利不是来源于宪法，而是由普遍法院的判例形成，相反，英国宪法建立在公民权利的基础之上"。

法国最有代表性的法治论者是查理·路易·孟德斯鸠（1689—1755年）和让·雅克·卢梭（1712—1778年）。孟德斯鸠注重的是"法的精神"，在他的《论法的精神》一书中，包含着法、自由和政体的关系，因而他的法治观念的核心内容是"法律下的自由和权力"。卢梭则以人民主权学说为核心，认为法治是一种民主共和国的标准。这种法治共和国是以自然法为基础的，它具有四个基本的构成要素：一是自由、平等；二是公意；三是合法政府；四是法律至上。

对于法治的理解，美国思想家托马斯·潘恩（1737—1809年）、托马斯·杰斐逊（1743—1826年）和亚历山大·汉密尔顿（1757—1804年）也都有过相关论述。潘恩以人权即人所具备不可剥夺的天赋权利为基础，推论出"法律至上"。一个国家的政府，不在于人，而在于法律。实行共和政体，才能称其为法治政府。法治政府的基本要素在于宪法下的权力制约，核心是宪法至上。杰斐逊同潘恩一样，也是天赋人权的推崇者。他设计了共和政体的基本模式：代议制、权力分立体制和法律。在杰斐逊看来，没有宪法和法律的绝对权威,就不会有共和政体,从而也就不会有人权。汉密尔顿的法治思想,集中于《联邦党人文集》一书。他认为政府是保障自由不可缺少的东西,要组织强有力的政府,控制政府权力,就必须建立共和政体,实行分权制衡。强有力的联邦政府、共和政体以及分权制衡,都以宪法和法律为基础,以宪法和法律的至上权威作保障。

二、法制行政与法治行政

法制行政的提法,深刻反映了法律与行政的关系,其意义可以浓缩为法律对行政具有绝对的权威和支配力,行政权力应当来自于法律的规定,特别是对公民权利产生直接影响的权力必须由法律明示,行政亦无法外特权;行政作用于社会事务,但凡关涉公民基本权利义务的事项,行政应保留给立法,由法律规定,行政不得取代法律;行政权力行为应当接受立法给予的规范指引,对公民权利产生不利影响的权力行为必须有明确的法律依据。法制行政还表明行政与法律的关系能够转换为行政与司法的关系,行政权力不是最后的国家权力,行政不能代表法律,法院恰如法律的代表运转着,司法审查制度可以对行政权力行为作出司法评判,因而司法被誉为法治的最终屏障,司法审查制度被视为法治行政的最可靠的制度保障。

法治行政则更多地着眼于行政活动应当体现法的内在价值,即行政目标应当体现正义性;行政行为应当体现公共利益性;行政组织应当体现合法性。法治行政还包括对公共权力的制约与对人权的保障等一系列原理和基本要求。可见,只要有法律和制度存在,就有法制存在。但有法制,不一定就能真正实现法治行政。

法治行政,无论是方法还是理论,都是相对于人治行政而言。法治行政不仅包括行政依法而治,而且强调依法行政的法是真正体现法的正义价值及绝大多数公众的利益的。在法治行政存续的社会里,是不允许存在人治行政的。因为人治行政是按照统治者个人意志来决定如何治理行政事务的。

法制行政主要体现为法治行政的形式方面的内容。表现为行政活动具有法的形式,行政活动是国家意志的体现;法律是统治者管理行政、建立稳定的行政秩序的一种方法和制度。可见,法制行政更多的是强调行政目标应当体现法的国家意志性;行政行为应当体现法的规范性;行政组织应当体现法的秩序性。法制行政的机械性与法治行政的可变性存在区别。机械性是法律固有的弊端之一,即使良法也不例外。法制行政更多地体现法律的静态性。而法治行政与其动态性相适应,既能维护法律至上这一法治的基本原则,又能确保在严谨乃至机械规则调节下的法治行政其他要素的活力,如以正当程序和严格规则相结合的方式调控行政自由裁量,从而把急剧变革的行政行为规范于法治的框架内。

总之,法制行政与法治行政既有区别又紧密联系。它们之间的联系主要表现为法制是法治的基础和前提条件;坚持实行依法治国的基本方向必然要求法制完备、健全,要求加强法制建设,而法治的实施又必然促使法制日趋完善和健全。

三、法治行政的特点

法治行政的核心含义是法律高于行政。换言之，就是行政机关行使行政权力、管理公共事务必须由法律授权并依据法律规定。法律是行政机关据以活动和人们对该活动进行评判的标准。法律，必须是人民通过立法机关制定的。对行政机关提出依法行政的要求，植根于一个国家的性质和政治体制。具体而言，法治行政包括以下几方面特点。

（一）职权法定

行政机关的职权，是指中央政府及其所属部门和地方各级政府的职权，必须由法律规定。行政机关必须在法律规定的职权范围内活动。非经法律授权，不可能具有并行使某项职权。行政机关的职权是，凡法律没有授予的或者禁止的，行政机关就不得为之，否则就是超越职权。职权法定，越权无效，是依法行政的主要原则之一。行政机关的法定职权，一般有两种形式：一是由行政机关组织法规定，大都以概括之语言，划定各机关的职责范围；二是由单行的实体法规定某一具体事项由哪一行政机关管辖。

（二）法律保留

凡属宪法、法律规定应由法律规定的事项，只能由法律规定；或者必须在法律明确授权的情况下，行政机关才有权在其所制定的行政规范中作出规定，称为法律保留原则。我国宪法和法律对必须由法律规定的事项已作出某些规定。《宪法》第62条规定，全国人民代表大会"修改宪法""制定和修改刑事、民事、国家机构和其他的基本法律"；第67条规定，全国人大常委会"制定和修改除应当由全国人民代表大会制定的法律以外的其他法律"。这里规定的法律保留事项是：修改宪法，制定和修改刑事、民事、国家机构和其他基本法律，还有"其他法律"。《行政处罚法》则将行政处罚，也即剥夺和限制公民人身权和财产权的设定权明确规定为只有法律才能行使。其中属于人身自由刑罚的设定权，只能由法律行使。法律绝对保留，不予授权。对于财产权的处罚，则由法律授权。

（三）法律优先

法律规范在效力上是具有位阶层次的。法律在效力上高于任何其他法律规范。法律优先包含下列含义：

第一，在已有法律规定的情况下，任何其他法律规范，包括行政法规、地方性法规和规章，都不得与法律相抵触，凡有抵触，都以法律为准。"不抵触"是指法律规范的规定不得与已对此问题有规定的法律有关原则、精神和规定相抵触，当然，如果法律对此没有规定，其他的下位法可以作出规定。因为在这种情况下不存在抵触问题，但必须遵循法律保留原则。

第二，在法律尚无规定，其他法律规范作了规定时，一旦法律就此事项作出规定，则法律优先，其他法律规范的规定都必须服从法律。在我国，一般在法律没有规定的情况下，先由行政机关制定一些规范。但这些规范的制定，必须由法律授权。这些规范都是在法律"空缺"的情况下制定的，一旦法律填补空白，对同一问题作出规定时，则行政法规、地方性法规和规章的有关规定就要自动让位于法律，以法律的规定为准，或修改，或废除。

（四）依据法律

行政机关的行为必须有法律依据，即体现为制定规范的抽象行政行为和作出处理决定的具体行政行为都必须依据法律。依法行政不仅要求行政机关根据法律和法律的授权制定规范，还要求行政机关在作出行政作为时必须依据法律，否则依法行政就会成为一句空话。因为规范制定得再好，最终仍要看法律在现实生活中的落实，如《行政处罚法》中规定的"处罚法定"原则，就是法律原则在处罚领域里的体现。依据法律原则与行政机关的自由裁量权并不矛盾。自由裁量指的是在法律规定有一定范围的情况下，行政机关可以在此范围内作出选择。

（五）职权与职责统一

职权，就是宪法、法律授予行政机关管理经济和管理社会的权力。这是一种必须行使，不能放弃的权力。法律授予行政机关职权，实际上也就是赋予行政机关以义务和责任，行政机关必须尽一切力量保证完成。因此，行政机关的职权从另一角度说，就是职责。职权与职责是统一的，是事物的正反两个方面。放弃职权，不依法行使职权，就是不履行义务，就是失职，应该追究法律责任。

第二节 行政立法

一、行政立法的含义和原则

（一）立法的含义

狭义的立法，专指国家的最高权力机关及其常设机关依照法定职权和程序，制定法律这种特定的规范性文件的活动。广义的立法，是指有关国家机关依照法定职权和程序，创制各种具有不同法律效力的规范性文件的活动。它除了指国家最高权力机关和它的常设机关依法制定法律这种特定的规范性文件的活动外，还包含了由中央国家行政机关和地方国家行政机关，依法定权限和程序制定诸如行政法规、地方性法规、自治条例和单行条例及其他规范性决定、决议等活动。

（二）行政立法的含义

行政立法的含义，大致可包括如下内容：行政立法的授权者是立法机关，因为在绝大多数国家，立法权属立法机关所有，只有它才有立法权可授；行政立法的受权者是行政机关，不应授予国家机关以外的组织或个人，因为立法行为本质上是一种国家行为。行政立法的授权形式，以宪法或其他授权法授权均可，只要受权者是行政机关即可，因为无论用什么法律形式授权，都是国家立法权从一个主体转归另一个主体，即从立法机关转归行政机关，在符合法治原则的前提下，既可适当广泛授权，也可就某个方面或某个问题（事项）进行授权。至于行政机关根据授权创制的有法律效力的规范性文件，称为法规、规章或者命令，这是各国的立法技术需要解决的问题。

综上所述，行政立法一般是指立法机关通过法定形式将某些立法权授予行政机关，行政机关得依据授权法（含宪法）创制法规和规章的行为。这个定义是根据一般情况而言的，不包括某些国家的行政机关内部的再授权。

（三）行政立法的原则

行政立法的原则是指贯穿于行政立法活动之中，作为行政立法的精髓，指导行政立法的制定、修改、废除的基本准则和原理。我国行政立法要求处处以人民权力和公民的权利为重。它包括人民权力至上、人民政治参与、以个人权利为重点和权利救济等含义。

在行政立法中，除了权利原则外，还需要注意如下几个原则：

第一，依法立法原则。行政立法一般都是从属性立法，因而必须以宪法和法律为根据。一是必须以宪法为依据；二是依照法定权限立法；三是依照法定程序立法。立法活动不仅要在其法定的权限内进行，而且要在立法过程中依照法定的程序立法，否则违反法定的立法程序的立法应视为无效。

第二，民主立法原则。它应包括：立法主体的民主性，立法权应由人民行使；立法内容的民意性，立法应以维护人民的利益为宗旨，应当体现人民的意志；立法程序的公开性和民主性，立法过程应当实现公开化和民主化，充分听取各方面的意见。在这里特别要强调的是程序的公开化、民主化。在程序方面应：一是立法草案应提前公布，并附以立法说明。其具体包括立法目的、立法机关、立法时间等内容，以便让人民有充分的时间发表对特定的立法事项的意见。二是将听取人民意见作为立法的必经环节。三是向人民公布对立法意见的处理结果。四是公布正式通过的立法文件，对直接涉及公民权利义务的立法应特别规定实施时间。五是设置专门的立法咨询机关和咨询程序，对特别重要的立法进行专门的咨询并作为必经程序。

第三，科学立法原则。所谓科学立法原则是指制定法律、法规要贯穿科学思想以及运用科学技术方法的准则。这一原则要求：一是立法必须遵循客观规律。立法应顺应社会、历史的发展规律，对社会客观规律予以正确的表述，而不是创造法律。二是立法必须采取科学严谨的态度。它要求立法者必须从实际出发，实事求是；必须从中国国情出发，并借鉴外国的立法经验；必须原则性与灵活性相结合。三是立法必须运用现代科学知识和科学技术。立法活动要跟上时代的步伐，要具有科学的预见性，就必须积极地运用科学程序和科学技术，否则立法的质量就会出现问题。

二、行政立法的程序

行政立法的程序是指由法律规定的，行政立法机关在制定行政法规和规章时所必须遵循的步骤和方式。行政立法的一般程序是：规划、起草、审查、决定、签署公布和备案。

（一）规划

规划是行政立法的启动步骤。一般而言，立法规划分为五年规划和年度规划两种。在我国，国务院行政法规五年规划和年度规划由国务院法制局编制，报国务院审定。国务院部门规章的制定规划由相应部门的法制机构编制，报部门首长审批。地方政府规章的制定规划，一般先由地方政府的职能部门和直属机构根据其业务拟定本部门的立法规划草案，再由地方政府的法制机构负责将立法规划草案进行汇总后，报请本级人民政府常务会议审议批准。

（二）起草

列入规划的行政法规和规章，由相应的行政立法机关负责起草。行政法规由国务院组织起草；国务院部门规章由具有行政立法权的国务院部门组织起草；地方政府规章由具有行政立法权的地方政府组织起草。起草的过程应注意以下几方面：一是通过座谈会、论证会、听证会广泛听取公民、组织，特别是有利害关系的行政相对人的意见；二是广泛开展调查研究，充分收集和分析有关材料，力求草案内容切实可行、结构严谨、形式完整；三是起草小组应当尽量吸收有关业务专家和法律专家参与。

（三）审查

行政法规、规章草案拟定之后，应交由本级政府法制机构进行审查。报送审查的行政法规和规章，应经起草部门主要负责人签署，并附送有关说明和各方面对草案主要问题的不同意见和其他有关材料。政府法制机构承担行政法规、规章的审查工作。审查的内容主要包括：行政立法的必要性和可行性；行政立法是否合法，即是否与宪法、法律及上一级规范性文件相抵触，是否越权，是否重复等；起草过程是否符合法定程序；立法草案的结构、文字等立法技术是否规范；有关的资料、手续是否完整；等等。

法制机构对行政立法草案进行审查后，向相应的行政立法机关提出审查报告和草案的修改稿。经审查不合格的草案，可以退回起草部门或组织有关人员进行修改。

（四）决定

行政法规、规章草案审查工作完毕后，行政立法机关即开始对立法草案进行正式审议。国务院对行政法规的审议，一般通过国务院常务会议来进行。部门规章草案提交相应行政立法机关的部务会议、委务会议审议；地方政府规章草案提交相应地方行政立法机关的常务会议或全体会议审议。

（五）签署公布

行政法规和规章审议通过后，须经行政立法机关的行政首长签署。国务院制定的行政法规，由国务院总理签署；部门规章由相应的部门首长签署；地方政府规章由省长、自治区主席或市长签署。行政法规和规章必须公开发布，未经公布的行政法规和规章不发生法律效力。

（六）备案

备案是将已经发布的行政法律规范上报法定机关，使其知晓，并在必要时备查的程序。备案是立法程序的后续阶段，并非行政立法活动本身。根据《中华人民共和国立法法》（以下简称《立法法》），行政法规和规章应当在公布后的30天内报有关部门备案。

三、行政法规与行政规章

（一）行政法规

1. 行政法规的特征

行政法规是指国务院根据宪法和法律，按照法定程序制定的有关行使行政权力，履行行政职责的规范性文件的总称。我国宪法和国务院组织法规定，国务院根据宪法和法律，制定行政法规。行政法规具有以下基本特征：

第一，行政法规的制定主体是国务院。它是专门针对国务院的行政立法而言的。除国务院直接制定的行政法规之外，由国务院批准发布或参与制定、发布的规范性文件，也是行政法规的组成部分，具有行政法规的效力。

第二，行政法规根据宪法和法律的授权制定。国务院制定行政法规的依据，一是直接根据宪法和组织法的授权，二是根据特定法律的授权。另外，国务院还根据全国人大及其常委会的特别授权，即依据最高权力机关的专门授权决定，制定行政法规。

第三，行政法规必须经过法定程序制定。

第四，行政法规具有法的效力。

2. 行政法规的权限范围

根据《宪法》第89条规定，国务院根据宪法和法律制定行政法规。《立法法》第65条对国务院制定行政法规的权限范围作了详细规定："国务院根据宪法和法律，制定行政法规。行政法规可以就下列事项作出规定：（一）为执行法律的规定需要制定行政法规的事项；（二）宪法第八十九条规定的国务院行政管理职权的事项。应当由全国人民代表大会及其常务委员会制定法律的事项，国务院根据全国人民代表大会及其常务委员会的授权决定先制定的行政法规，经过实践检验，制定法律的条件成熟时，国务院应当及时提请全国人民代表大会及其常务委员会制定法律。"根据第65条的规定，再结合第8条关于全国人大及其常委会专有立法权的规定，应该说《立法法》主要采取了"职权说"的观点，即原则上属于国务院行政管理职权的事项，国务院均可以自主制定行政法规，而不需要必须有明确的法律依据，也不需要有法律的具体授权；同时，《立法法》对此又做了一定的限制，即有关全国人大及其常委会专属立法权范围内的事项，即使国务院具有行政管理职权，也只能在全国人大及其常委会作出明确的授权决定时才能制定行政法规。

3. 行政法规的制定程序

《立法法》对制定行政法规主要规定了以下六项程序：①立项和起草。行政法规由国务院组织起草。国务院有关部门认为需要制定行政法规的，应当向国务院报请立项。②听取意见。为了贯彻民主立法的原则，行政法规在起草过程中，应当广泛听取有关机关、组织和公民的意见。听取意见可以采取座谈会、论证会、听证会等多种形式。③法规草案的审查。《立法法》规定，行政法规起草工作完成后，起草单位应当将草案及其说明及各方面对草案主要问题的不同意见和其他有关资料送国务院法制机构进行审查。国务院法制机构应当向国务院提出审查报告和草案修改稿，审查报告应当对草案主要问题作出说明。④决定。行政法规的决定程序依照《中华人民共和国国务院组织法》的有关规定办理。⑤公布。行政法规由总理签署国务院令公布。⑥刊登。行政法规签署公布后，及时在国务院公报及在全国范围内发行的报纸上刊登。

4. 国务院的行政立法监督

国务院是国家最高权力机关的执行机关，有权对地方性法规、部委规章、地方政府规章以及国务院各部、委和地方各级人民政府的决定、命令是否与行政法规和国务院的决定、命令相抵触进行监督。国务院的立法监督居于从属的地位，依法监督规章和地方性法规是否与行政法规相抵触，并有权改变或者撤销与行政法规相抵触的规章及决定、命令。

国务院行使立法监督权的工作机构是国务院法制局。它具体负责法规、规章的备案审查和管理工作，即立法监督工作。

5. 制定行政法规的基本要求

（1）根据宪法、法律制定行政法规。行政立法的从属性，决定了国务院必须根据宪法和法律制定行政法规。就是说，宪法的这一规定要求：一是宪法、法律没有作出原则或有关规定的事项，国务院不得制定行政法规；二是即使宪法、法律对有关事项作了规定，但民主宪政原则不属于行政法规的立法权限范围的，如对公民权利的剥夺，对公民义务的增加，规定军人和外交人员的衔级制度和其他专门衔级制度等，不得以行政法规定之；三是在立法形式上，国务院制定的行政法规应开宗明义地列明其所依据的宪法条款和有关的法律规定。

（2）不得与宪法、法律相抵触。在立法内容上，行政法规不得与宪法、法律的规定相抵触。对所谓"抵触"应做广义的解释，即一是行政法规不仅不能与宪法、法律的具体条款相矛盾，而且不能与宪法、法律规定的原则、精神及其隐含的要求相矛盾，尤其在规定行政机关权力和涉及公民权利等立法中，应特别注意这一点；二是行政法规与宪法、法律相抵触的形式，既可以是因与宪法、法律相矛盾的抵触，也可以是行政法规明显变更宪法、法律规定或者忽略宪法、法律的要求而造成的抵触。

（二）行政规章

1. 行政规章的特征

行政规章是指特定的行政机关根据法律和法规，按照法定程序制定的具有普遍约束力的规范性文件的总称。行政规章简称规章。行政规章具有以下基本特征：

第一，行政规章的制定主体是特定的行政机关，即前面所述有权制定部门规章和地方规章的机关；

第二，行政规章的制定根据是法律、行政法规以及决定、命令的授权；

第三，行政规章应当按照法定程序制定；

第四，行政规章具有法的属性。

2. 部门规章

国务院各部、委员会、中国人民银行、审计署和具有行政管理职能的直属机构，可以根据法律和国务院的行政法规、决定、命令，在本部门的权限范围内制定规章。

部门规章规定的事项应当属于执行法律或者国务院的行政法规、决定、命令的事项。因此，部门规章必须在法律、国务院的行政法规、决定或命令规定的事项范围内制定，这与国务院可以自主制定行政法规的权限有很大不同。同时，部门规章只能在本部门的权限范围内制定，而不能超出其权限范围；涉及两个以上国务院部门职权范围的事项，应当提请国务院制定行政法规或者由国务院有关部门联合制定规章。国务院各部门规章主要就下列事项作出规定：法律或国务院行政法规、决定、命令规定由有关部门作出规定的事项；为执行法律或国务院的行政法规、决定、命令的规定需要制定规章的事项；属于各部委本系统自身建设的事项；有关各部委本系统的技术标准等事项。

3. 地方规章

《中华人民共和国地方各级人民代表大会和地方各级人民政府组织法》第 60 条规定，省、自治区、直辖市人民政府可以根据法律、行政法规和本省、自治区、直辖市的地方性法规，制定规章；省、自治区的人民政府所在地的市和经国务院批准的较大的市的人民政府，可以根据法律、行政法规、省、自治区的地方性法规，制定规章。从 1984 年起至今，国务院批准的较大的市有：唐山市、大同市、包头市、大连市、鞍山市、抚顺市、吉林市、齐齐哈尔市、青岛市、无锡市、淮南市、洛阳市、重庆市（现已升格为直辖市）、宁波市、邯郸市、本溪市、淄博市、苏州市和徐州市。2000年《立法法》又将经济特区所在地的市纳入地方规章的制定主体中来。根据《立法法》规定，规章的制定权限及于下列事项：

（1）为执行法律、行政法规、地方性法规的规定需要制定规章的事项；

（2）属于本行政区域内的具体行政管理事项。这显然与国务院各部门、直属机构只能制定执行性规章的权限有明显不同。

4. 行政规章制定的程序

对制定行政规章的程序，《立法法》第83条规定，行政规章的制定程序，由国务院参照《立法法》关于行政法规制定程序的规定另行制定，《立法法》仅对规章的决定、公布和刊登程序作了原则规定：

（1）决定。《立法法》第84条规定："部门规章应当经部务会议或者委员会会议决定。地方政府规章应当经政府常务会议或者全体会议决定。"

（2）公布。根据《立法法》第85条的规定，行政规章由相关行政首长签署命令予以公布。

（3）刊登。《立法法》第86条规定："部门规章签署公布后，及时在国务院公报或者部门公报和中国政府法制信息网以及在全国范围内发行的报纸上刊载。地方政府规章签署公布后，及时在本级人民政府公报和中共政府法制信息网以及在本行政区域范围内发行的报纸上刊载。"

第三节　依法行政

一、行政复议

（一）行政复议的概念与特征

所谓行政复议，是指公民、法人或者其他组织不服行政主体作出的具体行政行为，依法向法定的行政复议机关提出复议申请，行政复议机关依法对该具体行政行为进行合法性、适当性审查，并作出行政复议决定的行政行为。行政复议是由行政系统内部的行政机关实施的内部监督和纠错的行为，是一种重要的行政救济法律制度，具有以下特征：

第一，行政复议由有行政复议权的上级行政机关作出。

第二，行政复议的审查对象是引起争议的具体行政行为，附带审查部分抽象行政行为。

第三，行政复议由不服具体行政行为的利害关系人依法申请而引起。行政复议是一种依申请的行为。

第四，行政复议主要采用书面审查的方式。行政复议机关主要通过对申请人提出的申请书和被申请人提出的答辩书等有关材料进行审查认定，依法作出行政复议决定。

第五，行政复议以具体行政行为的合法性和合理性为审查标准。

（二）行政复议的基本原则

根据《中华人民共和国行政复议法》（以下简称《行政复议法》）的规定，我国行政复议的基本原则主要有以下六个：

第一，行政复议机关依法独立行使行政复议权原则。有权审理行政复议案件的机关只能是国家行政机关而非其他机关；行政复议机关必须严格依法行使行政复议职权，不受其他机关、社会团体和个人的非法干涉。

第二，一级复议原则。除非法律另有规定，对引起争议的具体行政行为只经一级行政复议机关复议即可结案，复议机关所作出的复议决定，是行政程序上的终局决定。申请人对复议决定不服的，一般可以向人民法院提起行政诉讼。

第三，合法、公正、公开、及时、便民原则。所谓合法原则，是指行政复议要满足主体合法、依据合法、程序合法三方面的要求。行政复议机关依法进行复议活动是合法性原则的核心要求。所谓公正原则，是指行政复议机关在行使行政复议职权时，要不偏不倚，在充分了解事实真相，掌握主要证据的基础上，依法作出合法、合理的行政复议决定。所谓公开原则，是指在行政复议的过程中，除涉及国家秘密、商业秘密、个人隐私外，整个过程应当向行政复议申请人和社会公开。所谓及时原则，是指复议机关应当在法律许可的限度内，以效率为目标，完成复议案件审理工作的一项基本行为准则。所谓便民原则，是指行政复议机关应当尽可能为行政复议当事人，尤其是申请人提供必要的便利条件，以确保当事人行政复议权利的实现。

第四，全面审查原则。此原则包括合法性审查和适当性审查两个部分。所谓合法性审查，是指复议机关在审理复议案件的过程中，要对被复议的具体行政行为是否符合实体法、程序法的规定进行全面审查。其包括四个方面的审查：一是法定依据的审查；二是法定权限的审查；三是法定程序的审查；四是滥用职权的审查。所谓适当性审查，是指对被复议的具体行政行为是否存在畸轻畸重的现象进行审查，主要是看行政机关在法定权限内作出的具体行政行为是否客观公正，恰如其分；是否符合大多数人所认同的常理。

第五，行政复议期间具体行政行为不停止执行原则。行政机关是代表国家行使行政管理职权的法定机关，其具体行政行为一经作出，就具有法律上的确定力、拘束力和执行力，在没有被有权机关依法定程序撤销前，不能停止具体行政行为的执行。

第六，复议不适用调解原则。行政机关是代表国家行使行政权，其拥有的行政权力是国家通过法律赋予的，行政机关只能按照国家的意志依法行使。复议机关在审查具体行政行为时，对合法适当的具体行政行为予以维持，对违法不当的具体行政行为予以撤销或者变更，无须进行调解。

（三）行政复议范围

行政复议范围是指行政相对人认为行政机关作出的具体行政行为侵犯其合法权益，依法可以向行政复议机关请求重新审查的范围。行政复议作为一种法律救济的手段，由于其在解决行政争议功能上的局限性，导致行政复议机关不可能受理所有的行政争议。因此，通过立法来规定行政复议的受理范围就顺理成章。根据《行政复议法》的规定，不仅具体行政行为，而且一部分的抽象行政行为也可以成为行政复议的审查对象。但是，也存在排除行政复议的事项。排除行政复议的事项如下：

第一，抽象行政行为。抽象行政行为是行政主体制定和发布行政法规、规章或者具有普遍约束力的决定、命令的行政行为。行政相对人对抽象行政行为中的行政法规、行政规章不服的，可以向有关国家机关提出意见，由有关国家机关审查并作出处理决定。

第二，行政处分或者其他人事处理决定。行政主体对国家公务员作出的行政处分或者其他人事处理决定，属于内部行政行为，被处分或者处理的人不服，不能申请行政复议，但可以依照有关法律、法规提出申诉。

第三，行政仲裁、调解或者其他处理行为。行政主体对公民、法人或者其他组织之间的民事纠纷作出的仲裁、调解行为，不是行政主体的行政职权行为，对双方当事人的约束力取决于其自愿接受，因此，一方当事人如果不服，可以向人民法院提起诉讼或者向仲裁机关申请仲裁，但不能申请行政复议。

二、行政诉讼

（一）行政诉讼制度概述

所谓行政诉讼，是公民、法人和其他组织对行政主体的违法行政行为向人民法院寻求司法救济的法律制度。

1989年《中华人民共和国行政诉讼法》（以下简称《行政诉讼法》）的公布，标志着中国行政法制建设进入了一个新的历史时期。行政诉讼法实施以来，行政诉讼的实践和理论都取得了十分显著的成就。1999年11月实施的《最高人民法院关于执行〈中华人民共和国行政诉讼法〉若干问题的解释》，是最高人民法院审判委员会针对行政诉讼法实施后出现的普遍性问题作出的司法解释，其内容涉及受案范围、管辖、诉讼参加人、证据、起诉和受理、审理和判决、执行、侵权赔偿责任、期间、诉讼费用、涉外行政诉讼等一系列贯彻实施行政诉讼法必须予以界定或解释的问题。这一司法解释的公布实施，使原来模糊不清的问题得以澄清，界限不明的问题得到界说。《中华人民共和国国家赔偿法》的实施，以及1995年1月25日国务院发布、施行的《国家赔偿费用管理办法》，为公民、法人和其他组织获得国家赔偿奠定了法律基础，也是相应的配套法规之一。2014年11月1日，全国人大常委会重新修订了《行政诉讼法》，使得行政诉讼的法律制度更加完备全面。

（二）行政诉讼基本原则

《行政诉讼法》第4条规定：人民法院依法对行政案件独立行使审判权，不受行政机关、社会团体和个人的干涉。第 5 条规定：人民法院审理行政案件，以事实为根据，以法律为准绳。第 6 条规定：人民法院审理行政案件，对行政行为是否合法进行审查。第 7 条规定：人民法院审理行政案件，依法实行合议、回避、公开审判和两审终审制度。第 8 条规定：当事人在行政诉讼中的法律地位平等。

（三）行政诉讼受案范围

行政诉讼受案范围既涉及权力分立与制约的政治架构原则，也涉及人权保障的政治伦理原则。在我国，行政诉讼受案范围的确定方式是对可诉性行政行为和不可诉性行政行为进行界定。人民法院受理公民、法人和其他组织对下列行政行为不服提起的诉讼：

（1）对行政拘留、暂扣或者吊销许可证和执照、责令停产停业、没收违法所得、没收非法财物、罚款、警告等行政处罚不服的；

（2）对限制人身自由或者对财产的查封、扣押、冻结等行政强制措施和行政强制执行不服的；

（3）申请行政许可，行政机关拒绝或者在法定期限内不予答复，或者对行政机关作出的有关行政许可的其他决定不服的；

（4）对行政机关作出的关于确认土地、矿藏、水流、森林、山岭、草原、荒地、滩涂、海域等自然资源的所有权或者使用权的决定不服的；

（5）对征收、征用决定及其补偿决定不服的；

（6）申请行政机关履行保护人身权、财产权等合法权益的法定职责，行政机关拒绝履行或者不予答复的；

（7）认为行政机关侵犯其经营自主权或者农村土地承包经营权、农村土地经营权的；

（8）认为行政机关滥用行政权力排除或者限制竞争的；

（9）认为行政机关违法集资、摊派费用或者违法要求履行其他义务的；

（10）认为行政机关没有依法支付抚恤金、最低生活保障待遇或者社会保险待遇的；

（11）认为行政机关不依法履行、未按照约定履行或者违法变更、解除政府特许经营协议、土地房屋征收补偿协议等协议的；

（12）认为行政机关侵犯其他人身权、财产权等合法权益的。

1999 年 11 月实施的最高人民法院《关于执行〈中华人民共和国行政诉讼法〉若干问题的解释》规定：公民、法人或者其他组织对具有国家行政职权的机关和组织及其工作人员的行政行为不服，依法提起诉讼的，属于人民法院行政诉讼的受案范围。

公民、法人或者其他组织对下列行为不服提起诉讼的，不属于人民法院行政诉讼的受案范围：

（1）行政诉讼法第 12 条规定的行为；

（2）公安、国家安全等机关依照刑事诉讼法明确授权实施的行为；

（3）调解行为以及法律规定的仲裁行为；

(4) 不具有强制力的行政指导行为；
(5) 驳回当事人对行政行为提起申诉的重复处理行为；
(6) 对公民、法人或者其他组织权利义务不产生实际影响的行为。

由于受案范围规定过于狭窄，将受案范围限定于"具体行政行为"是不利于维护相对人的权益的。而具有普遍约束力且可反复适用的所谓抽象行政行为没有纳入行政诉讼的受案范围，直接导致行政机关借用抽象行政行为来延伸和扩张其行政职权的现象，成为众多违法行政、越权行政、滥用职权的主要方式和来源。

（四）行政诉讼管辖

行政诉讼管辖是指确定各级人民法院之间以及同级人民法院之间的权限划分。在级别管辖问题上，着重于中级人民法院的管辖范围；一般地域管辖以"最初作出具体行政行为的行政机关所在地"为标准，特殊地域管辖涉及不动产、限制人身自由、复议改变原具体行政行为三个方面；人民法院裁定的管辖有移送管辖、指定管辖和管辖权转移三种情况。

（五）行政诉讼参加人

行政诉讼参加人这一范畴，是从诉讼双方主体的角度去界定的，并不包括法院、检察院。在行政诉讼中，明确原告、被告及其他诉讼主体的身份，对于解决已经发生的行政争议、理清争议中各方主体的权利义务关系、厘定责任主体等都具有重要意义。原告、被告、第三人在行政诉讼参加人范畴中具有更为凸显的地位，而且，新的司法解释在列举原告、被告和第三人方面都有较大变动，需要引起注意。在原告、被告资格问题上，存在原告、被告资格的一般认定和原告、被告资格转移两种情形，进而又有低一层次的分类情形。第三人可以主要确定为两类：一类是与被诉具体行政行为有利害关系的个人或组织，既可以申请也可以由法院通知参加诉讼；另一类是应当被追加为被告而原告不同意追加的行政主体，这就突破了原来关于"行政主体能否成为第三人"的争论，也在无形中扩大了《行政诉讼法》规定的"法人或其他组织"的含义。

（六）行政诉讼程序

行政诉讼的程序包括：起诉和受理；一审程序；二审程序；审判监督程序；诉讼中止、诉讼终结与期间、送达等。

三、行政赔偿

（一）行政赔偿的渊源

这里所讲的行政赔偿，也叫作行政赔偿责任追究，是指国家行政机关及其工作人员在行使职权时，违法侵犯公民、法人或其他组织的合法权益并造成损害的，国家负责向受害人赔偿的制度。行政赔偿是一种由国家对行政机关及其工作人员因违法行使职权所造成的损害承担责任的形式，实际上它体现了国家、行政机关及其工作人员以及相对人三者之间的法律关系。

行政赔偿是人类社会发展到特定历史阶段的产物。从历史上看，行政赔偿是伴随着人民主体地位的提高，在国家责任从无到有的发展过程中出现的；从理论上看，国家责任、行政赔偿可以从委托—代理理论、社会协作理论、国家公法人理论、危险责任和公共负担平等理论观念中找到源头。

（二）行政赔偿的归责原则

所谓行政赔偿的归责原则，是指在法律上确定国家承担赔偿责任所依据的某种标准，国家只对符合此种标准的行为承担赔偿责任。这一原则为判断在什么情况下国家对行政机关及其工作人员的行为承担赔偿责任，提供了根本的标准，对于确定行政赔偿责任的构成及免责条件、举证责任以及承担责任的程度，具有重要意义。

确定行政赔偿的归责原则，首要的一点是行政机关及其工作人员的行为对公民、法人或其他组织（即相对人）造成了伤害，因为如果没有引起相对人的损失，赔偿也就无从谈起。

所谓违法归责原则，是指国家赔偿以公务人员的职务行为是否违法为标准，而不问侵权公务人员有无过错，这里的"职务行为"也构成了一条标准，即必须是公务人员行使职权时作出的行为，包括具体行政行为和事实行为。这是一条客观标准，与过错归责原则这种主观标准相比，可操作性更强，尺度更统一，而与同样是客观标准的无过错归责原则相比，其以是否违法作为标准加以限定，因而更具有合理性。目前，我国的国家赔偿立法中即是采用这一归责原则，《中华人民共和国国家赔偿法》（以下简称《国家赔偿法》）第2条规定："国家机关和国家机关工作人员行使职权，有本法规定的侵犯公民、法人和其他组织的合法权益的情形，造成损害的，受害人有依照本法取得国家赔偿的权利。"

（三）行政赔偿的构成要件

所谓行政赔偿责任的构成要件，是指国家对行政机关及其工作人员的侵权行为承担赔偿责任所应具备的前提条件，是归责原则的具体体现。我们在分析某一侵权致害行为是否能够引起行政赔偿责任，以及在多大程度上引起这种责任时，都要从对其构成要件的考察入手。从我国《国家赔偿法》第2条的规定中，我们既可以看到行政赔偿的归责原则，同时也能够得出构成行政赔偿责任的几个要件：侵权行为主体、执行职务的行为违法、损害的事实，以及违法行为与造成损害的因果关系。

侵权行为主体是构成行政赔偿责任的要件之一，它解决的是谁实施的行为才有可能引起行政赔偿的问题。在公共领域中，能够引起行政赔偿的侵权行为主体有严格的限定，只包括行政机关及其工作人员，法律、法规授权承担行政管理职能的其他组织，受行政机关委托执行公务的其他组织或个人，以及事实上在执行公务或自愿协助公务的人员。

执行职务的行为违法，实际上包含两层意思：一是致害行为必须是执行职务的行为，二是该执行职务的行为违法。关于"违法"问题，有主观标准和客观标准之分。主观标准以雇用人的意思为判断根据，执行职务的范围也仅限于雇用人命令受雇用人办理的事项范围。客观标准则强调行为的外在形式与执行职务的联系，如是否以行政机关的名义，是否在上班时间，是否佩戴标志等，目前我国所采用的主要是客观标准。

损害的事实也是构成行政赔偿责任的前提条件之一，因为行政赔偿的最主要目的就是对受害人进行赔偿，没有损害的既成事实也就无从赔偿。所谓损害，是指对受侵害人造成的合法权益方面的不利。要界定作为行政赔偿要件之一的损害，应考虑其如下特征：①现实性和确定性，所造成的损害必须是既成事实，是现实存在的，而不能是潜在的，同时损害也必须是确定不移的，而非发展变化中的；②特定性和异常性，损害事实须由特定行为引起，是针对特定权益产生侵害而造成的；③非法性和可估量性，权益受损是由非法行为造成的，并且能够通过具体的推算方法得到其客观价值。行政赔偿所针对的损害包括物质损害和精神损害。前者指因侵权行为所导致的具有财产形态的价值减少或利益的丧失，如殴打致伤导致相对人付出的代价，在物质方面有医疗费、误工费等。物质损害又可分为直接损害和间接损害，直接损害是指因侵权行为所导致的现存财产上权力和利益的数量减少和质量降低，而间接损害则是指侵权行为阻却了财产上的可得利益，如某业主因被拘留而丧失了正常的经营收入。而精神损害，则是指侵权行为所导致的致使受害人心理和感情遭受创伤和痛苦，无法正常进行日常活动的非财产上的损害，如因被关押而精神苦恼，因财产损失而心情气愤。

违法行为与造成损害的因果关系，是指引起赔偿的损害必须是由侵权行为主体违法执行职务的行为所造成的。由损害看行为，可以确信损害是由该行为造成的；由行为看结果，可以预料该行为所能够造成的结果。在包括我国在内的大多数国家中，确认国家赔偿责任必须符合两个条件：一是因果之间具有逻辑联系；二是因果之间有直接相关性，即依正常人的经验和理解，行为和结果之间有牵连。与民法中因果关系确定原则相比，行政赔偿中因果关系的确定是有其自身特色的，强调直接的因果关系，即受害事实必须是由侵权行为直接引起的。

（四）行政赔偿请求人和行政赔偿义务机关

在由行政赔偿引起的法律关系中，行政赔偿请求人和行政赔偿义务机关构成当事人双方，对于行政赔偿请求人而言，主要涉及请求人的资格和范围问题；对于行政赔偿义务机关而言，主要涉及义务机关的范围和追偿问题。

1. 行政赔偿请求人

行政赔偿请求人是指受违法行政行为侵害，依法有权请求行政赔偿的人。按照我国《国家赔偿法》的规定，行政赔偿请求人的资格主要有以下几项：行政赔偿请求人必须是相对人一方，作出公务行为的行政主体一方不能成为请求人，因为行政赔偿制度的首要目的是为相对人提供法律救济。但是，当具有行政主体资格的行政机关以相对人的身份出现，并受到其他行政机关的违法行政行为侵害时,可以成为行政赔偿请求人。

2. 行政赔偿义务机关

行政赔偿义务机关是指代表国家接受行政赔偿请求,参加行政赔偿诉讼,履行行政赔偿义务的机关。其与行政侵权行为人不同,前者专指接受行政赔偿请求、履行行政赔偿义务的机关,而后者则指执行公务造成他人损害的具体机关及其工作人员。在行政赔偿中,国家对违法侵权造成的损失承担赔偿责任,但实际承担赔偿义务的是具体作出公务行为的部门。有关赔偿的资金,在财政预算中有专项的划拨。行政赔偿义务机关的范围,与行政诉讼被告的范围是一致的,按照我国法律规定,包括行政机关和法律、法规授权的组织。行政机关及其工作人员行使职权侵犯相对人合法权益并造成损害的,该行政机关为赔偿义务机关;两个以上行政机关共同行使职权时侵犯相对人合法权益造成损害的,共同行使职权的行政机关为共同赔偿义务机关;受行政机关委托的组织或个人在行使受委托的权力时侵犯相对人合法权益并造成损害的,作出委托的行政机关为赔偿义务机关。法律、法规授权的组织,享有特定的行政权力,在行使这种权力时,它们能够以自己的名义对外活动,能够独立承担其行为的法律后果,因此,其行使权力致害时,其自身能够成为行政赔偿义务机关。

3. 行政追偿

所谓行政追偿,是指行政赔偿义务机关代表国家向行政赔偿请求人支付赔偿费用以后,依法责令有故意或重大过失的公务员、受委托的组织和个人承担部分或者全部赔偿费用的法律制度。行政赔偿义务机关和行政侵权行为主体是不一致的,后者还包括具体的工作人员或受委托的组织,因为工作人员或受委托组织行使职权时,是通过行政机关的名义、以行政机关代表的身份出现的,所以当发生侵权行为时,受害人无法向行使职权的个人要求赔偿。但是,当赔偿主要是由于工作人员个人的原因引起时,就要通过行政追偿制度追究具体人员或组织的行政责任。行政追偿是一种独立的责任形式,而不是行政处分,通过这一制度,既可以避免具体工作人员因资金问题无法及时满足相对人的赔偿请求,又可以对工作人员予以警示和监督。

(五)赔偿范围

行政赔偿的范围在法律上有两层含义:一是指能够引起赔偿责任的公务行为的范围;二是指能够得到赔偿的实际损失的范围,即哪些损失能够获得赔偿,这是根据损害的性质而言的。行政赔偿的范围决定了国家承担责任的范围、相对人能够获得救济的范围,以及法院的受案范围。

从第一层意义上讲,根据我国《行政赔偿法》的规定,行政赔偿的范围包括侵犯人身权的违法行政行为和侵犯财产权的违法行政行为。前者包括:

(1)违法拘留或者违法采取限制公民人身自由的行政强制措施;

(2)非法拘禁或者以其他方式非法剥夺公民人身自由的行为;

(3)以殴打等暴力行为或者唆使他人以殴打等暴力行为造成公民身体伤害或者死亡的

违法行为；

（4）违法使用武器、警械造成公民身体伤害或死亡的违法行为；

（5）造成公民身体伤害或死亡的其他违法行为。

后者包括：

（1）违法实施罚款、吊销许可证和执照，责令停产停业、没收财物等行政处罚行为；

（2）违法对财产采取查封、扣押、冻结等行政强制性措施行为；

（3）违反国家规定征收财物、摊派费用的行为；

（4）违法侵犯财产权造成损害的其他行为。

从第二层意义上讲，如前所述，行政赔偿所面对的损害包括物质损害和精神损害，前者又可包括直接损害和间接损害。行政机关及其工作人员侵害相对人人身权、财产权，都会造成物质损害，对其的赔偿，与行政赔偿责任因果关系的确定原则相适应，多数国家只赔偿直接和一部分间接经济损失、实际利益的损失和直接可得利益的损失，而对间接损失和预期利益，一般不予赔偿，因为后者与侵权行为不能构成直接的因果关系。对于精神损失的赔偿，各国的做法不一，如我国《国家赔偿法》规定，赔偿义务机关的行为违法造成受害人名誉权、荣誉权损害的，应当在侵权行为影响的范围内，为受害人消除影响，恢复名誉，赔礼道歉。实际上，这一规定排除了精神损失的物质赔偿。

同时，《国家赔偿法》还规定了国家不承担赔偿责任的情形：

（1）行政机关工作人员实施的与行使职权无关的个人行为，如工作人员以个人名义实施的行为；

（2）因公民、法人或其他组织自己的行为致使损害发生；

（3）法律规定的其他情形，如《中华人民共和国民法通则》中对不可抗力的规定，这里的法律，是指全国人大及其常委会制定的规范性文件。

另外，由于行政赔偿问题由人民法院作出终局裁定，我国《行政诉讼法》中所列举的不予受理的事项自然不能引起国家赔偿责任，或者至少是非制度性的，难以切实受到法律保护的，这些事项包括：

（1）国防、外交等国家行为；

（2）行政法规、规章或者行政机关制定、发布的具有普遍约束力的决定、命令；

（3）行政机关对行政机关工作人员的奖惩、任免等决定；

（4）法律规定的由行政机关最终裁决的具体行政行为。

（六）行政赔偿程序

行政赔偿程序，是指行政赔偿请求人向行政赔偿义务机关请求行政赔偿，行政赔偿义务机关处理行政赔偿申请，以及法院解决行政赔偿纠纷的步骤、方式、顺序和时限的总和。从广义上讲，行政赔偿程序还包括行政赔偿义务机关对有故意或者重大过失的国家行政机关工作人员行使追偿权的程序。一般而言，行政赔偿程序分为两个阶段：第一阶段，由行政赔偿请求人向行政赔偿义务机关（一般是致害机关）提出赔偿申请，由后者根据前者的申请和具体情况决定是否赔偿或赔偿的程度，如果行政赔偿请求人对行政赔偿义务机关的赔偿数额不满意或义务机关不予赔偿，则进入第二个阶段，由行政赔偿请求人向法院提起行政赔偿诉讼，通过法院作出权威裁判。第一阶段是行政程序，第二阶段则是行政赔偿诉讼程序。在我国程序略有不同，行政赔偿分为两种途径：一种是单独就赔偿问题向行政机关及人民法院提出申请；另一种则是在行政复议、行政诉讼中一并提起，复议机关或法院通常先确认行政行为的合法性，然后再决定是否赔偿。

小结

本章重点论述法治行政的基本内涵及其特点，并从法治行政与法制行政的相互关系，行政立法等视角对法治行政的架构进行了深入的阐述。学完本章后，应该了解法治行政的历史演变，牢记法治行政的基本特点，掌握行政法规与行政规章的基本含义和立法程序。对行政复议、行政诉讼与行政赔偿三者之间的联系与区别有系统的理解，同时掌握行政复议的基本原则、行政诉讼的受案范围、违法行政行为的认定与行政赔偿的构成要件等主要内容。

第十四章 行政方法

本章论述行政方法的含义与特点，行政基本方法、行政程序和行政方法的特点。同时，也详细地介绍了新的行政方法，如目标管理方法、战略管理方法、政府全面质量管理方法和标杆管理方法。行政方法是公共行政的重要组成部分，是实现公共行政目标的方法和途径。在传统行政方法的基础上引进现代行政方法才能提高行政方法的科学性，从而提高行政效率。

第一节 行政方法概述

一、行政方法的含义与特点

（一）行政方法的含义

行政方法是指行政机关和行政工作人员为了达成行政目标，从公共组织的内外部环境和管理对象的实际情况出发，在一定的行政管理思想和管理原则的指导下采取的各种措施、手段、方法和技术等的总称。

行政方法是公共行政的重要组成部分。

首先，行政方法是使行政管理思想和管理原则变为现实的途径和手段，是实现行政职能，达成行政目标的必要途径。任何行政管理思想和管理原则，如果没有具体的行政方法把它们变为现实，不付诸实践，不为实现行政职能和行政目标服务，就只不过是纸上谈兵，百无一用。

其次，行政管理者如果不运用具体的行政方法，就不可能高质量地履行政府职能和提供公共服务，有效地实现行政目标和公共利益。因此，行政方法是履行政府职能，实现行政目标和公共利益的必不可少的重要手段。从公共行政的过程来讲，政府有计划、组织、决策、监督和控制等职能；从公共行政的基本职能上来讲，政府有政治职能、经济职能、文化职能和社会职能。实现这些政府职能都必须采用一定的行政方法。例如，政府要进行决策，必须采取调查研究的方法、科学决策的方法和民主决策的方法等。如果政府要实现其职能，可能采取各种行政方法，如民主的方法、强制的方法、行政手段和法律手段等。如果政府不采取符合实际情况的行政管理手段和方法,政府职能就无法实现。因此,可以说行政方法是实现政府职能不可或缺的方法和手段。

最后,行政方法和政府职能两者是相辅相成的,也就是说,行政方法脱离了政府职能就没有存在的价值,政府职能脱离了行政方法就缺乏变为现实的途径。没有了行政目标或者行政目标不正确,即使采用了十分先进的行政方法,也毫无意义。但是,如果有了正确的行政目标而没有采取与之相适应的行政方法,行政目标也很难达成。行政方法往往决定行政目标的实现程度和政府的效率。

行政方法不仅仅是方法问题,政府采用什么样的行政方法往往体现了政府的价值观,体现出政府的倾向,是民主还是专制,是服务还是管制。一个专制政府不可能采取民主的、公民参与的行政方法;而一个民主政府也绝不会采取专制的强制方法。我国政府强调以人为本的行政方法,充分体现了亲民、利民、裕民的施政方针。因此,我们不能将行政方法仅仅看成是方法和技术问题,它浸透着政治价值和行政伦理。

行政方法的内容包括三个方面:

第一,基本手段。行政方法是公共组织进行管理的基本手段。这些基本手段有行政指令手段、法律手段、经济手段和思想工作手段。这些手段是公共行政必须具备和经常使用的基本手段,只不过在不同的管理领域或对不同的管理对象采取不同的手段。但是,它必须符合管理规律和客观要求,否则,就会事与愿违,达不到管理的目的。

第二,行政程序。行政程序是指公共组织处理各种社会公共事务所必须遵循的时间顺序和步骤或环节,按照时间的顺序,把办理每件事务划分为前后衔接的若干环节或步骤的过程的行政行为。它不仅是公共组织一种主要的行政方法,而且在大多数国家都有相应的法律规定,因此,它也是一种规范行政行为的法律程序。行政程序不是整个公共行政过程的宏观环节,也不是行政法律关系上的行政正当程序,而只是一种办理事务的步骤。它以时间为顺序,以有关规章制度为依据,以提高效率为宗旨。行政程序是政府重要的行政方法,应该引起我们的重视。但是,行政程序过多,也会造成繁文缛节,办事程序过多,层层设卡,公文旅行,严重地影响行政效率的后果。

第三,技术方法。技术方法是指行政机关在处理公共事务的过程中运用各种基本手段时所采用的各种具体方法。由于公共行政事务包罗万象,并且复杂多变,管理对象千差万别,行政人员的素质也不同,因此,行政机关必须采取不同的技术和方法。有的技术方法可以适用于多种基本手段或贯穿几个步骤,有的只适用于一种基本手段或某个步骤。技术方法本身又可以分为几个层次,有些技术方法还有交叉。而技术方法的运用还会因为时间、空间和地点及对象的不同而有所区别。如何科学地运用技术方法,是一门艺术。

行政方法所要解决的核心问题是公共组织的效率问题。它主要表现在以下几个方面:

第一,简化办事手续,减少办事时间。政府必须以高效、快捷、高质量的服务来满足公众的需求,为公众提供服务,实现公共利益。传统的办事程序繁文缛节太多,况且部门林立,一件事许多部门办。更有甚者,办理一件事盖几百个公章,或者几个部门互相推来推去，谁都负责，谁也不负责。这样的办事方法，既费时间，又费精力，成本高，效率低，既有悖于政府为公众服务的宗旨，又不能满足社会主义市场经济发展的需要，而且，也不符合目前在经济全球化背景下对政府的要求。因此，政府简化并优化行政程序，减少办事时间和成本，势在必行。我国减少行政审批，就是减少办事程序的具体措施。

第二，减少行政成本。减少行政成本是公共行政的重要特点之一，也是行政方法的重要取向。行政方法不仅仅是化繁为简的技术方法，也是节约成本的重要措施。不能节约行政成本的任何行政方法，都不能算是好方法。低成本是实现公共利益的重要体现，是政府的重要目标。因此，采取行政方法不能不考虑行政成本的问题。铺张浪费，挥霍公共财物，搞花架子，务名不务实，这些都是要不得的方法。但是，因为公共行政有目标模糊的特点，并且往往那些政治目标又很难计算行政成本，所以衡量行政成本成为了公共行政公认的难题。尽管如此，行政机关也应该讲究行政成本，精打细算，厉行节约。

第三，公共行政的各个环节和步骤采取科学化的管理技术方法，是行政方法追求的重要目标之一。20世纪后半叶，由于科学技术的长足发展，产生了许多跨学科的新理论和新技术，为公共行政提供了很多新的技术和方法。在知识经济飞速发展的今天，新理论和新方法更是层出不穷，它们必然为公共行政提供更多的技术方法，如调查研究的技术与方法、决策技术和方法、网络技术和方法、信息技术和系统方法等。同时，企业不断创新，出现了许多新的管理方法值得政府借鉴，如目标管理方法、战略管理方法、绩效管理方法、标杆管理方法和全面质量管理方法等。这些新技术新方法都为公共行政的各个部门、各个环节采取科学化的技术方法提供了条件。

第四，虽然行政方法解决的核心问题是效率问题，但是，采取任何一种新的行政方法都要以人为本，营造一种民主与自由的组织气氛，调动人的积极性和主动性，最大限度地发挥每个组织成员的才能和智慧；增强组织的凝聚力，提倡团队精神，提高公共组织的效率。如果行政方法违背了以人为本的原则，那么，这种方法是不可取的。

（二）行政方法的特点

1. 科学性

行政方法的第一个特点是行政方法的科学性。行政方法科学化是现代公共行政科学化的重要组成部分，是公共行政发展的必然趋势。可以讲，没有行政方法科学化就不可能有公共行政的现代化和科学化。

首先，现代行政方法离不开现代自然科学理论和现代社会科学理论发展的大力推动。管理经验固然是重要的，谁也不能抹杀管理经验的重要作用和参考作用，但是在后工业社会，这种作用是非常有限的。管理经验不能够代替管理科学，感性认识不能代替理性认识。20世纪下半叶，随着科学技术日新月异的发展，新思想、新技术、新方法层出不穷，信息论、控制论、系统论、耗散结构论、协同论和突变论等新理论推动了社会科学研究的长足发展。现代自然科学技术和社会科学理论为公共行政提供了许多科学的新理论和新方法。尤其是在当今的信息社会，没有新的科学的行政方法就无法适应快节奏的高效率的社会发展。办公手段和行政方法都在日益革新，虚拟政府呼之欲出，电子政务已经普及，网上办公已经成为公共行政组织主要的办公方法，传统的纸与笔已被光与电所代替。科学的发展将公共行政带进了一个崭新的发展阶段。

其次，公共行政是以管理的基础学科和相关学科为基础的。公共行政学是一个边缘性、交叉性学科。管理学、政治学、法学、经济学、心理学、社会学、文化学、人类学等是公共行政学的基础学科。它们从不同的角度、不同的侧面、不同的层次阐明了公共行政的规则，提供了认识问题和解决问题的方法和措施。这些管理的基础和相关学科为公共行政提供了许多新的行政方法。这些方法都为我们深入地认识公共行政提供了很好的视角和方法。

最后，公共行政是国家行政机关凭借国家赋予的行政权管理公共事务的政务活动。行政管理涉及国家的政治、经济、文化和公民生活的方方面面，范围十分广，纷纭复杂，内容丰富，不仅涉及多方面的利害关系，有时还有许多科学技术含量。例如，环境保护这样一个看似简单的问题，就涉及社会科学和自然科学的许多学科知识。现代行政方法离不开社会科学和自然科学等基础学科的基本理论的指导，离不开这些基础学科提供的基本方法，其必须运用现代自然科学提供的技术和方法。现代自然科学发展非常快，日新月异，而且很快就应用到各个领域，当然也应用到包括公共行政在内的管理领域。自然科学在解决一些社会问题的同时创造了许多行之有效的数学模型和理论模型，大幅度地提高了处理社会事务的效率，推动了行政方法的革新和行政管理的科学化。

2. 技术性

现代行政方法是建立在现代科学技术基础之上的，是现代自然科学技术和社会科学交叉、融合的结晶。因此，现代行政方法有很高的技术含量。在公共行政的许多方面都建立了科学的技术模式和技术方法，代替过去的主观性与随意性。

现代科学技术与数学的发展，特别是电子计算机的广泛应用，促进了行政方法从定性方法向定性与定量相结合的方法转变，使定量分析技术空前发展。定量分析技术具有逻辑的严密性和反映与描述事务的准确性。定量分析技术一般都含有数学模型，具有模型化、模式化和公式化的特点。因此，现代行政方法具有量化的特点。这增加了公共行政的技术含量。

现代世界是一个信息世界，是一个科学技术飞速发展而且能够以最快的速度予以应用的世界。一项新理论的出现会很快地变为实用方法和技术。电子计算机的发展和应用，信息高速公路的建立，缩小了人类的地域空间，不仅使人类地球村的美梦成真，还改变了公共行政的技术和方法。西方发达国家依靠其强大的经济优势和雄厚的科技力量，不断地开发和使用新技术和新方法，以便在激烈的国际竞争中处于领先地位。因此，我们必须借鉴和引进西方发达国家创造的先进的管理方法和技术。但是，借鉴和引进不是照抄照搬，而是洋为中用，必须结合我国公共行政的实际情况，予以创造性地运用。

3. 系统性

现代行政方法是从系统论的高度来认识问题和分析问题的，各种行政方法都有系统性的特点。它们把每种事务都置于整个大系统之中进行认识和分析，并且提出全面系统地认识问题与解决问题的方法。它们能够反映事务整体性、结构性、层次性、相关性和运动性的本质特征。这些行政方法是从公共事务整体出发来解决问题的，而不是头痛医头、脚痛医脚的权宜之计，可以说是放眼全局，高屋建瓴。而且各种行政方法之间互为条件，相互补充，形成一体。

4. 创新性

虽然我们应该继承和发扬传统的行政方法，但是行政方法贵在创新。行政方法科学化并不排斥对传统行政方法和技术的继承和发扬。传统的行政方法是在公共行政活动中不断应用、不断提炼和不断升华的产物，是在历代行政管理活动中不断积累和不断总结出来的宝贵财富，是前人管理智慧的结晶。我们不仅不应该把它们抛弃，而且还有责任和义务剔其糟粕，吸取精华，将其发扬光大。我国有几千年的文明发展史，传统的行政方法源远流长，其中不乏光彩夺目的管理思想和管理方法，也有许多行之有效的治国安邦之策。我国党和人民在长期的社会主义革命和社会主义建设的过程中，结合我国的实际情况，也创造和积累了大量宝贵的管理经验和行政方法。这些管理经验和行政方法至今仍然有巨大的使用价值和魅力，只不过在新的情况下，我们应该把这些行政方法和技术与新的科学理论和新的技术结合起来，赋予它们新的内涵和新的价值，使之适应我国当前公共行政的需要。对那些从国外引进的比较成熟的行政方法，我们也必须结合我国国情进行创新。生搬硬套，照抄照搬，是行不通的。

5. 民主性

我们不应该把行政方法问题当成纯技术问题，首先它是个管理指导思想的问题。因此，行政方法必须以民主行政、参与行政和政务公开为指导思想。如果不从权威主义行政向民主行政转变，有许多现代的行政方法就不能实行。例如，电子政府，表面上看是一个技术问题，实际是是否实行民主行政的问题。不以民主行政为指导思想，电子政府就很难实现，参与行政和政务公开也是如此。因此，没有现代公共行政的民主理念，就不可能使用科学的行政方法。

二、行政方法的作用

行政方法是实现行政目标的方法和途径。它不仅对提高公共组织的效率具有巨大作用，而且可以大幅度地提高公共行政的民主性和公平性。因此，行政方法在公共行政活动中具有举足轻重的作用。

第一，科学的行政方法是参与国际竞争的必要保证。科学的行政方法是科学的公共行政的重要内容，它的核心是提高政府效率。21世纪是一个竞争十分激烈的世纪，全球化和地区化已经成为发展的必然趋势。我国"入世"以后，在经济上必将与世界融为一体，国与国的竞争将愈演愈烈，这是必然的发展趋势。政治、经济、文化、外交、科学技术、军事上等各方面的竞争将是十分残酷的。而这种竞争就是国与国之间的竞争，是政府与政府之间的竞争，是国力之争，是政府效率之争。因此，政府采取科学的行政方法是提高行政效率的重要内容。一个高效的政府是该国参与国际竞争的保证。由此可见政府采用科学的行政方法的重要性。

第二，科学的行政方法是政府高效率、高质量、低成本地开展行政工作的关键。公共行政需要方法和技术，方法和技术不同，其效果也大相径庭。科学的行政方法和技术是提高政府工作效率的关键。没有科学的行政方法和技术就没有科学的公共行政。现在我国许多政府机关已经实行了网上办公，如网上报关、网上纳税、网上追捕等。这些新方法和新技术的采用，节省了大量的人力、物力、财力和时间，减少了许多繁杂的手续，大幅度地提高了政府的工作效率。一叶落而天下知秋，由此而知，采用科学的行政方法和技术对提高政府效率，减少行政成本是十分重要的。

第三，科学的行政方法是贯彻执行党和国家各项方针和政策的重要保证。没有科学的行政方法和技术，国家的各级行政机关就不可能有效地在各地区、各部门和各单位计划和安排各项工作，就不可能极大地激发和调动集体和个人的积极性、主动性和创造性，就不可能有效地贯彻执行党的方针和政策。

第四，科学的行政方法是发展社会主义市场经济，加强国家宏观调控的必要条件。在计划经济体制条件下，政府管理经济是依靠计划和行政命令，直接干预，强制命令。此做法手段单一，方法简单。这种简单的行政方法，已经不适应我国社会主义市场经济发展的需要，阻碍了经济发展。政府必须改变过去直接管理、微观管理、强制管理和单一行政命令为主的管理方式方法，要实行间接管理、中介管理和宏观管理的方式方法；要实行政企分开，推动社会主义市场经济发展，用规划、政策、法规、协调、信息、监督等宏观调控手段，促进我国社会主义市场经济快速发展。

第五，科学行政方法是建设高效廉洁政府，为社会提供优质服务的需要。我国目前公共行政工作中存在官僚主义、文牍主义和形式主义的作风，还有当官做老爷，为政不廉，用人唯亲等弊端。出现这些情况的原因是多方面的，但是，与行政方法不科学也有一定的关系。我国的行政方法主要存在程序复杂、手续繁多、雁过拔毛、行贿受贿等弊端，一道行政程序是一道收费站，在利益的驱动下，制定者不可能主动地简化行政程序。采取科学的行政方法和技术，如网上办公，不仅能够简化行政手续，而且能够杜绝行贿受贿等弊端。因此，科学的行政方法不仅能够提高行政效率，而且还能够促进廉政建设。

第六，科学的行政方法可以促进和发展社会主义的民主，可以加强政府的合法性。行政方法本身具有政治含义。是"以民为本"还是"以官为本"，这是采取行政方法经常遇到的问题。如果以民为本，行政方法必然是以为公众服务为出发点；如果以官为本，必然是当官做老爷的衙门作风，为自我服务。行政公开，表面上是一个行政方法问题，而实际是政府将自己的工作置于公众的监督之下。因此，它是一个民主行政问题。科学的行政方法必然是以民为本，吸收广大人民群众参与管理的方法。

第二节 传统行政方法

一、行政基本方法

行政基本方法包括法律政策方法、行政指令方法和经济方法。这些方法是公共组织经常采用的行政方法和手段。应该知道,每种行政方法都有其适用范围。

第一种,法律政策方法。行政机关管理公共事务,经常采用的方法是制定法律政策、规范社会秩序和社会行为。尤其在社会主义市场经济的条件下,不能靠简单的行政命令来管理、协调和引导经济发展,而必须用法律政策进行规范和引导。如金融政策、产业政策、税收政策等,引导经济沿着正确的方向健康稳定地发展。政府干预社会,干预经济,主要是通过法律政策的引导,虽然也有强制性,但不是政府的直接干预,而是间接的调控。同时,政府为了管理国家全面发展,需要制定安全政策、国防政策、福利政策、科技政策、教育政策、就业政策等。法律政策方法是行政管理活动最常见的行政方法。

第二种,行政指令方法。行政指令方法是指用强制性地执行政府指令的方式解决社会问题和经济问题的方法。它采取的是政府层层命令,层层贯彻执行的方式。行政指令方法简单易行,具有直接性和强制力,对规范社会秩序和社会行为有很大作用。但是,一般不能用行政指令方法处理市场经济问题,市场经济问题必须用经济规律来解决。用行政指令方法来管理市场经济,就不可能有效地配置资源,甚至会造成市场垄断,使市场窒息,无法进行自由竞争。行政指令方法是政府直接干预的方法,无论是管理市场经济,还是管理社会其他领域,都应该慎重使用。但是,认为政府不能用行政指令方法也是不对的。

第三种,经济方法。经济方法是指政府根据经济发展的需要,用税收、利率、奖金、补助、外包、工资和经济合同等对经济结构、经济秩序和各种经济利益进行调节的方法。经济方法是政府管理和规范市场经济的主要方法。它没有行政指令方法的直接性和强制力,而是经过间接的、宏观的调控来引导经济发展。经济方法是市场经济条件下经常使用的方法。它用经济手段来刺激和规范市场行为和人的行为。但是,使用经济方法必须有法可依,有章可循。不能将经济方法理解为创收的方法,更不能将它演变成为乱收费、乱罚款。

二、行政程序

(一) 行政程序的概念与特点

行政程序是指行政工作的步骤或手续。它是指行政机关和行政工作人员在进行行政管理时必须遵循的一系列前后相衔接的步骤、手续和过程。行政程序又称行政路线,实际上它主要是确定各项行政工作的时间顺序,以引导各项行政工作有条不紊地进行。

首先，行政程序具有稳定性的特点。行政程序一般是由有关法律和规章制度确定下来的，不能轻易变更。其次，它具有完整性的特点。有时行政管理缺少一个步骤也不能完成。再次，它具有简便性的特点，它要求尽量地减少工作步骤，复杂的行政程序会严重地影响政府的工作效率。最后，它还具有合法性的特点。行政程序的确立必须合情、合理、合法，不得违背有关法律规定。

行政程序从不同的角度有不同的分类方法，这里仅按行政管理过程的横向和纵向进行分类。

行政程序从横向上可分为手续性程序和决定性程序。手续性程序是指通信文件的办理、记录的整理与保管、报告的编制、材料的收集和档案的管理等。决定性程序是指行政管理活动中的设计与决策、组织与协调、指挥与控制、考核与总结等。

行政程序从纵向可分为行政计划准备、决定计划、执行计划、检查监督与考核奖惩等。

（二）优化行政程序的方法

优化行政程序的方法有很多，这里仅介绍简化行政程序法。

简化行政程序的方法就是要最大限度地简化并减少行政工作的具体步骤，要使每个行政步骤成为必不可少的环节，而不能是可有可无的过程；要做到最大限度地节约人力、物力、财力、时间和空间等资源。简化的行政程序必须是优化的行政程序，其标志是能够在尽快的时间内，低成本高产出地达成行政目标，有利于领导、指挥、协调、控制和监督。

简化行政程序的基本方法就是简化行政工作。简化工作理论是管理学家英格森于1933年提出来的，发展到今天，已经成为管理的一条基本原则和基本方法。它要求最大限度地减少那些可有可无的不必要的工作，只保留那些必不可少的工作环节。

国外行政学家一般应用"六何追问法"（或称"六W法"）进行行政程序分析，简化行政程序。"六W法"是：第一，何事（what）：做什么事？实际情况如何？此步骤是否妥当必要？有没有遗漏必要的工作？其目的何在？能否达到目的？第二，为何（why）：为何采取这一程序达到这一目的？减少这道程序和目的是否可行？减少这道程序后会有什么影响和后果？第三，何地（where）：这一步骤应该在什么地方进行？为什么要在那个地方完成？换个地方或调整人员和设备是否更好？能否节约时间和空间并取得最佳效益？第四，何时（when）：这项工作什么时候进行更合适？为何必须在此时开始做？提前或推迟去做是否效果更好？第五，何人（who）：这项工作应该由何人完成更合适？为什么必须由这个人去做？换一个人去做是否更有效？第六，何法（how）：这项工作用什么方法去做更好？为什么用这种方法去做？换不同的方法、设备和手段是否更有效？如何使现有的工作更容易完成？

任何一项工作程序，如果对前两个问题不能回答或不能圆满回答，就应该予以取消或与其他程序合并。任何一项工作程序对后四问的回答决定它是否是优化行政程序的最科学的方法之一。

三、行政计划

（一）行政计划的含义

行政计划是指行政机关为了实现行政目标和公共利益，依法制定行动方案。制定行动方案的过程就是实施行政目标的规划过程或计划过程。这个行动计划就是政府在特定领域的行政活动的准则和根据，具有法律效力。

行政计划的主体可以是一个国家的中央政府，也可以是地区政府。行政计划的主体必须根据本国、本地区的国民经济和社会发展的需要而制定计划目标。行政计划应该有时间期限，讲究成本效益，规定达成目标的方式、途径和手段。行政计划必须落实到具体的公共组织并确立责任。

（二）行政计划的类型

行政计划的类型，按照时间划分，可以分为短期计划、中期计划和长期计划。

短期计划主要是年度计划。年度计划是贯彻中长期计划具体年度执行的任务。根据中长期计划的要求，结合本地区或本部门的国民经济和社会发展情况，制订出切实可行的年度行动计划。年度计划比较详细具体，指标和责任都比较明确。

中期计划一般为五年左右。中期计划是长期计划的具体化，是计划管理的基本形式。由于中期计划相对比较短，对于行政环境的各种因素的预期比较确定，因此，可以根据长期计划的目标协调和配置各种资源，对长期计划予以量化，安排执行长期计划的各种具体措施，以保证长期计划的执行与落实。同时，中期计划又对制订短期计划有指导作用，是制订短期计划的基础和依据。它可以克服短期计划的局限性和短期行为，因此，可以将短期计划与长期计划联结起来，可以有效地进行计划管理。

长期计划一般是十年以上的行政计划。长期计划是战略性计划，是纲领性的行动计划。因此，它在行政计划体系当中占有至关重要的地位，是具有决定性的行动计划。长期计划可以解决经济、文化、教育、科学技术、资源开发与利用、环境保护、人民福利和国防等社会发展方面各种比较重大的发展问题。长期计划指导和规定了制订中期计划的任务和基本内容。按照行政计划的主体可以分为中央计划、地方计划和基层计划。

中央计划是指中央政府制订的行政计划。中央政府根据国家和社会发展的需要，在分析国内外政治、经济、科学技术等情况和国力与资源的条件下，提出的长远发展总目标和总任务而制订的行动计划。它是一个国家在一个相当长的时期内的发展指导方针和准则。中央计划是制订地方计划和基层计划的主要依据和基础。地方计划和基层计划必须符合中央计划的要求，如果与中央计划发生矛盾，必须服从中央计划。

地方计划是指地方政府制订的行政计划。地方计划是根据中央计划制订出来的，是落实中央计划的地方行动计划，是中央计划的分解方案。它以中央计划为指导，按照中央计划的总目标和总任务分解给本地区的子任务和子目标,结合本地区的人力、物力、财力、生产力水平和资源状况等提出具体的行动方案,具体地安排计划目标和任务,并将其落实到基层。地方计划不是另起炉灶,另搞一套,不能脱离中央计划的总目标和总任务。同时,地方可以为实现中央计划制订符合本地区实际情况的行动计划。

基层计划是指基层行政机关和企事业单位制订的计划。基层计划一方面要落实中央计划和地方计划的行动计划,另一方面也是制订中央计划和地方计划的依据。没有基层计划,中央计划和地方计划就无法制订,同时,没有基层计划,中央计划和地方计划也不可能实施。

行政计划按照计划的内容划分,可以分为社会计划、经济计划、资源计划和国防计划等。

社会计划是为了解决国家所面临的重大问题而制订的行动计划,如计划生育计划、环境保护计划、社会治安计划、教育计划、卫生保健计划、社会保险计划等。社会计划往往涉及提高人民福利与生活质量的公共问题。各个国家都根据国力制订不同的社会计划,并且随着社会和经济的发展而进行修正,以便提高人民福利和生活质量。

经济计划是为了发展国民经济而制订的行动计划。它包括工业计划、农业计划、信息产业计划、交通计划、基础设施计划和有关发展第三产业部门的计划等。同时,它也涉及产业结构调整,正确处理积累与消费等,目的是保证国民经济有序、健康、稳定地快速增长。

资源计划涉及的范围比较广,是影响制订各种计划的重要因素。资源包括土地、矿产、农业、能源、水和水产品,也包括领空、领海等,还包括人力资源和科学技术资源等。无论是自然资源还是社会资源,都是一个国家发展的基础。对资源的开发和利用计划是涉及一个国家能否持续发展的大问题,因此每个国家的政府都十分重视制订各种资源计划,都是以有效地利用资源、节约资源和保护环境为指导方针。

国防计划包括战时防卫计划和和平时期的防卫计划。国防计划要与国力相当,否则将影响经济建设的发展,影响人民生活水平的提高。

(三) 编制行政计划的步骤

第一,调查研究,确立计划目标。编制计划方案首先必须进行实事求是的调查研究,找出问题,界定问题,了解问题发生的范围和程度,找出与期望目标之间的差距。在此基础上才能确立计划目标。中央计划目标是经过反复论证后确定的,地区计划目标是中央计划目标给定的,基层计划目标是地区计划目标给定的。确立计划目标之后,我们必须建立衡量实现计划目标的标准。

第二,拟订计划方案。根据计划目标,开始由专家学者和资深的行政官员拟订计划方案。他们可以独立思考,大胆地创新,可以拟订与现行的政策不一样的方案。但是,每个人的方案具有排他性,不能重复。

第三,选择计划方案。一般由行政首长负责对计划方案的选择。行政首长可以根据一个计划方案,也可以根据几个方案的优点形成一个新的计划方案;行政首长还可以根据自己对情况的了解，不采纳任何计划方案，自己提出一个计划方案。无论如何，行政首长一旦确定计划方案之后，就必须贯彻执行行政计划。

第四，实施和修正计划方案，确定行政计划之后就予以贯彻执行。在执行行政计划的过程中，要不断地修正和完善行政计划。

这里应该指出的是，我国在计划经济时期，用指令性行政计划来管理生产，资源配置效率低下，影响经济发展。在社会主义市场经济的条件下，行政计划是宏观的发展目标和方向，而不是指令性的计划。

第三节 现代行政方法

一、目标管理方法

目标管理方法是美国学者德鲁克于20世纪50年代，应用系统论、控制论、信息论和人际关系理论而提出的一种新的管理方法。它一经问世，便受到世界瞩目，而且很快便被各行各业十分广泛地采用。目标管理是对管理的全过程进行全面管理的方法，它可以把各种管理要素协调起来，提高行政效率。从1978年起，我国在行政系统和企业管理中也引进并实行过这种管理方法。

（一）目标管理的含义、特点和作用

1. 目标管理的含义

目标管理是以目标为导向，以人为中心，以成果为标准，而使组织和个人取得最佳业绩的现代管理方法。目标是指组织和个人在一定时期内要达到的目的和标准。目标对行政管理活动有很大的影响，有明确目标的公共行政活动，是有导向的管理活动，目标越明确，效果越大；而没有目标的公共行政活动，是盲目的管理活动，是低效或无效的管理活动。目标管理要求公共行政以目标为依据，以目标为导向。无论是决策、执行、协调、控制、监督，还是考核、升降、奖惩，目标的实现程度是唯一的衡量尺度。

2. 目标管理的特点

目标管理强调三个方面，即人、工作和成果。因此它具有如下几个特点：

第一，它是以人为中心的现代管理方法。目标管理既强调管理目标的分解，也强调责、权、利的分解。它将管理目标和责、权、利落实到每个组织和每个人，使管理成果与组织和个人的责、权、利统一起来。每个组织和每个人都非常关心自己工作目标的达成情况，因为它与自己的责、权、利直接挂钩，与领导者及每个工作人员的经济利益、职位升降、奖惩密切相关。因此，目标管理能够极大地调动每个人的积极性、创造性和主动性，可以大幅度地提高工作效率。从这个角度讲，目标管理是以强调每个工作人员都具体地承担分解后的组织目标为中心的。所谓以人为中心管理的实质是以目标为中心。

第二，它是以工作为中心的现代管理方法。目标导向就是工作导向。组织的总目标确定之后，进行层层目标分解，人人目标分解，做到层层有目标，人人有目标。这个目标就是工作目标。目标使大家心往一处想，劲往一处使，容易形成组织凝聚力。这样也能够最大限度地减少与工作无关的内耗和无效劳动，易于统一行动，易于协调。从这个角度讲，目标管理强调的是组织的目标落实到每个工作人员的身上，它实质上仍然是以目标为中心的现代管理方法。

第三，它是以成果为中心的现代管理方法。目标管理也是成果管理。成果就是目标的实现程度，也就是指组织和组织成员所取得的实际业绩。成果必须是在目标指导下取得的成果，不能偏离目标。成果需要经过严格的考核、检查和评估才能予以确定，不能虚夸假报，欺上瞒下，应该实事求是。考核成果的结果必须与每个工作人员的责、权、利结合起来，只有做到奖罚分明，才能具有激励作用。以成果为中心是目标管理的落脚点，是它的根本目的，人人承担目标，目标落实到每个人只是达到根本目的的手段。

3. 目标管理的作用

在公共行政活动中运用目标管理方法的主要作用是：

第一，目标管理有利于提高行政效率。目标管理使传统的分散性管理转变为系统性管理。它在行政目标体系的指导下，使各个管理部门、各个管理环节和每个组织成员的工作都是总目标的分解，总目标把它们有机地联系起来，形成一个目标系统和工作系统相结合的体系。这样可以减少许多不必要的环节和摩擦，可以大大地提高行政效率。

第二，目标管理有利于突出以工作为中心。目标管理是以工作为中心的管理方法。目标不仅是工作的导向，而且目标本身也是对中心工作的提炼和凝聚，目标系统就是工作系统。各个管理部门和每个组织成员对目标的分解，就是对工作的分解。目标管理层层有目标，人人有目标。也就是说，每个组织部门和每个组织成员都有自己明确的目标、明确的工作。这样就能够突出以工作为中心。

第三，目标管理有利于调动人的积极性和创造性。目标的制定和实施的过程，就是调动人的积极性和创造性的过程。每个组织成员都参与制定组织目标，并且要制定个人目标，目标的实现程度又与自己的责、权、利紧密地联系在一起，有奖有罚，具有较强的激励作用。

第四，目标管理有利于明确责任，强化责任。因为组织层层有目标，人人有目标，所以责任十分明确。这有利于强化各级组织和每个人的责任。同时，它有利于协调关系、控制目标和成果，并且有利于监督与检查。以成果作为评价和奖罚的标准，有利于公正和公平。

（二）目标管理程序

第一，制定目标。首先必须制定组织目标，又叫总目标。总目标是行政领导者根据党和国家的方针、政策，上级领导机关下达的任务及本单位的具体工作任务，广泛地动员群众参与而形成的若干总体目标方案，并且是交给有关部门和有关人员讨论而决定的。总目标制定以后，还必须把它分解为各种子目标，子目标必须落实到各个部门。各个子目标还必须分解成个人目标，落实到每个组织成员。这个过程是一个群众广泛参与的过程，是明确目标和强化目标的过程。目标必须是经过努力可以达到的目标，不能定得过高，那样的话人们达不到，会丧失信心；也不能定得太低，那样就没有挑战性，起不到激励作用。

第二，实施目标。目标的实施过程是一个合理授权的过程。任何目标的实现，都必须有与实施目标相应的权力。因此，如果不进行合理授权，就很难达到目标管理的目的。授权得人、权、责相符。同时，也应该给被授权者建立相应的责任，能够保证其合理合法地使用权力。在实施目标过程中，也要建立对目标和权力的控制、检查和监督的完整体系。

第三，成果评价。在达成目标之后，在一定期限内要进行目标落实成果的评价，检查考核目标实施情况，总结经验，找出不足之处。必须以事先确定的目标标准为依据，与达成目标程度的激励规定结合起来，并且把成果评价与人事考核紧密联系，作为奖励、晋升的依据。评价方式一般由目标执行者进行自我评价，上报评价结果，然后由主管部门进行检查评价，或组织各部门进行互相检查评价。目标的检查方式有自查、抽查、重点调查和专家调查等方法。

二、战略管理方法

(一) 公共组织战略管理的概念

战略管理来源于战略规划，首先应用于企业管理，20世纪80年代战略管理被引入政府公共部门。

公共组织的战略管理是指对公共组织在一定时期的全局的、长远的发展方向、目标、任务和政策，以及资源调配作出的决策和管理艺术。

战略管理必须关注组织的长期发展趋势，必须将目的和目标整合成为一个层级体系；战略管理主要不是针对公共组织内部，而是强调公共组织适应外部环境和能够预期外部环境的变迁。同时，公共组织的战略管理与企业战略管理有区别，公共组织必须考虑政治因素的影响。

公共组织实施战略管理是十分必要的。首先是因为经济全球化以及政治、经济发展一体化使国际间的竞争更加剧烈，政府治理的外部环境更为多样、更为复杂。通过战略管理，政府可以提升其适应环境和处理公共事务的能力，使自身在国家竞争中处于有利的主动地位。其次是因为政府面对复杂多变和不确定的外部环境，政府的功能和角色也处于不断的变化之中。通过战略管理，政府及其领导人能够树立系统、整体、发展和开发的观念，以维持国家、社会长期持续发展的能力，从而实现公共利益。

公共组织的战略管理打破了政府的短期行为，将公共利益实现的短期性和长期性有机地结合起来，将部门利益、地方利益与整体利益结合起来，从长期上、整体上、系统上保证了公共利益的实现。

公共组织的战略管理的主要目的是服务于国家竞争力的提升,明确政府角色和行为方式,以及公共政策的方向,为企业组织和民间组织的发展创造并提供良好的秩序和政策环境。对于发展中国家来说,公共组织的战略管理可以战略性地规划国家产业发展方向和产业结构布局,平衡地区间的差距,实现国家战略性资源配置的优先次序。这样就为经济发展指明了方向。

(二) 公共组织战略管理过程

公共组织战略管理分为四个步骤:
1. 界定公共组织的内外环境

界定公共组织的内外环境是战略制定中十分重要的一个环节。界定内外环境的基本任务是明确公共组织在与环境的互动中所处的地位,包括国内环境和国际环境。这需要分析组织在内部环境和外部环境中的优势、弱势,在此基础上了解组织发展机会,规避可能遇到的风险,以便获得满意的战略管理方案。

公共组织的内部环境,主要是指公共组织在本系统中所处的位置,即所在的不同的层级、部门,自主权的大小和资源情况等。

公共组织的外部环境是指组织所处的政治环境、市场、竞争机制以及国际环境。

公共组织所处的位置是能否实施战略管理的关键。越缺乏自主权的公共组织,越难实施战略管理。一般分权制的公共组织和远离中央政府的行政机关自主权越大,越容易进行战略管理。越是集权的公共组织和离中央政府越近的行政机关,越难进行战略管理。那些在人事、财政和管理上越能自主的公共组织,越有实现战略管理的条件。

根据公共组织内外部环境,一般可制定四种管理战略:

第一种管理战略是极小—极小战略。这是将公共组织内部的弱点与外部环境的威胁结合起来的战略。它就是将公共组织的弱点减少到极小,将环境的威胁减少到极小,并将两者结合使公共组织的损失降到最小的战略。

第二种管理战略是极小—极大战略。这是将公共组织内部的弱点与外部环境的机会结合起来的战略。它就是将公共组织的弱点减少到最小,而最大地利用外部环境所提供的机会,并将两者结合起来的战略。

第三种管理战略是极大—极小战略。这是将公共组织的优势与外部环境的威胁相结合的战略。它就是将公共组织的优势发挥到最大,将外部环境的威胁减到极小,并将两者结合起来的战略。

第四种管理战略是极大—极大战略。这是将公共组织的优势与外部环境的机会结合的战略。它是将公共组织的优势发挥到最大,最大地利用外部环境的机会,并将两者结合起来的战略。

2. 制定战略规划

首先，进行战略分类，即了解公共组织各种战略组合的性质与特征。然后，战略制定者达成战略发展的共识，形成对战略规划目标和行为的共同价值。要达成共识的关键是改变组织文化，战略必须适应组织文化，同时，必须与外部环境达成共识，内部也必须达成共同目标。最后，在界定公共组织内外部环境的基础之上，制定公共组织的发展战略，制定战略规划图表。

3. 实施战略规划

要将战略规划转变为实际的、切实可行的策略目标和行动方案，即年度目标。年度目标是战略实施的核心。它十分精确地规定了战略目标每年必须完成的任务，是可以衡量的量化目标。它是在战略规划实施过程当中管理者的主要职责。年度目标确定之后，必须进行目标管理，将年度目标落实到各个部门，最后落实到每个人。

同时，要为了完成目标制定奖惩政策。公共组织对组织内部的各种资源、人、财、物和权力，都必须为了适应战略管理进行重新配置，重新调整，而且也必须调整或重建组织结构，使组织结构与实施的战略方案相匹配。没有与战略管理相适应的组织结构，就不可能有效地实施战略管理。

另外，还应该建立起有效的激励和沟通机制，处理实现战略管理而引起的矛盾和冲突，培育和支持组织战略发展文化，并且必须将业绩与薪酬和福利挂钩。

4. 战略评价

战略评价就是根据战略目标对战略实施进行衡量与评价的过程。因此，必须设计一个战略评价的标准，即根据战略目标建立绩效标准。战略评价过程就是战略监控，因此，必须建立能够及时反馈信息的信息反馈系统。没有这个信息反馈系统就无法进行监控，也就不可能进行战略评价。通过信息反馈系统，我们能够将实际工作与设定的标准相比较，发现问题，采取措施，进行纠正。

同时，必须检查战略基础。要检查战略基础，必须解决下列问题：公共组织在社会中的角色如何？组织在内外部环境中的地位发生了什么变化？组织战略究竟有哪些优势？有什么效果和社会效益？组织的战略基础是否发生了变化？如果发生了变化，应该采取什么样的对策才能巩固战略基础？等等。最后，要修正与调整战略方案。

三、标杆管理方法

（一）标杆管理的含义

标杆是地理测量的标志。标杆瞄准就是在进行大地测量时的一种方法。标杆管理就是指一个组织瞄准一个比其绩效更高的组织进行比较，以便取得更好的绩效。标杆管理适用于所有的组织。企业实行标杆管理已经有几十年的历史，只是在20世纪80年代以后，公共部门为了取得更好的绩效，才开始进行标杆管理。标杆管理是指公共组织通过瞄准竞争的高目标，不断超越自己，超越标杆，追求卓越，成为强中之强，组织创新和流程再造的过程。

组织实施标杆管理有许多理由，但是一个最主要原因是组织设定目标。过去，组织设定目标都是基于过去的业绩水平。这种设定目标的方法具有局限性，它是仅基于组织内部制定目标的方法。这种方法没有将组织目标与真正的组织外部优秀标准联系起来，而组织完成的目标又往往低于既定的目标，这样组织将逐步走向低效。任何组织都不是孤立的，不能无视竞争对手的存在，不能不重视竞争对手的优势与长处并加以研究。他山之石，可以攻玉。学习他人之长，可以使自己更优秀，从而立于不败之地。每个组织都应该向其他优秀组织进行标杆学习，给缺乏生机的组织注入活力。

组织应该瞄准标杆什么？一般来说，其主要包括如下几个方面：组织的效率如何，是快还是慢？组织的效能如何，是好还是坏？组织的成本如何，是高还是低？组织在哪些领域开展竞争？组织何时进入竞争？组织的历史有多长？组织规模和组织形态以及市场的适应性如何？

如何瞄准标杆，一般需要考虑如下几个方面：这些标杆组织如何成为业界甚至世界最好的？成为最好的标杆组织需要什么知识与技能？达成此目标有哪些有效的方式？凭借什么样的流程？方法是什么？

（二）标杆瞄准的类型

第一，内部标杆瞄准。内部标杆瞄准是标杆管理的起点，是其他各种标杆瞄准活动的前提条件和必备步骤。内部标杆瞄准要对组织内部各个部门进行考察，对各个单位的管理进行比较分析，找出最佳业绩，成为内部标杆。

第二，外部竞争对手标杆瞄准。组织要对竞争对手的产品和服务进行认真、全面的分析，找出竞争对手的优势与劣势，找出组织自身的产品和服务的绩效之不足，设定高目标。

第三，行业内标杆瞄准。组织将标杆瞄准的项目与全世界同行业内最优秀的组织中的项目绩效比较。

第四，跨行业标杆瞄准。组织将标杆瞄准行业之外的优秀组织，并进行绩效比较。这种跨行业的比较有利于产生新的管理方式。

第五，内外部综合标杆瞄准。最常用的标杆瞄准方法是将内部标杆瞄准和外部标杆瞄准（竞争对手标杆瞄准、行业标杆瞄准和跨行业标杆瞄准）相综合的标杆瞄准方法。这是最理想的标杆瞄准方法。

（三）标杆瞄准的流程

第一，整体规划与标杆项目的选定。这个阶段应该进行下列活动：组织确定为什么进行标杆瞄准；争取得到组织高层的支持；开发测评方案；制订数据收集计划；与专家研究制订标杆计划；为标杆瞄准项目赋值。

第二，内部数据的收集与分析。这个阶段应该进行下列活动：收集并分析内部公开发表的信息；挑选潜在的内部合作伙伴；收集内部尚未公开的研究资料；进行内部访谈与调查；

组织内部标杆瞄准委员会；组织对内部合作伙伴进行考察。

第三，外部数据的收集与分析。这个阶段应该进行下列活动：收集外部公开发表的信息；收集尚未发表的研究资料。

第四，标杆项目的绩效改进。这个阶段应该进行下列活动：确认并改进行动方案；制订实施计划；获得高层领导的批准；实施方案并评价其影响。

第五，持续改进。这个阶段应该进行下列活动：维护标杆瞄准数据库；实施持续的绩效改进计划。

四、政府全面质量管理

（一）政府全面质量管理的含义

政府全面质量管理是一种全员参与的、以各种科学方法改进公共组织的管理与服务，对公共组织提供的公共物品和公共服务进行全面管理，以获得顾客满意为目标的管理方法、管理理念和制度。

政府全面质量管理是一种哲学、一种制度和方法。它的最高指导原则是公共组织要有真正的效能。对组织提供的公共物品和公共服务的质量的控制，应该从公共组织设计并提供公共物品和公共服务时开始，而到顾客接受并感到满意为止。因此，政府全面质量管理不仅是对公共组织提供的公共物品和公共服务进行全面管理，而且是对提供公共物品和公共服务的全过程进行管理。

（二）政府全面质量管理的标准

第一，可靠性。即指顾客第一次要求公共组织提供服务时，公共组织是否能够履行对顾客的承诺，在指定的时间内高质量地提供服务。可靠性是衡量政府全面质量管理的重要标准。

第二，回应性。当顾客需要提供服务时，公共组织能否及时、便捷地向顾客提供服务，尤其在时间上能否满足顾客的要求。在顾客最需要的时候提供必需的服务，是回应性的具体表现。

第三，服务能力。公共组织的工作人员必须具备履行行政职责的专业知识和能力。行政工作人员仅有竭诚为顾客服务的心而缺乏必须具备的服务能力，也不可能使顾客满意。

第四，服务渠道。公共组织为顾客提供服务的渠道应该畅通无阻；顾客能够十分方便地取得公共组织和工作人员提供的服务；公共组织和工作人员安排的服务时间和地点，都应该以贴近顾客、方便顾客为宗旨。

第五，服务礼貌。公共组织的工作人员在向顾客提供服务时，应该彬彬有礼，态度和蔼，耐心细致，尊重顾客。

第六，沟通。公共组织的工作人员能够十分耐心地听取顾客的诉求，详细地了解情况；

能够耐心地向顾客解释公共组织的有关法律和规定,并能够想方设法地为顾客排忧解难,解决问题。

第七,诚信。公共组织和工作人员应该取信于民,通过向顾客提供良好的服务,能够得到公众的信任,塑造自己可信的形象。

第八,安全感。政府应该做到为公众提供安全的保证,能够有效地保证公众的生命和财产不受侵犯。

第九,善解人意。公共组织应该能够及时了解民心民意,了解公众的需求,千方百计地满足公众的要求。

第十,有形性。公共组织的服务设施从外观上应该整洁适用,井然有序。工作人员应当衣着得体,仪表端庄。

(三) 推行政府全面质量管理的步骤

第一,政府高层领导者的领导与支持。这是进行政府全面质量管理的最重要的推动力。政府高层领导者必须自始至终参加政府全面质量管理活动,不仅可以强有力地推动这一活动的进行,而且也有利于形成鼓励变革创新,为公共利益不断地改进工作、提高质量的组织环境。

第二,策略性规划。实行策略性规划是为了使公共组织能够不断地改进和提高质量,并且使质量意识成为日常工作的组成部分,进而建立起动态参与的规划机制。

第三,以顾客为导向。政府全面质量管理的重点就是公共组织以高质量地满足顾客需求为公共组织的行为导向。

第四,考评与分析。考评就是了解顾客对公共组织提供的产品和服务的满意程度,而且将为了确保政府全面质量管理而进行的改善组织内部的不足作为重点。这需要收集和分析有关组织为顾客服务的大量资料。目的是减少错误,降低成本,提高质量和效能。

第五,训练与奖惩。对工作人员进行必要的训练,是提高服务质量的必要条件。建立奖惩制度是激励工作人员提高服务质量的不可或缺的机制。

第六,赋予组织成员活力与团队合作。高层人员参与并支持全面质量管理,为组织全体成员投入这一活动和团队合作提高了保证。只有组织所有成员参与,并且各个部门通力合作,全面质量管理才能获得成功。

第七,质量保证。在开展政府全面质量管理活动中,打破了传统管理中常采用的出了质量问题后再进行补救的做法。它实行的是全过程的质量管理。要从资源输入或服务开始阶段就开始注意质量,防患于未然。因此,工作人员应该与顾客建立起互信的"伙伴关系",这样才能确保质量。

小结

行政方法是实现政府职能的手段和方法,行政方法科学化是公共行政科学化的重要组成部分。新公共管理所产生的战略管理、标杆管理和政府全面质量管理等方法，是现代自然科学和社会科学推动和发展的结果，对我国进行行政改革有现实意义。行政方法随着自然科学和社会科学的发展将进行不断的更新。应该指出的是，这些行政方法虽然标榜的是以人为中心的方法，但是，它们基本是以工作为中心的方法，其目的是提高行政效率。

第十五章　行政效率

行政效率是公共行政研究的宗旨,是政府的成本与效益问题。行政效率概念经历了机械效率、社会效率及客观效率和规范效率三个发展阶段,分为组织效率、管理效率和工作效率三个层次。本章论述了行政效率的含义特点和作用并介绍了测量行政效率的方法,同时,也探讨了效率与公平之间的关系。

第一节　行政效率概述

一、行政效率的含义与特点

公共行政学学科从产生至今,一直把行政效率作为宗旨。这是因为公共行政学产生之初就是为了解决政府效率低下问题。无论是威尔逊、古德诺,还是泰勒、韦伯、法约尔,以及后来的古立克和厄威克,再到新公共行政和新公共管理运动,都是以效率为中心的公共行政理论,各国也都是将建立以效率为中心的权威主义政府作为目标。各国政府和政府工作人员,都费尽心力来提高行政效率,但是并没有使公众满意。尽管如此,各国政府仍然千方百计地引进新方法和新技术,不遗余力地改进工作方式方法,提高工作效率。

（一）行政效率的含义

行政效率,是指公共组织和行政工作人员从事公共行政管理工作所投入的各种资源与所取得的成果和效益之间的比例关系。

这里所说的各种资源,是指人力、物力、财力和时间以及其他各种有形无形的资源;这里所说的成果,是指管理成果,它既可以是有形的物质成果,也可以是无形的精神成果;这里所说的效益,既是指社会效益,也是指经济效益,但主要是指社会效益,实现公共利益的程度是衡量社会效益的主要标准。

效率这个概念,一般泛指日常工作中投入与产出之比。最初是在机械学和电子学中使用这个科学概念,是指投入的能量与产出的能量之比。在这里,效率仅是个数量概念,对投入产出单纯地进行定量分析。后来,效率这个科学概念被应用到社会活动中,用来考察和分析社会活动的投入与产出，以后又被应用到公共行政活动中，用来考察公共组织的投入产出的工作效率，即行政效率。

行政效率概念的形成和发展可以分为三个阶段：机械效率阶段、社会效率阶段、客观效率与规范效率阶段。这三种效率概念是在不同时期产生和形成的，都具有时代特点，对全面考察行政效率都有积极意义。

机械效率是科学管理时期泰勒等管理学家所使用的衡量行政效率的概念。他们借用自然科学，尤其是借用机械学和电子学的效率概念及其衡量效率的方法，来分析和衡量生产活动和公共行政管理活动的效率。机械效率是量化的可比效率，往往用投入与产出或成本与成果之比来表示。它侧重于人力、物力、财力和时间的计算；它追求的是用最少的资源消耗，在最短的时间内，取得高质量的最佳成果。它的主要缺陷是在行政管理工作中，有许多工作是难以用成本效益来衡量的，那些包含政治、社会和文化因素的行政工作，无法量化，无法衡量；有些工作是抽象的，也难以计算；有的工作成果要经过相当长的时间才能表现出来，很难提供短期成果，也难以立即衡量。

社会效率是行为主义管理学家使用的效率概念。行为主义管理学家重视人际关系的研究，往往从人际关系的角度来分析和考察行政效率。他们认为公共组织效率的高低，不在于消耗资源的多寡、成果多少，也不在于达成工作目标所用时间长短，而在于组织内部人员是否团结和谐，人的各种需要能否得到最大的满足。这种仅以人际关系的好坏作为效率标准来衡量公共组织效率高低的方法，不能从根本上反映出行政工作的性质，而且也容易同社会效益这个概念混淆。

客观效率和规范效率是当代公共行政学对行政效率的界定。客观效率和规范效率更能反映公共行政的客观性和规范性。它们把管理成果实现行政价值和行政目标的程度，作为衡量行政效率的标准。它要求效果、目标和价值的统一，要求组织的整体效率。效果与目标价值密不可分。没有实现目标，偏离价值，就无效率可言。

从公共组织层次上来考察，行政效率可以分为三个层次：组织效率，管理效率和工作效率。

公共组织的高级决策层所表现的效率，是组织效率，又称决策效率。

领导人的才能、领导方法和领导艺术、科学决策、领导指挥、命令统一、机构设置等都属于组织效率的内容。组织效率集中表现在领导人的决策是否正确上。公共行政领导者正确的、科学的行政决策可以使一个国家、一个地区、一个单位快速发展，有点石成金的巨大作用。例如，邓小平同志提出改革开放这项重大国策，彻底改变了我国贫穷落后的面貌。组织效率在管理活动中，起着决定性、关键性的作用。它决定一个组织的兴衰，人心的向背，事业的成败，决定全局。

公共组织中间管理层所表现出的效率，为管理效率。管理制度与管理方法、管理层次与管理幅度、管理才能与管理知识、人才任用、权责划分、协调沟通、监督控制等都属于管理效率。组织的管理层管理水平的高低是能否很好地贯彻执行高峰决策和领导意图的关键，是组织有序运行的保证。

公共组织的基层工作人员所表现出的效率，为工作效率，亦称机械效率。工作人员的技能、士气、素质、人际关系、非正式沟通、纪律性等都属于工作效率。

公共组织的三个层次效率是相互影响、相互补充的，是不能单独存在的。只有三个层次的效率都高，组织才能达到真正的高效。

行政效率就是政府效率，政府效率也就是政府生产力。它是一种推动社会发展的综合生产力。它可以优化社会各方面发展环境，可以优化国家各种生产要素的结构与配置，可以集聚和优化各种资源，可以凝聚人心，决定国家的发展速度。

（二）行政效率的特点

行政效率的特点主要表现在如下三个方面：

第一，行政效率离不开定量分析。行政效率的定量分析就是对政府的投入产出分析、成本效益分析。事物的发展变化必须有一定的数量表示，行政效率的高低也必然有一定的数量表示，也就是量化的指标。行政管理的产出多，首先表现为管理成果数量多。但是，仅有数量是不够的，它并不能说明政府的投入少、产出高。因此，行政效率还必须体现在投入产出的比例上，必须进行成本效益分析。行政管理活动需要有大量的各种投入，需要消耗大量的人力、物力、财力和各种资源。消耗资源少、取得成果多才算高效。否则，成果再多也不能认为有效率。同样可行的行动方案，在投入多少、成本大小和成果多少上会有差异。要采取投入最少、成本最低、成果最多的方案，那样才算高效。然而，成本低、产出多只是说明效率的一个方面，效率还必须体现在时效上。是否能够在最短的时间里低消耗、高产出地达成行政目标，是否能够及时发现并解决每个行政管理环节出现的问题与质量差距，也决定了行政管理的效率高低。

第二，行政效率更重要的是体现在追求社会效益上，这是行政管理的方向。首先这是由政府的非营利性所决定的，是公共行政质的规定性，是政府的价值所在。行政管理与企业管理有本质的不同，企业管理是以追求利润和经济效益为根本目的；而行政管理是以促进社会全面发展为根本目的，追求的是社会效益。行政管理是政府对国家社会公共事务的管理，是利国利民的服务性管理活动，同时也是加强政府合法性的重要功能。这在社会主义市场经济条件下尤为重要。因此，评估行政效率，不能简单地以投入产出成本效益进行分析比较，也就是说不能简单地以各种资源的消耗和成果多少来评估，还要看普遍的社会效果、社会性因素和精神性因素。尤其是在社会主义中国，它显得更为重要。因为在社会主义制度下，人民群众是国家的主人，行政机关和行政工作人员是人民的公仆，是为人民服务的。政府对社会公共事务的管理活动，无论是决策、组织、执行、协调、监督，还是制定法律、政策，无不体现国家的意志和人民的需求，无不与国家和全体人民对政治、经济、文化和社会的稳定与发展的要求息息相关。要评价社会主义中国的行政效率，就必须看政府对提高社会生产力和经济发展的促进作用如何。因此，就不能不看政府满足公众的物质需求和精神需求的程度如何，就不能不看政府实现公共利益和公共目标的程度如何，同时，也必须评价政府对社会公平、社会稳定和社会发展的作用如何。社会主义行政管理的社会效益体现在两个方面：一是在管理内容方面，政府的行政目标和政府决策要表达国家意志与公共利益，要符合社会需要和公共需要，要符合国家发展和社会发展的客观规律。否则，即使政府成本再低、产出再多，也不能视为高效，因为它与国家意志和公共利益是背道而驰的。政府管理不讲社会效益就很难评价它的效率。二是在行政管理活动方面，社会主义公共行政的各个层次、各个环节必须体现社会主义的民主原则。民主原则是社会主义最根本的原则，不实行民主原则就不可能有社会主义公共行政。马克思列宁主义已为社会主义民主行政提供了充分的理论根据，但在实践上仍然存在着很大的差距。苏联和东欧的社会性质由社会主义转变为资本主义的重要原因之一，就是缺乏社会主义民主，尤其缺乏民主行政，致使政府官僚化，使本来就是以权威主义为中心的精英行政发展为脱离人民的官僚行政。民主行政是民主政治的重要组成部分之一，是人民当家作主的体现。没有民主行政就没有政府的合法性。人民公仆不能成为骑在人民头上的老爷，权力和职务不能成为寻租的手段。只有在社会主义公共行政中实行民主原则，才能使政府保持与人民群众的密切联系，公共行政才能反映民心民意；才能确保行政价值不被扭曲；才能使行政目标不偏离公共目标和公共利益；才能使公众对政府和行政工作人员进行有效的监督。总之，行政效率不仅是数量与质量的统一，也是价值与目标的统一。

第三，行政效率体现在各个层次、各个环节上，是公共行政体系各种因素的综合反映，是对各种公共组织、各种公共行政活动以及相关要素的整体要求。所有的公共组织，不论层次高低，职责大小；所有的公共行政的职能部门，不论人事行政、财务行政或其他的部门行政；整个行政运行过程，不论领导、决策、组织、执行、协调和监督，都必须讲究行政效率。

二、行政效率在公共行政中的作用

（一）提高行政效率是公共行政的宗旨

行政效率是公共行政活动的起点，也是落脚点。政府管理国家和社会的各个方面的公共事务，都必须讲投入产出和成本效益，都必须讲效率，不讲成本、不讲效率的政府是没有的。公共行政首先必须确定行政目标，行政目标必须符合公共利益和公共目标，公共行政活动必须围绕行政目标展开。尽管行政目标的性质、大小不一样，但对效率的要求并没有什么不同，都有人、财、物、时间、信息和其他各种资源的消耗，并且要尽量降低消耗；对于管理成果，都有质和量以及时效的要求。如果达到了这些要求，就是高效地达成了行政目标。因此，行政效率在公共行政活动一开始，就作为重要的因素来指导公共行政活动。高效率就是低成本、高产出，是实现公共利益的重要方面。同时，一个国家或一个地区，即使拥有丰富的资源、众多的人才、先进的技术和设备等有利条件，但如果没有高效的行政管理，其也不可能尽快地发展起来。

（二）行政效率是检查和衡量公共组织和公共行政活动有效性的一个重要标准

公共行政的高效化，是公共行政现代化的重要方面。通过行政效率，我们可以检查和衡量公共行政的各个要素、各个环节、各种管理制度和各种手段是否现代化、科学化和法制化；也可以检验和衡量国家行政机关的工作人员的队伍素质是否较高，能力是否较强，工作态度是否积极，人际关系是否协调；还可以检验和衡量行政体制是否科学合理，公共组织的机构设置、权责划分是否合理，分工是否明确，层次是否得当，幅度是否适宜；还可以检验和衡量行政运行的每个环节，如领导决策、咨询、执行、协调、监督和信息处理等是否科学合理，行政程序是否精简实用，这些都是影响行政效率的重要因素。通过行政效率，还可以检验和衡量行政制度的合理性和行政方法的有效性。在科学技术快速发展和社会不断进步的今天，在知识经济和信息时代，如果不采用适应这些发展和进步要求的行政制度和管理方法，就不可能提高行政效率。因此，行政效率是衡量公共组织和公共行政活动的一个重要标准。

（三）行政效率关系到我国社会主义现代化进程

只有大幅度地提高行政效率，才能够充分发挥我国社会主义制度的优越性，才能够大幅度地提高我国的生产力，加快我国建设社会主义现代化的步伐。一种制度的优越性应该体现在创造出较高的劳动生产率上，体现在整个社会的高效率上，体现在政府有较高的生产力上，即政府有较高的行政效率上。因此，社会主义中国政府应该有比资本主义国家的政府更高的生产力，即更高的行政效率。高效的公共行政是国家和社会全面发展的必要保证，直接影响到我国社会主义市场经济体制的建立和社会主义现代化的进程；直接影响到人民的生活水平和生活质量，制约整个社会的发展速度，关系到国计民生。

有的外国学者认为，科学技术和管理是推动社会发展的两大动力，而且还认为，现代社会的发展靠的是"三分技术、七分管理"。且不必讨论这种看法是否准确，最起码能够看到重视管理作用这一事实。我们常说，管理出效率，管理出效益，就是指科学的管理能够优化各种管理要素和合理利用各种资源。从管理作用的角度来看，没有任何一个公司或企业可以与政府相比。政府管理涉及的行政区域大，要管理整个国家；涉及的人数多，包括全国人民；涉及的公共事务多，包括政治、经济、文化和社会等方方面面。而且政府是一个比任何公司和企业都大的组织，管理自身就是一项十分艰巨的任务。政府管理社会，只有高效才能快速推动社会发展。21世纪是一个国际竞争十分激烈的世纪。国际竞争是国家与国家之间的竞争，是政府与政府之间的竞争，而实质上，国际竞争是政府与政府之间的能力之争、效率之争。科技创新、制度创新、产品创新，都必须及时、高效，否则，就会坐失良机，误国误民。因此，21世纪的国际竞争，不仅是科学技术和经济的竞争、产品的竞争，也是效率与管理的竞争。

当发达资本主义国家已进入知识经济时代和信息社会之时，处于社会主义初级阶段的我国，一方面要迎接时代的挑战，赶上世界的发展；另一方面，又要推进我国社会主义现代化，建立社会主义市场经济。高效的公共行政是建立和发展社会主义市场经济的必要条件。社会主义市场经济对公共行政提出了更高的要求。传统的行政体制、行政管理制度和传统观念以及新中国成立以后多次出现的极"左"错误思潮，都妨碍了行政效率的提高。在市场经济的条件下，市场可能失灵，政府也可能失灵，但是，用一个失灵的政府去管理市场经济，市场和政府都必然失灵。发展中国家这样的教训不胜枚举，殷鉴不远，可以镜借。我国建立和发展社会主义市场经济，必须有一个高效廉洁的政府，要克服妨碍提高行政效率的各种不良因素，如行政机关层次多，机构多，人员多；"婆婆"多，闲人多，扯皮多；门难进，脸难看，话难听，事难办。这些不良因素除了体制上和管理上原因造成的之外，其他的并不难改进，但是官僚主义、形式主义和文牍主义就不那么容易克服了。而以权谋私、权钱交易、寻租受贿、结党营私、裙带关系、贪污腐败、买官卖官、争权于朝、争利于市的败类，将永远被钉在历史的耻辱柱上。这些不良现象对行政效率有很大的影响。

总之，行政效率的高低关系到我国社会主义现代化的进程，关系到国家的繁荣昌盛、长治久安。

第二节 行政效率的测定

一、行政效率测定的必要性

（一）测定行政效率的必要性

测定行政效率，是国内外公认的难题。自然物理运动的能量，可以直接用数学公式进行十分精确的计算，比较规范，也比较容易。测定行政效率则比较复杂，它没有衡量生产管理活动效率的那些量化的硬性指标，有些行政工作无法量化衡量。例如，行政工作是以人为本的，而人的行为和精神状态则无法量化；无形成果和间接成果，都无法予以量化，也难以比较；不同的行政部门，其性质和任务都不同，行政人员的情况也不同，也难比较其行政效率。加上测定行政效率常遇到人为的障碍，使其变得更为复杂，因此，国外有的学者断言，行政效率永远无法测定。同时，行政机关大多数行政目标模糊，难以明确，很难测量。况且行政机关受政治影响，也不能进行成本效益核算。这使测定行政效率就更加困难。

虽然测定行政效率十分困难，但是测定行政效率又是十分必要的。因为，政府减少成本、提高效率是实现公共利益的重要标准。一个以实现公共利益为目标的政府，绝不是一个铺张浪费的政府，而一定是一个厉行节约的勤俭的政府。所以，测量行政效率是十分必要的。

第一，通过测定行政效率可以降低公共行政的投入和成本，减少资源的消耗，实现公共利益。任何公共行政活动都必须投入必要的人力、物力、财力、时间等各种资源，这些投入和消耗与所取得的成果之间的比例关系可以判断行政效率的高低。高效必然是投入少、成本低、时间短而成果大。低效不仅造成高成本、低产出的资源和时间的浪费，而且往往所取得的公共行政的成果也不尽如人意。高投入、低产出是与公共行政的公共利益的原则背道而驰的，是对纳税人血汗的浪费和挥霍。我国是一个发展中国家，并且是一个幅员辽阔、人口众多的大国，行政系统很庞大，不但行政机构多，而且行政人员的数目也非常巨大。这就决定了我国行政支出数额也非常巨大。如果行政机关和行政工作人员效率低，就会造成巨大的资源浪费。也许一个单位的低效所造成的浪费无关宏旨，但是集腋成裘，聚沙成塔，全国成千上万个单位因低效所造成的浪费则是十分惊人的。高效不仅能节约各种资源，节省时间，而且能够实现公共利益，把为人民服务落在实处，把有限的资源用在社会主义现代化建设上。行政领导者应该学会精打细算地利用各种资源，不能挥霍浪费。

第二，通过测定行政效率可以确定行政目标的达成度。公共行政活动低成本、高产出是考察行政效率的重要方面，但不是唯一的考察因素。如果公共行政的结果与行政目标相差甚远，或完全背离了行政目标，即使成本再低，也不能认为是有效率的。政府管理社会公共事务不仅讲究经济效能，而且还必须发挥其管理职能，达成行政目标。

第三，通过测定行政效率可以确定公共组织的各种要素组合的科学合理程度。公共行政活动是公共组织效能的释放。公共组织的各种要素组合愈科学，愈合理，其释放的能量就愈大，效率就愈高。通过测定行政效率，就可以确定公共组织机构设置是否合理，权责体系是否完整，领导方式、管理方式和办事程序是否科学，规章制度是否健全，人员素质是否高，各个部门之间和各种行政人员之间的关系是否协调，信息是否畅通等。行政效率是检查公共组织的各种管理要素是否科学合理的重要方面。

第四，通过测定行政效率可以确定公共行政活动的社会效益的大小。公共行政是为公众提供公共产品的，是为公众服务的，是为了实现公众利益的。因此，它必须把公共利益和社会效益放在首位。这是公共行政的功能和价值之所在。因此，公共行政的社会效益愈大，其效率愈高；其社会效益愈小，其效率愈低。

（二）测定行政效率的标准

第一，测定行政效率的量的标准。这是以人力、物力、财力和时间的消耗的数量作为评价行政效率的标准。它的基本评价方法是用公共行政活动所取得的成果，与所消耗的人力、物力、财力和时间进行比较。同时，也可以把公共行政的成果和工作的资源消耗量同本公共行政组织的计划指标相比较，同本公共行政组织历史上的最高水平相比较，同我国行政系统内同样性质的公共行政活动的先进水平相比较，也可以同国内其他系统的先进水平相比较，还可以同国际上行政系统或其他系统的先进水平相比较。

第二，测定行政效率的质的标准。测定行政效率的质的标准首先要看公共行政是否充分发挥了公共行政职能，是否真正实现了公共行政的功能与价值，是否真正实现了为公众提供优质服务和公共利益的职能的宗旨。公共行政活动低成本、高产出，达成速度快，并不能说明行政效率高，还要看政府是否充分发挥了为公众提供各种优质公共物品和实现公共利益的职能及其他各种职能，是否能够最大限度地满足公众日益增长的物质需要和精神需要。其次，还要看行政目标是否正确。公共行政活动从始至终就是为了实现行政目标，如果偏离了行政目标，就没有行政效率可言。而正确的行政目标能够充分地体现国家的意志，反映社会公众的需要；公共行政活动就是把国家的意志变为现实，使社会公众的需要得到满足的活动。它必须正确地处理国家利益和公众利益、眼前利益和长远利益、国家目标和公众目标、近期目标和长远目标等之间的关系。社会主义国家公共行政的性质和任务，决定了公共行政不仅要贯彻执行国家意志，而且要从国家和社会的发展出发，从公众需要出发，制定切实可行的行政目标，实现国家意志，满足公众需要。管理成果实现国家意志和满足公众需要的程度愈高，行政效率愈高。最后，要能够反映各种不同管理对象的个性与其不同发展阶段的特点，也就是要遵循公共行政的客观规律。

第三，测定行政效率的社会效益标准。所谓社会效益标准，是指公共行政适应国家的政治、经济、文化和社会发展的程度和反映与满足公众需要的程度。中央政府应该造福全国人民，地方政府应该造福一方百姓。如果公共行政不能造福人民，即使成本再低，产出再多，也是无效的。公共行政必须把社会性因素和精神性因素的效果当成测定行政效率的社会效益标准的重要内容之一。有些西方发达国家的公共行政的弊端之一，就是忽视了社会性因素和精神性因素的后果。有的国家经济非常发达，但是社会丑恶现象十分严重，暴力事件屡屡发生，抢劫事件层出不穷，贩毒吸毒泛滥成灾，社会秩序混乱，道德败坏，精神十分贫乏。如果公共行政不讲社会效益标准，就不可能真实而全面地测定行政效率。一项公共行政活动的开展，除了对其投入产出和产生的物质性的社会效益进行评价外，还必须对此项管理活动所产生的精神性效益进行评价。也就是说，这项管理活动在多大程度上满足了公民的精神需要，对精神文明建设起到了什么样的作用等。如果起到了消极效果，那么这项管理活动从根本上是不成功的。那些所谓的"政绩工程"就属于这一类，工程好像很成功，但是因为劳民伤财，老百姓怨声载道，不符合民意，有损政府形象，对精神文明建设有百弊而无一利。

第四，测定行政效率的规范性标准。公共行政因为行政部门不同、性质不同和分工不同，有许多管理工作无法量化，不能用数量标准来衡量行政效率，因此必须用规范性标准来予以测定。规范性标准是通过比较而确定的标准，因此是一种定性考察标准。它通过对许多行政部门的相同性质工作的投入产出的分析，即对人力、物力、财力和时间的消耗与所取得的管理成果比例的分析，确定测定这一类行政工作的行政效率的规范性标准。规范性标准是很难确定的，而且因为即使是同样的行政部门，同样性质的行政工作，也会因为不同地区的经济、文化和社会发展情况不同而有很大差别，标准也不同。目前，虽然办公自动化和网上办公可以大幅度提高行政效率，但是测定行政效率的规范性标准还很难确定。尽管如此，确定行政效率的规范性标准还是十分重要的，因为许多行政工作的效率是很难用数量标准和社会效益标准衡量的。行政效率的规范性标准的确定，首先要根据工作性质和工作经验的总结，结合领导和工作人员的意见，同时，也要参考其他行政机关的经验和标准予以制定。

二、传统的测定方法

(一) 行政费用测量法

行政费用之所以可以作为测量行政效率的标准,是因为任何行政工作都不能没有行政经费,行政经费是行政工作的物质基础。而行政经费的使用是否恰当、合理和合法,是否发挥了最大效益,对实现行政目标的作用如何等,这些都表现出了行政效率的高低。行政费用测量法主要分如下几种:

第一种,单位费用测量法。它是对同类行政工作的行政效率的测定方法。单位是指某一项公共行政活动。用这项公共行政活动所使用的费用同其他同类的公共行政活动所使用的费用进行比较,就可以测定出行政效率的高低。如果成果相同,那么费用少的,就是高效;费用多的,就是低效。例如,为了扶贫,县政府有关部门为两个乡拨了相同的扶贫款,而这两个乡的扶贫户数和其他条件相同,结果一个乡当年完成了脱贫的目标,而另一个乡却没有完成任务。两者相比,前者效率高,后者效率低。单位费用测量法能够比较明显地测量出一个行政机关效率的高低。

第二种,人均费用测量法。它是按一级政府所管辖的行政区域内的人口平均负担的行政费用,与其他行政区的人均行政费用进行比较的方法。人均费用高的为低效,人均费用低的为高效。同时,它也要求行政费用的增长率不能超过财政的增长率。人均费用测量方法可以控制行政费用总量支出,可以摆正行政费用的增长与财政增长之间的关系。那些行政经费超过财政增长的行政机关,其行政效率只能是低的。

第三种,计件费用测量法。这种测量方法适用于可以用数量来衡量的行政工作。按行政工作人员的工资计算出每件工作的实际支出,以此来确定行政工作人员的效率高低。

(二) 行政职能测量法

行政机构都有一定的行政职能,这些职能是为了管理一定的社会公共事务而设置的。行政机构能否充分发挥其行政职能,能否圆满地达成行政目标,都是行政效率高低的问题。因此,测定了一个公共组织履行行政职能的程度,也就测定了这个组织的行政效率的高低。例如,公安部门的职能是为公众和社会提供社会秩序和社会安全这种公共物品。社会秩序良好,社会安全有保障,就说明公安部门充分发挥了它的行政职能,就可以认为行政效率高。如果一个公共组织没有很好地实现其公共行政职能,而在其他公共服务方面做得比较好,也不能认为它是高效的,因为它本末倒置,没有履行好自己的职能。

(三) 标准比较法

标准比较法是把开展公共行政活动的消耗与结果,按照一定公认的标准,或由一些专家规定的标准进行比较分析的方法。凡是好于标准的,就是高效的;凡是与标准有差距的,就是低效的。标准比较法是一种定性的行政效率测量方法,因此,要求制定的标准必须科学、合理、全面、可靠,有可比性。

(四) 公共组织要素评分测量法

公共组织要素评分测量法是对影响行政工作的各种行政要素进行分解,对各种行政要素予以评分和评估的一种测定行政效率的方法。公共组织可以分解成各种行政要素,如机构、人事、领导、决策、执行、协调、监督、财政、物资、时间等要素。该方法按各种行政要素在公共行政活动当中所起的作用不同而给予不同的权重,打不同的分数。在评估行政效率高低时,只对行政要素进行评分。最后将各个行政要素所得的分数相加即是一项行政工作的效率总分。得分高的效率高,得分低的效率低。

三、绩效评估

(一) 公共组织绩效评估的含义

公共组织绩效评估是指公共组织通过一定的绩效信息和评价标准,对公共组织所提供的公共物品和公共服务的效率和质量进行全面的控制和监测活动,是公共组织的一项全面的管理措施。

公共组织的目标是以实现公共利益为宗旨的,与私人部门有本质的区别。而且就公共组织提供的公共物品和公共服务以及资源配置来讲,其不仅与权力有关,而且与公众对公共利益的实现程度和满意程度有直接关系。所谓绩效管理,不仅仅是对结果进行管理、进行评估,而且要对公共组织所提供的各种公共物品和各种公共服务,进行全过程的管理和监控。这种监控是按照一定的标准来进行的,即绩效标准。

与私营组织相比,公共组织的绩效管理有自己的特点。公共组织的绩效标准是比较难确定的。这是因为公共组织是在公众的限制和监督下进行工作,追求的是政治目标和社会目标。而政治目标和社会目标是难以衡量的。而私营组织可以用利润来衡量绩效,但是,公共组织一般不能用营利性指标进行衡量。同时,公共组织比私营组织的竞争程度低,工作复杂程度较高,其管理手段与管理目标之间的因果关系较差,有些组织结构复杂,有些组织缺乏自主权。这些都会给绩效管理带来困难。

公共组织绩效管理的特点主要表现在公共组织的目标是多元化的,因此,绩效标准也是多元的,很难做到评价的公平和公正。而且有些目标模糊不清,尤其那些政治目标和社会目标,难以量化,难以衡量,况且多种绩效标准容易引起矛盾和冲突。由于政府垄断了一些公共物品和公共服务,无法定价,定量测评和分析也比较困难。而有些公共物品和公共服务是由几个政府部门共同提供的,较难进行个体化评价。

(二) 公共组织绩效管理的基本内容

第一，建立绩效评估指标。公共组织绩效管理的核心环节是建立可以衡量组织目标和运行绩效的定性与定量的指标体系。建立指标体系的关键在于对公共组织绩效指标的权重分析。这关系到绩效评估的目的和行为激励。

建立绩效指标必须注意指标一定要清晰并且要有一致性。如果绩效指标模糊不清，就不能进行卓有成效的评估。绩效指标体系要与组织目标和组织需求联系起来。只有按照组织目标和组织需求建立起指标体系，绩效评估才能有效。同时，指标体系必须符合组织文化，要被组织成员接受。这一点也是十分重要的。如果绩效指标体系有悖于组织文化，组织成员不接受，那么就无法进行绩效评估。

有的学者认为可以用比较方法来设计绩效指标体系。根据政策成果和预算目标来进行绩效分析是比较普遍的做法。另外，也可以用绩效指标体系进行历史比较，或进行组织单位之间的比较，或与组织外部如外部的公共部门或私人部门进行比较。

第二，绩效评估。根据绩效指标体系对公共组织的绩效进行全面的评估。绩效评估必须严格按照指标体系对公共组织进行评估，要做到公开、公正、公平。做到标准统一，严格把关，公正无私，不偏不倚。

第三，绩效追踪。要不断地对公共组织活动的绩效水平进行考察与追踪。

(三) 公共服务绩效评价的指标分析

建立公共服务绩效指标必须能够反映公共管理的各种价值平衡；对公共物品和公共服务的性质进行分类和解释，描述不同公共物品和公共服务的绩效评价的价值取向。指标体系既要定性，又要定量，并且保证其具有操作意义。

公共服务的一般性指标包括以下四种：经济指标、效率指标、公平指标和效能指标。

第一，经济指标。其主要考察公共组织提供的公共物品和公共服务投入的资源，也就是进行成本考察。对经济性指标的考察和评估，首先要评估资源消耗量，评估公共组织的开支或消耗是否合理合法，是否做到了在节约资源条件下提供了高质量的公共物品和公共服务。

第二，效率指标。效率指标是指公共组织在提供公共物品和公共服务时，是否能够在节约资源的条件下，尽快高质量地达成目标，做到投入少、产出多。

第三，公平指标。传统的公共服务的核心价值是经济和效率，新公共服务在此基础上，关注的是公共组织能否公平地为公众提供公共物品和公共服务，是否能够保护弱势群体的利益等。政府能否公平地为公众服务反映了公共行政的价值取向和伦理取向，是政府为什么人服务的大问题。

第四，效能指标。新公共服务的价值包括经济、效率、公平和效能。用货币或资源消耗作为衡量效率的标准，只能衡量那些可以量化的公共物品和公共服务。但是很多公共物品和公共服务是不能量化的，只能对其产生的效果进行社会效益或效能的分析。其核心是分析公共组织所提供的公共物品或公共服务是否达到了政策目标,政策目标的达成在多大程度上改变了过去令人不满意的状况。也就是在多大程度上改变了公众不满意的状况,在多大程度上满足了公众的需要,在多大程度上实现了公共利益。

第三节 效率与公平

一、公共行政的目的与价值

公共行政的目的是效率,公共行政的价值是公平。政府管理低成本、高产出,就是高生产力,就是高效率。也就是说,政府通过计划、组织、协调、控制等管理活动,使国家和社会全面快速发展就是高效率。政府管理离开了这个目的,就毫无意义。一个国家的政府,管理不讲效率,经济就不能发展,社会就不能进步。因此,没有一个国家的政府不是把经济和社会全面快速的发展当作其管理所追求的目标,以达到使人民的生活水平和生活质量有所提高的目的。实际上,这不仅是政府的基本目的,也是政府的合法性之所在。在这里,效率就是发展速度,效率就是发展机制。

公平作为公共行政的价值是十分重要的,它是公共行政必须面对而无法回避的问题。公平,顾名思义,是指公正与平等,亦即不偏不倚,客观公正,但并非无差别。人们一谈到公平,往往理解为分配公平。其实这是一种误解,分配公平仅是公平的一个重要内容。实现公平,就是根据国情合情合理地保证每个公民的平等权利和民主权利。尽管西方学者们对公平的定义和作用有不同的看法,但是公平的含义是十分清楚的。在政治上,公平是指每个公民都有参与政治、管理国家的平等权利;在经济上,公平是指每个公民都有经济参与的平等权利和获得公平分配的权利;在社会方面,公平是指每个公民都有平等的受教育权利、劳动权利和享受社会福利的权利。

从以上可以看出,公平首先是一种社会价值,是人与人之间、群体与群体之间在政治、经济、文化和社会诸方面进行比较而得出的一种判断。因此,公平不仅仅是一种平等权利,而且也是一种社会心理状态。那种有社会挫折感的人就容易感到社会不公平,那种有社会满足感的人就容易感到社会公平。因此,公平既是一种社会现象,也是一种心理状态。

如果说效率是社会发展机制的话,那么公平则是社会稳定机制。公平同效率一样,对社会发展有重要意义。公平的实现程度决定了社会的稳定程度。而没有社会稳定做保证,就不可能实现社会全面、高速的发展。政治、经济、文化和社会等各方面的不公平现象,必然使人们的社会不公平感加剧。一旦社会不公平感十分强烈,就会破坏社会稳定,从消极怠工的无声反抗,发展成为暴力行为和社会动乱,乃至发生革命。总之,社会公众会以各种方式来发泄和表达他们的愤愤不平。公平作为社会价值必然成为公共行政的价值。因此,政府不能不把通过公共行政实现社会公平作为它的重要的行政目标。目前,我国社会主义市场经济正在建立和发展之中，市场经济体制刚刚确立，但贫富分化问题已有日趋加剧之势，分配不公问题也值得重视，因而公平问题也被提到日程上来。市场经济所造成的缺陷，主要表现在社会分配不公上。政府恰恰可以在维护社会公平方面发挥巨大作用，可通过制定公共政策，确保公民在社会各个方面的平等权利，为市场经济创造平等竞争的环境，解决各种社会不公的问题，还可通过行政行为公平、行政程序公正、行政制度公正来维护社会公平。

对公平的追求绝非始自今日，而是古已有之。人类社会发展的历史可以说是一部追求公平的史诗。人类从原始社会到奴隶社会，始作俑者就是不公平。首先是不公平地分配生活必需品和猎物，逐步出现了奴隶与奴隶主的阶级分化。在封建主义社会和资本主义社会，社会不公平现象则愈演愈烈。但是，人类社会对公平的追求从来就没有停止过，而且越来越执着。

从孔夫子到亚里士多德，从卢梭到马克思，都对社会不公平现象做过鞭辟入里的分析。孔夫子曾讲过，天下不患贫而患不均。唐太宗李世民曾讲："古称至公者，盖谓平恕无私。"这里的"平"即指公平。唐太宗把公平作为治国之道，但在封建社会这只是一种不可能实现的理念追求。发达资本主义国家的经济虽然取得了巨大的发展，但社会不公平现象并没有随着经济发展而减少，不公平问题反而越来越尖锐。在私有制为基础的社会中，不可能实现社会公平。统治阶级之所以把公平作为一个蛊惑人心的口号，只不过是为了欺骗人民、掩盖阶级矛盾和社会不公平现象，以维护其统治和既得利益。社会主义则为实现社会公平提供了确实的保证。在社会主义条件下，人民群众当家作主，政府理所当然地重视社会公平，把公平作为公共行政的价值。

二、效率与公平的关系

效率与公平，二者历来是一个矛盾的统一体。所谓矛盾，即在追求效率的同时，在一定程度上影响公平的实现；追求公平，又在一定程度上妨碍了效率的提高。二者似乎是鱼与熊掌不可得兼。所谓统一，即效率是最终实现事实上公平的基础和主要途径，公平是效率的保证。没有政府的高效率，就不可能有社会的高效率，就不可能高效率地发展经济，提高人民各方面的公平程度。没有物质基础，就不可能实现真正的社会公平。同时，公平程度愈高，社会愈稳定，也就愈能提高效率。效率促进发展，公平确保稳定；稳定是发展的前提和保证。西方发达资本主义国家在效率与公平的问题上，重效率轻公平。这是由资本主义社会性质决定的。选择效率，亦即选择发展，其结果造成了社会严重不平等、不公平。贫富差距拉大，贫困人口剧增，种族歧视加剧，暴力冲突不断，社会动乱频仍，破坏了社会稳定，使发展遇到了阻碍。而实践证明，高速发展并没有必然造就社会公平，这就是效率约束。西方发达国家也看到了社会不公平对发展产生的负作用，也试图把社会公平作为行政目标，实行了"从摇篮到坟墓"的福利政策，但其结果又加剧了政府的负担，影响了效率，减缓了发展，出现了公平约束。从美国前总统里根和英国前首相撒切尔夫人开始，西方发达国家又大砍社会福利，以求效率和发展。

长期以来，社会主义国家也十分重视效率与公平问题，但往往把公平放在优先地位，有时更把公平当作平等的同义语。尤其是在我国，由于传统的平均主义思想的影响，人们把平等理解为平均主义，把平均主义当作公平的核心内容，并且予以制度化。平均主义无法实行"各尽所能，按劳分配"的原则，使社会缺乏动力和活力，养成懒惰之风，工作中工作好坏都一样；实行平均分配，不能奖勤罚懒，不讲效率，为了追求所谓的公平和平等而影响了效率和发展。针对这种情况，邓小平同志做出了发展是硬道理的英明论断。就我国目前的情况而言，要正确地处理效率与公平的关系，必须遵循以下的原则：

第一，效率优先、兼顾公平的原则。效率和公平都是公共行政所追求的重要目标。在两者发生冲突时，在像我国这样一个发展中国家，应该实行效率优先、兼顾公平的原则。公共行政的根本目的是促进社会高速发展，提高人民的生活水平。没有高效率，就没有社会的大发展。效率优先就是发展优先。只有创造出丰富的物质财富，才能有实现事实上公平的物质基础。那种不讲效率、不讲发展而片面地追求公平的做法，貌似公平，实质上是搞平均主义的普遍贫穷。这样做不仅没有效率，也没有公平。因为，发展中国家的主要问题是发展，发展是硬道理。我国从1978年开始所进行的社会大变革，彻底改变了中国"一穷二白"的面貌，证明了发展的重要性。讲效率、讲发展的结果，是促进了精神文明和物质文明的极大提高。各行各业全面发展，综合国力迅速增强，彻底改变了我国穿衣要布票，吃饭要粮票，吃肉要肉票等供应不足的经济状况。现在物资非常丰富，人民生活水平普遍提高，这是讲效率的必然结果。但是，我国也应该十分注意社会不公平现象。我们在讲效率优先、发展优先的同时，也必须讲公平。我国是社会主义国家，社会主义制度的建立，杜绝了产生不平等和不公平的根源。尽管改革开放以后，社会上出现了一些不公平问题，但是有人民政府的干预和政策调适，不会造成阶级分化和贫富两极分化的社会严重不平等现象，在政治上人民群众当家作主的地位也不会动摇。我们应该充分地认识到，在我国目前情况下，效率仍然是我国快速发展所面临的主要问题。不应因为我国有了一些发展而飘飘然，迷失了讲效率、讲发展的方向。公共行政必须实现整个社会呈高效状态这一目的，促进我国社会全面大发展。效率优先，兼顾公平，是正确处理二者关系、促进社会全面大发展的正确原则。

第二，平等原则。公平不仅是指公正，也是指平等。平等是指每个公民在社会上的地位和享受的各种权利没有差别。也就是说，每个公民在政治、经济、文化和社会各方面都有相同的权利。可见平等是公平的核心内容。马克思主义平等观的核心是消灭阶级和阶级差别。从理论上来讲，社会主义社会消灭了生产资料私有制，在政治上每个公民都享有平等的地位，经济上有各尽所能的平等义务和按劳取酬的平等权利。这些平等权利不能因为财产的多少、性别的不同、职业的不同和社会地位的高低而有所区别。但是这并不意味着要搞平均主义，使每个公民在职业上、经济收入上没有差别。这样就不可能有真正的公平。工作好坏都一样，干多干少都一样，吃大锅饭，喝大锅汤，就扼杀了发展活力。平均主义就是不承认差别，不讲效率。没有效率就没有发展，就不能最终消灭阶级差别，人们就不可能获得真正的平等权利，也就无法实现事实上的平等。我们强调效率，重视公平，目的是促进发展，因此我们必须承认差别。承认差别是为了发展，是以发展最终消灭社会差别，而不是扩大社会差别。反观西方发达国家所走过的道路，它们往往在讲究效率的同时，却加剧了阶级矛盾、阶级对立和种族矛盾、种族对立，扩大了阶级差别、种族差别和社会各阶层之间的差别，酿成社会冲突、种族冲突和社会动乱，反而阻碍了发展。我们所讲的平等，是指每个公民在权利和义务上的平等，而不是不承认差别，是承认在消灭剥削阶级以后的社会不同阶层劳动者之间的差别。

第三，公平分配的原则。社会主义社会实行"各尽所能，按劳分配"的原则。社会主义社会仍然承认差别，即事实上的不平等。公平分配原则是以承认人与人之间的差别为前提的，不承认差别就不能贯彻实行"各尽所能，按劳分配"的原则，就是平均主义，历史证明它对社会发展有阻碍作用。公平分配的实质是指义务平等与报酬平等。所谓义务平等，是指每个人所付出的劳动和所取得的成果是相同的；所谓报酬平等，是指由于付出了相同的劳动和取得了相同的成果，因而获得相同的报酬。义务平等是报酬平等的前提，没有相同的义务而获得相同的报酬是平均主义，是奖懒罚勤，严重地妨碍了效率的提高。而人与人之间是有差别的，不仅在体力、能力、智力、技术上有差别，而且在付出劳动的质量、数量和结果上也有差别，因此，报酬也不应该没有差别。不应该把承认差别当作不公平、不平等。但是公平分配原则所承认的差别是有限度的，是以确保每个人的平等权利为前提的。它要求绝不能出现"朱门酒肉臭，路有冻死骨"的现象，也不允许财富集中在少数人手里的贫富悬殊的现象存在。政府利用各种政策工具，包括税收政策、社会福利政策等予以调节，以确保公平分配原则的贯彻实行。但是，也不能搞平均主义，或者用强权剥夺有钱人的财产分配给穷人，或者造成特权垄断财产，这样就造成了另一种不平等，也不利于社会稳定和经济发展。

第四，机会均等、能者优先的原则。在我国要追求高效率、高速度的发展，必须实行竞争原则，鼓励每个公民参与竞争。在社会主义市场经济的条件下，竞争尤为重要。竞争就是比才能、比劳动、比技术、比贡献。但是鼓励竞争，必须恪守机会均等、能者优先的原则。机会均等，是指每个公民都有参与社会竞争的平等机会，这就要求社会必须做到竞争起点平等。所谓起点平等，就是使每个竞争者都在同样的起跑线上。如果起点不平等，那么人们便没有参与竞争的积极性，整个社会便缺乏效率与活力。社会各个方面对每个人都应该提供平等的机会，必须以技能、专长和成就作为取得机会的条件。社会不能为能者提供机会，就不会有高效率。能者优先，不仅是指优先提供机会，而且也是指在职位、报酬等方面予以优先考虑。如果社会把机会优先提供给无能的人，在职位和报酬等方面提供给平庸者，那么绝不会产生高效率，社会也不会快速发展。

效率与公平的关系的问题是涉及社会发展与稳定的大问题。如果不能很好地处理两者之间的关系，势必影响到发展与稳定。一些发展中国家由于没能正确地处理这个问题，往往发展到一定时期之后，就因为社会不公平问题酿成社会动乱，造成社会解体或倒退。处于发展中的我国，必须十分重视这个问题，正确地处理效率与公平的关系。但是，这个问题十分复杂，有待进行深入的研究。

小结

　　行政效率问题是公共行政的核心问题之一。各国政府都非常重视提高政府效率。行政效率涉及的问题比较多，既有组织结构设置问题，也涉及领导作风、士气、工作技术设备等问题。如果公共行政仅注重效率而忽视公平，那么就会造成社会不稳定。因此，我们不能对公平问题掉以轻心。

第十六章　行政改革

行政改革是政府为了适应外部环境，加强回应性，提高行政效率而进行的不同取向的改革。行政改革主要是在经济基础的变革和政治权威的推动下进行的。行政改革是一个政治过程，是一个权力再分配、利益再分配的过程，因此必然遇到各种各样的阻力。所以，行政改革必须采取切实可行的对策，化解阻力，尽快地见成效。20世纪70年代以后，西方发达国家开展了新公共管理运动，对传统的官僚制组织结构进行了批评，并且试图进行改造，进行了许多有益的尝试；同时，也提出了诸如企业家政府、公共服务民营化、电子政府、战略管理、标杆管理和绩效管理等新的管理理念和管理方法。

第一节　行政改革概述

一、行政改革的含义

行政改革是一个协调行政与政治、行政与社会、政府各部门之间、各层级之间关系的复杂过程，是行政权力重新调整与重新配置的过程；在本质上它是一个政治过程；从一定意义上来讲，它也是一个技术革新过程。尽管政治学家和公共行政学家都对行政改革进行过多方面的理论探讨，但是没有一种理论可以涵盖世界各国的行政改革，实践比理论更有说服力。这是因为国情差别较大和社会制度不同等造成的，学者们往往囿于一国之情、一孔之见提出行政改革理论，不可能涵盖所有国家的行政改革的理论和实践。然而，虽然各国国情不同，行政改革所需要解决的问题也有区别，但是，行政改革在本质上却有一些共同之处：行政改革都必须调整政府本身在社会中所扮演的角色，提高行政效率，加强社会公平，加强政府的回应性，或者改变政府的组织结构和管理方式以适应行政环境的变化，满足公众的需求。

行政改革是指政府为了适应社会环境，或者为了高效、公平地处理社会公共事务，调整内部体制和组织结构，重新进行权力配置，并调整政府与社会之间关系的过程。

我们要从以下几个方面理解行政改革：

第一，行政改革是个政治过程。行政体制是政治体制的组成部分，政治决定行政。在西方发达国家，行政也必须从属于国家政治的要求；在我国，政治与行政更是密不可分的。因此，行政改革过程不是纯技术实施的过程，政治的各种因素决定了行政改革的复杂性。历史上多数改革者之所以成为涸辙之鲋，其根本原因就是没有将行政改革当作复杂的政治过程来看待。当行政改革进行到一定程度，政治上的保守势力将改革扼杀，致使许多力主革新的仁人志士，或"出师未捷身先死"，或饮恨终生。任何改革，尤其是行政改革，如果不将它当作政治过程来对待，不化解政治上的保守势力，就会或归于失败，或成效甚微。

第二，行政改革的目的是适应社会环境，提高行政效率，高效、公平地处理社会公共事务。公共组织与社会环境是输出输入的关系，两者必须保持动态平衡。行政改革以适应社会环境为取向，意味着公共组织必须适应社会变迁，它的组织结构、规章制度和运行方式必须随着社会变化而变化，任何社会组织都是如此。但是，行政改革不是消极地适应社会环境的变化，而是积极而高效地管理社会公共事务。公共组织以适应社会环境和需要为前提，否则就无法管理社会，更不可能高效。行政改革不能不注意行政效率问题，世界各国的行政改革多数是以效率为中心进行的改革。但是，行政改革不能忽视社会公平和公众利益的实现程度，这是十分重要的问题。如果忽视这个问题，社会就可能出现不稳定。

第三，行政改革必须改革内部体制和组织机构，重新配置行政权力。行政改革必须对内部体制和组织机构进行改革，并重新分配行政权力。因此，它对行政权力体制、行政领导体制、行政区划体制、组织机构、人事制度等都进行改革。有时虽然在某一个方面进行改革，但是牵一发而动全身，也必然涉及其他方面。因此，行政改革是一个系统工程。因此，行政改革前应该进行科学的论证，制订严密的计划，开展强有力的组织工作。行政改革要有步骤、有重点地开展，而不能盲目地进行。

第四，进行行政改革必须正确处理政府与社会之间的关系。政府必须不断地调整与社会的关系，界定自己在社会中的角色，必须对政府的行政权行使的范围、程度和方式进行调整，否则，政府就不可能有效管理社会公共事务，为社会提供高质量的服务。从总的发展趋势来看，政府的行政权对社会的干预在逐步减少，社会的自主权和自治权越来越多，社会团体和非营利组织以及市场的作用越来越大。但是，无论如何，政府必须对社会进行干预，无政府主义是不可取的。

二、行政改革的原则

第一，行政改革必须进行科学而严密的论证和规划，要慎重开展。行政改革是一个十分复杂的系统工程，进行行政改革必须系统地、高度认真地看待和研究每个步骤及其各项措施。在进行行政改革之前，要进行调查研究，要切实找到行政系统问题之所在，进行全面深入的行政诊断。然后就行政改革的性质、方向、目的、目标、方法、突破点、动力与阻力，以及改革所产生的正负作用进行科学论证，制定出切实可行的科学规划。进行改革必须十分慎重，从比较容易获得成功并容易看到改革效果的环节先进行改革。这是因为行政改革像其他各种改革一样，必须小心谨慎，可谓如临深渊，如履薄冰，一着棋错，满盘皆输。行政改革获得成功和取得成果，不仅可以鼓舞改革者的士气，而且也可以化解反对意见。行政改革必须慎之又慎，切不可操之过急。

第二，行政改革必须以保持社会稳定为前提。任何改革都意味着打破旧平衡，建立新平衡，行政改革也不例外。但是，行政改革却有自身的特殊性，它不仅仅打破了行政系统的自身平衡，而且必然因此造成社会的不平衡。政府是社会的稳定机制，是社会秩序的维护者和管理者，是社会的最主要平衡工具和稳定工具。行政改革必然打破政府自身的稳定性，这就容易造成社会的不稳定。因此，行政改革必须以社会稳定为前提。这里所讲的社会稳定，并不是社会没有震动，没有变化，死水一潭，而是指在进行行政改革的过程中，不要引起社会动荡、社会矛盾和社会冲突，更不能发生大的社会动乱。行政改革在打破平衡时还要保持对社会的控制力，而不能使社会解体。行政改革的目的是提高行政效率，促进社会发展，而如果造成社会解体则要付出十分高昂的社会成本，不仅不能使社会发展，反而会使社会倒退。因此，行政改革在打破行政系统的内部平衡之时，其所造成的社会不平衡应以保持社会相对稳定为限度，也就是说不能使社会发生大的动荡。行政改革必须以社会稳定为前提，如果没有这个前提行政改革也无法顺利进行。

第三，行政改革要以改变观念为先导，以体制创新为核心，以高效、公平、廉洁为目标。实践证明，行政改革必须首先改变改革者的观念，如果不改变观念，在旧观念指导下进行改革，行政改革也只是机构和人员的增加或减少，而行政观念、行政方式都没有什么变化。这样的改革必然是穿新鞋走老路。行政改革应该以民主、公平、效率、服务等观念为先导，才能取得卓有成效的成果。只有在新观念的指导下，才能进行体制创新。体制创新是行政改革的核心，不进行体制创新，就不可能建立一个具有中国特色的行政体制。我国目前行政系统出现的一些问题，如政风不正、贪污腐败、买官卖官等严重问题，都必须通过在改革中进行体制创新予以解决。体制创新要围绕着高效、公平、廉洁这些目标来进行，如果舍弃这些目标，行政改革就没有什么实际意义。

第四，行政改革必须有政治保障和法律保障。行政改革不是人为制造的运动，而是形势的需要和社会推动的必然结果。俗话说形势比人强，行政改革的必然性和必要性决定了改革势不可当。但是，没有权威的政治支持，行政改革就无法进行。政治是行政改革的保障，行政改革是政治改革的重要组成部分；行政改革可以促进政治改革，政治改革可以为行政改革拓宽改革道路。所以说，行政改革是一种政治行为。行政改革仅有政治保障是不够的，因为政治不能保证行政改革一定依法改革，尤其在有几千年人治传统的我国，我们应该十分重视这个问题。因此，行政改革必须有法律保障，依法进行改革。改革必须用重典，我国地方政府不按照编制定机构、定岗位、定人员的现象比较严重，可谓巧立名目，花样翻新，阳奉阴违，瞒天过海。这与我国的社会主义法制格格不入，与党中央行政改革的精神背道而驰。依法改革是改革的保障，对乱设机构、乱定岗位、乱扩编的地方政府部门必须严肃法纪。行政改革不是人治的继续，不是长官意志的拼图游戏，而是关系到政府的合法性和国家发展的大问题。所以，必须在社会主义法制的规范之下进行行政改革，确保改革成功。

第五，行政改革要以理顺关系、转变政府职能为重点。行政改革就是对政府与社会各种关系的再调整，也就是重新确定政府在社会中所扮演的角色。因此，进行行政改革就要理顺和摆正政府与社会、政府与市场、政府与社会组织和政府与公民之间的关系。要理顺这些关系就要转变政府职能，政府职能不转变，这些关系也无法摆正、无法理顺。尽管东西方的国情不同，但是在进行行政改革时所面临的问题却没有本质的差别，只是程度的问题。政府应该将那些管不了也管不好的事情，交由社会去解决，不能垄断所有的社会权力，应该分权于社会；应该认识到政府的能力是有限的，不应该将所有社会责任都背在自己的肩上。有限政府不可能解决所有的社会问题，社会应该负起责任。中国正在建立社会主义市场经济，政府一方面要促进市场经济的发展，另一方面又要进行行政改革，理顺在社会主义经济条件下的各种关系，转变政府职能，任重而道远。

三、行政改革的取向

第一，以适应社会环境为取向。政府与社会是输出输入的互动关系，政府必须有及时了解社会变化的网络系统，才能够确定改革的方向，以适应以社会环境为取向的行政改革，一般是以适应社会变化和满足社会与公众需求为目标。现在社会发展比较快，新行业、新领域不断出现，已经不能简单地用扩大政府职能来满足社会需求，而必须采取公众参与行政、中介管理、委托管理等方式进行管理，也要鼓励社会公众自组、自治、自理。社会分化不能成为增加机构和人员的借口，政府职能不能无限制地自行扩张。政府只能以扩大社会参与作为应对之策。这是民主行政的必然发展，也符合马列主义的国家学说和民主理论，符合马克思关于廉价政府的理论。

第二，以精简机构为取向。在正常的情况下，政府就进行自我扩张，根据帕金森定律，政府人员以平均每年 5.75% 的速度膨胀。政府会自觉不自觉地制造行政工作，往往会把简单的事情复杂化。新的行政工作需要新的工作人员，在人员增多的情况下，又要增加机构，机构多了又要提升行政级别。古今中外莫不如此，只有程度之别，没有本质之异。以精简机构为取向的行政改革，主要是为了解决政府自行扩张的问题。精简机构才能降低行政成本，限制政府权力自行扩张。同时，这也是实现公共利益的重要方面。

第三，以调整组织结构为取向。政府的官僚等级制结构是以效率为中心设计的。它是以层级制为基础的部门化的复合结构。等级制是层级节制，是领导与被领导的关系，以命令与服从为准则；部门化是政府职能的扩大，是专业化的行政管理。两者都是为了提高政府工作效率。但是，根据有限理性原则，任何组织都不是完美无缺的。官僚制组织结构也有先天不足，它会造成效率缺损。因此，政府不得不进行必要的组织结构调整，往往在管理幅度和管理层次上进行必要的改革；在全国范围内，则进行行政区划的调整，如我国市管县的改革。但从发展趋势来看，减少层级是必然的趋势。政府已经逐步走向虚拟，电子政府已初具规模。现代信息技术的广泛应用，使政府的层级和部门都必然减少。但是政府成为平面化的组织结构也是不可能的，那只是一种不符合实际的理想主义。

第四，以调整权力关系为取向。政府拥有行政权，在行政系统内部进行权力划分与配置。行政权的核心问题是中央与地方的关系，也就是集权与分权的关系。正确地处理它们之间的关系是关系到政府效率和国家发展的大问题。因此，行政改革有时以调整中央与地方关系为取向。中央与地方的关系是十分复杂的，可以讲是公共行政的"哥德巴赫猜想"。但是行政改革始终是围绕着集权与分权来展开的。因为各国的国情不同，历史传统和文化传统差异也很大，所以集权与分权的程度也不同。例如，法国是个具有集权历史传统的国家，而英国则是个有分权历史传统的国家。同一个国家，也会因为发展阶段不同而强调集权或分权。但是集权与分权的目的都是为了维护国家的统一与完整、社会的稳定与发展。舍此目的，只不过是权力游戏。中央集权但不能高度集权，更不能进行专制，那样不能调动地方的积极性，社会没有发展动力；分权但不能权力分散，没有中央政府的权威不仅不能保持政令统一、畅通，而且会造成各自为政，政出多门，也可能造成地方割据，国家分裂。这两种倾向都必须避免。

第五，以人事制度改革为取向。以人事制度为取向的改革目的是调动行政工作人员工作的积极性、主动性和创造性，从根本上提高政府工作效率。人事制度改革的内容很广泛，如国家公务员的考试录用制度、晋升制、奖惩制度、退休制度、福利制度、工资制度等。

近些年来，许多国家进行的绩效考评制度、竞争上岗制度、面向社会招聘制度、公众评议制度等，都是以人事制度为取向的行政改革。这些人事制度改革大多数是以提高行政效率作为其宗旨的。

第二节　行政改革的阻力、动力与对策

一、行政改革的阻力

任何革旧鼎新的改革都必然遇到阻力，行政改革也不例外。行政改革必然遇到比较强大的阻力，改革者对此必须有清醒的认识。我们看到有些国家的行政改革，发动之时有雷霆万钧之势，结束之际则是强弩之末；改革者则是折戟沉沙，悄然下台，闹个"千秋万岁名，寂寞身后事"。无论是"突变式的改革"还是"渐进式改革"，都是十分艰难的。行政改革者只有认识到行政改革必然会遇到比较强大的阻力，才能够十分慎重地对待行政改革。

（一）历史的局限性决定了行政改革的成败

行政改革同其他改革一样，是社会发展的必然产物，而不是强加给政府的。人们不能随心所欲地创造历史，但是人们可以在历史提供的各种条件下创造历史。行政改革不是堂·吉诃德式的冒险，而是脚踏实地的实践行动。行政改革必须认清历史给它提供了什么有利条件

和不利因素与限制条件。这就是说不能超越历史发展阶段进行改革，行政改革必须符合历史发展和社会发展的需要。理想主义的改革计划固然好，但是有时却难以实行。1970年通过竞选上台执政的智利时任总统阿连德，是20世纪后半叶拉丁美洲最有改革精神的国家领导人之一，也是最关心劳工大众的总统。他进行了一系列的改革，其中也包括行政改革。他试图把一个为资产阶级服务的政府改造成为为劳工大众服务的政府。当时，美国把他当成拉丁美洲最大的隐患，策划政变；右派也甚嚣尘上，极力反对；军队貌似中立，实则忍而不发，等待时机。阿连德不顾国内外反对的形势，也不管国家财力不足，同时也不听友好国家包括中国的劝告，盲目地进行各项改革，结果耗尽财力，人民生活水平大幅度下降。以皮诺切特为首的军人在美国的煽动和策划下，于1973年乘机发动政变，阿连德战死沙场，可歌可泣。这充分说明改革计划要符合实际，实事求是，切实可行。历史比人有力量，不符合历史的行为会被历史嘲弄。历史的局限性决定了行政改革的性质、方向、任务和方法，同时也决定了行政改革的艰巨性。超越历史的局限性的行政改革必然失败。

（二）政治因素对行政改革的限制与制约

行政改革不仅仅是对行政系统单一的改革，它还受社会各种因素的影响，政治因素起着决定作用。行政体制是政治体制的组成部分，从属于政治体制。政治体制给予行政体制多大的改革空间，决定了行政体制的改革程度。那种认为只要行政改革有一个比较彻底的激进方案，政府就能够将行政改革进行到底的想法，是很不切合实际的。政治体制的改革程度决定了行政体制的程度，彻底的政治体制改革必然使行政体制改革进行到底。政治体制决定限制和制约行政改革。

政治官僚集团对行政改革也起着决定性的作用。政治官僚集团在国家政治生活中起决定作用，他们的赞成和反对往往能够决定改革的成败。西方资本主义国家由政府和议会组成政治官僚集团决定国家的重大事务。其实各国都是如此，只不过表现形式不同。政治官僚在这里没有贬义，只是用它来说明一种政治现象。如果行政改革触犯政治官僚集团的利益或者不符合他们倡导的基本的价值观，他们就会公开地进行反对，那么行政改革就会半途而废，无法进行下去。我国历史上进行的变法之所以多数归于失败，其主要原因是因为受到保守的政治官僚集团的反对。近代的戊戌变法也是因为以慈禧太后为首的政治官僚集团反对而失败的。西方资本主义国家将政治官僚集团斗争公开化，当政治集团内部斗争势均力敌之时，有时进行全民公决来决断。但是在大多数发展中国家，政治官僚集团斗争都是在幕后进行。行政改革必须得到政治官僚集团的支持才能顺利地进行。总之，政治因素对行政改革起着决定限制和制约的作用。

（三）在行政系统内部行政官僚集团的反对

行政改革是对行政系统进行改革，是政府对自己进行革命，当然在行政系统内部会遇到强大的阻力。行政改革是权力再调整，也是利益再分配。对于一般行政工作人员来讲，只要政策得当，即使他们当中有少数人因为失去权力和损失一些利益而有反对意见，也无关宏旨，不会对行政改革有很大的影响。但是，行政改革如果触犯了上层的行政官僚集团的利益，或者使其失去权力和地位，就会形成强大的阻力。他们对行政改革的态度是消极的、被动的。他们往往使改革政策变形或迟迟不予执行。他们一般不会公开反对行政改革，而是去争取政治支持，在政治上使行政改革无法进行或流于形式。

（四）传统的保守程度决定了行政改革的艰难程度

一个国家或一个民族的历史传统是一个国家或一个民族的规定性，即其特点。传统没有好坏之分，不能说握手比接吻对朋友的热情度差些。但是，历史传统确实有保守性的一面，各国传统的保守性则有程度的不同。这决定了具有不同历史传统的国家进行行政改革的难易程度。

传统文化是一个国家和民族的宝贵财富，是民族价值观的体现，是民族赖以生存繁衍的精神支柱，是民族整合统一的纽带。传统文化具有十分强大的力量，是任何强权无法摧垮、无法消灭的。西方殖民主义者屠杀了四千多万印第安人，但是也无法消灭印第安传统文化；希特勒屠杀了那么多犹太人，也并没有使犹太人的传统文化中断。传统文化的强大有着非常巨大的积极作用，但是也应当认识到，传统文化的保守性也同样强大有力，习惯势力是最可怕的势力。当行政改革不为传统文化的这种保守性所接受时，它将遇到非常大的阻力。20世纪70年代，一个发动政变上台的军政府采取了十分激进的政治改革，制定了一项在一个95%以上笃信宗教的国家取消宗教的政策，遭到了全国人民的坚决反对，结果执政8个月便垮台了。另一个国家也是如此，国王是改革者，不顾强大宗教势力的反对，力图引进为宗教所不容的西方文化和技术，进行了一系列政治、经济改革，但是却遭到了宗教界、政界和军队的坚决反对，最后被宗教领袖发动政变推翻，国王流亡异国，客死他乡。这两个国家所进行的改革都没有考虑到作为传统文化即宗教的强大力量。我国是一个中央集权的大一统的国家，由于历史的沿袭，导致人民群众对于我国政府所进行的各种改革，就是不同意也不会站出来反对。但是，他们从心里不接受，会用消极的办法对抗。我国行政改革的阻力不是来自人民群众的传统意识，而是从政为官的传统文化。在我国传统文化中，从政为官光宗耀祖，一人得道，鸡犬升天；三百六十行，行行出状元。但是哪行也不如当官这一行，一行管其他三百五十九行，位高权重，不仅八面威风，而且财源滚滚。官本位是我国传统文化最落后、最保守的一面。这就是我国传统文化对从政为官的认识。普通老百姓有这种认识，对政府唯命是从，面对行政改革，顶多来个精神胜利法自嘲自慰一下罢了。但是如果他是个官员，他就会千方百计地反对行政改革。而且如果他不当官了，社会也会对他白眼相看，认为他不是犯了错误，就是无能。在我国，经济改革和行政改革开展了二十多年，但是，官本位不仅没有被打破，从一定意义来讲，反而加强了。企业、公司、工厂、学校、医院等仍然没有取消行政级别，在高校和科研部门，那些有才华的人宁可当处长，也不愿意去搞科研和教学。我国是一个以公有制为主体的国家，如果凡是国有单位都必须有行政级别，那么国家公务员的队伍也必须包括他们，而实际上他们又不属于国家公务员队伍。而那些不是国家公务员的行政官员，如学校校长、厂长、经理们，对为官也十分热衷。我国传统文化把从政为官放在高于一切之上的地位，这对行政改革造成了巨大的阻力。

（五）用人唯亲和家长制对行政改革的负面影响

我国传统文化重视人际关系，但是这种人际关系主要是家族关系、亲戚关系、同乡关系、同学关系，以及讲依附性的上下级关系。从海外华人企业来看，主要是家族企业；从我国改革开放以来崛起的民营企业来看，也主要是家族企业，甚至政府部门也充满复杂的人际关系。在行政改革初期，有一个省政府的办公厅有一多半人是家族关系或亲戚关系。行政改革以后实行回避制度，当然政府部门里就没有家族关系了。然而有些部门人际关系是变相的家族关系，一方面是同乡关系、同学关系；另一方面是依附性的上下级关系。两者都必须接受家长制式的领导。讲人情而不讲规则、用人唯亲和家长制是我国传统文化中的人际关系规则、用人规则和领导规则。党和政府关于用人和领导有十分明确的规定，用人唯贤和民主集中制几乎尽人皆知。但是，为什么有那么多贪官污吏被使用、被提拔，有的甚至在非常重要的领导岗位，这不能不使人质疑。用人唯亲和家长制对行政改革有抵制作用和破坏作用。在进行机构改革和人员分流时排除异己，安排提拔亲信；或找各种借口不进行改革；或阳奉阴违，搞点花架子搪塞了事；或在领导者的"长官意志"下进行行政改革；有的甚至明码标价，买官卖官，严重地破坏了行政改革。这种现象有些没有被揭露，应引起重视。

二、行政改革的动力

（一）政治体制改革和政治权威的推动

行政体制是政治体制的组成部分，政治体制决定行政体制，行政体制从属于政治体制。这就决定了政治体制改革必然推动行政体制改革，后者必须符合前者的要求。换句话说，政治体制进行改革，行政体制就必须进行改革。政治体制改革不仅是行政体制改革的推动力量，而且是它的决定力量。彻底的政治体制改革必然使行政体制改革能够彻底开展。民主的政治体制必然要求民主的行政体制与之相适应，专制的政治体制必然要求专制的行政体制与之相适应。有什么样的政治体制就有什么样的行政体制。

政治权威是行政改革的推动力。一般政府会进行自我调节，但很少有政府能够自动地进行改革。行政改革一般都是政治推动，尤其必须有政治权威的推动。回顾一下我国的行政体制改革就不难看到，中共中央是行政改革的主要推动者。在发展中国家，政治权威对改革包括行政改革的作用是巨大的。政治权威不仅是改革的推动者，而且是改革顺利进行和保持社会稳定的重要因素。在我国，中国共产党是能够整合国家与民族统一，整合各种政治与经济利益的唯一政治力量。没有它的统一领导，我国的各项改革都无法进行。在发展中国家，如果没有政治权威就无法进行各种改革，包括行政改革。我国经济体制改革和行政体制改革之所以能够取得成功,根本原因是我国有一个能够使国家和人民形成统一意志的党,有高瞻远瞩、有权威、有魄力的政治领导人。因此,政治体制改革和政治权威是行政改革的推动力。

(二) 经济基础变革的要求

马克思列宁主义的基本原理之一就是经济基础决定上层建筑,上层建筑对经济基础有反作用。经济基础是最活跃的,时时刻刻都在发生变化。作为上层建筑的重要组成部分的政府,必须适应这种变化。如果行政体制不适应经济基础,公共行政不仅不能够有效地管理经济,反而会阻碍经济发展。经济体制改革是行政改革的强大推动力。我国行政改革就是在经济体制改革的有力推动下进行的。1978年以来,我国将计划经济逐步改革为社会主义市场经济,我国的行政改革也相应地逐步开展。通过改革,我国政府也逐步地从全能政府逐步走向有限政府。我国加入世界贸易组织以后,为了使我国经济与世界经济接轨,对经济体制进行了进一步的深入改革,行政体制也必须与之相适应,要深化改革。可以预见,随着我国社会主义市场经济的逐步建立和完善,我国行政改革必须不断地深入进行。经济体制改革必将有力地推动行政体制改革。

(三) 社会演变的要求

社会革命和社会改革是激进式的社会变迁,而社会演变是渐进式的社会变迁。社会每时每刻都在演变,政治、经济、文化、思想、观念和生活方式等各个方面都在悄悄地发生变化,真有"随风潜入夜,润物细无声"之感。这种社会演变是在不知不觉当中进行的,不积累和发展到一定程度就不会被觉察。当社会演变到一定程度时,政府必须进行改革以适应这种静悄悄的社会变革。政府的稳定性和行政体制的法制性决定了政府不能随着社会演变而随时进行自我调整,必须等待社会演变到一定地步,政府不进行行政改革已不能很好地管理社会公共事务时,才能进行行政改革。但是,政府行政改革不是消极地适应社会演变,而是为了更有效地进行管理。对社会经过长期演变而形成的不良风气,政府必须坚决抵制。如1976年以来,我国在社会上出现了请客送礼之风,政府就必须进行坚决抵制。政府对社会革命和变革能够及时作出反应,但是对社会演变往往容易忽视,对为了适应社会演变而必须进行的行政改革也缺乏应有的重视。

(四) 科学技术发展的推动

科学技术是生产力,这是邓小平同志的英明论断。新科学、新技术的发展也是推动行政改革的重要力量。在历史上,每次科学技术革命也会给公共行政带来革命性的变革。现在知识经济方兴未艾,信息技术和网络技术已席卷全球。以科学技术为中心的行政改革正在世界各国如火如荼地开展。电子政府、虚拟政府、政府上网这些时髦的名词随处可见。政府从现实状态走向虚拟状态,这也不是什么新闻。由于新科学、新技术在行政系统的广泛应用,政府无论从形式到内容都必须发生变化,都必须进行一系列的深刻改革。传统的官僚制的层级将减少,行政人员的知识结构将发生较大变化,知识行政和绿色行政将成为行政的新观念。回想十几年前,大多数行政人员面对计算机望机兴叹,而今天习惯用纸和笔的他们也娴熟地使用了光与电。人们对这方面的行政改革不大注意,却乐于接受。实际上这方面的行政改革都在大张旗鼓地进行。随着科学技术的发展,行政改革也必然应因进行,公共行政也必然面目一新。

(五) 新思想、新价值的推动

新思想、新价值不仅是推动社会发展与创新的动力,也是行政改革的动力。行政改革也只不过是把一种新思想、新价值变为现实。没有指导思想、没有价值支持的行政改革是没有目标、没有方向的改革,是必然失败的。效率、公平、民主是进行行政改革的核心思想和主要价值。我国进行的行政改革就是以效率、公平、民主作为指导思想和价值取向。它们不仅推动行政管理更新,也推动行政观念的更新。我国各级政府提出的竞争上岗、行政公开、公众评议、减少审批手续、政府上网等,都浸透着新的思想和新的价值观。

三、行政改革的对策

(一) 政治保障是进行行政改革的前提

进行行政改革的重要前提是取得政治上的大力支持,如果没有政治上的赞成与支持,行政改革就无法开展。行政改革不仅仅是单纯的行政改革,而且是重要的政治行为。政治支持不仅是行政改革的前提,也是行政改革的保证,而且行政改革往往是在政治的推动下进行的。政治体制改革要求行政体制必须进行改革,政治权威发动并推动行政改革。不仅如此,行政改革也需要广大公众的广泛支持与认可。这些都说明政治是行政改革的推动力。在我国,行政改革是在中国共产党发动和领导下进行的,是行政改革的推动力和保证;同时,行政改革也得到了广大人民的支持与认可。尤其应当指出的是,应该利用有权威、有声望的政治领导人的个人人格的魅力和威望来化解矛盾和反对意见,推动行政改革的顺利进行。

(二) 加强宣传,制造行政改革舆论

首先,要加强新思想、新价值的宣传,打破僵化、模式化的旧思想、旧价值,使人民群众认识到新思想、新价值对行政发展的重要作用;认识到只有在新思想、新价值的指导下进行行政改革,才能全面促进社会发展和经济增长,才能大幅度地提高人民生活水平。同时,要有计划、有步骤地进行行政改革试点,取得经验。选择能够说明不进行行政改革就不行的典型案例,证明传统思想和组织结构以及人事制度等给公共行政带来的负作用,使人们认识到改革势在必行。同时,大力宣传行政改革典型的成功经验,介绍其新思想、新价值和形成的新观念,促使人们改变传统观念,并进行改革。通过宣传和行政改革试点的推动,形成社会公众对行政改革的共识,把人民群众引导到由新思想、新价值形成的新观念指导下的行政

改革上来，调动人民群众改革的积极性。然而，政府也应该让社会公众认识到行政改革的艰巨性、复杂性和长期性，不能操之过急，不能期望过高，改革也会有一些负面影响。总之，对行政改革的宣传要实事求是、客观公正，不要说大话、空话和过头话，因为如果没有达到行政改革的预期目标，公众就会感到失望。

在行政改革进行的同时，要加强对新观念、新经验的宣传，强化人们已经形成的新思想、新价值，使之内化为人们自己的新思想、新价值，也就是说使人们形成比较稳定的新的思维模式。行政改革必须重视观念更新和新观念的形成。宣传工作必须在这方面多下功夫。宣传可以制造行政改革的气氛，可以向公众灌输新思想和新观念。

（三）制定切实可行的行政改革政策

行政改革是非常复杂的系统工程，进行改革就必须制定切实可行的政策。

第一，制定政策要从实际出发，实事求是，要进行广泛深入的调查研究，占有第一手资料。政策要有针对性和可行性，既能解决行政系统存在的关键问题，抓住事务的本质，又能在政策执行时不会遇到较大的阻力。

第二，行政改革政策应该以大多数人的利益不受损失为原则。行政改革是权力再分配和利益再分配。因此，行政改革必然会改变一些人的权力和地位，一些人的地位与职务将被降下来，一些人的职业将被改变或失业，这些人的利益必然受损失。所以在制定政策时，应该尽量地减少受损失者的范围与受损失的程度，应当以大多数人的利益不受损失为原则。理想的政策固然好，但是过于理想化则会给政策执行带来困难。如果政策过于激进，利益受损失的人数过多，政策执行的阻力必然增大，有时甚至会造成社会动荡。所以，政策本身就决定了政策的执行难易程度和限制条件。

第三，公众参与制定政策。吸收改革的参加者参与制定政策，是使政策具有广泛代表性的重要途径。改革的参加者参与政策制定，可以让他们充分地发表意见，表达他们的要求和希望。他们会从自身的利益出发提出一些看法，也会从改革的全局出发发表许多中肯的意见。这些意见、要求和希望在制定政策时都必须充分地予以考虑。一方面要尽量减少他们的利益和地位的受损失的范围以及受损失的程度；另一方面，可以采纳大家关于行政改革的好建议。这样，可以使行政政策具有广泛的代表性和可行性。

第四，制定政策一定要充分考虑和利用行政改革的一切有利条件，调动一切积极因素。同时，也要充分研究不利条件，充分估计这些不利条件在行政改革的过程中所起的负作用。在制定政策时必须充分考虑到化解对改革不利的条件，降低改革政策执行的阻力和风险。只有在充分地考虑和利用有利条件和最大限度地化解不利条件的情况下，制定的行政改革政策才有可行性。

（四）制定进行行政改革的法令和政策，使行政改革有法律保证和强制力

行政改革是在客观环境推动下的被动改革，即使是政府主动进行的改革，也往往是在客

观环境的压力和推动下行政系统所进行的自我调整。因此，国家制定行政改革的法令和政策是行政改革的强大推动力，具有强制性，各级政府都必须执行，行政人员也会认为必须进行改革，社会也会在改革上达成共识。这样行政改革便形成了社会压力，中央政府和上级政府对地方政府和下级政府也造成了巨大压力，这对改革的顺利开展是十分有利的。

（五）恰当地选择行政改革的突破点，恰当地选择发动改革的时机

行政改革首先要选择那些难度小、震动小、见效快的行政领域和部门进行。难度小，行政改革易于开展，阻力不大，引起的社会震动也小，正因为如此，也容易取得成果。这样，就能够十分有力地证明改革的必要性。这也就是"投石问路"，取得一些改革经验和教训后，以后的改革就会少走弯路。选择行政改革的时机也很重要。所谓时机就是利用改革的形势，要因势利导。这个势就是时机。发动改革必须借国家和政府大力宣传行政改革的必要性之时，或寻找一个非常有利的时机开始着手进行。在恰当的时机做恰当的事情，是进行改革必须遵循的时机选择。

（六）行政改革要尽快取得效果，提高行政效率和为公众服务的质量

行政改革见效快、效果大，是取得改革参与者和公众认可的重要方法。行政改革的效果体现在：行政效率明显大幅度提高，政府为公众服务的意识和质量也都得到明显加强，改革参与者也得到了实际利益。要把改革的这些成果及时地反馈给社会和改革的参与者，强化改革意识，化解不同意见，克服改革阻力。

第三节 西方发达国家的行政改革

一、新公共管理的理论基础

从20世纪70年代开始，西方发达国家相继开始进行行政改革，然后许多发展中国家因为实行市场化也开始进行不同程度的行政改革。当时，英国的撒切尔和梅杰的保守党政府、美国从里根到克林顿政府、加拿大的马尔罗尼政府、澳大利亚的霍克和基廷政府、新西兰克拉克和博尔格政府，其他国家如法国、德国、荷兰、瑞典、西班牙、意大利、希腊、日本等都进行了程度不同的行政改革。

20世纪70年代末期和80年代初期，发达资本主义国家处于经济滞涨时期，致使许多政府更迭。1979年执政的英国保守党政府、加拿大的自由党政府、1980年执政的美国共和党政府、1983年的英国工党政府和1984年新西兰的工党政府，在货币学派、供应学派的新自由主义经济学、市场至上和新公共管理的影响和推动下，都先后进行了小政府和企业家政府改革，如撒切尔夫人在公共选择学派和货币主义理论指导下进行的行政改革，里根政府在

供应学派理论指导下进行的行政改革，澳大利亚克拉克政府在新制度经济学指导下进行的行政改革。这些西方发达国家进行行政改革的主要原因是它们在20世纪70年代发生的石油危机引发了经济危机、财政危机和政府信任危机。

这些进行行政改革的国家，既有单一制国家，也有联邦制国家；既有民主共和制国家，也有君主立宪制国家；既有总统制政府，也有内阁制政府。主张进行行政改革的政党，既有保守主义政党，也有自由主义政党，还有基督教民主主义政党。尽管各个国家的执政党与在野党多有歧见，但是在行政改革问题上却是惊人的一致。

这些国家的行政改革主要围绕三个问题展开：政府与市场，政府再造，政治与行政的关系。行政改革的主要特点是：批判传统的韦伯的官僚制，管理主义成为了改革的指导思想，其指导思想主要有政府职能市场化、分权化与放松规制、公共部门私有化、决策与执行相分离等。

在进行改革的过程中，出现了新公共管理运动。作为公共行政发展到一个新阶段的新公共管理，确实开了公共行政风气之先，开拓了实践和理论的新领域，为公共行政学注入了新鲜理论。

20世纪70年代开始的西方发达资本主义国家的行政改革深受自由主义思想的影响。自由主义思想也继续影响20世纪90年代以来西方各国的政府改革，成为新公共管理运动的主要思想来源。

自由主义思想的代表人物主要有哈耶克、老弗里德曼夫妇、小弗里德曼、诺齐克、罗斯巴特、米塞斯以及公共选择学派的布坎南和图洛克。其中，哈耶克、老弗里德曼和布坎南曾获得诺贝尔经济学奖。

这些自由主义者反对大政府，反对政府干预。他们认为大政府是坏政府，民主国家的政府一样也是坏政府。民主国家的政府也在无休止地进行权力扩张，把强制性地干预市场当成自己的责任，损害和侵犯个人的权利和自由。政府为利益集团服务，受利益集团左右，成为利益集团的帮凶。在利益集团的帮助和推动下，政府的权力更加不受限制，不停地进行自我扩张。

民主政府往往打着社会正义的旗号，为利益集团牟取利益而损害个人的权利和自由，进行强制性的市场干预。实际上真正的掌权者是少数的利益集团，政府越大，他们牟利越多；政府越大，自由越少，干预越多，税收越多，政府职能越难以精简。政府的官僚也是受益者，他们也不愿意限制政府的权力和精简政府职能。改革者主张个人自由、市场至上、公共选择、缩小政府职能、政府不能干预市场。他们在这些问题上比较一致。对于如何界定自由和政府职能，则各持己见。自由主义者主张有限政府，认为政府是必要的，因为政府可以为自由的市场经济提供法律和秩序，保卫国家主权等。他们对政府应该做什么语焉不详，但是他们对政府不应该做什么却说得清清楚楚，如征收关税和确定进口定额；制定公平贸易法；建设公共住房并提供住房补贴；发放职业资格证书；提供社会福利和社会保障；为最低工资立法；垄断邮政；管制产业和私人企业；管制价格和利率；拥有和管理国家公园；控制无线电和电视；废除累进税等。总之，他们认为为了保证经济的稳定发展，必须尽量减少政府职能和政府干预。自由主义者认为管得少的政府才是好政府，管得多的政府就是坏政府。

在政府与市场的关系上，在自由主义思潮的推动下，发达资本主义国家推行了国有企业"非国有化"或民营化的政策，也就是私有化政策。国有企业效率低下，亏损严重，成为政府的严重负担。美国、法国、日本、英国、德国等国家都先后制定了私有化政策，把大批的国有企业卖给私人经营。英国从1979年，撒切尔夫人内阁开始了国有企业私有化的进程，许多公共服务部门进行了私有化，如电信公司、电力公司、自来水公司、铁路运输、煤气公司、钢铁企业等大型国有企业都实行了私有化。法国从密特朗政府开始推行国有企业私有化政策。美国、日本、德国也不同程度地进行了私有化。在西方发达国家私有化运动的影响下，许多发展中国家也进行了国有企业的"非国有化"运动。

作为减少政府职能的另一种改革模式是新西兰、芬兰和其他一些国家采取的公司化政策。政府保留国有企业的产权，国有企业实行经理负责制，经理有企业管理、人事管理和财务管理的充分自主权，允许国有企业以平等的方式与私有企业竞争，结果大大地提高了生产率。不仅国有企业扭亏为盈，而且政府作为股份的拥有者还分到了红利。

自由主义者认为，政府管理的核心是效率和有效管理，它是私营组织的管理和实践所追求的目标，却不是政府追求的目标。然而把管理主义作为政府管理基础的说法是十分不准确的。作为私有化的重要组成部分，西方发达国家把一些公共职能和服务交给私营组织承担，采取"合同出租"的方式。公共服务由富有冒险精神和企业家创新精神的私营组织来提供。这种企业家政府模式可以大幅度地提高效率，提高服务质量，满足公众需要。精简后的政府公共机构已经不是公共服务的提供者，而成为一个授权者，其职能仅为签订公共服务的出租合同，确定双方的责任与义务。政府公共机构监督合同的执行情况并支付酬金。20世纪70年代以来，西方发达国家的各国政府都相继采取了这种合同出租的形式。公共服务出租的范围很广，包括环境保护、维护公共设施、消防和救护、监狱管理、选民登记、规划与论证公共项目、政府部门的绩效评估等。但是，对于私有化是否真正缩小了政府规模，颇有争议。在美国联邦机构中，合同制的雇员甚至比公务员还要多。

西方发达国家各国政府力图在政府管理方面引入市场机制，减少政府职能是以提高政府效率为出发点的。它反映了政府对自身低效的无可奈何，是面对公众要求提高有效的优质服务的一种因应之策。究竟是否真正解决了政府效率问题，见仁见智，其说不一。但是，政府最起码达到了卸载的目的。至于效率问题，是政府管理的具有永久魅力的话题，行政改革还要围绕它书写新的篇章。

分权和非集权化是针对中央政府或上级政府权力过于集中而进行的改革。韦伯的官僚制是现代工业社会的产物，其试图把政府工作人员和公共产品像工业生产的流水线那样进行高度有秩序的安排和生产，以提高行政效率。20世纪，那些信奉国家力量和政府活动组织化的西方国家，先后在政府实行了韦伯的官僚制和国家公务员制度，官僚制的理性原则和工具主义逐步被各国政府奉为圭臬。但是，随着社会的发展和官僚制被政治家利用，它的局限性和固有的非理性的缺陷就暴露出来了。官僚制成为政治家的工具，官僚的病态管理阻碍了社会的发展，引起了公众的不满。各国政府都进行了调整中央与地方关系，分权和非集权化的改革。

在中央与地方关系的问题上，20世纪70年代以来，各国开始了分权和非集权化的改革。各国首先进行组织变革，进行分权。美国联邦与州及地方政府有着十分复杂的关系。从"罗斯福新政"开始，政府的三个层次之间的关系调整是以集权为主；从1981年里根总统提出"还政于州"的新联邦主义到克林顿政府，都是以分权为目标。但是分权的目的却不同，联邦政府分权的目的是缩小政府规模，减少政府开支，转嫁政府负担。这是主要的目标，其他的目标必须服从这个总目标。州政府分权的目的是下放财权和公共服务的决策权。20世纪80年代的里根政府奉行的是保守主义分权观，采取的主要措施是压缩社会福利，分散联邦政府的负担。里根政府分权是通过整笔补助、税制改革、解除规制来实现的。正是因为分权的保守性质，导致里根新联邦主义的失败。20世纪90年代，克林顿政府奉行进步主义分权观，在分散联邦政府负担的同时，保留美国进步主义者为美国公众争取的物质福利和公民权利。克林顿政府直接分权给社区。1993年，联邦政府成立了由戈尔副总统任主任的社区事业委员会负责社区分权改革。联邦政府制定标准，为社区提供资助，提高社区的服务能力，许多政府职能由社区承担。这就是奥斯本所说的社区拥有的政府。

法国是传统的中央集权制国家，中央政府对地方政府进行直接的行政控制。1982年3月2日，法国颁布《关于市镇省和大区权利和自由法》之后，中央与地方关系已发生了根本性的变化。密特朗政府把地方分权改革当作行政改革的中心任务。所谓地方分权改革，就是使地方政权"非国家化"和"还权于民"，以自治管理、公民参与、民主监督为改革的主要内容，建立地方自治民间团体参与地方管理的"新的公民制度"，中央政府向地方政府转移权限。从1983年开始，中央政府先后向地方政府转交了计划和领土整治、城市规划、住宅建设、职业培训、教育、文化、环境保护、交通运输、社会活动和司法等方面的职权。各级政府之间既分工又合作。大区政府负责经济、社会和文化发展，国土整治，环境保护，职业教育，建造和维修高中学校等；省政府负责社会救济、卫生、住宅、乡村设施、建造和维修初中学校及中心图书馆、接送学生、修建港口和水道等；市镇政府增加了城市规划和社会活动方面的职责。

实际上，对官僚制组织结构进行改革是分权改革的组成部分。政府再造、企业家政府以及政治与行政之间的关系都是以分权为基础的，都必须进行组织结构改革。

自由主义者认为传统的官僚制结构的主要问题是过于依赖庞大的垄断性的官僚机构，过分强调规章制度和权力对政府的指导，对环境的反应迟钝而又缺乏监督，也不能调动公务员的积极性。这是造成政府低效和无能的主要原因。

自由主义者认为解决这种情况的办法是下放决策权力和执行权力。权力下放一般是将较大的政府组织机构分解为若干个小部门，并且通过把职能下放给分解后的低层部门，或者通过私营部门或半私营部门提供服务等途径来实现，如英国、新西兰和荷兰就曾经成立过一大批机构和公司。美国却没有把政府机构分解为较小的部门，而是在地方政府一级进行政府再造。美国内阁各部传统上各司局被授予很大的自主权。美国的政府机构改革主要是成立私营和半私营公司来提供过去由政府提供的垄断性的服务，主张将官僚机构的职能下放给具有企业家精神的政府部门，由这些部门自主决策。分解官僚机构意味着放松对决策过程的控制，鼓励具有企业家精神的政府部门的领导者根据自己的判断进行决策，调动公务员的积极性，承担风险，勇于创新。

自由主义者主张建立层级尽可能少的平面式而非金字塔形的组织结构。平面式的组织机构更有利于组织和领导者处理公共事务，并且比传统的官僚层级制有效得多。

针对传统官僚机构的僵化问题，也有人主张取消一些机构，成立一些能够对外界环境作出灵活反应的临时机构。临时机构不仅机构是临时的，任务是临时的，而且人员也是临时的。完成临时任务以后，机构撤销，人员解散。这样既有利于降低成本，精简人员，也可以防止机构膨胀。

这里应该指出的是，组织机构的改革是下放决策权和执行权的必然结果。把过去传统上由政治家把持的决策权下放给行政官员，让低层官员也参与决策。公务员"政治中立"是不符合实际的。因此，在政治与行政关系上也必须进行调整。

作为行政改革的重要组成部分的公务员制度的改革，主要内容是完善公务员制度，精简冗员，提高公务员的管理能力。1968年，英国的《富尔顿报告》全面地分析了西方文官制度的弊端，主张对文官制度进行改革。英国采纳了报告的基本观点。1978年，美国制定了《文官制度改革法》，为文官制度改革提供了法律保障。

美国在20世纪80年代文官人数保持在280万左右。1993年9月7日，克林顿总统宣布"裁员、节支、高效"的行政改革计划，计划在5年之内裁减25万人左右。到1997年，裁减了28万文官。

英国撒切尔政府大刀阔斧地削减文官人数。1982年文官人数比1979年下降了67%。1985年文官人数由她上台执政的72万下降到59万。

二、政府再造

政府再造是指对公共体制和公共组织绩效根本性的转型，大幅度提高组织效能、效率、适应性以及创新的能力，并通过改革组织目标、组织激励、责任机制、权力结构以及组织文化等来完成这种转型过程。

政府再造就是用企业化体制取代官僚体制，即创造具有创新习惯和持续改进质量能力的公共组织和公共体制，而不必靠外力驱使。政府再造不是政治体制改革，不是政府机构重组，不是减少浪费，不是缩小政府规模，不是私有化，也不仅仅是使政府更有效率，也不只是全面质量管理。

企业家政府是政府再造的重要内容。企业家政府是指具有企业家精神的行政管理者，用企业的管理方式,以低成本高产出为目标,敢于冒风险、敢于创新、敢于打破僵化官僚体制,取得高绩效的政府。

企业家政府重视政府的成本效益,重视创新与改革,强调利用市场机制和竞争,强调对执行者授权,主张顾客导向,主张放松规制。

(一) 政府再造的十条原则

第一条,起催化作用的政府——掌舵而不是划桨。起催化作用的政府把"掌舵"职能(即政策和规划制定)和"划桨"职能(服务提供和执行)区分开来,然后使用许多不同方法(合同、代金券、补助、税收激励等)来完成目标,并选择其中最能满足效率、效能、平等、责任和灵活性等需求的方式。

第二条,社区拥有的政府——授权而不是服务。社区拥有的政府把服务控制权从官僚手中夺过来,放到社区的手中。通过对社区进行拨款和授权来解决自身的问题,使之产生更多的承诺、更多的关爱以及更创造性地解决问题,并减少其依附性。

第三条,竞争型政府——将竞争机制引进服务当中。竞争型政府要求服务提供者在绩效和价格的基础上对业务展开竞争。竞争被视为是促使公共组织改进质量而别无选择的基本力量(这一条并不适用于规则制定和政策职能)。

第四条,有使命感的政府——转变规则导向型组织。有使命感的政府进行内部放松管制,废除大量的规章制度,并从根本上简化行政制度,如预算、人事和采购制度等。要求各个机构明确各自使命,然后让管理者在法律范围内自由寻找完成使命的最好的方式。

第五条,结果导向型政府——按结果而不是按投入进行拨款。结果导向型政府将责任从投入转移至产出和结果,并测量公共机构的绩效,制定组织目标,奖励那些达到或超出目标的机构,并利用预算明确规定:在立法机关同意支付代价的基础上,能够达成立法机关期望的绩效标准。

第六条,顾客驱使的政府——满足顾客而不是官僚制度的需要。顾客驱使的政府将服务对象(学生家长、排队更换驾照的人们或一般公众)视为顾客。利用调查和焦点小组调查等方式来聆听顾客的心声,制定顾客服务标准并提供保证,一旦可能就让顾客来选择服务提供者。有了这些投入和激励,通过重新设计组织,为顾客提供最大的价值。

第七条,企业家政府——挣钱而不是花钱。企业家政府不仅将精力集中在花钱上,而且还要求得到投资的回报;通过使用企业基金、公共收益和创新基金等激励手段来激励管理者在花钱的同时也关注挣钱。

第八条,预防型政府——预防而不是治疗。预防型政府追求的是预防问题而不是提供解决问题的服务。通过使用战略规划、未来愿景及其他手段,为政府提供更好的预见能力。为了延长决策者的时间跨度,他们重新设计了预算制度、会计制度和奖励制度来转变对其有影响的激励机制。

第九条,分权的政府——从等级制到参与和协作。分权的政府通过组织或体制将权力下放，鼓励那些直接面对顾客者更好地利用自己的决策。进行组织重构将控制权从"职能仓"（如采购办公室和维护部门）转移至一线雇员。通过组织等级扁平化、使用团队以及劳资伙伴关系等方式来授权雇员。

第十条，市场导向型政府——通过市场力量进行改革。市场导向型政府通常是通过重构私人市场而不是使用行政机制（如服务提供或命令—控制的规制）来解决问题；通过开发财政激励手段（如财富税、绿色税收和税收刺激），迫使私人组织和个人解决社会问题的方式来运作。

（二）政府再造的五项战略

第一项，核心战略——明确组织目标。核心战略的关键是确定公共体制和公共组织的目标。如果一个组织没有明确的目标，就无法取得高绩效。之所以将明确目标当作核心战略，是因为它涉及政府的核心职能，即掌舵职能，也就是确定公共组织应该对什么负责。明确目标就要求每个公共组织角色明确、方向明确；加强掌舵职能，将掌舵与划桨分离；每个组织都集中于一个目标。

第二项，后果战略——创设绩效后果。后果战略是公共体制的激励机制。它将公共组织推向市场，争取顾客获得收入，并与私人组织进行竞争。对公共组织进行企业化管理，对工作人员进行绩效管理。它只确定公共组织如何负责。

第三项，顾客战略——将顾客置于驾驶员的位置。顾客战略就是确定公共组织对谁负责。它打破了公共组织和公务员只对规章制度负责的现象，转而对公众即对顾客负责。顾客选择公共服务，公共组织的各个部门在提供公共服务上进行竞争，以保证顾客服务质量。

第四项，控制战略——将控制从高层和中央移走。控制战略的关键是决定决策权所处的位置。它决定由谁来负责。它打破了传统的权力集中在上层的模式。控制战略将权力下放，组织控权，通过将决策、回应顾客和解决问题等权力授予了解情况的第一线工作人员的方式，或通过授权社区成员和社区组织解决自身问题的方式，满足顾客需要。

第五项，文化战略——创造企业家文化。文化战略就是重新塑造公共组织成员新价值观、行为规范、态度及期望值，将有助于组织成员的责任内化。公共组织要打破传统习惯，塑造组织的习惯、心灵和心智。

三、新的政府模式

在新公共管理运动中，彼得斯提出了四种新的政府模式：市场政府模式、参与政府模式、解制式政府模式和弹性化政府模式。

（一）市场政府模式

市场政府模式就是运用市场的竞争机制改革政府，以达到以较少的施政成本缔造一个良好的政府的目的。

市场政府模式认为传统的政府管理效率低下、成本高，这是因为缺乏市场的竞争机制造成的。还认为政府管理与私营部门的管理没有什么不同，可以用私营部门的管理方法来管理政府。

市场政府模式主张建立层级较少的扁平化的而非金字塔式的政府组织结构。而传统的政府官僚机构过于庞大，是垄断型的，仅受规章制度和权力的指导，不受外部环境的监督和指导，对市场信号和公务员的积极性置之不理。

主张下放决策和执行权力，将权力下放给具有企业家精神的政府部门，由其自主决策。决策应该以市场回馈的信息和具有企业家精神的部门领导的分析与判断为基础制定。

政府官员的薪水不是固定不变的，应该根据他们在市场上可赢得的收入决定，也就是按照私营部门的标准来确定。强调对于不同的工作有不同的报酬。这有利于建立适应市场机制的规模小并且有相对自主权的政府机构。

市场政府模式评价政府业绩是看政府如何用低成本来提供公共服务，为此政府成立多家有竞争性的提供公共服务的机构。把公民既当成消费者又当成纳税人，通过让公民在市场服务中进行自由选择而实现公共利益。

（二）参与政府模式

参与政府模式强调正确处理国家与社会之间的关系以及广大公众参与决策的机会。这种政府模式的理论基础是多方面的。一是参与管理，即工作人员介入组织的工作、活动和决策。二是承认公共组织中基层官员是组织有效运作的核心。三是对话民主。参与政府模式最简单的方式是通过直接投票来决定政策议题和采用的方法。四是公民社会。它强调政府应该首先考虑的是政策在社会中的影响以及如何提供更好的公共服务，而不应该考虑组织中的个人权力和所得。公民社会不否认政府在提供公共服务方面的核心地位，而主张采取合作方式和利用个人参与来强化政府效能。

参与政府模式没有比较确定的组织结构，更强调的是参与过程。它要求自下而上地制定公共政策。这就要求组织机构对涉及自身问题的决策有控制权，同时，组织机构的低层官员也要参与决策，对公共政策的制定有较大的影响。这就打破了集权进行决策，按照规章制度推行决策的传统方法。

参与政府模式实现公共利益的途径，主要是通过鼓励工作人员、顾客和公民最大限度地参与公共政策的制定来实现。其方式有对政府服务不满意进行申诉；加强工作人员独立决策和影响决策的能力；公众与政府对话；公民能够投入政策选择和提供公共服务的过程。

（三）解制式政府模式

解制式政府模式是通过解除政府规制的方式来发挥政府的潜力与创造力。解制是指解除政府的规章制度和内部管理，而与经济政策无关。

解制式政府模式强调组织层级节制的重要性，认为层级节制的管理是必要的。它不强调集中化的控制结构，允许组织自行制定并执行自己的目标。如果想要真正发挥政府的创造力，那么政府中的各个层级都应该参与，而不仅仅是高级管理者参与。事实上，政府内部的规章制度更多地束缚了低层工作人员，而非高层工作人员。如果取消那些不必要的烦琐的规章制度，较少约束低层工作人员的规章制度就能够释放出更大的能量，承担更多的责任。这就要求行政管理者不仅应该具有市场政府模式所要求的企业家的创新精神，而且也应该有参与政府模式所要求的民主领导者的品质。

（四）弹性化政府模式

弹性化政府模式是指政府有应变能力，能够有效地回应新的挑战。弹性化政府不把政府部门当作永久性的组织，而是一种临时机构。它的组织结构往往采取可选择性的结构机制，以取代那些具有决策永久权力的部门和机构。主张不断撤销现有组织，这样可以避免组织僵化，使政府有较大的弹性。弹性化政府模式在许多问题上含糊不清，没有明确的观点。

西方发达国家的行政改革并不成功，有的仅是一种理论探讨，并未实行。我们可以批判地借鉴一些有益做法和想法，结合我国国情予以运用。

第四节 行政改革的发展趋势

一、向民主行政的嬗变

从威尔逊提出建立公共行政学以来，各国施行的就是以效率为中心的权威主义公共行政。这是工业社会的社会科学和自然科学的必然产物，是建立在洛克、牛顿和笛卡尔以及工业生产流水线基础之上的政治模式和公共行政模式。各国都试图在不同程度上建立一个父爱的家长式的政府。尽管它们借用各种理论，如美国高唱民主，但都是以政府强制力使公民服从。权威命令与服从权威是20世纪政府管理的主要原则。政府权力自我扩张，不受社会权力制衡，独断专行。政府职能过大，政府管得过多，是20世纪各国政府共同的特点。政府规模太大，机构膨胀，冗员太多，成本太高。政府管了许多管不了也管不好的事情，不仅加重了公众的经济负担，而且导致政府效率低下，有衙门作风。西方学者认为政府作为理性经济人有自己的利益，如果与把持政治权力和经济权力的政治集团和经济集团结合起来，那么就形成了一个十分稳固的具有共同利益和特权的社会集团。他们不愿意实行民主政治和民主行政，因为他们担心会丧失特权地位和特殊利益。所以，我们看到西方政府的改革在民主行政方面也只是有些小动作。西方行政改革自我标榜为管理主义，其含义不言自明。而且对政府绩效的评估是以经济效率、效益和有效性作为评估标准，没有公平、民主标准。这样，政府机构非常难于从权威主义行政向民主行政转变，很难精简机构和转变政府职能。因为实行民主行政和精简政府机构和人员，都必然有损于这个利益集团的利益和特权。从各国揭发出的政治领袖、政府官员和经济界人士的各种贪污贿赂案件来看，往往是政府与政界和经济界互相勾结，互相利用。因此，从20世纪70年代以来，各国政府先后精简政府机构和行政工作人员，减少政府职能。只有政府机构和人员少了，政府才能不管那些不应该由它管的事务。为了提高政府工作效率，需要引入市场机制。但是，政府仅有效率、经济效益和有效性是不够的，还应该注入公平和民主的价值观。信息社会和知识经济时代已经向传统的权威主义行政提出挑战，民主行政必然因应时代的呼唤而逐步形成。没有民主行政就没有人的自主价值。

民主行政必须实行分权，必须实行分权化管理。这就要求政府的政务必须公开，官员的任用必须符合民意；政府管理的范围是有限的，政府和政府官员没有特权，是真正的公仆；公民参与决策和管理，公民自治权逐步扩大，公民通过各种途径有效地监督政府，管理政府。这是不可抗拒的历史潮流，公共行政逐步地向民主行政嬗变。

民主行政必须实现公民的知情权、参与权和监督权。所谓公民知情权，即公民有权了解政府重大决策，尤其涉及公共利益的重大决策的过程和结果，有权了解公共财政的使用等；所谓公民参与权，是指公民有权参与政府重大决策，可以表述他们的意见；所谓公民监督权，是指政府行为必须受到公民的监督，这不是理论问题，而必须有落实公民知情权、参与权和监督权的渠道和机制。同时应该指出，民主行政不是民粹主义，也不是官员用来吸引眼球的手段，而是一种实践。

二、电子政府

（一）电子政府的含义

电子政府是指在政府内部采用电子化和自动化技术的基础上，利用现代信息技术和网络技术，建立起网络化的政府信息系统，并利用这个系统为政府机构、社会组织和公民提供方便、高效的政府服务和政务信息。

电子政府不仅是政府的技术变革，也是政府管理方式的变革。政府从现实平台走入了虚拟平台，从现实政府向虚拟政府进行变革。这个变革对政府的组织结构、规章制度、运作方式和权力分配方式，都有一定的影响。

（二）电子政府的特点

电子政府是现代信息技术，尤其是网络技术通过对政府传统管理技术的改造而形成的，它具有技术领先的特点。它代替了传统的纸与笔和人与人互动的办公方式和管理方式，变为光与电和人机互动的办公方式和管理方式。

电子政府是一个开放系统，是一个开放政府。它打破了传统政府的封闭性。电子政府政务公开、信息公开，在网络平台上进行互动。所以，服务对象非常容易便能获得政务信息。

这与传统的封闭型政府垄断政务信息是完全不同的。

电子政府从一定意义上来讲是一个虚拟平台，公众可以在这个平台上充分地发表意见和建议，可以批评政府和政府官员，大幅度地提升公众参与政府管理的范围和程度。它有利于民主行政和发展社会主义民主。

电子政府打破了政府层级限制，可以十分方便地获得不同层级的政务信息，有利于解决在信息传递过程中出现的"肠梗阻"问题，也可以提高信息的真实性。可以预言，这种信息传统方式和办公方式必然改变政府的组织结构，减少政府层级。

电子政府以顾客为导向，可以满足顾客的要求。

（三）电子政府对公共行政的影响

电子政府的出现是公共行政发展的一个划时代的新阶段。它彻底改变了政府封闭式的、单向式的管理方式，实现了政府与顾客互动的开放式的管理方式。

电子政府不仅可以节约资源，降低成本，减少层级，减少人员，提高效率，更主要的是它在朝民主行政的方向发展。电子政府的建设不仅仅是信息技术和网络技术的应用问题，更主要的是是否有民主行政的理念的问题。实际上，建设电子政府的技术条件已经具备，如果没有民主理念，政府不愿政务公开和信息公开，电子政府也建立不起来，或者即使建立起来也只是流于形式。

电子政府将改变政府的决策方式。政府决策，尤其那些涉及国计民生的重大决策，必须采取公民广泛参与的方式。这不是容许不容许公民参与的问题，而是公民必然通过网络积极主动地参与。因此，政府必须采取公民参与的方式进行决策。

电子政府将改变政府工作人员的办公方式，远距离办公方式和家庭办公方式在公司企业已经出现，也势必有一天成为政府工作人员的办公方式。同时，电子政府对政府工作人员提出更高的要求，他们必须是通才，也必须是专才；要忠于职守，有敬业精神，有良好的道德修养。

目前，电子政府的主要内容包括电子商务、电子公文、电子采购和招标、电子电报、电子福利支付、电子投诉、电子邮递、电子身份认证和电子资料库等。随着电子政府建设的进一步发展，电子政府将逐步拓宽其服务范围。

电子政府的发展正走向高级形态，即云政府。云政府来自云计算，是政府新的变革。云政府是以云计算为平台构建的全国统一、功能齐全的全国性的巨大行政网络系统，能为顾客提供准确、快速、安全简便的服务。

三、公共服务引入市场机制

政府效率低下是因为缺乏市场机制。行政改革引进市场机制主要是在公共服务部门引进市场竞争机制，即公共服务民营化。民营化就是从原来由政府独家向社会、社会组织和公民生产和提供的公共服务，转变为由市场、私营部门独家或与政府联合生产和提供的公共服务。

20世纪70年代以后，西方发达国家的政治家、学者和公众十分严厉地批评政府浪费资源、效率低下、服务质量差等。为了解决这些问题，西方发达国家的政府在公共服务中引进了市场机制，进行民营化改革。为了转变政府职能，减少政府职能和政府活动的范围，西方发达国家的政府采取了将原来由政府提供的公共服务民营化的办法，以减轻政府的负担。政府利用市场经济的竞争机制和"效率原则"与"经济原则"，将一些公共服务推向市场，由私营企业承担这些公共服务。这样不仅降低了成本，而且提高了公共服务的效率和质量。

政府撤出了一些公共服务领域，由私营部门直接生产和提供服务。同时，政府采取了一些委托方式减轻自身的负担，包括契约外包、特许经营、补助、抵用券和强制等。这样做可以有效地降低成本，整合民间资源，提高效率和公共服务质量。民营化作为生产和提供公共服务的一种方式是值得探讨的，尽管在实践中暴露出这样或那样的问题。

四、注重社会公平

政府作为社会公平的调节者的角色愈来愈重要。市场经济必然造成社会不公平，这是激发市场活力的必然结果。社会出现不公平并不可怕，关键在于政府要注重社会公平的实现。市场经济为那些有能力的人提供施展才能的机会，他们会愈来愈富裕。在那些法制不健全、崇尚特权的国家，那些当权者和其亲属利用手中掌握的权力，掘取财富，成为互相勾结的特权利益集团，造成严重的社会不公平。这不仅使财富分配不公平，也造成政治上、人格上的不公平。

我国少数高官贪污数额巨大，原因就在于此。政府必须整肃政风，减少行政程序，严控寻租点；必须整肃特权利益集团，严厉打击暴利、欺诈和市场垄断，使市场健康发展。同时，政府还要进行社会再分配，使那些弱势群体的居住、工作和生活有保障。社会公平才能使社会稳定。政府不能成为强势者的利益保护者，而是社会公平的维护者。

五、小政府、大市场与大服务

随着市场经济的进一步发展、成熟与完善，随着社会自治自理自立能力的加强，随着信息化、网络化的进一步发展，政府必须进一步转变职能，向小政府、大市场与大服务的方向转变。

所谓小政府，即机构精简，人员精干，应变、管理和服务能力强的政府。

我国的市场经济改革，开始是以政府为主导的改革，逐步发展为政府和市场相结合的发展模式。现在必然向以市场为主要驱动力、政府为辅的方向发展，所以政府已不是划桨者，而是舵手，为市场提供方便、快捷、有效的全方位的服务，即大服务的重要内容之一。

在改革开放前，政府垄断一切权利、一切资源，农民和社会没有自组、自治、自理的能力。但因政府能力有限，资源有限，不能满足社会和农民的需求，只能搞票证制度、平均主义。改革开放以后，农民的自组、自治、自理能力加强，减轻了政府承担众多责任和义务的负担。政府对农民和社会主要是提供良好的公共产品，同时，政府对农民与社会的自组、自治和自理予以鼓励、资助、规范和监督。这是政府大服务的重要内容之一。

小政府是能力强的政府，大市场是法制化的市场，大服务是无缝连接的高质量、全方位的服务。

小结

改革是永恒的主题，政府必须为了适应环境变迁和满足社会需要而进行不断的改革。

行政改革是政治体制改革的组成部分，必须从政治的高度来看待行政改革。西方发达国家的行政改革基本上是管理主义的，是以效率为中心的，没有重视行政工作人员的主体性。在这一点上，我国进行行政改革时应该引以为戒，在行政改革中贯彻以人为本的思想。

参考文献

[1] [美] 戴维·H. 罗森布鲁姆, 罗伯特·S. 克拉夫丘克, 德博拉·戈德曼·罗森布鲁姆. 公共行政学：管理、政治和法律的途径. 5版. 张成福, 等, 校译. 北京：中国人民大学出版社, 2002.

[2] [美] R.J. 斯蒂尔曼. 公共行政学：观点和案例. 李方, 杜小敬, 等, 译. 潘世强, 李方, 校. 北京：中国社会科学出版社, 1988.

[3] 张成福, 党秀云. 公共管理学. 北京：中国人民大学出版社, 2001.

[4] 齐明山. 行政学导论. 3版. 北京：中国人民大学出版社, 2013.

[5] [美] 乔治·弗雷德里克森. 公共行政的精神. 张成福, 刘霞, 张璋, 等, 译. 张成福, 校. 北京：中国人民大学出版社, 2003.

[6] [英] 简·莱恩. 新公共管理. 赵成根, 王洛忠, 崔跃嵩, 等, 译. 北京：中国青年出版社, 2004.

[7] [美] 珍妮特·V. 登哈特, 罗伯特·B. 登哈特. 新公共服务：服务而不是掌舵. 丁煌, 译. 方兴, 丁煌, 校. 北京：中国人民大学出版社, 2014.

[8] 孙耀君. 西方管理思想史. 太原：山西人民出版社, 1987.

[9] 丁煌. 西方行政学说史. 武汉：武汉大学出版社. 1999.

[10] 彭和平, 竹立家. 国外公共行政理论精选. 北京：中共中央党校出版社, 1997.

[11] 徐大同. 西方政治思想史. 天津：天津人民出版社, 1985.

[12] [美] 罗伯特·B. 登哈特. 公共组织理论. 3版. 扶松茂, 丁力, 译. 竺乾威, 校. 北京：中国人民大学出版社, 2003.

[13] [美] W. 理查德·斯格特. 组织理论. 黄洋, 李霞, 申薇, 译. 邱泽奇, 译校. 北京：华夏出版社, 2002.

[14] [美] 尼古拉斯·亨利. 公共行政与公共事务. 8版. 张昕, 等, 译. 张成福, 张昕, 校. 北京：中国人民大学出版社, 2002.

[15] 薄贵利. 中央与地方关系研究. 长春：吉林大学出版社, 1991.

[16] [美] 查尔斯·沃尔夫. 市场或政府：权衡两种不完善的选择/兰德公司的一项研究. 谢旭, 译. 北京：中国发展出版社, 1994.

[17] [美] 约瑟夫·E. 斯蒂格利茨. 政府为什么干预经济：政府在市场经济中的角

色．郑秉文，译．北京：中国物资出版社，1998．

[18] [美] 格罗弗·斯塔林．公共部门管理．陈宪，王红，金相文，等，译．陈宪，校．上海：上海译文出版社，2003．

[19] [美] 彼得·圣吉．第五项修炼：学习型组织的艺术与实务．郭进隆，译．杨硕英，审校．上海：上海三联书店，2002．

[20] [美] 皮特斯·T．第六项修炼：创新型组织的艺术与实务．凯歌，译．延吉：延边人民出版社，2002．

[21] [美] 弗雷德·E．菲德勒，约瑟夫·E．加西亚．领导效能新论．何威，兰桦，冯丹龙，译．北京：生活．读书．新知三联书店，1989．

[22] 张金马．公共政策分析：概念·过程·方法．北京：人民出版社，2004．

[23] [美] 赫伯特·A．西蒙．管理决策新科学．李柱流，汤俊澄，等，译．北京：中国社会科学出版社，1982．

[24] 应松年．行政法新论．北京：方正出版社，1998．

[25] [美] B．盖伊·彼得斯．政府未来的治理模式．吴爱明，夏宏图，译．张成福，校．北京：中国人民大学出版社，2001．

[26] [美] 戴维·奥斯本，彼得·普拉斯特里克．摒弃官僚制：政府再造的五项战略．谭功荣，刘霞，译．谭功荣，校．北京：中国人民大学出版社，2001．

[27] [美] 莱斯特·M．萨拉蒙．全球公民社会：非营利部门世界．贾西津，魏玉，译．北京：社会科学文献出版社，2002．

[28] 张金鉴．行政学典范．中国台湾"中国行政学会"论文，1992．

后 记

物换星移，转瞬间本教材修订已过十年。十年来，随着我国市场网络发展日益成熟，政府机构改革也更加深入，这要求我们对教材进行再次修订。

这次修订，教材的基本内容没有改变。这是因为编写教材之初衷，是以向广大学员提供国内外公共行政学界所公认的、成熟的概念、原则和方法为出发点，同时也因为刘熙瑞、张康之、刘俊生三位教授在审订教材时严格把关。此次修订主要是对教材中心概念、原则和概述进行深入的推敲和审订，使其更加准确，更加全面；对第八章进行大量的删节，并且补充了新的内容。其余各章虽亦稍有补充和修订，但无关宏旨。最后由我定稿。

各位作者都十分认真负责地完成了修订工作，对此我表示感谢。但是修订后的教材依然会有问题，主要是因为作为主编的我根质靡鉴，学寡难周，因学术之不能究旨通案、洞微鉴本所致，与作者无关。

参加修订工作的几位教师具体分工如下：

中国人民大学齐明山教授负责编写第一章至第五章、第十四章至第十六章；

国家开放大学赵菊强副教授负责编写第八章和第九章；

中国人民大学毛昭晖副教授负责编写第十一章和第十三章；

中国人民大学李传军副教授负责编写第六章、第七章、第十章和第十二章。

齐明山谨识

2016 年 6 月 26 日

公共行政学课程组名单

组　　长　　赵菊强
主　　编　　齐明山
成　　员　　赵菊强　　毛朝晖　　李传军
主持教师　　赵菊强

公共行政学
形成性考核册

文法教学部　编

考核册为附赠资源，适用于本课程采用纸质形考的学生。

若采用**网上形考**或有其他疑问请咨询课程教师。

学校名称：＿＿＿＿＿＿＿＿
学生姓名：＿＿＿＿＿＿＿＿
学生学号：＿＿＿＿＿＿＿＿
班　　级：＿＿＿＿＿＿＿＿

形成性考核是学习测量和评价的重要组成部分。在教学过程中，对学生的学习行为和成果进行考核是教与学测评改革的重要举措。

《形成性考核册》是根据课程教学大纲和考核说明的要求，结合学生的学习进度而设计的测评任务与要求的汇集。

为了便于学生使用，现将《形成性考核册》作为主教材的附赠资源提供给学生，采用纸质形考的学生可将各次作业按需撕下，完成后自行装订交给老师。若采用**网上形考**或有其他疑问请咨询课程教师。

公共行政学作业1

姓　　名：_____
学　　号：_____
得　　分：_____
教师签名：_____

（绪论～第八章）

一、名词解释

1. 地方政府体制

2. 非营利组织

3. 人事行政

4. 公文管理

二、单项选择题

1. 被称为"人事管理之父"和行为科学先驱者的是（　　）。
   A. 普耳　　　　　　　　　　B. 斯密
   C. 欧文　　　　　　　　　　D. 斯图亚特

2. 公共行政生态学的代表作《公共行政生态学》于1961年发表，该书的作者是（　　）。
   A. 里格斯　　　　　　　　　B. 古立克
   C. 德鲁克　　　　　　　　　D. 高斯

3. 20世纪30年代，古立克把管理职能概括为（　　）。
   A. 计划、组织、人事、指挥、协调、报告、预算
   B. 领导、决策、组织、指挥、协调、人事、预算
   C. 计划、领导、人事、指挥、组织、报告、预算
   D. 计划、领导、人事、沟通、协调、组织、预算

4. 职位分类最早产生于19世纪的（   ），后被许多国家所效仿。
   A. 法国　　　　　　　　　　　　B. 美国
   C. 中国　　　　　　　　　　　　D. 英国

5. 由立法机关或其他任免机关经过考察而直接任命产生行政领导者的制度是（   ）。
   A. 选任制　　　　　　　　　　　B. 考任制
   C. 委任制　　　　　　　　　　　D. 聘任制

6. 公共行政学研究的核心问题是（   ）。
   A. 政府职能　　　　　　　　　　B. 行政监督
   C. 行政决策　　　　　　　　　　D. 行政体制

7. 法国第五共和国宪法所确立的一种中央政府体制是（   ）。
   A. 内阁制　　　　　　　　　　　B. 总统制
   C. 半总统制　　　　　　　　　　D. 委员会制

8. 内阁制起源于18世纪的（   ），后来为许多西方国家所采用。
   A. 英国　　　　　　　　　　　　B. 美国
   C. 日本　　　　　　　　　　　　D. 加拿大

9. 我国最早提出学习行政学的是梁启超，他于1876年在（   ）中提出"我国公卿要学习行政学"。
   A.《行政学原理》　　　　　　　　B.《论译书》
   C.《行政学的理论与实际》　　　　D.《行政学》

10. 对于一般的省、市、县而言，实行民族自治的自治区、自治州、自治县就是（   ）的行政区。
    A. 特殊型　　　　　　　　　　　B. 发展型
    C. 传统型　　　　　　　　　　　D. 现代型

三、多项选择题

1. 下列属于文化环境要素的是（   ）。
   A. 法律制度　　　　　　　　　　B. 意识形态
   C. 道德伦理　　　　　　　　　　D. 价值观念
   E. 教育

2. 国家公务员的培训主要有（   ）等几种形式。
   A. 综合培训　　　　　　　　　　B. 更新知识培训
   C. 任职培训　　　　　　　　　　D. 业务培训
   E. 初任培训

3. 下列实行总统制的国家有（   ）。
   A. 墨西哥　　　　　　　　　　　B. 德国
   C. 新加坡　　　　　　　　　　　D. 埃及
   E. 丹麦

4. 较有代表性的领导行为理论有（   ）。
   A. 四分图理论   B. 领导作风理论
   C. 领导系统模式   D. 领导方格理论
   E. PM 型领导模式
5. 科学合理的机关日常工作程序应注意的环节有（   ）。
   A. 计划安排工作   B. 组织实施工作
   C. 协调控制工作   D. 检查总结工作
   E. 奖惩教育工作

四、简答题

1. 公共行政环境的特殊性主要表现在哪些方面？

2. 简述机能制的优点和缺陷。

五、论述题

1. 要实现政府职能的转变，就必须正确界定政府在社会中的角色，要做到这一点，你认为政府需要处理好哪些关系？

2. 如何理解行政领导责任和其行政职位、行政职权是统一的？

公共行政学作业 2

姓　　名：_____
学　　号：_____
得　　分：_____
教师签名：_____

从 2003 年下半年开始，全国各地陆续出台了各种各样的"行政问责暂行办法""行政过错追究暂行办法"。

2004 年 4 月，中央又批准实施了《党政领导干部辞职暂行规定》，对"因公辞职""自愿辞职""引咎辞职""责令辞职"作了严格规范。

2009 年，中办、国办印发《关于实行党政领导干部问责的暂行规定》，规定问责官员的 7 种情形，有下列情形之一的，对党政领导干部实行问责：

（一）决策严重失误，造成重大损失或者恶劣影响的；

（二）因工作失职，致使本地区、本部门、本系统或者本单位发生特别重大事故、事件、案件，或者在较短时间内连续发生重大事故、事件、案件，造成重大损失或者恶劣影响的；

（三）政府职能部门管理、监督不力，在其职责范围内发生特别重大事故、事件、案件，或者在较短时间内连续发生重大事故、事件、案件，造成重大损失或者恶劣影响的；

（四）在行政活动中滥用职权，强令、授意实施违法行政行为，或者不作为，引发群体性事件或者其他重大事件的；

（五）对群体性、突发性事件处置失当，导致事态恶化，造成恶劣影响的；

（六）违反干部选拔任用工作有关规定，导致用人失察、失误，造成恶劣影响的；

（七）其他给国家利益、人民生命财产、公共财产造成重大损失或者恶劣影响等失职行为的。

"官员问责"制给中国各地各级干部的仕途平添了风险，使为官变成了一种风险职业。这就要求政府官员转变观念，从"当官有权"到"当官有责"。

事实上，从近年的情况来看，问责惩罚程度是越来越重，但有关官员问责处罚招致的种种非议也一直伴随：正职问责少于副职问责；党委书记问责少于行政首长问责；何种情况下主管正职官员也要辞职；问责变成"暂时受点委屈"；运动式问责等。

对于上述关于问责问题，你是否有过关注与研究？具体应该如何规范？问责主体是谁？问责对象是什么？问责范围多大？问责程序如何？问责后的后续处理如何规范？

你可以进行纯理论的探讨，也可以就某一具体实例进行从相关理论到实践的剖析，形成一篇小论文，不少于 1500 字。

答 题 纸

答 题 纸

答 题 纸

公共行政学作业 3

姓　　名：_____
学　　号：_____
得　　分：_____
教师签名：_____

（第九章～第十六章）

一、名词解释

1. 行政监察管辖

2. 招标性采购

3. 标杆管理

4. 行政诉讼

二、单项选择题

1. 整个行政执行过程中最具实质意义的、最为关键的阶段是（　　）。
   A. 协调阶段　　　　　　　　　　B. 总结阶段
   C. 实施阶段　　　　　　　　　　D. 准备阶段
2. 对具有公务员身份的中国共产党党员的案件，需要给予处分的，由（　　）给予处分。
   A. 检察机关　　　　　　　　　　B. 行政监察机关
   C. 党的纪律检查机关　　　　　　D. 党的纪律检查机关和行政监察机关
3. 国家预算中占主导地位的是（　　）。
   A. 中央预算　　　　　　　　　　B. 县级预算
   C. 省级预算　　　　　　　　　　D. 市级预算
4. 根据《立法法》，行政法规和规章应当在公布后的（　　）天内报有关部门备案。
   A. 15　　　　　　　　　　　　　B. 30
   C. 45　　　　　　　　　　　　　D. 60

5. 批准是一种约束力较强的（　　）监督方式。其内容包括：要求监督对象报送审批材料、审查和批准（含不批准）三个基本步骤。

  A. 事先　　　　　　　　　　　B. 事中
  C. 事后　　　　　　　　　　　D. 全面

6. 从20世纪（　　）年代开始，西方发达国家相继开始进行行政改革，然后许多发展中国家因为实行市场化也进行不同程度的行政改革。

  A. 50　　　　　　　　　　　　B. 60
  C. 70　　　　　　　　　　　　D. 80

7. 解决在实施决策的过程中出现的而一时又难以查清原因的问题的决策方案，称为（　　）。

  A. 积极方案　　　　　　　　　B. 追踪方案
  C. 应变方案　　　　　　　　　D. 临时方案

8. 行政决策体制的核心是（　　）。

  A. 信息支持系统　　　　　　　B. 公民磋商与参与系统
  C. 专家咨询系统　　　　　　　D. 领导决策系统

9. 行政评估准备阶段，评估工作的第一步是（　　）。

  A. 明确评估目的　　　　　　　B. 选择评估标准
  C. 培训工作人员　　　　　　　D. 确定评估对象

10. 平行沟通是一种同级部门或同事之间的信息沟通，亦称（　　）。

  A. 横向沟通　　　　　　　　　B. 纵向沟通
  C. 无反馈沟通　　　　　　　　D. 网上沟通

三、多项选择题

1. 按照行政计划的主体划分，行政计划的类型可以分为（　　）。

  A. 地方计划　　　　　　　　　B. 中央计划
  C. 国防计划　　　　　　　　　D. 基层计划
  E. 资源计划

2. 按照税收的征收办法或税额的确定方法，可分为（　　）。

  A. 印花税　　　　　　　　　　B. 定率税
  C. 房产税　　　　　　　　　　D. 配赋税
  E. 耕地占用税

3. 行政复议的合法性审查包括（　　）。

  A. 法定依据的审查　　　　　　B. 滥用职权的审查
  C. 法定程序的审查　　　　　　D. 法定权限的审查
  E. 权力腐败的审查

4. 从决策对象的结构性程度来讲，行政决策可以分为（　　）。

  A. 程序性决策　　　　　　　　B. 非程序性决策
  C. 理性决策　　　　　　　　　D. 科学决策
  E. 直觉决策

5. 工作控制是对具体执行工作的各方面的控制，它包括（　　　）。
   A. 计划控制　　　　　　　　　B. 标准控制
   C. 程序控制　　　　　　　　　D. 成本控制
   E. 质量控制

四、简答题

1. 行政决策程序应该包括哪些步骤？

2. 简述测定行政效率的标准。

五、论述题

1. 试述行政协调的作用主要体现在哪些方面。

2. 你认为应从哪些方面理解行政改革？

公共行政学作业 4

姓　　名：＿＿＿＿＿＿
学　　号：＿＿＿＿＿＿
得　　分：＿＿＿＿＿＿
教师签名：＿＿＿＿＿＿

如何看待禁烟措施？

2015年6月1日，有"史上最严"控烟条例之称的《北京市控制吸烟条例》开始执行。最近几年，除北京外，为了加快控烟进程，为公众创造无烟环境，全国已经有十几个城市通过立法形式明确规定公共场所、工作场所的室内区域以及公共交通工具内"禁止吸烟"。国务院法制办也于2014年11月24日公布《公共场所控制吸烟条例（送审稿）》，向社会公开征求意见，这是中国首次拟制定全国范围内的控烟法规。这意味着，国家控烟立法已经提速，法规出台后，将覆盖全国控烟盲区。

来自世卫组织的数据显示，中国有3亿多吸烟者，28.1%的成人、半数以上的成年男性是经常吸烟者。每年有100多万人死于烟草相关疾病，相当于每天3000人左右。此外，还有7亿多人经常接触二手烟；二手烟每年导致约10万人死亡。

吸烟有害健康已是绝大多数人的共识，而具体落实控烟法规，则喜忧参半，同时烟草业对国家的税收有很大的贡献。

对此，请你参与讨论：
1. 是否应该"最严"禁烟？
2. 你如何看待中国政府和各地方政府采取的禁烟措施？
3. 禁烟措施如何具体实施？怎样才能避免控烟法规沦为一纸空文？

要求：（以下两种方式，可任选其一）
1. 以上述内容为主题，自拟题目，搜集资料，独立撰写论文一篇，不少于1500字；
2. 正反观点辩论：
（1）拟定个人讨论提纲；
（2）分组进行讨论，归纳讨论意见；
（3）形成你的观点，并进行论证。字数不少于1000字。

答 题 纸